"十二五"职业教育国家规划教材
经全国职业教育教材审定委员会审定
21世纪职业教育规划教材·公共事业系列

社会福利服务

（第二版）

主　编　周良才　赵淑兰
副主编　胡尹慧
参　编　（按姓氏笔画排序）
　　　　吕华菊　胡耀友　贾丽彬
　　　　黄　静　蒋新红

内 容 简 介

本书从我国的实际出发,将社会福利界定为社会保障的一个子系统。在此基础上,对中国社会福利与社会福利服务的基本概念、基本理论、发展现状、操作规程及改革发展方向进行了全面、系统的梳理。

全书共分为 6 大学习情境 21 个子情境,并按照总分总的逻辑结构来组织教学内容。学习情境一介绍了社会福利的基础知识,使学习者对社会福利的基本问题有一个最起码的认识。学习情境二学习了社会福利服务机构体系,使学习者将理论知识与社会实际结合起来。学习情境三至学习情境五分别介绍了老年人福利服务、儿童福利服务和残疾人福利服务,这三部分是当今中国社会福利服务的核心内容。学习情境六介绍了社会福利资源的筹集与供给,探讨了社会福利场域的资源配置问题。

本书主要供高校民政类和社会工作类专业教学使用,也可供各级政府部门从事民政、社会保障、社区建设的工作人员及各类社会福利机构的工作人员参阅。

图书在版编目(CIP)数据

社会福利服务/周良才,赵淑兰主编.—2版.—北京:北京大学出版社,2016.12
(全国职业教育规划教材·公共事业系列)
ISBN 978-7-301-26754-7

Ⅰ.①社… Ⅱ.①周…②赵… Ⅲ.①社会福利– 高等职业教育– 教材 Ⅳ.①C913.7

中国版本图书馆 CIP 数据核字(2016)第 009901 号

书　　　名	社会福利服务 (第二版)
著作责任者	周良才　赵淑兰　主编
责 任 编 辑	陈斌惠　郗泽潇
标 准 书 号	ISBN 978-7-301-26754-7
出 版 发 行	北京大学出版社
地　　　址	北京市海淀区成府路 205 号　100871
网　　　址	http://www.pup.cn　新浪微博:@北京大学出版社
编辑部邮箱	zyjy@pup.cn
总编室邮箱	zpup@pup.cn
电　　　话	邮购部 010-62752015　发行部 010-62750672　编辑部 010-62757923
印 刷 者	北京鑫海金澳胶印有限公司
经 销 者	新华书店
	787 毫米×1092 毫米　16 开本　19.75 印张　470 千字
	2012 年 2 月第 1 版
	2016 年 12 月第 2 版　2023 年 8 月第 7 次印刷
定　　　价	43.00 元

未经许可,不得以任何方式复制或抄袭本书之部分或全部内容。
版权所有,侵权必究
举报电话:010-62752024　电子信箱:fd@pup.pku.edu.cn
图书如有印装质量问题,请与出版部联系,电话:010-62756370

第二版前言

从某种意义上说，一个社会的文明程度往往最能从这个社会对待弱势群体的态度及弱势群体的福利状况中反映出来。在社会财富日渐丰裕，特别是全党、全国人民努力构建社会主义和谐社会的今天，社会弱势群体的生存状态和生活质量受到了前所未有的高度关注。丰富社会福利产品，提高社会福利服务质量和效率，为有福利需要的社会各类人士，特别是社会弱势群体提供专业化、职业化、社会化的优质服务，使全体社会成员共享社会文明与进步的成果，是历史赋予当代人的责任。

本书结合中国当前的社会经济发展和社会福利实务发展的现实情况，将社会福利界定为狭义的社会福利，即把社会福利作为中国社会保障体系的一个重要组成部分，其主要服务对象是社会弱势群体。全书内容划分为六大学习情境 21 个子情境，并按照总—分—总的逻辑结构来组织教学内容。具体来说，本书首先介绍社会福利的基础知识，使学习者对社会福利的基本问题有一个最起码的认识。这些属于理论认识层面的东西，目的在于使学习者明白开展社会福利服务的合理性依据及其意义所在，从而为社会福利服务的学习做好思想上的准备。在此基础上，本书第二部分要帮助学习者完成抽象理论知识的"着陆"工作，引导学习者认识现有的社会福利服务机构体系，从而将理论知识与社会实际结合起来。这两部分分别从整体上介绍理论与实践，属于宏观的总体性知识。在此基础上，分别介绍老年人福利服务、儿童福利服务和残疾人福利服务。这三项服务是当今中国社会福利服务的核心内容。最后介绍社会福利资源的筹集与供给。这一部分从宏观角度来分析问题，所探讨的是社会福利场域的资源配置问题。在每一个子情境的学习上，都是从情境引导与任务分析开始，进而过渡到相关知识的学习；而且，在老年人福利服务、儿童福利服务和残疾人福利服务这三个与实际工作密切相关的学习情境中，还专门安排了实践教学环节，这样的内容安排旨在使教学更加符合学习者的认知规律，同时又体现高职教育的职业性、实践性与开放性等特点。

本书是集体智慧的结晶，由重庆城市管理职业学院周良才教授和赵淑兰副教授共同担任主编，胡尹慧老师担任副主编，各修订参编人员都是本校教学一线的骨干教师。主编设计了全书总体框架及编写提纲，并对各参编人员的初稿在文字和内容上进行了适当的修改。修订编写工作的具体分工为：学习情境一由周良才、胡尹慧、黄静修订编写，学习情境二由胡耀友修订编写，学习情境三由胡尹慧修订编写，学习情境四由蒋新红、贾丽彬修订编写，学习情境五由黄静修订编写，学习情境六由吕华菊、赵淑兰修订编写，最后由周良才和赵淑兰负责统稿。在组稿过程中，胡尹慧老师做了许多细致的具体工作。

在编写和修订过程中，我们参考了许多同类著作和论文，并尽可能在书中予以注明。

在此，我们向原作者表示感谢。同时，我们还要向为本书的出版付出过大量辛勤劳动的北京大学出版社的编辑表示衷心的感谢。

由于编者水平有限，教材中难免有疏漏与不当之处，敬请读者批评指正。

编者
2015年9月于重庆大学城

目 录

学习情境一　社会福利认知 ··· 1
 子情境1　社会福利基础知识 ·· 1
  任务一　社会福利认知 ·· 1
  任务二　社会福利服务认知 ·· 9
 子情境2　社会福利制度与政策 ··· 16
  任务一　西方国家及港台地区的社会福利制度认知 ······································· 17
  任务二　我国社会福利发展模式的选择 ·· 31

学习情境二　社会福利服务机构认知 ··· 43
 子情境1　我国现行社会福利服务机构体系 ·· 43
 子情境2　我国现行社会福利服务机构管理体系 ·· 50

学习情境三　老年人福利服务 ·· 64
 子情境1　老年人福利服务需求认知与发展方向 ·· 64
  任务一　人口老龄化与老年人福利服务需求认知 ·· 64
  任务二　老年人福利服务的发展方向 ··· 72
 子情境2　机构养老服务 ·· 81
  任务一　机构养老服务认识 ··· 82
  任务二　了解申请入住养老机构流程 ··· 90
 子情境3　社区养老服务 ··· 100
  任务一　社区养老服务认知 ··· 100
  任务二　社区居家养老服务申请 ··· 107
 子情境4　社区服务中心探访 ·· 115

学习情境四　儿童福利服务 ··· 126
 子情境1　儿童福利服务的具体制度与政策 ··· 126
  任务一　儿童福利服务需求认知 ··· 126
  任务二　儿童福利服务的法规政策 ·· 135
 子情境2　儿童福利机构养育 ·· 138
  任务一　儿童福利机构养育认知 ··· 139
  任务二　儿童福利机构养育服务的具体内容 ·· 145

子情境 3　家庭寄养 …………………………………………………………… 162
子情境 4　流浪未成年人救助 …………………………………………………… 173
子情境 5　儿童福利机构探访与完善儿童福利服务探讨 ……………………… 183

学习情境五　残疾人福利服务 …………………………………………………… 192

子情境 1　残疾人福利服务的具体制度与政策 ………………………………… 192
　　任务一　残疾人福利服务需求认知 …………………………………… 192
　　任务二　我国残疾人福利服务的相关政策与制度 …………………… 206
子情境 2　残疾人生活服务 ……………………………………………………… 218
子情境 3　残疾人康复服务 ……………………………………………………… 226
子情境 4　残疾人教育服务 ……………………………………………………… 232
子情境 5　残疾人就业服务 ……………………………………………………… 241
子情境 6　残疾人福利机构探访 ………………………………………………… 253

学习情境六　社会福利组织资源筹集与供给 …………………………………… 262

子情境 1　社会福利资源筹集 …………………………………………………… 262
　　任务一　社会福利财力资源筹集 ……………………………………… 262
　　任务二　社会福利人力资源筹集 ……………………………………… 267
　　任务三　社会福利设施建设 …………………………………………… 272
子情境 2　社会福利供给 ………………………………………………………… 280
　　任务一　社会福利的供给主体 ………………………………………… 281
　　任务二　社会福利供给的内容 ………………………………………… 295
　　任务三　社会福利的实现方式与传递机制 …………………………… 298

参考文献 ………………………………………………………………………………… 307

学习情境一 社会福利认知

子情境1 社会福利基础知识

能力目标

1. 提高学生在特定情境下运用所学知识分析问题的能力。
2. 训练学生根据服务对象、性质和运行方式的不同对社会福利服务进行分类的能力。

知识目标

1. 掌握社会福利的概念与特征。
2. 了解社会福利与社会保障的关系。
3. 了解社会福利与社会工作的关系。
4. 掌握社会福利服务的概念、特点、分类和服务方式。
5. 了解社会福利社会化的相关知识。

任务一 社会福利认知

情境导入

重庆九龙坡区加大对"五保""三无"老人和困境儿童的帮扶支持力度

据2013年10月22日《重庆日报》刊载的一篇报道称,农村五保户、城市"三无"

人员、孤儿、事实无人抚养困境儿童，这些都属于国家照顾帮扶的对象，而记者从九龙坡区民政局获悉，九龙坡区现有五保户1 225人，分散供养609人，集中供养616人，其中敬老院供养481人，五保家园供养135人，城市"三无"人员79人。自2006年以来，该区已三次提高五保供养标准，目前标准为散居供养五保户每人每年3 600元，集中供养五保户每人每年4 800元，高于重庆市民政局规定的每人每年3 300元的供养标准。自2010年开始，九龙坡区利用区级福彩公益金，先后投入数百万元用于新建、改扩建敬老院，改善敬老院的设施、环境。比如，该区内的白市驿镇敬老院经过改造后，为老人配备了电视室、活动室、阅览室、医务室、康复室、理发室、餐厅、男女浴室等，老人们居住的房间内也配置了电视。此外，九龙坡区还将全区五保户和"三无"人员全部纳入城乡合作医疗范围和医疗救助范围，"三无"和五保老人在生病住院治疗时，扣除医保报销的部分，区、镇级财政还有额外补贴以实现全额报销，从而基本解除了老人看病治疗的后顾之忧。

除了为农村五保户和城市"三无"人员提供保障，九龙坡区还积极通过各种途径保障困境儿童的入学和生活。该区已将现有的31名社会散居孤儿，52名事实无人抚养困境儿童，全部纳入了基本生活发放范围，每名孤儿每月可领取600元的基本生活费。而对他们在学习和生活中遇到的困难，也分别采取多种方式给予特殊关爱。比如，在白市驿镇读小学四年级的小顺（化名），是一名弃婴，与60岁有智力缺陷的婆婆共同生活，一家人靠捡废品为生。虽然有低保救济，但婆孙俩的日子还是过得很艰难。随着困境儿童抚养补助政策的出台，小顺每个月能领到600元生活补贴，而当地民政部门为了让他生活得好一些，还通过慈善机构为他联系了一个企业，为其提供每月200元的生活费，直至其念完小学。

[资料来源：韦巧云."敬老院里幸福得很！"[N].重庆日报，2013-10-23(9)，有删减.]

任务描述

根据上述情境，试讨论并分析下列问题：
1. 为什么我们要对年老、贫病、失依的人群给予特殊照顾？
2. 社会福利的目的是什么？
3. 该情境反映了社会福利具有什么特点？
4. 我国社会福利服务的主要对象有哪些？

任务实施

1. 以每5人为一组，对全班同学进行分组。
2. 各小组根据情境导入，开展主题讨论。
3. 各小组分析社会福利的目的、特点、主要服务对象等。
4. 各小组选派代表汇报、分享讨论结果。

任务总结

1. 教师结合情境对任务要求进行分析。
2. 教师对各小组讨论结果进行点评。

任务反思

《中华人民共和国宪法》第四十五条规定，中华人民共和国公民在年老、疾病或者丧失劳动能力的情况下，有从国家和社会获得物质帮助的权利。因此，社会福利不仅是公民的一项基本权利，也是政府和社会不可推卸的责任。与此同时，也要看到我国的社会福利与西方普惠型的福利有明显的不同。我国当前的社会福利仍然主要面向老年人、残疾人、孤残儿童等有特殊需要的群体。在满足他们需要的过程中逐步提高服务水平，增加社会福利产品的供给，扩大福利覆盖面，从而逐渐建成有中国特色的适度普惠型的社会福利体系。

知识链接

一、社会福利的界定

（一）社会福利的概念

社会福利是现代社会广泛使用的一个概念。人们往往根据各自的立场和目的给了这个概念以不同的解释。根据日本学者一番ケ濑康子的解释，社会福利"是泛指解决有关'福利'问题的各种社会方法和政策"。但是，这种界定很容易把社会福利与社会福利制度相等同，从而忽略了社会福利的价值追求与现实意义。因为，福利也涉及人们的主观感受和实际的生活状态，并且和各种社会事项相联系。

从词源学的角度考察，无论是汉语还是英语，社会福利的"福利"一词首先都是同美好而幸福的生活状态相联系的概念。在汉语中，福利包含了"幸福和利益"的意思。如《后汉书》（卷四九）中载，仲长统《昌言·理乱》中有"是使奸人擅无穷之福利，而善士挂不赦之罪辜"的说法，其中的"福利"二字就是指"幸福和利益"之意。在英语中，福利的英文单词为"Welfare"，它是"Well"和"Fare"意义的综合，意指"一种健康、幸福而美好的生活状态"。然而，什么才是"好的生活"，这却是一个仁者见仁、智者见智的问题。它既可以指物质生活的安全、富裕和快乐，也可以指精神上、道德上的一种状态。

如果说福利指向的是个体或群体所追求的一种理想目标，即一种好的状态或满意的生活质量，那么与之密切相关的社会福利，在社会学上的意义，则远非"社会"与"福利"概念的合成那么简单。要界定什么是"社会福利"，首先需要我们跳出个人的范畴而站在"社会"的层面来思考并解决与实现"美好的生活"相关的一系列问题。比如，社会根据什么来帮助人们生活得到幸福，通过什么样的制度和政策安排可以保证人们生活得幸福等。而根据目前国内外学术界主流的观点，一般认为社会福利的内涵有广义和狭义之分。其中，广义的"社会福利"包含两个层次的意思，既可以指社会福利状态，也可以指社会福利制度。根据美国著名的社会政策研究专家米基利对社会福利的定义，所谓社会福利状态，指的是"人类正常存在的一种情况或状态"，它实际涉及人类社会生活的多个方面，包括社会问题的调控、需要的满足、发展潜能的机会等。而社会福利制度则是指由国家制定的旨在改善和提高全体成员的物质生活和精神生活的各种政策和保障制度，这个层面的社会福利含义与社会保障制度相当,通常也被称为"大福利"。现在大多数欧美国家是从广义的角度来理解社会福利的,比如政府举办和出资的一切旨在改善人民物质和文化、卫生、教育等生活的社会措施,以及政府举办的文化、教育和医疗卫生事业,城市住房事业和各种服务事业,各项福利性财政补贴等都纳入社会福利的范畴。广义的社会福利指向的对象是全体国民。与此相对应的是狭义的或微观的社会福利,即把社会福利视为社会保障体系或社会保障制度的一个子系统,是专门针对社会弱势人群而提供的带有福利性质的服务与保障措施,以提高他们的生活水准和自立能力,如老年福利、未成年人福利、残疾人福利等。

鉴于我国的基本国情,国内学术界一般是从狭义的角度去界定社会福利的。也就是说,认为社会福利与社会救助的功能相当,它通常是指国家和社会为保障部分社会成员,尤其是困难者的基本物质生活而实施的福利活动和制度安排,它旨在通过资金和服务来保证受助人的基本生活需求,其给付对象是因年老、疾病、生理或心理缺陷丧失劳动能力从而出现生活困难的特殊人群,给付标准是维持其最基本的生活需求。这表明我国社会福利是专为社会弱者或特殊人群服务的,且以为其提供基本生活保障为主。权威的社会福利黄皮书也认为:"社会福利是国家和社会为增进与完善社会成员尤其是困难者的社会生活而实施的一种社会制度,旨在通过提供资金和服务,保证社会成员一定的生活水平并尽可能提高他们的生活质量。"[①]

社会福利并非恒定不变的,一个国家的社会福利往往与该国的经济发展水平与社会文明程度呈正相关性,即经济基础发展水平越高,其社会福利包括的内容就越广泛、质量就越高;反之亦然。随着我国经济的快速发展和社会文明的不断进步,我国的社会福利将逐步从狭义的社会福利向广义的社会福利过渡。

(二)社会福利的特征

1. 保障内容的福利性

社会福利是国家和社会团体为改善国民的物质和文化生活条件,提高国民生活质量而提供的公共福利设施、社会津贴、社区服务等,这些形式的福利是由国家或社会免费或优惠提供的,具有明显的福利性。正因如此,社会福利有"社会工资"的美称,特别是在英国及北欧等福利型国家里,社会福利已成为人们生活中不可或缺的"工资"的重要组成部分。

2. 水平的不可逆性

社会福利是工业化与都市化的产物,是现代社会对贫困等社会问题的制度性回应,基本功能是通过满足变迁中的社会需要与人类需要,达到缓解社会冲突与解决社会问题的目的。一般来说,社会福利的水平具有不可逆性。也就是说,社会福利的水平只能逐渐提高,不能降低。如果出现降低的情况,就要遭到人们的普遍反对,甚至影响整个社会的稳

---

① 时正新. 中国社会福利与社会进步报告(2000)[M]. 北京:社会科学文献出版社,2000:137.

定与发展。

3. 权利与义务的不对等性

一般来说，社会福利表现出权利与义务的不对等性。也就是说，人们在享受社会福利时无须贡献什么，限制性条件也非常少，最多是规定必须是该国或该团体的成员。在这一点上，社会福利与社会救助和社会保险都有较大的区别。众所周知，社会救助的享受条件是享受人自己提出申请，且经过家庭经济状况的调查确认其生活状况低于社会贫困线。社会保险的享受条件是先参保且满一定的期限，达到一定的年龄或其他规定条件后，方能得到保险给付，权利和义务在社会保险中基本上是对等的。

4. 实现方式的多样性

人们的生活需求是多方面的，不仅需要经济收入保障，而且需要各种社会服务，这就决定了社会福利的实现方式也应是多种多样的。特别是对社会上的老、弱、病、残等弱势群体来说，经济收入保障固然重要，而服务保障同样是不可缺少的。如果没有福利服务保障，他们即使有了钱，也有可能陷入生活困境之中。因此，社会福利不仅要注重资金保障，还要特别注重发展各种形式的福利性服务保障，并通过动员社会成员的广泛参与，使自助-互助式的社会福利服务成为提高社会生活质量的有效手段。社会福利服务既能改善人们的生活条件，又能改善人们的人际关系，它有利于健康和谐生活方式的建立，从而从根本上提高人们的社会生活质量。

（三）社会福利的功能和作用

1. 提高国民生活质量

社会福利通过提供低费用或者免费的福利待遇和提供现金补贴，使社会成员在收入不减少的情况下，提高生活待遇。随着社会化生产的发展和生产力水平的提高，劳动者创造的财富越来越多，生产的社会化发展必然带来人们生活社会化程度的提高，许多原来属于个人的责任和家庭的职能逐步转变为国家责任和社会职能，如儿童健康、老人保健、残疾人康复和就业、科学文化和教育事业的发展等。国家通过财政税收的方式，积累财富用以兴办各种社会福利事业，使社会成员共同受益，提高社会成员的物质生活水平。

2. 促进社会稳定

通过提供社会福利，可以对因竞争而产生的弱势群体进行补助和帮助，有利于针对不同保障对象的需求提供特殊的福利设施和服务，从而保护他们的基本权利，减少贫富差距和社会震荡，追求和维护社会公平，促进社会稳定。

3. 调控经济发展

从宏观层面讲，社会福利基金的积累，有利于增加市场上的货币供应量，促进消费，从而提高投资，保证国民经济平稳发展；从微观的角度讲，社会福利的实施与完善，可以使企业摆脱诸如员工年老、伤残等社会性负担，有利于企业优化劳动组合与人才合理流动，从而有利于企业作为市场经济主体集中精力从事生产经营，提高效率，增强企业活力和转换企业经营机制。

4. 促进社会公平，保障基本人权

社会福利从本质上讲是对国民财富的一种再分配，这种再分配是缩小贫富差距、避免两极分化、促进社会公平的根本保证，而社会公正是社会健康有序发展的重要保障。此外，社会福利制度体系的建立对解除或预防贫困，消除社会成员的后顾之忧，为全体社会成员提供基本生活的安全感及维护人格尊严具有重要意义，而这些都是社会成员作为人所应当享有的基本权利。从这个意义上讲，社会福利是人权得到保障的体现。

二、社会保障的界定

（一）社会保障的概念

社会保障（Social Security）与社会福利一样，也是社会政策研究广泛使用的一个概念。"社会保障"一词最早出自美国1935年颁布的《社会保障法》。美国1999年出版的《社会工作词典》将"社会保障"定义为："一个社会对那些遇到了已经由法律做出定义的困难的公民，如年老、生病、年幼或失业的人，提供的收入补助。"《新不列颠百科全书》对"社会保障"的定义是："社会保障是对病残、失业、作物失收、丧偶、妊娠、抚养子女或退休的人提供现金待遇。"国际劳工局对"社会保障"的界定是："社会保障即社会通过一系列的公共措施对其成员提供的保护，以防止他们由于疾病、妊娠、工伤、失业、残疾、老年及死亡而导致收入中断或大大降低而遭受经济和社会困窘，对社会成员提供的医疗照顾以及对有儿童的家庭提供的补贴（1984）。"[①]

在中国，社会保障也有广义和狭义的两种理解。其中，狭义的社会保障一般是指社会成员因年老、疾病、伤残、失业等原因丧失劳动能力或不能维持基本生活时，国家和社会依照法律对他们的基本生活予以保障的制度安排。[②] 广义的社会保障，是指"国家和社会通过国民收入的分配与再分配，依法对社会成员的基本生活权利予以保障的安全制度"。[③]

我国现行社会保障制度始建于20世纪50年代初，主要包括缴费型的社会保险和非缴费型的社会救济、社会福利、优抚安置、社会互助等内容。其中，社会保险包括基本养老保险、失业保险、基本医疗保险、工伤保险和生育保险等五个项目。作为一项维护社会稳定，促进社会发展和社会进步，关系社会全体成员切身利益的经济制度和社会制度，我国的社会保障在配置资源、调节分配、引导消费、促进生产、稳定经济和社会等方面发挥了积极的作用。而世界社会经济发展的历史也证明，社会保障是社会的"稳定器"和"安全网"，是经济发展的"推动器"和"稳定器"，良好的社会保障制度对于缓解社会矛盾、调节经济波动都能起到重要作用。

---

① 孟醒. 统筹城乡社会保障[M]. 北京：经济科学出版社，2005：6.
② 郭崇德. 社会保障概论[M]. 北京：北京大学出版社，1992：12.
③ 陈良谨. 社会保障教程[M]. 北京：知识出版社，1990：5.

（二）社会福利与社会保障的关系

对于社会科学和社会政策的两个核心概念——社会福利与社会保障的相互关系，国内外学界一直存在着不同的见解。其中，大多数的国外学者都认为社会保障以满足公众低层次基本生活需求为目标，是从属于社会福利的一个子系统，而社会福利更关注人们生活状况的改善和整体生活质量的提高，因而层级更高，定义的范围更广。

与国外学界的观点相反，我国在社会福利与社会保障关系问题上一直持狭义的社会福利观，即认为社会福利从属于社会保障，是社会保障的一个子系统，而且在社会保障体系中处于较低层次。具体而言，社会福利是由民政部门负责的为孤、寡、老、幼、病、残等社会弱势群体提供的用于满足其基本生活需要、维持最低生活水平的收入援助和服务保障。

归根结底，社会福利与社会保障的关系，既直接反映了一国现实的社会福利状态，同时也反映了一国政治精英、社会精英和普通民众的主流价值观念。因此，对二者关系的界定并非是一个单纯的学术问题，对二者关系的探讨绝对不能脱离一个国家或社会的政治、经济、文化的现实状况。鉴于中国当前社会经济发展仍处于社会主义初级阶段，人民生活总体上仍处于由温饱向小康过渡的状况，我国目前在理解社会福利与社会保障的关系时所坚持的制度性狭义的社会福利观，符合中国作为发展中国家，尚不具备充分满足人民福利需要的能力的客观现实。当然，从长远来看，随着我国经济社会的不断发展，综合国力的不断加强，以及人民群众对改善生活状况、提高生活质量愿望的日益强烈，我国对社会福利的界定必将逐步向广义社会福利的范畴靠近，届时社会福利将会成为社会保障的最终目标和归宿。

三、社会福利与社会工作

全美社会工作者协会对"社会工作"的定义是："社会工作是帮助个人、群众或社区的专业活动，这种活动能够提升或恢复上述主体的社会功能的能力，并能为上述主体顺利实现自己的目标创造社会环境。"[①] 我国学者周沛、葛忠明等认为社会工作是专门化和专业性的助人工作，其工作的展开过程就是帮助人、救助人的过程，亦是社会保障和社会福利形成与提供的过程。[②] 而学者卢汉龙、彭希哲认为，社会工作是指由政府机构或民间团体所从事的，以协助个人、家庭、团体或社会发挥其潜能，调整其关系，解除或预防因人与人、人与社会环境所引起的各种社会问题，并改进其生活或促进其福利的一种专业工作。社会工作的目的是解决社会问题，其宗旨是通过社会工作机构或社会工作者所提供的专业帮助，使处于社会问题中的广大社会成员摆脱困难，从而解决社会问题，维护社会稳定。社会工作的具体任务大体上可分为改善人们的物质生活和协调人们之间的关系

---

① 查尔斯·H. 托斯特罗. 社会工作与社会福利导论[M]. 7版. 孙唐水，等译. 北京：中国人民大学出版社，2005：7.

② 周沛，葛忠明，马良. 社会工作概论[M]. 武汉：华中科技大学出版社，2008：5.

两大类。①

　　社会福利与社会工作关系非常密切。美国学者史梅丽就认为社会福利和社会工作是指同一件事情，只是其使用的层次不同而已。社会工作是具体、直接地提供社会援助。社会福利包括一个国家的福利政策及其所持的理念，主要是一种制度、政策层面的理念。本书认为，社会福利与社会工作是既相互联系，又有一定区别的两个概念，二者的关系表现在以下几个方面。

　　第一，社会福利是社会工作的起源和归宿。首先，社会工作源于社会福利，社会工作是一种派生的社会制度，当民间的互助制度和政府的福利体系不能有效地满足社会需求时，新的需求空间产生了，社会工作便获得了存在的必要性。其次，社会福利是社会工作的目的和归宿。根据学者卢汉龙、彭希哲的定义，社会工作的目的就是解决社会问题，以及帮助那些处于各种社会问题中的广大社会成员摆脱困难，发挥潜能，调整关系，改进其生活或促进其福利。最后，社会福利的范畴要大于社会工作，社会工作是现代社会福利体系中的一个重要组成部分，社会工作的开展过程，也是福利的形成、供给及提升的过程，所以社会福利与社会工作是包含与被包含的关系。

　　第二，社会工作是实现社会福利状态和执行社会福利制度政策的工作方法和手段。社会福利是以理念或制度的形式存在的，这种以制度和理念形式存在的社会福利必须通过具体的社会福利服务活动才能达成，而社会福利服务活动的开展又需要依据社会工作专业的知识、伦理、方法及技巧来确保其功效。社会工作是一种专业的知识体系，包括专业伦理、知识、方法及技术。这种专业知识和技术是根据现代民主社会哲理和社会组织的原则、原理，人类行为的科学知识、专业诊断、治疗的原则来协助他人，改善环境。作为一种服务活动，社会工作是实现社会福利的手段。如果没有社会工作的具体操作，社会福利就不可能具体化和付诸实施，不可能达到预期效果。②

　　第三，社会福利是社会工作的主要领域，但不是全部内容。社会福利主要提供物质帮助，而社会工作不仅提供物质上的帮助，还提供精神上的帮助，着重在于提高发掘受助者自我发展的能力。因为，以我国目前的经济社会发展水平，现有的社会福利还只能是狭义的，并不是每一个社会成员都能享受到这些服务，某些成员可能因为身体、心理或社会障碍无法得到这些福利，这时就需要社会工作者提供帮助，帮助受助者发掘自我潜能，同时鼓励受助者自立自强，增强其自己解决困难的能力。

　　随着我国社会福利事业的飞速发展，越来越多的社会工作专业方法、工作技巧正被引入到社会福利领域中，因此社会福利与社会工作的结合也必将更为紧密，新一代的社会福利工作者和服务者，应当熟练掌握各种社会工作的专业方法，学会运用社会工作的知识来解决各种社会福利问题。

---

① 卢汉龙，彭希哲．二十世纪中国社会科学（社会学卷）[M]．上海：上海人民出版社，2005：9．
② 同上．

任务二 社会福利服务认知

情境导入

我国社会福利服务开始惠及全体人民

据新华网记者2009年9月10日从民政部了解到,目前我国社会福利制度开始由"补缺型"向适度"普惠型"转变,在切实保障"两孤一残"人员基本权益的同时,越来越多的社会公众享受到了与经济社会发展相适应的社会福利服务。据民政部社会福利和慈善事业促进司有关负责人表示,现在,我国面向老人、残疾人、孤儿、五保的福利服务机构、设施和服务项目愈趋完善,"星光计划"顺利完成,"儿童福利机构建设蓝天计划"和"农村五保供养服务设施建设霞光计划"启动实施;"残疾孤儿手术康复明天计划"顺利推进,造福于这些特殊群体。截至2008年年底,全国各类收养性社会福利单位4.0万个,床位279.4万张,比上年增长11.2%;收养221.9万人,比上年增长11%。

与此同时,我国面向社会公众的福利服务稳步发展,建成"星光老年之家"3.2万个,涵盖老年人入户服务、紧急援助、日间照料、保健康复和文体娱乐等多种功能,受益老年人超过3 000万人;居家养老服务蓬勃发展,老年人享受的社会优待越来越多。全国已建成城镇社区服务设施14.1万处、社区服务中心1万多个,社区公共服务的条件日益完善,内容不断丰富。

儿童福利事业也取得了重大进展。近年来,民政部继续实施"儿童福利机构建设蓝天计划",建立"残疾孤儿手术康复明天计划"长效机制。启动实施"重生行动——全国贫困家庭唇腭裂儿童手术康复计划"。制定《关于汶川大地震四川省"三孤"人员救助安置的意见》,全力做好汶川地震孤儿安置工作和生活保障。民政部等15部门《关于加强孤儿救助工作的意见》的出台和贯彻落实,使孤儿社会福利内容由单纯养育向教育、医疗、康复、成年后的住房和就业拓展。

此外,民政部调整和完善福利企业优惠政策,拓宽残疾人的就业渠道。社会福利企业进一步优化组合,实现了减员增效。截至2008年年底,全国共有福利企业23 780个,比上年减少1 194个;残疾职工61.9万人,比上年增加5.6万人;实现利润118.4亿元,比上年减少30.1%;年末固定资产1 412.7亿元,比上年增加10.6%。

这位负责人还表示,目前我国面向公众、多元化投资、多层次发展、专业化服务的社会福利事业发展格局已经形成,以居家为基础、社区为依托、机构为补充的社会福利服务体系基本建立。

(资料来源:http://news.xhby.net/system/2009/09/10/010583962.shtml.)

任务描述

针对情境导入中所描述的我国社会福利服务的发展状况,以小组为单位讨论并分析以下问题:
1. 社会福利服务的主要类别包括哪些?
2. 我国社会福利服务的主要发展趋势是什么?
3. 什么是适度"普惠型"的社会福利?

任务实施

1. 每5人为一组,对全班同学进行分组。
2. 以小组为单位围绕情境导入展开讨论。
3. 各小组选派1名代表回答上述问题。

任务总结

1. 教师对各小组讨论过程与结果进行点评。
2. 教师引导学生重新对情境导入中的资料进行分析。

任务反思

当前,我国社会福利事业发展日趋蓬勃,作为社会福利社会化的重要成果之一,社会福利服务在服务形式、服务内容及服务质量方面都有了质的飞跃。随着我国经济社会的快速发展,社会福利服务的对象也将逐步由"两孤一残"等特殊人群转为面向全体社会成员。

知识链接

一、社会福利服务认知

(一) 社会福利服务的概念

社会福利服务 (Social Welfare Services),在社会政策研究领域也被人称为社会服务、福利服务或公共服务。[①] 其中,"社会服务"(Social Services)一词在西方国家较为常用,指由政府或非营利组织为市民提供的非现金形式的个人或社区服务,如日间照料、住房服务、危机干预、针对受虐妇女的支持性小组等。在我国,大部分学者认为社会福利服务是与商业服务相对的一个概念,主要指对社会弱势群体提供的各种服务。但在社会福利服务的具体定义方面,目前学界还没有取得一致意见,比如有学者认为,社会福利服务是指直接面向社会成员,尤其是社会中的具有特殊需求的个人、家庭或群体而提供的福利性服务。[②] 而学者黄晨熹则认为,社会福利服务是指国家和社会通过福利机构或社区组织为解决人民生活中

---

① 张海鹰. 社会保障辞典[M]. 北京:经济管理出版社,1993:320-321.
② 关信平. 社会政策概论[M]. 北京:高等教育出版社,2009:324.

的实际困难，提高人民的生活质量而有针对性地提供服务和设施的社会福利计划和项目。

基于我国目前在社会福利内涵界定的特点，本书认为，社会福利服务是由政府出资购买或制定优惠政策扶持，由社区组织或专业福利机构提供的，以保障老人、儿童、残疾人及其他困难群体的物质文化生活水平，并进一步提高其生活质量为目的的带有福利性质的社会服务或社会保障措施。

（二）社会福利服务的特点

根据上述定义，社会福利服务有以下几个特点。

第一，服务本质的"福利性"。所谓"福利性"，是与"商业化"相对，指按照非商业性的原则和方式来提供的服务。政府（或其他公共组织）向社会成员提供的服务从本质上讲是一种福利性的服务，尽管其福利性的程度不尽相同。从服务提供方的目标上看，其目标不是为了赢利，而是为了实现某种社会性的目标；从其运行方式上看，它们一般都有一定的公共资金或优惠政策的支持，因此可以免除或降低向服务对象的收费。

第二，服务的针对性。社会福利服务的目标就是要为人民解决生活中的实际困难，满足人民的需求。因此，有需求的地方就要设置相应的服务设施或项目，切忌搞形式主义。社会福利服务面向的对象是全体社会成员，但它也有重点服务的对象，主要包括两大类：一类是有特殊困难的人，如老人、儿童、残疾人、精神病人等；另一类是有特殊贡献的人，如优抚对象。除了对重点对象提供无偿服务之外，一般的社会福利服务可采取有偿服务的方式。

第三，服务提供方式的多样性。社会福利服务的提供者既可以是政府部门，也可以是志愿机构、社区组织；既可以是公营的，也可以是民营的或者民办公助的；既可以是免费的，也可以是收费的。提供地点既可以是政府或组织专门设立的办事处或机构，如照料各种特殊困难的群体的院舍，也可以是服务对象所在的社区或家庭。

第四，资金来源的广泛性。社会福利服务的资金来源一般以财政拨款为主，社会捐赠和个人付费为辅。如前所述，一方面，社会福利服务具有福利性和非商业化特征，其主要目标是解决社会问题和促进社会整合，因此政府公共财政支持应该是其最重要的资金来源。不过，当前相对于其他公共投入来说，社会福利服务支出占政府社会支出的比重仍相对较少，许多社会福利服务项目都存在资金紧缺的问题。因此，对于许多社会福利服务机构来说，社会捐款也成为其提供服务的重要资金来源之一。另一方面，面对社会不断增长的社会福利服务需求，有限的财政资源始终捉襟见肘，因此部分地方已经开始在一定范围内探索实施使用者付费的方式，希望以此拓宽社会福利服务资金的来源渠道，从而在一定程度上弥补资金的不足。

（三）我国社会福利服务的分类

社会福利服务的内容比较庞杂，按照其服务对象、性质和运行方式的不同，可以对其进行不同的分类，比如按照服务对象的不同，可以分为未成年人、成年人、老年人、残疾人、妇女的社会福利服务等。在我国，官方一般将社会福利服务分为三大类：老年人社会福利服务、儿童社会福利服务和残疾人社会福利服务。

其中，老年人社会福利服务是指政府和社会向处在特殊困境下的老年人所提供的养护、康复等方面的服务。其重点是老年人的权益保护、老年机构养老福利服务和社区养老福利服务，具体内容包括老年人的生活照料、医疗康复和保健、教育和文化娱乐，以及就业和参与社会等。儿童社会福利服务是指国家为儿童提供教育、计划免疫等社会服务，特别是为残疾儿童、孤儿和弃婴等处在特殊困境下的儿童提供福利项目、设施和服务，保障其生活、康复和教育。我国目前的儿童福利服务主要包括三类：第一类是对孤儿进行收养，并使其享有受教育的权利，成为对社会有用的人才；第二类是对那些可以康复的残疾儿童实施治疗和康复，使其减轻残疾程度，回归社会；第三类是使各类残疾儿童受到足够的教育，增强他们的生活和劳动能力，使之做出对社会有益的贡献。残疾人社会福利服务主要指国家和社会保障因残疾人生活和身心健康、改善残疾人的生活条件、帮助残疾人就业等而为残疾人提供的康复、教育、劳动就业、文化生活、生活照料等服务，重点是帮助残疾人实现就业，采取临时救济和集中供养及兴办残疾人福利安养机构等福利措施对残疾人提供特别照顾。① 本书也是采用这种分类方式来介绍社会福利服务的相关内容。

(四) 社会福利服务的方式

社会福利服务的方式指的是人们通过什么样的组织，以什么样的形式把服务送达给受益人。用何种方式来提供社会福利服务关系如何配置福利资源，以及如何协调服务供给者与受益人的关系的问题。

社会福利服务的方式可以多元化，具体采用何种服务方式应当与受益者的实际需求相适应。比如在英国，社会福利的基本服务方式有四种：(1) 院居服务，指受益人脱离家庭，集中到福利院居住，由福利院提供各方面的服务，如老人院、儿童福利院等；(2) 日间照顾，指在社区建立各种服务中心由其提供各种福利服务，如日间婴幼儿护理、儿童游戏、老人护理、残疾人康复等；(3) 社区照顾，指受益人也不离开自己的家，但与日间照顾不同，受益人不是到服务机构中去，而是在家里得到上门提供的各种服务，如为老人或残疾人提供的帮助其用餐、清洁等服务，社区照顾与日间照顾具有共同性，也有人把二者合并称为社区服务；(4) 现场工作服务，指由专业工作人员组成服务队伍，根据服务对象的需要，以流动的方式在社区、福利院或者居民家中提供现场服务。

根据我国的社会福利事业发展状况，本书认为，我国当前的社会福利服务方式主要有两种，即社区服务和院舍服务。社区服务的服务对象居住在自己家，服务设施和服务人员则设在社区。在这种形式下，或者是受益人到社区去，利用社区的服务条件使自己的需要得到满足，或者是相反，由社区服务人员将服务送上门，到受益人家中提供服务。院舍服务的组织方式则完全不同，受益人、服务人员和服务设施被配置在同一地点，形成了服务人员与服务对象之间的直接联系。上述两种社会福利服务方式中，社区服务主要是为家庭提供补充性和支持性服务，以弥补家庭的不足；而院舍服务要求受益人走出家庭，起到替代家庭的作用。因此，两种形式适用于不同的服务对象，社区服务适用于自理能力较强而且家庭支持力较大的对象；而院舍服务则可能适用于缺乏家庭支持而且自理能力较弱的

---

① 黄晨熹. 社会政策[M]. 上海：华东理工大学出版社，2008：356-357.

对象。①

二、社会福利社会化认知

(一) 社会福利社会化提出背景

中华人民共和国成立之初，我国实行的是高度集中的计划经济体制，当时的社会福利制度是与计划经济相联系的国家福利模式或单位福利模式。在当时，这种社会福利模式对社会稳定的维护和人民基本生活需要的满足起了重要作用。然而，随着市场经济体制的建立和完善，传统社会福利制度的诸多弊端和消极后果开始日益凸现。

一是政府和企业包揽福利供应，造成巨大的财政和经济负担，不利于政府发挥宏观调控作用，也不利于企业的经营和发展。在市场经济体制下，国有企业作为自主经营的经济实体，必须与其他性质的企业一同参与市场竞争，在激烈的市场竞争中，企业必须也只能选择卸下沉重的职工福利这个包袱，轻装上阵，否则就只能走向破产。

二是政府和单位包揽职工的福利供给，造成个人对国家和单位的高度依赖，平均主义思想的流行，不利于调动个人的工作积极性。优厚的福利待遇，不但没有激励劳动者的积极性，反而助长了部分人的懒惰和依赖，影响了企业的效率和运营。②

三是长期城乡二元分割的经济体制使得城乡社会福利的差距日益加大，占全国总人口不到30%的城镇居民享受了95%以上的社会福利资源，而占总人口70%以上的农村居民却只享有社会福利资源的5%。这种资源分配的不公，一方面容易滋生社会矛盾，另一方面也不利于城镇化建设和经济社会的可持续繁荣。

四是我国"未富先老"，提前进入老龄化引发了社会对养老等社会福利服务需求的急剧增长，与计划经济相适应的单一的社会福利供给模式已经无法满足社会成员日益多元化的福利需求，社会福利服务供给缺口日益拉大，既不利于社会稳定，最终也影响整体社会经济的发展。

在上述背景下，社会福利社会化作为适应市场经济的必然选择就被提了出来。

(二) 我国社会福利社会化的进程

我国关于社会福利社会化的探索始于20世纪90年代。从1998年开始，我国加大对社会力量兴办福利机构的政策引导和资金扶持，使得各种形式的福利机构如雨后春笋般涌现出来，改变了以往民办社会福利机构几乎处于空白的状态。1999年年底，民政部颁布了《社会福利机构管理暂行办法》，就社会福利机构的审批、管理和法律责任等方面进行了明确规定。2000年，国务院办公厅转发了民政部、国家计委等11部门《关于加快实现社会福利社会化的意见》，提出了我国社会福利事业发展的指导思想、总体思路和目标任务，制定了引导社会力量积极参与社会福利事业的优惠政策，为我国今后一个时期推进社会福利社会化进程，加快社会福利事业全面发展提供了行动纲领和政策保证。

---

① 孙炳耀，常宗虎. 中国社会福利概论[M]. 北京：中国社会出版社，2002：79.
② 李振鹏. 我国社会福利社会化改革的反思与前瞻[J]. 天府新论，2010 (6)：87-91.

2000年4月，全国社会福利社会化工作会议的召开在全国掀起了社会福利社会化的新高潮。会议明确了今后一段时期发展我国社会福利事业的目标：到2005年，基本建成以国家兴办的社会福利机构为示范、其他多种所有制形式的社会福利机构为骨干，社区福利服务为依托，居家供养为基础的社会福利服务网络。会议提出了社会福利社会化的总体要求：投资主体多元化、服务对象公众化、运行机制市场化、服务方式多样化、服务队伍的专业化与志愿者相结合。民政部相应制定了一些配套办法，使社会福利事业改变了国家包揽、资源资金来源单一的问题，在政府的倡导、组织、支持和宏观管理之下，广泛动员社会力量兴办多形式、多层次的福利机构。

另外，民政部还与建设部一道颁布了《老年人建筑设计规范》，下发了《关于开展区域社会福利机构设置规划工作的指导意见》。2001年3月，《老年人社会福利机构基本规范》《残疾人社会福利机构基本规范》和《儿童社会福利机构基本规范》作为行业标准予以实施。通过上下努力，对社会力量兴办社会福利机构，初步做到了扶持保护有政策、审批管理有办法、建筑设计有标准、检查监督有依据。

（三）社会福利社会化的内容

2000年11月，国务院办公厅转发了的民政部、国家计委等11部门《关于加快实现社会福利社会化的意见》，根据该文件的精神，社会福利社会化就是要实现以下几点。

1. 投资主体多元化

采取国家、集体和个人等多种筹资方式，形成社会福利机构多种所有制形式共同发展的格局。各级政府应根据当地经济和社会的发展状况，逐年增加对社会福利事业的投入，主要用于基础性、示范性和非营利性社会福利机构的建设。积极拓展福利彩票市场和发展慈善事业，为社会福利事业的发展筹措更多的资金。采取民办公助的方式，鼓励集体、社会团体、个人和外资以多种形式捐助和兴办社会福利事业。儿童福利机构在今后一段时期仍以政府管理为主，也可吸纳社会资金合办，同时通过收养、寄养、助养和接受捐赠等多种形式走社会化发展的路子。

2. 服务对象公众化

社会福利服务的对象是社会福利的主体，主体范围的大小，是社会福利发展水平的基本标志。随着我国从计划经济体制向市场经济体制逐步转变，对社会福利需求的群体也随之扩大。在经济快速增长，人民物质文化生活水平逐步提高的基础上，社会福利服务必将由"三无"人员、"五保户"、孤儿等特定对象，转而以有偿、低偿和无偿相结合的方式，面向全社会对社会福利有需求的社会成员提供。当然，在服务对象公众化的过程中，我们既要避免"大锅饭"和平均主义的回归，又要吸取西方福利国家的前车之鉴，立足于我国的国情国力，将社会福利的服务对象限定于最需要的人群。其中，老年人群体就是当前社会福利社会化的主要服务对象。

3. 运行机制市场化

按照市场规律发展社会福利事业，走产业化之路。社会福利机构在管理方式、用人制度、分配制度等方面要加大改革力度，建立科学的管理营运体制，努力实现社会福利事业的健康发展。

4. 服务方式多样化

社会福利机构和社区福利服务设施除集中养老、助残外，应充分发挥示范、辐射功能，向社区的居民、家庭提供多种形式的福利服务，满足不同群体、不同层次的需求，逐步形成完整的社会福利服务体系。

5. 服务队伍专业化

制定社会福利服务岗位专业标准和操作规范，实行职业资格和技术等级管理认证制度，开展规范、系统的专业教育和职业培训，不断提高服务队伍的专业化水平。积极开展志愿者服务活动，壮大志愿者服务队伍，加强志愿者服务制度化、规范化。

(四) 社会福利社会化的本质

在我国，社会福利社会化的本质是我国从"国家福利"模式向"福利多元主义"或社会共同责任本位为理念基础的一场社会福利改革实践。所谓"福利多元主义"，也称混合福利经济（Mixed Economy of Welfare），是20世纪80年代以来西方发达国家为解决福利国家危机而在社会政策领域提出的一种新的理论范式。福利多元主义的核心内涵是福利提供主体的多元化和分散化，主张福利是全社会的产物，即社会福利产品和服务的提供应当多元化，而不应局限于单一的政府部门，国家是最主要的福利生产者和提供者，但不是唯一来源，除了国家之外，市场（包括企业）、家庭、志愿组织、社区等也应当是福利的重要来源。

为摆脱以往"政府办社会""企业办社会"的福利模式所带来的社会福利覆盖面小、范围狭窄、社会福利设施不足、城乡居民社会福利待遇差异过大，以及社会福利事业收支严重失衡等现实困境，我国在2000年全面启动了社会福利社会化。我国的社会福利社会化是以社会共同责任本位为基础的，通过社会福利主体的多元化、筹资渠道的多样化、服务队伍的社会化来实现社会福利对象的公众化，即动员全社会力量，为有需要的社会成员提供专业或志愿服务，以最大限度满足社会成员的福利服务需求。

案例分析

自2010年，深圳市率先开启"普惠型"社会福利制度建设以来，以公共服务均等化等为特征的社会福利事业改革在深圳快速推进。医疗改革、教育改革、社会保险改革、养老事业改革、户籍改革、住房改革，一系列普惠型的"民生"改革让民众实实在在地尝到了"甜头"。

以医疗改革为例，自2009年起率先开启"全民医保"进程起，深圳市逐步建立起了"多层次、广覆盖、待遇好"的颇具"深圳特色"的全民医疗保险体系。比如，医保参保人享受的医疗保险待遇水平为全国最高，使用药品目录全国最广，可就医定点医疗机构最多，可在穗莞惠就医并就地结算，个人账户家人可共享，医保基金年度支付限额提高到28

万，门诊大病待遇扩至所有病种等。

尽管深圳是个年轻城市，但老龄化问题近年也已逐渐显现，老人的养老问题也是群众关注的热点。为此，深圳市开始逐步打造以居家养老为基础、社区服务为依托、机构养老服务为补充的"深圳特色"养老格局，力图让居民老有所依。其中，老年人日间照料中心作为深圳市在居民养老上的全新探索，就专门针对社区内生活不能完全自理、日常生活需要一定照料的老年人提供膳食供应、个人照顾、保健康复、休闲娱乐等日间托养服务。这种"白天入托，晚上回家"，社区养老、家庭团聚两不误的社区养老模式正日益受到群众的欢迎。目前，深圳市、区、街道三级养老服务机构正在全面加快扩建和升级，到2014年底，全市每个街道都将有一家老年人日间照料中心。

除了上述领域的改革，为构建与城市综合实力相配套的适度普惠型社会福利体系，深圳市还在健全低收入群体的救助机制，提高最低生活保障标准，建立社会救助标准动态调整机制以及殡葬制度改革等方面进行了诸多探索，开展了"来深建设者重病救助""来深建设者子女重病救助""寻找需要帮助的人"和"雏鹰展翅计划"等社会救助项目，得到社会公众的广泛称赞。

[资料来源：余海蓉. 改革增厚民生福利[N]. 深圳特区报：2013-03-31(1).]

阅读资料，并回答以下问题：
1. 结合案例材料，试分析狭义社会福利与广大社会福利的区别？
2. 深圳市在建立"普惠型"社会福利体系方面的探索有何意义？

子情境2 社会福利制度与政策

能力目标

1. 培养学生对社会福利制度的认知能力。
2. 培养学生对中外社会福利制度的比较分析能力。

能力目标

1. 掌握西方国家社会福利制度的历史演变、基本构成、存在的问题及改革对策。
2. 掌握我国社会福利制度的基本特征。
3. 掌握我国社会福利发展模式的选择。

学习情境一　社会福利认知

任务一　西方国家及港台地区的社会福利制度认知

情境导入

英国启动大规模社会福利制度改革

据《金融时报》2013年4月9日报道，英国政府已启动近几十年来最大规模的福利制度改革，改革旨在于严峻的经济环境中紧缩财政、平衡福利支出，同时激励更多的人参加工作。英国慈善机构及工会组织表示，改革措施将使成千上万的家庭受到影响，无家可归者将会增加。

英国政府福利制度改革涉及法律援助、福利房补贴、社会救济金、残疾人福利等诸多方面。从2013年4月1日起，英国政府法律援助预算减少3.5亿英镑。离婚、儿童监护、医疗过失、福利、就业、移民、住房、信贷、教育等纠纷都不再包括在法律援助范围内。同时，英国将在全国范围推开福利房补贴标准改革。英国政府预计，住房福利新规一年可节约公共财政支出4.9亿英镑，逾66万户家庭需调整住房或减少住房补贴标准。

从2013年4月8日开始，英国将以"个人独立金"取代原有的残疾人救济金。近10年来，英国领取残疾人救济金的人数从250万增至320万，残疾人救济金支出不断扩大。新措施实施后，将有67万人不再符合领取"个人独立金"的条件。英国财长奥斯本表示，到2015—2016财年，此项开支将被削减22亿英镑。

从2013年4月15日起，英国将对就业适龄群体中失业者的救济金封顶，最高补贴不超过工薪家庭平均收入。这项措施将影响约5万个家庭，其中单亲家庭受影响最大。此外，失业者救济金涨幅3年内不超过1%。此举将影响410万个家庭。同时，地方政府税收福利支出项目将被废除，英国目前有590万个低收入家庭在享受这项福利。

英国社会市场基金会调查报告表示："近年来，就业适龄群体的福利支出增长一直是政府预算支出增长的最大部分，但随着政府福利改革生效，这部分增长会相应下降。"该基金负责人表示，未来数年中，养老金福利、债务利息等支出成本会更高，这将是英国财政面临的最大难题。

（资料来源：http://finance.sina.com.cn/world/20130410/032615094307.shtml.）

任务描述

英国在第二次世界大战后率先颁布了一系列社会福利法案，向人民提供"从摇篮到坟墓"的全部社会福利，一定程度上抚平了人民受到的严重战争创伤，对稳定战后混乱的社会秩序起到积极作用。广泛的社会福利措施保障了大多数人的最低生活需要和社会需要，这对长时期地保持相对稳定的社会局势也有颇大的作用。社会福利费用的来源，一半由企业和个人所缴纳的国民保险基金提供，其余由政府财政拨款。此外，政府还要承担国民保健，对个人的社会服务、教育和住房等费用。社会福利庞大的支付成为导致经常性财政赤字的最重要因素。当前随着经济全球化的发展，福利制度越来越成为福利国家经济融入世界经济体系的桎梏。英国经济增长缓慢，与美日等的差距越拉越大。如何提高经济发展速度、增强在国际市场上的竞争力已成为亟待解决的问题，而每年占国内生产总值相当比重的社会福利开支无疑成为解决问题的入口。你认为我国从英国社会福利制度的改革中可以吸取哪些经验？

任务实施

1. 组织学生认真阅读任务资料《英国启动大规模社会福利制度改革》。
2. 以小组为单位讨论：如何正确看待英国的社会福利制度？举例说明某个西方国家社会福利制度的主要内容有哪些？而这个西方国家社会福利制度曾经存在哪些问题？
3. 全班开展更进一步的讨论：英国的福利制度改革对我国福利制度的改革和发展有什么样的启示？

任务总结

1. 请各小组代表进行总结发言。
2. 教师对学生表现和所讨论问题进行点评。

任务反思

中国从20世纪80年代末期开始逐步改革旧的福利制度，探索建立现代社会保障与社会福利制度。对照英国建设福利国家制度及改革过程，我们不仅应当看到政府的责任和义务，注重民众的权利与义务的对称，更要看到中国的历史文化传统、民众的心理与思维习惯，看到经济的发展水平、发展潜力和未来的发展趋势，探索出适合中国国情的社会福利制度模式。

知识链接

一、社会福利制度基础知识

（一）社会福利制度的内涵

社会福利制度是指国家和社会为实施社会福利所做的有关制度安排，是实施社会福利所需的体制和政策的总和，包括一定的法律制度和社会政策。所以，社会福利制度是社会福利实践的直接表现，包括体制和政策两个层面。

与社会福利的概念一样，社会福利制度也有广义和狭义的概念之分。广义的社会福利制度是指国家和社会为实现社会福利状态所做的各种制度安排，它包括正式的社会福利制度和非正式的社会福利制度。狭义的社会福利制度仅指正式的社会福利制度，即国家的社会福利制度。尽管社会福利制度所涵盖的内容非常广泛，但在社会福利研究中，人们通常将研究的重点放在国家社会福利制度上，而较少研究非正式的社会福利制度。在我国，社会福利制度研究的内容同样局限于国家社会福利制度。这是因为，非正式的社会福利是由家庭、邻里互助、宗教慈善活动所产生的福利，其产生、运作带有很强的随机性、民间性和无规律性，研究它既困难又缺乏社会紧迫性。而国家的社会福利制度是由政府举办，需要政府组织资金来源，并按有关制度规定进行合理化安排的，因而，研究它既有很强的社会必要性，也存在研究的可能性。所以，在我们研究社会福利制度时，应将研究的重点放在国家社会福利制度上。

（二）社会福利制度的构成要素

社会福利制度涉及社会的各个方面。在宏观层面，涉及经济制度、政治制度、历史条件、社会环境和社会结构等。在微观层面，涉及诸如是一般公民还是弱势人群的对象问题，以及诸如社会成员的养老、残疾、医疗、工伤、失业、教育、健康等方面的问题。概括来说，社会福利制度总是由以下三大基本要素构成的。

（1）福利制度主体，即社会福利制度的提供者和实施者。依据福利对象和福利内容，明确福利资源的制度性提供者是国家、企业，还是公民个人，明确福利的实施者是政府、企业，还是非营利性的社会服务组织。

（2）福利制度的实施对象。依据宪法原则、国家发展的需要或解决社会问题的需要，确定福利制度的实施对象是全体公民，还是特定的社会人群。

（3）福利制度的内容。针对福利制度的对象不同，相应确定有关的福利项目，如老年人社会福利、残疾人社会福利等。

（三）社会福利制度的类型

自近代以来，由于经济、政治、社会和文化发展条件及水平的不同，各国的社会福利制度大不相同。即使是实行了福利国家制度的西方资本主义国家，其具体的制度类型或福利模式也是不尽相同的。而不同类型的社会福利制度，对经济、政治、社会、文化及公民的影响自然也是不同的，同时，不同类型的社会福利制度的社会福利对象、提供者的状况、社会特征都是不同的。所以，对不同类型的社会福利制度进行分析，可以深入研究各国社会福利制度的一般性特征。

1. 剩余型、工业成就型、制度型和发展型社会福利

1958年，美国加利福尼亚大学伯克利分校著名社会学家威伦斯基（Harold Wilensky）和莱博克斯（Charles Lebeaux）在其合著的《工业社会与社会福利》一书中，根据国家在社会福利供给中承担的职能，提出了一套社会福利建构模型。他们将各种社会福利体系想象成一个连续谱系，并描述了两个极端类型，即补缺型社会福利（Residual Welfare）和制度型社会福利（Institutional Welfare）的特征。

补缺型社会福利制度（Residual Welfare System），又称剩余型社会福利制度。这种社会福利制度重视家庭和市场的作用，强调依靠家庭和市场来提供个人所需的福利待遇。也就是说，只有当家庭和市场的作用失灵而难以提供个人所需的福利待遇时，国家和政府才会承担相应的责任。因此，补缺型社会福利制度只扮演常态社会结构——家庭和市场功能失败后的补救角色。补缺型社会福利制度是以补缺型社会福利观为基础的，该福利观的一个基本假设是，家庭和市场是满足个人需要的自然渠道。但在特殊情况下，比如当发生家庭危机导致家

庭解体、较大范围的经济萧条或个人年老、疾病等，家庭和市场这两个自然渠道不能正常发挥作用来维持个人需要时，作为满足个人需要的第三种社会机制的社会福利制度才开始介入。当社会的常态系统（家庭和市场）重新正常运作之后，社会福利制度就会撤回。由于这种福利制度具有暂时性、替代性特征，往往被看作带有"施舍"或"慈善"的印记。福利的接受者常常被视为社会的弱者或是市场竞争中的失败者，从而帮助对象会在心理上形成羞耻感和自卑感。因此，补缺型社会福利观持有者认为福利带有"蒙羞"（stigma）的社会标签。我国的社会福利制度即属于此类。

制度型社会福利制度（Institutional Welfare System）是视社会福利服务为现代工业社会承担常态第一线的功能。当人们在日常生活中参与一般社会、经济、政治、教育制度的活动时，就很自然地享受该制度与体系的福利功能与服务。在这种福利观看来，社会福利不是在家庭和市场不能满足个人需要时才介入，而是现代社会结构中常规化的、永久性的、必需的组成部分，是一种不同于自由市场和家庭的实行再分配的利益机制。该福利制度把社会福利的对象从特殊的弱势群体（如老年人、穷人、残疾人等）扩展到社会中的所有公民，从"被保护者"或"非正常人"扩展到"普通人"，从而实现了从选择性社会福利（Selective Welfare）到普遍性社会福利（Universal Welfare）的转变。社会福利的接受者不再被视为社会弱者，社会福利也不再带有仁慈或施舍的"善行"性质，而往往被视为公民的一项正当的社会权利，从而不再带有"蒙羞"的社会标签。相对来讲，制度型社会福利制度所提供的福利水平要比补缺型社会福利制度高。

受威伦斯基和莱博克斯分类模式的启发，蒂特马斯（Richard Titmuss，1907—1973）在分析社会政策时，提出了三种不同社会政策模型，并认为社会政策模型是以不同的福利模型为基础的。这三种福利模型分别是剩余福利模型（Residual Welfare Model）、工业成就模型（Industrial Achievement-Performance Model）和制度化再分配模型（Institutional Redistributive Model）。

在蒂特马斯增加了工业成就模型社会福利后，卡恩和罗曼尼斯克又提出了发展型社会福利。这样，他们就把社会福利模式概括为剩余型、工业成就型、制度型和发展型社会福利四种类型。他们的基本观点是，即使是制度型社会福利，也是把社会福利作为防止和矫正社会问题的制度。发展型社会福利制度要求建立的是提高人民生活质量和满足人类发展需要的社会福利制度，而不仅仅是解决社会问题的制度。发展型社会福利制度强调，通过提高全民的生活水平来加强社会福利，确保社会正义和公平分配国家的财富，提高人们的参与能力及人们的健康水平和教育水平。1968年在纽约召开的联合国第一届国际社会福利部长会议，最重要的议题就是认识并强调"发展型社会福利"的观点。1979年，联合国经济及社会委员会通过了第18项决议案——《加强发展型社会福利政策活动方案》，重申了"发展型社会福利"这一新理念，并制定了相关的实施战略。这说明发展型社会福利已成为国际社会孜孜以求的目标，包括我国在内。当然，一定要认识到发展型社会福利制度是建立在相应经济发展水平之上的，不应盲目追求，更不能攀比。

2. 自由主义福利体制、合作主义福利体制和社会民主主义福利体制

瑞典的社会政策专家考斯塔·艾斯平-安德森（Gosta Esping Andersen）在《福利资本主义的三个世界》一书中提出了三种社会福利体制。埃斯平-安德森的研究方法深受马

克思主义的影响,在他的分类研究中,使用的最重要的分类标准是劳动力的商品化。他认为,在资本主义社会,劳动力的商品化是最重要的制度标志。像其他的商品一样,劳动力有市场价值,可以在市场上买卖。为了生存,工人必须在市场上出售他们的劳动力,通常,他们唯一的收入来源就是他们出售劳动力得到的收入。不过,失业保险、国家退休金和其他国家社会福利项目的引入减少了劳动力商品化的程度。艾斯平-安德森相信,劳动力的非商品化程度是衡量政府对满足公民社会需要的干预程度的重要标志。有一些国家,如瑞典,人们不再依赖出卖自己的劳动力而生存,政府的社会福利项目通过提供其他收入渠道实现劳动力的非商品化。然而,其他一些国家,如美国,劳动力仍然是商品,大多数人必须依赖出卖劳动力来满足他们的需要。

使用劳动力的非商品化作为主要标准,艾斯平-安德森将提供不同国家的福利体制分为三类,即自由主义福利体制、合作主义福利体制和社会民主主义福利体制。

在自由主义福利体制国家中,几乎没有劳动力的非商品化,人们普遍坚持社会福利不应该降低工作伦理的观念。在这种社会福利制度中,占支配地位的是不同程度地运用经济调查和家庭收入调查的社会救助,辅以少量的普救式转移支付和作用有限的社会保险计划。因此,社会福利的提供是有限的,并伴有社会歧视,主要针对那些收入较低、依靠国家救助的工人阶级。艾斯平-安德森所研究的这种福利体制基本上属于补缺型社会福利制度。英国、澳大利亚、美国等国家就属于这种类型的福利国家。

在合作主义福利体制国家中,劳动力的中度非商品化、社会福利是公民权的一部分的观念被广泛接受,但传统的权威结构和合作主义的安排对这种公民权有很大影响。宗教的和传统的关于家庭和性别分工的信仰占有统治地位,教会和志愿组织在社会福利供给中发挥着很大的作用。

在社会民主主义福利体制国家中,福利制度的特点是劳动力高度非商品化,社会福利项目高度制度化,公民已经从对劳动力市场的依赖中解放出来,在这些社会中,政府不是人们寻找帮助的最后一道防线,而是确保人们的福利需得到满足的基本机制。与其他国家相比,这种社会福利制度强调普通公民权原则,认为谋取公民的福利是社会的责任,也是民众应享有的权利,社会服务在这类国家的福利供给中所占比重特别高。瑞典等北欧国家就属于这类国家。在艾斯平-安德森看来,理想的模式是社会民主主义福利体制。

二、西方国家社会福利制度的形成和发展

在西方国家,社会福利是一个含义极为宽泛的概念,它是指国家或社会为提高国民或地区居民的生活质量而制定的一种经济和社会保障制度。就其形成历程来看,现代意义上的社会福利制度是在经过一个漫长的历史演变后才形成的。

早期的社会福利与慈善几乎是同义的。古巴比伦王国的《汉穆拉比法典》强调保护孤寡;犹太教、基督教等教派宣扬博爱、助人、公平的宗教教义,都包含有福利的思想。首先,社会福利提供者多为教会或教区,中世纪的欧洲出现了以宗教为主要形式的私人慈善机构和组织,主要以"专为社会弱者服务"的面目出现,专门从事救济贫民的工作。当时,对于无依靠的老人、残疾者及孤儿等提供援助,实际上是为了解决日趋恶化的贫困问题。例如,1601年英格兰议会通过了《伊丽莎白济贫法》(或称"旧济贫法"),规定各

教区应向居民征收济贫税，给无力谋生的人发放救济，并建立贫民习艺所，组织成年贫民从事劳动，安排孤儿学徒。由此可以看出，早期的社会福利在内容和标准方面与慈善事业相当，带有社会救助性质。在价值观方面，西方国家曾将贫困与"懒惰""放纵"联系在一起。直到第一次世界大战以前，英国政府还把赤贫现象作为贫民个人原因造成的"病态"来进行处理，把救济和劳动结合起来。19世纪前半叶，大多数西方国家把对贫困者进行的救济看成是对贫困者进行的一种施舍，当时社会福利工作受自由主义的影响，认为贫困是个人无能和懒惰所致，应由个人负责，国家不负担救济和帮助贫穷者的责任和义务，私人可以举办社会救济和社会福利而不受国家干预。

19世纪末，以英国为代表的西方国家进入了资本主义发展时期的鼎盛时期，生产力得到了快速发展，物质财富的积累显著增加，国内民主建设和政治改革也进入了一个新的发展阶段，现代国家功能日趋完备，这为社会福利事业的发展奠定了物质基础及政治基础。与此同时，西方国家贫困问题进一步扩大，这也是迫使西方国家不得不进一步发展社会福利的重要原因。从1889—1901年，查尔斯·布斯和西博姆·朗特里等人的社会调查揭示了英国贫困现象的普遍性与严重性。布斯对伦敦地区的调查显示：居民中有30%生活在贫困线以下，远低于技术工人的生活水平；收入最低的10%是"偶尔被雇用的劳动者、无产游民和准罪犯"。于是，政府便把济贫转化为经常性的社会福利项目，并逐步纳入政府的正常职能范围。与此同时，在观念上也有了较大的改变，更多的人开始认识到，贫困的根本原因并不是贫民的"懒惰"和"放纵"，而是由于不合理的社会制度造成的。无论是穷人，还是富人，都有可能因某种因素而陷入贫困，成为需要援助的人。在上述理念的影响下，社会福利制度就慢慢地成为一项不是专为穷人而设计，而是具有稳定社会秩序、保障个人基本生活的制度。特别是在英国，1906年自由党在工会和工党的支持下战胜保守党上台执政，开始进行全面的社会改革，在立法建立社会保险体系的同时，自由党政府超越了"济贫"的范畴，开始建立现代社会福利制度。

西方国家社会福利制度的初创是从19世纪80年代开始的。德国是世界上最早进行社会保障立法的国家。面对国民经济的持续萧条和工人运动的日益高涨，德国当时的俾斯麦政府一方面残酷镇压工人运动，另一方面实行社会改良，着手建立社会保障制度以笼络人心，于1883年制定了《疾病保险法》，1884年通过了《工伤事故保险法》，1889年制定了《老年及残废保险法》，开创了资本主义世界社会保障立法的先河。社会保障和社会福利制度的建立缓和了德国国内的矛盾冲突，稳定的社会形势对德国经济发展起到重要作用。19世纪后期，德国的工业生产迅速增长，增长速度甚至超过了英法等国。许多欧洲国家，如英国、瑞典、挪威、芬兰、法国、荷兰、比利时、意大利、瑞士等国纷纷学习借鉴德国，也先后制定了有关疾病和工伤事故的保险法规。1911年，英国还通过了世界上第一部《失业保险法》和《国民健康保险法》。两次世界大战之间，英国的福利国家建设开始全方位推进，社会福利与社会保障项目设置日趋完善，覆盖面急剧扩大，开支增加很快。

第二次世界大战结束以后，以英国为代表的西方国家立即着手进行福利国家建设。首先，建立了完善的社会保障法律体系，如英国，1946年颁布了《国民保险法》和《国民医疗保健法》，1948年颁布了《国民救济法》。其次，统一了社会保障事务的管理体制，如英国从1944年起就实现了对社会保险、社会补助和社会救济项目的统一设计、统一管理和统一实施，最终确立了"福利"与"国家"之间的联结关系。1948年，英国宣布已建成为世界上第一个"福利国家"，形成了包含社会保险、住房、儿童、食品、高龄老人等方面的社会补助，对低收入户、贫穷老人、失业者等社会阶层的社会救助，以及保健服务和社会服务的整套体系。

20世纪50—70年代，北欧、西欧、拉丁美洲各国，仿效英国的做法，完善了其社会福利制度，使社会福利涉及大多数人，甚至是社会全体成员。西方国家的社会保障和社会福利在这个时期进入完善阶段，主要表现在三个方面。第一，社会福利日益向全民化发展。这时的西方发达国家逐步把保险范围由职工保险扩大到非工资收入者，如农业经营者、手工业者、商人和自由职业者。第二，社会福利项目大量扩展。除已有的退休、失业、医疗、工伤保险外，还陆续设立了各种补贴或补助，如住房补贴、孕妇补贴、儿童营养补助、单亲家庭补助、丧葬补助等。第三，社会福利支出大幅增长。随着社会福利项目显著增加，西方发达国家的社会福利支出快速增长。其增长速度往往超过国民经济增长速度。美国1975年社会福利费用占国民生产总值的18.7%，占政府开支的57.4%；1982年的社会福利费用占国民生产总值的比率增至20%。西欧的英国、法国、德国、意大利、比利时等国政府的社会福利开支在1978年就已占到国民生产总值的23%。

三、西方国家社会福利的构成

这里所说的西方国家的社会福利是广义的社会福利，也就是说包含社会保障在内。从内容上看，广义的社会福利制度既包括正式的社会福利制度，即国家的社会福利制度，也包括非正式的社会福利制度。西方国家社会福利主要由以下制度构成。

1. 社会保险制度

社会保险是西方各国社会福利制度的主要组成部分，是社会福利制度的"第一大支柱"。绝大部分西方国家的社会保险是强制性的，即必须根据国家和各级政府的立法规定，由劳动者、企业或社区、国家三方共同筹资来开展社会保险。社会保险的种类包括老年保险、生育保险、疾病保险、伤残保险、失业保险、死亡保险等。社会保险的主要目的是为劳动者及其家属在遇到年老、疾病、伤残、失业、生育、死亡或丧偶等风险导致收入减少、中断或丧失时，提供收入补充，以满足其基本生活需求。一般认为现代社会保险制度最早出现在德国，以1889年的有关社会保险立法为标志。

2. 社会救助制度

社会救助主要面向特殊困难群体，是解决现实贫困问题的重要措施。社会救济与社会救助的实际工作并没有本质的区别，但社会救助的覆盖面比社会救济更广泛，不仅包括政府的救济，也包括社会的支持和帮助。享受社会救助不需缴纳捐税，不论男女老幼，也不论就业与否，只要生活不能维持下去，都是社会救助的对象。社会救助的资金由国家财政支付，但领取救助的人需要经过严格的资格审查。例如，目前英国社会救济的对象主要可以分成四类：一是无法享受到社会保险计划保障的穷人与社会游民等，这些人由于生活极端困难而无法投保，不具备从社会保险中获益的资格；二是领取失业津贴期满后仍无法找到工作的人；三是低收入者及其家庭成员，在需要治疗牙科疾病、外科手术及配置眼镜的时候，可以申请救济；四是65岁以上居民中收入不足以满足最低生活水平的人。社会救助强调最低基本生活的保障及国家和社会对需要救助成员的单面责任和义务。

3. 社会补助制度

社会补助与社会救助不同，社会救助强调针对性和个案性，社会补助则包含"普遍性"的意义。西方国家社会补助项目较多。例如，在英国，主要包括子女津贴、住房补贴、家庭补贴、病残看护补助等；在法国，家庭及儿童补贴就包括多子女补贴、家庭收入补贴、单亲补贴、孤儿补贴和最低家庭收入补贴等；在德国，有培训补助金、子女补贴、教育津贴等。

4. 社会服务制度

社会服务制度也是社会福利制度的重要组成部分。目前，美国的社会服务项目主要可以分成"政府提供"和"政府购买"两种形式。由政府直接负责提供的社会服务项目主要包括收养服务、培训与教育项目。政府负责购买的社会服务项目主要包括个案管理服务、家政服务、社区整合服务、集体膳食服务、成人/儿童日间照料、残疾康复服务、送饭到家、运输服务、面向儿童/家庭与盲人的支持性服务、监管性生活服务。在英国社会服务主要包括老年人社会服务、残疾人社会服务和儿童社会服务。英国大部分地区的社会服务需要交费，如果受益者负担不起，政府可根据其实际情况进行减免。

5. 社会融入计划制度

在西方，绝大部分国家有社会融入计划。虽然不同国家社会融入计划的内容不同，目的也不同，但社会融入计划的功能是相同的，那就是解决其国内最突出的社会问题。例如，德国是个高失业率的国家，其社会融入计划的重点就使长期失业的人重新融入社会，所以德国对失业者发放失业救济。其实，失业救济的目的在于使那些无权享受或不能继续享受失业保险待遇的失业者得到失业保护，失业救济对失业保险起补充作用。在法国，1988年开始实行"社会融入最低收入"制度，其目的是为因失业等原因处于贫困状态的低收入家庭提供基本生活保障，并鼓励他们就业，从而缓解越来越严重的贫困化和社会排斥现象。

6. 教育、培训、住房、医疗等福利制度

公共教育是一项比较重要的福利制度，西方国家一般都实行有年限规定的免费义务教育。例如，在美国，初级、中级公共教育都是作为市民权益的基础部分而由政府免费提供的。美国相关法律规定父母必须将其5~16岁的子女送到学校读书。在德国，免费教育是人人在青少年时期可以享受的社会福利。德国从小学到大学的各类学校绝大多数都是公立学校，教育经费由州和市镇两级政府支付，学生（包括外国留学生）上学免交学费。同时，一些国家也通过培训来满足劳动者长期共存社会成员的需求，如在丹麦，教育经费的很大一部分用于成人教育，每年有一百多万成人接受某种形式的教育或培训。

住房福利是社会福利制度的基本内容之一，其目的是借助国家和社会力量来解决低收入居民的住房问题，一般是通过发放住房补贴来实现的。例如，在瑞典，对那些处于工作阶段的有孩子的低收入群体，就以发放住房补贴的形式予以救助。住房补贴的资金全部来源于中央政策。也有建造公房并以低价租给穷人居住的，在此方面最有代表性意义的国家是美国。

医疗卫生福利制度，在大部分西方国家是作为医疗保险制度的重要补充而存在的。例如，在法国，从2000年开始，就实行了"普遍医疗保障"制度，实行该制度主要是为处于社会保险之外的人提供基本医疗保障。在英国，则实行国民医疗保健制度，该制度规定，凡居住在英国的人都可以免费（或缴纳很少费用）到国民保健系统属下的医疗机构就医，并且，英国绝大部分医院都加入了这一系统。

四、西方国家社会福利制度存在的问题及其改革

（一）西方国家社会福利制度存在的问题

福利国家的理念在英国形成之后，便逐步渗透到世界其他国家，特别是欧洲与北美国家。具有"全面性""普遍性"特征的社会福利制度，在满足国民基本生活需要，降低贫困人口的比重，缓和社会阶级矛盾，促进社会的稳定和发展等方面无疑发挥着极大的积极作用。但这并非说，西方国家现行的社会福利制度十全十美。其实，西方国家的社会福利制度也存在不少问题。

1. 公共开支比重大，政府财政负担加重

自2000年以来，欧元区年均经济增长率只有1%，失业率居高不下（2014年失业率达8.6%），欧洲国家原先引以为豪的福利制度已成为经济发展的重负。例如，英国的社会福利开支在20世纪60年代为81亿英镑左右，占国民生产总值的6.5%，到1980年上升为221.5亿英镑，占国民生产总值的11.1%，年均增长5.2%，而同期国民生产总值的年均增长率只有2.3%。在社会保障的支出方面，占国民生产总值的比例，英国由1952年的9.4%上升到1974年的14.5%。在财政支出中的比重，1994年，英国仅为13.5%，到1997年上升为32%，相当于教育支出的3倍。从1978—1997年，英国社会保障的实际支出水平平均每年增长4%；1999年，更高达1 000亿英镑，几乎等于个人所得税和公司税两种税入的总和。又如瑞典，自1991年开始连续3年经济衰退，退休金还要照付，各种社会保障开支也不能减少，这使得福利体制捉襟见肘。为了维持高额福利开支，政府只得大举借债，从而导致财政出现大量赤字。目前，瑞典政府的债务共有1.43万亿瑞典克朗，相当于1996年国内生产总值的84%，人均债务为16.25万瑞典克朗。公共开支比重大，政府财政负担沉重是西方福利国家社会福利制度所面临的共同问题。出现这一问题的原因是多方面的，如第二次世界大战后大部分西方国家经济发展缓慢，导致国际竞争力下降。但福利国家社会福利制度本身存在的缺陷也是一个直接而重要的原因。

2. 福利收益水平偏低

虽说西方国家公共开支比重大，但社会福利没有发挥应有的作用，福利收益水平却偏低，突出表现在西方国家贫困化现象相对严重。例如，英国是世界福利国家的典范，但目前英国生活在官方公布的贫困线以下和略高于贫困线的"贫困人口"估计接近1 700万人，约占其总人口的30%。在欧盟组织的其他国家中，贫困问题也同样是一个严重的社会问题。在欧共体国家中，20世纪70年代中期的贫困人口为3 000万，当三个新的成员国

希腊、葡萄牙、西班牙加入后，贫困人口上升到3 800万，到20世纪80年代末90年代初，这个数字超过5 200万，超过欧盟总人口的15%。

3. 福利依赖严重

高福利损害了人们的就业动机，并导致福利依赖现象的产生。在西方国家，由于政府对失业者有较好的福利待遇，因此一些失业者不再积极地寻求新的就业岗位，而长期依赖社会福利的救助。在20世纪50—60年代，当欧洲经济发展较好的时候，这些问题没有充分表现出来。但在20世纪70年代以后，尤其是20世纪80年代到90年代初欧洲的经济萧条过程中，这些因素很快变为导致高失业率的重要因素。例如，在德国，失业工人可以得到原工资53%~67%不等的失业救济，加上住房、小孩抚养等补助及免交税款，一些失业工人的社会福利待遇甚至超过低收入者的收入，致使一部分失业者宁可闲在家中，也不愿从事低收入的工作。因此，欧洲国家高水平的福利保障制度在解决了普通的贫困问题的同时，又导致了"依赖性贫困"，使贫困问题更加复杂化。

(二) 改革措施

西方国家普遍的福利政策和高福利的制度带来的是"家长式"的政府和"依赖性"的人民。特别是20世纪70年代以来，西方国家的社会福利制度逐渐显示出局限性及其弊端。在英国，新自由主义学派甚至认为社会福利制度只能鼓励懒惰，使市场经济衰退，他们把"福利国家"比喻成一个摧毁一切个人自由的怪物。正因如此，西方国家都重视对现行社会福利制度进行改革。具体的举措主要体现在以下三个方面。

1. 用"选择性原则"替代"普遍性原则"，使社会福利切实流向最需要的人群

莫雷托教授曾把20世纪80年代各国普遍使用的反贫困方法归纳为，"传统的救助制度"是"使一定的资源就像经过漏斗一样进行分配"的制度。他认为这种制度针对的是所有生活在贫困线以下的穷人，但是最贫困的穷人却无法从中受益。正因如此，西方国家为了削减福利开支，提高社会福利的效率，大多采取了用"选择性原则"替代"普遍性原则"的办法，让社会福利真正发挥帮助穷人的作用，而不是平均分配。例如，在英国，从撒切尔政府以来，一直把削减公共开支、改革社会福利政策视为政府整体改革的一个重要目标。为使社会福利切实流向最需要的人群，撒切尔政府对社会补助的项目条件进行了更加严格的限制，如在家庭津贴方面就用"家庭信贷"取代了"家庭收入津贴"，用"额外资助"取代了"附加津贴"，这样就使资助的对象仅限于低收入、丧失工作能力、有子女的贫困家庭，以及单亲家庭和青年失业者等社会最贫困的人群。英国政府在社会福利方面的改革效果非常明显。据统计，与1997年相比，2000年英国年金领取者的收入人均增加了580英镑，相当于多得了11个星期的福利收入。在根据物价指数不断提高儿童津贴的同时，2000年3月英国孕妇补贴的标准从原来的100英镑提高到200英镑，同年9月又提高到300英镑。

2. 明确社会福利享受者的权责关系，推行与就业相关联的激励制度

为了达到反福利依赖的目的，西方国家采取了一系列强有力的激励措施，并制定了有关的制度。例如，在英国，为了解决单身父母的就业问题，社会保障当局不仅采取了开办职业培训、组织社会服务帮助照看子女、以补贴手段鼓励私有企业接受其就业等"常规"

手段，而且还特别采取了单独顾问服务。在美国有关政策规定，凡具有工作能力的人，社会福利不能无限享受，而有具体的年限限制，并要求社会福利享受对象参加就业培训，或要求社会福利享受对象参与社区服务等。对失业人员，改变单一的失业救济金方式，逐渐加强失业者的市场适应力。1982年，里根政府通过了《职业培训伙伴法案》，建立了"工作机会与基本技能"项目，强化了政府与私人企业之间在社会福利改革方面的合作关系。这个项目要求各州为特定的群体或个人寻找工作，进行在职培训、实行工作补偿（将领取社会福利的有职业的人的部分福利收入移交到他的雇主手里，再由雇主以工资的形式发给他们）等。"以工作替代福利"项目的实施，在1985年一年，就使13万原来依靠社会福利生活的人找到了工作，并在一定程度上增加了原来社会福利领取者的工作收入，抑制了美国公共财政开支增长的势头。

3. 加强社会服务体系建设，以减少公共开支

为了减少公共开支，西方国家通过扩大家庭服务、培养家庭护理员、建立保健医疗和社区服务体系等途径来加强社会服务体系建设，如英国现已建立了一套由地方政府组织管理的社区社会服务体系，有效地解决了生活自理困难的老人、儿童及智障者、精神病人和残疾人的照顾。在老人社会服务方面，英国的做法是尽可能把老人留在家里进行照顾。社会服务的主要内容包括社会工作者提供建议与帮助、提供家政服务、进行夜间照顾，以及开办"托老所"、午餐食堂和娱乐中心等。这样既解决了老人们的照顾问题，又减少了公共开支，同时还有效地降低了福利依赖现象的产生。

五、部分西方国家社会福利制度的改革情况

（一）英国

英国是社会保障制度发展最早的国家之一，也是社会福利最为全面的国家之一。从16世纪到20世纪70年代，英国的社会保障制度从传统走向现代，从单纯救济扩展到全面福利，从低水平到高福利，不断完善。20世纪70年代中期以来，随着社会问题的出现和政党的更迭，英国的社会保障制度不断改革和发展。英国政府从2013年开始的又一次大规模社会福利制度改革，涉及养老、住房、社会救助和其他社会服务，主要措施包括以下几项。

1. 救济金改革

从2013年4月15日逐渐开始，就业适龄人员（16～64岁）领取的救济金将会封顶，不能超过普通工薪家庭平均收入的数额。根据这项改革，单身人士每周可领取的救济金大约是350英镑，夫妇或单亲家庭，不管家中抚养多少孩子，每周可领取大约500英镑救济金。政府方面认为，这项改革可能使大约5万个家庭受到影响，这些家庭大约每周平均减少93英镑。其中单亲家庭受到的影响最大，大约有一半的单亲家庭会因此而减少福利收入。

同时，从2013年4月6日开始，政府发放的救济金的年度通胀涨幅要封顶在1%。以往的救济金每年4月都根据通货膨胀率而增长，一般是2.2%。政府表示，因为经济紧缩，公共服务部门工作人员的工资增长都封顶在1%，所以包括失业救济在内的社会福利救济

金的通胀涨幅也应该同样封顶。大约有 410 万个家庭将受到此项改革的影响，平均每周减少 90 便士。受影响最大的群体应该是就业率较低的单亲家庭。

2. 福利房限制

住在政府提供的福利房和住房协会住宅的家庭也将面临变革。从 2013 年 4 月开始，如果他们的福利房住宅面积超过所需，他们收到的住房救济金额将会减少。也就是说，如果国民有一间多余的卧室，住房救济将减少 14%，如果国民有两间或更多的闲置卧房，住房救济将减少 25%。根据新的福利住房政策，一个成年人或一对夫妇可拥有一间卧房的住宅；有孩子的家庭，两个 16 岁以下的同性孩子要同居一室，10 岁以下的孩子不分性别也要同住一间卧室。

3. 残疾救济改革

英国政府的社会福利改革也不全都是削减。从 2013 年 4 月开始，政府实施一项新的福利——PIP（Personal Independence Payment），个人独立金。这笔福利金取代了过去的就业适龄人员残疾救济金（DLA）。残疾救济金（DLA）是英国社会福利系统最大的一笔残疾福利支出。过去 9 年间，申请 DLA 的人数从不到 250 万，上升到 320 万，增加了大约 1/3。政府认为，有大约 1/5 目前领取 DLA 的人不符合申领 PIP 的资格。这项改革在 2015-2016 财政年度将残疾福利金减少 22 亿。而根据新的 PIP 个人独立金政策，有些残疾人士的福利将会增加。政府方面说，这项新的残疾福利政策将比过去的政策更有效率且简单易懂。

4. 地方税福利地方化

2013 年 4 月 1 日开始，英国政府开始向英格兰地方政府拨款，使其自定地方税补贴政策，而苏格兰和威尔士政府将决定他们自己的地方税福利补贴。在英格兰地区，有 300 多万个家庭受到此项改革的影响，平均每年每家损失大约 137 英镑。

5. 统一福利金。

2013 年 4 月底开始，在英格兰、苏格兰和威尔士，一种新的统一福利救济金（Universal Credit）取代了若干类福利金，包括低收入补贴（Income Support）、失业救济（Income-based Jobseeker's Allowance）、就业收入补助（Income-related Employment Support Allowance）、住房补贴（Housing Benefit）、儿童税收抵免（Child Tax Credit）、就业税收津贴（Working Tax Credit）等。政府估计，这种新的统一福利金政策将使大约 310 万个家庭受益，大约 280 万个家庭受损。

(二) 瑞典

长期以来，瑞典是福利社会国家的典型代表，曾被称为"福利国家的橱窗"。瑞典具有高工资、高税收和全民普惠的高福利，社会福利待遇同样涵盖了"从摇篮到坟墓"的全过程。在联合国开发计划署发布的人类发展指数中，瑞典通常名列前茅。瑞典社会福利的最大特点就是强制性和社会化，人人都必须参加统一的社会保障，并能享受由国家统一提供的各种社会保障。这些保障主要有八大类，即老年保障、健康保障、失业保障、家庭保障、住房保障、儿童保障、教育保障和带薪假期等。瑞典的养老金制度、健康保险和国民卫生保健服务、义务教育、家庭津贴等都是瑞典最有特色的保障制度，全面的福利对瑞典的宏观经济和微观行为等都产生了一系列影响。

人们一般将瑞典社会福利制度中的问题称为"瑞典病"。对于如何治理"瑞典病"，瑞典国内有不同的看法。社会民主党主张在保持现行的社会福利制度、维持充分就业的前提下，增强经济实力，改善公共部门，适当削减公共开支，反对"私营化"；而保守党则主张对现行的社会福利制度作较大的变更，大规模减少公共开支，实行"私有化"，鼓励私人在医疗保健、托幼事业方面与官方单位进行竞争，反对国家过多地干预经济，要求给人们更多的自由支配权。

从 20 世纪 90 年代开始，为减轻税收压力和增强瑞典产品的国际竞争能力，瑞典对社会保障制度进行了一些改革。由于福利国家制度一直是瑞典国民的生存基础和不可或缺的心理依靠，改革更多的是对具体福利计划进行必要的修正，改革的核心任务是：增收节支，实现转型，恢复福利国家制度的稳健运行。

首先，控制工资的进一步上涨。政府要求工会采取克制态度，暂缓提出增加工资的要求，同时承诺继续实施充分就业政策，并逐步降低边际税率。这项改革到 20 世纪 80 年代中期见到成效，物价与工资轮番上涨的势头得到基本控制。

其次，调整养老金给付标准。一是调整养老金上涨机制，将原来的养老金支付标准随物价上涨指数和上班族工资上调幅度而等比例地上调修改为：养老金的上调幅度比照上班族工资上调幅度扣减 1.5 个百分点。二是合并养老金支付项目，将原来的"基本养老金＋与收入相关的养老金"两部分，修改为"所得比例养老金"一种。三是通过对高龄护理家庭的随访，减少不必要的老年护理或治疗等支出。

再次，改革税收制度。其目标是：降低边际税率，建立"低税率宽税基"的新体制，以激励国民工作的积极性，提高国民储蓄，促进资本投资。应当说，税制改革虽然没有完全实现这一目标，但新税制在激发国民经济的活力方面确实显示了相当成效。

最后，改变实现充分就业的方式和条件。一是调整享受福利的条件。比如，将"愿意就业"作为享受福利待遇的基本条件；将参加就业培训作为领取失业津贴的条件；将"尽力工作"作为领取社会救济和残疾人福利的条件。二是增加雇主对雇员病假缺勤的监督，规定病假的头两个星期的津贴由雇主支付。三是重视对青壮年就业者的再培训和终身教育，重视他们的福利待遇供给。四是降低边际税率，适当扩大工资差别，以刺激国民的工作积极性。

（三）美国

同西欧国家一样，美国的社会福利制度也是在工业化过程中逐步建立起来的。但美国的工业化进程具有"赶超"的性质，不仅实现工业化的速度很快，而且人口和城市化的进程也同步展开。建国初期，美国人口只有不到 400 万，到 1860 年就已经达到 3 144 万。在迅速扩张的同时，美国的工业化、城市化进程也在加速进行。在此背景下，美国的社会福利制度"从无到有"的历史进程也比西欧国家短得多。在逐步发展的过程中有两个标志性事件：20 世纪 30 年代的罗斯福"新政"标志着美国社会福利制度的基本建成，60 年代民主党政府的"伟大社会"计划则标志着美国的社会福利制度走向了完善。70—80年代的历届美国政府对其社会保障制度和社会福利制度进行了一定范围内的调整，但是60年代确立的基本框架并没有触动。

美国的社会保险项目和社会福利项目界线比较明确。社会保险（包括退休、养老、伤残和遗嘱等各种的"社会保险"项目和"失业保险"项目）采取基金化的运作方式：政府征收"工资税"构成两个专门的保险基金，保险开支完全由基金负担，政府不再直接投入资金。社会福利项目则完全是由政府开支负担。所以美国政府的公共支出也是很大的，在此后的社会福利制度改革中，都对这部分进行了改革，力图减少社会福利项目和减少支出，尼克松、福特、卡特、里根总统都有这方面的改革。美国没有面向全体公民的社会补助制度，与西欧相比，美国社会福利的覆盖面要窄得多，转移支付部分比多数西欧国家小，社会再分配程度比较低，更强调针对性和工作基础上的救济。

美国的社会福利制度一直没有停止改革的步伐，1996年，克林顿政府对福利制度进行大刀阔斧的改革，签署了《个人责任与工作机会调整法》（Personal Responsibility and Work Opportunity Reconciliation Act）。对此共和党人拍手叫好，有些极端的自由民主党人则愤怒抗议。克林顿政府中三个民主党官员以辞职抗议。《个人责任与工作机会调整法》结束了长达60年的联邦政府对穷人的现金补助，旨在促使依靠政府福利的妇女们参加工作。只有你参加劳动，才能得到儿童补助、职业训练和交通补助。福利改革的另一个重要内容是以"困难家庭临时补助法"（Temporary Assistance for Needy Families，TANF）取代"抚养孩子家庭补助法"（Aid to Families with Dependent Children，AFDC）。根据TANF，联邦政府不再直接承担AFDC规定的责任，而是根据人口比例给各州一笔拨款，由各州承担起责任，避免全国吃大锅饭。联邦政府只对困难家庭提供免税作为补助。小学、中学的免费教育也由政府负担。在AFDC计划中，政府补助是无限期的；而在TANF计划中，一个人一生最多只能领取五年的补助。1996年的福利改革纠正了许多极不合理的弊病，但并没有解决所有的社会问题。没有全民医疗保险、人口老龄化、社会保险基金赤字、劳动力昂贵与经济国际化造成的高失业率等问题仍没有得到解决。

奥巴马就任总统以来，社会福利改革日益成为两党政治较量的核心问题。奥巴马政府的福利制度改革涵盖了税收、高等教育和医疗等主要方面，并以政治经济重组为切入点。

（1）税收制度改革。

奥巴马政府的税收制度改革的主要手段是遏制高收入人群，以此缓解经济不平等现象，并加大对这一群体的税收来为医疗改革储备资金。其三大主张包括：废除2001年和2003年由布什政府制定的、倾向于富人的税收减免政策；遏制累退税政策，避免穷人比富人缴纳更多税费；把更多的政府税式支出调节给低收入和中等收入人群，如提出调整工资税上限。由于个人年收入超过106 800美元以上的部分不再收税，有6%的人会享受这部分优惠，其总收入占全国工资收入的15%。提高上限后将加大对高收入者的税收调节，并减少国家财政赤字。

（2）高等教育制度改革。

1965年通过的《高等教育法案》以法律形式推动了助学贷款发展，政府还对借贷方有所补贴。及至20世纪80年代，助学贷款已经发展成为一项高利润产业，利益飙升使产业家们不断加大政治投入,增强了自己的政治影响力,使政策改革愈发困难。奥巴马政府对这一领域的改革手段是用100%的政府直接借贷取代以信贷公司为第三方中转者的现存贷款体系,从而终止了商业资本对教育产业的控制,并严格控制助学贷款利率上涨,以保证有更多年轻人有机会接受并完成高等教育。

(3) 医疗制度改革。

美国是西方发达国家里唯一没有全国性医疗保险的国家,却在医疗保健上花费的开支最大,关键性的医保项目包括"国家老年人医疗保险"(Medicare)、针对低收入人群的"医疗补助计划"(Medicaid),以及对企业员工的医疗补贴。2008年金融危机大面积爆发后,"医疗保障体系也危在旦夕"这一说法似乎成了不争的事实:有1/6的美国人没有任何保障。由奥巴马政府推行的医改方案为数众多,其中最重要的是2010年签署的《患者保护与平价医疗法案》(Patient Protection and Affordable Care Act,PPACA),又称"奥巴马医改"(Obamacare)。该法案要求扩大医疗保险的覆盖范围,对于那些既没有雇主,也不受政府资助的保险计划保护的成年人而言,必须自行投保,否则可能缴纳罚金,这一举措被称为"个人强迫令";那些收入在贫困线基准四倍以下的家庭将在购买保险时享受税收减免;"医疗补助计划"被推广到了收入在贫困线1.3倍以内的人群。同时,该法案也对私人医保产业和公共医保项目施加着影响。医保公司不得调查投保人的投保前健康状况,对所有申请人都应施加保护,且不得因性别或健康状况等原因对病人进行区别对待。"医疗补助计划"的扩大把3 000万失业公民纳入保护范围,也可在某种程度上减少财政赤字。

任务二
我国社会福利发展模式的选择

情境导入

中国社保实现跃进,告别低福利国家

中国近年在社会保障的制度建设和资金投入上有了长足的进步,如何评价和定性这些举措对于国民福利的改善却依然存在争议。

香港学者王绍光近日发表长篇文章称,过去十年,中国出现了一次新跃进:社会保护力度的大大增强。

"有人在2000年前后说中国是'低福利'国家,那是有依据的,因为当时中国在社会保护方面的公共支出比例确实比大多数国家低。但如果这些人今天依然说中国是'低福利'国家,那等于说,全世界绝大多数国家都是'低福利'国家。"王绍光称。

体制完善,投入激增

王绍光在这篇名为《中国仍然是低福利国家吗?》的文章中,用翔实的数据列举了中国在缩小地区和城乡差距、养老医疗住房等社会保障、城乡低保等社会救助领域所做出的制度建设和资金投入。

王绍光称，中国在 2000 年前后处于"低福利"状态，原因在于，在 20 世纪八九十年代，中国政府曾一度误认为，市场导向的改革意味着由个人与家庭承担社会风险。

进入 21 世纪以后，这种状况开始改变。在涉及绝大多数民众福祉的最低生活保障、医疗保障、养老保障、住房保障、工伤保险、失业保险等方面，政府出台了一系列社会政策，"保障范围越来越广、保障水平越来越高、保障体制越来越健全"。

在缩小地区差距方面，自 1994 年以来，中央对各省财政转移支付的总量一直呈快速增长的态势；尤其是 1999 年以后，几乎是一年上一个大台阶，到 2013 年已达到近 5 万亿元的水平，是 1994 年转移支付总量的 20 倍。

为了缩小城乡之间的收入差距，中国政府近年来对农村居民采取了"少取"和"多予"两套策略。从 2003 年起，城乡人均收入与消费差距已稳定在一个狭窄的区间；从 2010 年起，农村居民收入增速连续 3 年快于城镇。

2013 年年初，国家统计局公布了 2003—2012 年中国全国居民收入的基尼系数，反映收入分配不平等水平的基尼系数在 2004—2008 年间窄幅上升，2008 年后逐步回落。虽然 2012 年的基尼系数 0.474 仍处于高位，但已经连续五年下降。

在养老保障方面，从 1997 年国务院正式建立城镇职工基本养老保险制度开始，先后建立了新型农村居民养老保险和城镇居民养老保险制度，2012 年上半年，中央政府决定在全国全面开展"新农保"与"城居保"工作，当年基本实现社会养老保险制度全覆盖。

人力资源和社会保障部最新数据显示，截至 2013 年年底，全国参加基本养老保险的总人数达到 8.2 亿人，其中城乡居民参保 4.98 亿人，城镇职工参保 3.22 亿。城乡居民基本养老保险制度已经成为中国覆盖人群最多的养老保险制度。

在养老保险全覆盖之前，中国已经实现了城乡低保和城乡基本医疗保险制度的全覆盖。中国建成了世界上最大的社会保障网。

王绍光称，2000—2012 年间，中国在社会保障方面的公共支出，从不到 5 000 亿元增至近 55 000 亿元，增加了近 10 倍；社会保障方面的公共支出占 GDP 的比重从 2000 年的 5% 猛增至 2012 年的 10.5%。

广覆盖，保基本

中国的社会保障制度建设目前还处于完善制度、健全机制、提高水平的初期阶段，"广覆盖、保基本、多层次、可持续"仍然是主要特征。李克强总理在政府工作报告中也提出："要坚持建机制、补短板、兜底线，保障群众基本生活，不断提高人民生活水平和质量。"

中国政府在民生保障上的投入呈现快速增长的态势。2014 年两会刚刚公布的《关于 2013 年中央和地方预算执行情况与 2014 年中央和地方预算草案的报告》显示，2013 年在财政增速下降的前提下，政府依然保持了对社保领域的投入力度，社会保障与就业、教育、住房保障、医疗等四项支出超过了 15 000 亿元，占到当年中央财政总支出的 22%。

2014 年预算对这四项的投入依然"给力"，以社会保障和就业这一支出为例，2014 年中央社会保障和就业支出 7 152.96 亿元，增长 9.8%；医疗卫生支出增长 15.1%，达到 3 038 亿元。

（资料来源：http://www.yicai.com/news/2014/03/3596237.html，有删减．）

任务描述

为加强对我国社会福利制度的认识,掌握我国社会福利制度的现状与特点,了解社会福利院的构成要素、组织机构及社会福利院的主要功能,组织学生进行一次社会福利院实地探访活动。

任务实施

1. 联系好一家社会福利院。
2. 对学生进行分组,确定好每组组长,并进行安全教育。
3. 对福利院进行实地探访,在探访过程中注意搜集掌握以下资料:社会福利院的构成要素;社会福利院的基本类型及主要功能;社会福利院组织结构;我国社会福利制度的现状与特点。

任务总结

1. 请学生代表发言,分享探访经验。
2. 以"我对社会福利院的认识"为题,写一篇对社会福利院认识方面的社会福利院探访日记。

任务反思

通过实地探访活动,锻炼学生收集资料和分析调查研究的能力,使学生之间能够进行充分的互动,相互分享实践过程中的经验,从而对我国的社会福利制度有更深入、更具体的认识。

知识链接

一、中国传统社会福利制度的基本特征

传统中国的社会福利制度是家庭福利制度。在中国传统社会里,家庭是社会生活的核心,也是福利的提供者。传统的中国家庭文化提倡多子多福,一对夫妇一般养育4~6个孩子。其中,长子是家族传宗接代、家长权威传承、家庭财产继承、家庭关系维系的主要依靠者和后继者。在家庭结构方面体现为多代同堂,少则三代,多则四代、五代同堂而居。未婚子女与父母和祖父母同住,已婚子女或者分家,或者不分家,但崇尚的是不分家。多代多子一锅吃饭,一门出入,同耕一块田地、同尊一个祖先,被尊为典范,受到四乡八里的尊重和敬佩。之所以这么做,主要是为了便于一个家庭中的所有成员能相互关照。其实,这就是家庭福利制度的具体体现。

中国传统家庭具有三大基本功能。一是家庭的生产功能,这一功能主要体现在组织家庭成员参加生产上。生产包括农耕劳作或手工经营,人们通过各种形式的生产并从中获得收入。这时,从很大程度上说,每个家庭就是一个生产单位。二是家庭的消费功能,这一功能主要体现在家庭维持全体家庭成员的衣食住行上。在传统中国,住所对有钱的大家庭

来说可能是豪宅，相对讲究一些，但对于穷困家庭则可能只是一处窝棚，但不管怎样，总得有个住所。住所以家庭为单位来提供。没钱人家出行主要靠双脚，有钱人家出行主要靠车马。而一日三餐对家庭而言是最为重要和基本的，它构成日常家务的主要内容。每逢喜庆节日，做一身新衣是重要标志，也是家庭成员的主要愿望，特别是过大年，有钱人家自然要给每个成员（包括佣人）做新衣，经济条件不好的家庭也要想方设法完成做新衣的目标。总之，在中国的传统社会里，家庭为人们提供了衣食住行，为消费创造了条件与可能，从很大程度上说，每个家庭就是一个消费单位。三是家庭的保障功能，这一功能主要体现在家庭为全体家庭成员提供生活保障。这一功能是中国传统家庭更为重要的功能。传统中国家庭的保障范围十分宽泛，保障功能也比较强大，形成了特殊的保障机制。前述家庭提供的衣食住行功能，其实已具有保障的意义；但更为重要的是，传统家庭为家庭成员提供了包括养老、医疗、生育、救济、福利等全方位的保障功能，特别是抚养与养老方面。以养老为例，"养儿防老"是传统中国夫妇生育子女的基本理由，就是说，传统家庭是通过生养子女来解决养老问题的。用现代社会保障的观点来看，生育和抚养子女的花费，可以被看成是正值劳动年龄的父母为将来养老而缴纳的保障基金。这笔基金随着子女年龄的增长在逐年缴纳和积累，在子女的逐步成长中得以保值与增值。当父母老年丧失劳动能力时，当子女成年进入劳动年龄时，原先所缴纳的养老保障金就开始给付了，直至父母去世。从传统家庭的角度看，这种养老基金的缴纳、积累、增值及给付，是一个十分自然的"天经地义"的过程，是一个衔接得十分平滑的过程，似乎找不到过渡的节点或环节。其他如医疗等保障的情形也大致如此。总之，在中国传统家庭中，老人的生老病死风险全由家庭提供保障；家庭保障的费用支出全部由家庭承担，保障基金的积累增值、代际之间的转移支付等过程，一应在家庭中完成。这也决定了传统中国的社会福利制度就是家庭福利制度。

二、中华人民共和国成立以后中国社会福利制度的基本特征

中华人民共和国成立后，建立在计划经济体制基础上的福利制度是依托"单位制"社会管理体制，主要为保障老年人（尤其是孤寡老人）、残疾人和孤残儿童等特殊困难人群的基本生活权益而提供生活救助和照料服务的补缺型福利制度。计划经济体制下形成的社会福利模式具有以下几个明显特征。

一是城乡区别对待，城乡分割。城镇居民享有的社会福利更多、更明显，城镇福利分散为财政价格补贴、单位供给、民政福利等三大块；农村福利由集体提供，主要体现为农村五保户的"五保"供养。据郑功成测算，在福利项目支出方面，占全国人口约20%的城镇居民占有全国财政性福利支出的95%以上，占全国人口75%以上的乡村居民的财政性福利支出不足5%。

二是覆盖面狭小，服务内容较单一。我国的民政福利事业机构，按照规定主要收养城市中无家可归、无依无靠、无生活来源的孤老残幼和精神病人，覆盖对象的范围狭小，且主要分布在城市，农村只有不到2%的人享受传统的社会福利待遇。我国社会保障覆盖面也仅为30%，低于低收入国家平均47%和下中等收入国家平均75%的水平。中国社会科学院社会学所研究员朱庆芳测算，1997年城镇享受社会保障的人数（含离退休）为1.85

亿人，覆盖面为88.7%，农村（含部分乡镇企业职工）为1 474万人，覆盖面仅为3.3%，城乡覆盖面的比例为27∶1。

三是服务标准较低，且职责分散，难以系统规划。由于民政福利事业的投资主体是国家，使得我国每年用于福利事业的费用十分有限，不仅远低于发达国家，而且低于许多发展中国家。1982年政府投入社会福利的费用只有1.65亿元，占国民生产总值的比重仅0.05%~0.06%。而到20世纪90年代初，这项比重却下降到0.04%。在政府拨给的社会福利单位经费中，绝大部分都用于福利单位的日常开支，投入发展的只有10%~15%，90年代初为每年5 000万元左右。西部贫困地区的状况更差。更重要的是，这种制度设计起不到应有的对贫困差距的调节作用。朱庆芳测算，从支出看，1997年城镇按社会公认的社会保障支出为3 500多亿元，人均1 600多元，农村人均为80多元，城乡比例为20∶1，若城镇加上住房、实物福利和物价补贴等，人均高达2 800多元，城乡比例为35∶1；城镇离退休金和福利人均为6 303元，农村为543元，城乡比例为11.6∶1；每千人口医生数，城市为3.5人，农村只有1.6人，还有10.7%的村无医疗点，城市每一个职工的医疗费（公费）为393元，农村大多为自费，每年平均只要几十元。重庆工商大学金融学教授邱向宁1998年测算，占全国人口80%的农民，仅占社会保障支出的11%。上世纪90年代初期，城镇人均年社会保障费用为413元，农民年人均只有14元，相差近30倍。民政福利救济的对象主要是无劳动能力、无生活来源、无法定赡养人和抚养人的城镇孤老（简称"三无人员"）、社会困难户、上世纪60年代精简退职职工及国家规定的一些特殊救济对象，每年城镇救济对象大约为60万~80万人，临时救济为200万人次。目前，随着社会主义市场经济体制的不断完善，财政间隔补贴、单位供给部分已越来越萎缩，而民政所能提供的福利因思想认识、财力制约而准备不足。方青测算，包括军人的抚恤费在内，1985、1990、1995年，国家财政拨款分别为312亿元、55亿元、951亿元，如按每年需要救助人口1亿计，上述经费全部用于社会救助事业，当年人均也仅为31.2元、55元、95.1元，根本无法满足社会成员对救助的要求。①

三、中国社会福利制度面临的挑战

（一）人口老龄化压力日益增大

《中国老龄事业发展报告（2015）》蓝皮书指出，截至2014年年底，我国老年人口数量达到2.12亿人，占总人口的15.5%。据预测，本世纪中叶老年人口数量将达到峰值，超过4亿，届时每3人中就会有1个老年人。在2025年之前老年人口将每年增长100万人，同时劳动年龄人口进入负增长的历史拐点，劳动力供给格局开始发生改变。我国人口老龄化的特点是：老龄人口基数大、增长速度快、高龄化的趋势明显等，其中，最突出的特点是"未富先老"。从国际经验看，西方发达国家在进入老龄化社会时，国内生产总值一般都在人均5 000~10 000美元。而我国进入老龄化社会时的人均GDP才1 000美元左右，属于典型的"未富先老"国家。同时，随着现代生活方式的转变，家庭结构"小型

---

① 浙江省民政事业现代化研究课题组. 民政事业现代化研究[M]. 长春：吉林人民出版社，2001.

化"的发展趋势也使家庭养老的压力越来越大,急需政府、社会的力量为老年人提供基本生活保障。

(二) 社会福利供需矛盾日益突出

在人口老龄化、家庭结构"小型化"趋势等问题日益突出的情况下,人们对社会福利的需求与现有社会福利制度供给之间的矛盾也更加明显。一方面,从供给水平看,现行社会福利制度存在服务内容单一、服务水平不高等问题,供给水平与人们的需求存在一定差距。另一方面,从制度的覆盖群体看,虽然保障对象较之改革开放前已明显增加,但随着改革的深化,社会生活中不断涌现出的新的贫困弱势阶层仍被排斥在制度之外。例如,城市化进程中出现的失地农民、农民工及其子女,这些群体的社会权益诉求及其中未成年人的教育问题都属于社会福利应关注的范畴。

(三) 社会福利事业发展不平衡,区域间差异较大

区域间发展不平衡是我国发展过程中存在的一个不可回避的现实问题。目前,我国东部地区与中西部地区、农村与城镇之间差距仍很明显,这也使区域间社会福利事业呈现不平衡的态势。当然,在近几年贯彻落实科学发展观、统筹城乡发展与区域发展的实践中,民政部等相关部门针对这一问题采取了多项举措。例如,在福利资金安排方面,由民政部管理的部级福利彩票公益金基本都投向西部和中部地区,对东部发达地区投入的资金量较少,目的就是加速中西部地区社会福利事业的发展,缩小地区间差距。同时,为响应社会主义新农村建设的要求,福利彩票公益金的使用近年来也逐年向农村地区倾斜。民政部于2007年11月正式启动的"农村五保供养服务设施建设霞光计划"明确要求各级民政部门在2006—2010年期间,从本级留用的彩票公益金中,划拨一部分资金资助农村五保供养服务措施建设。

(四) 社会福利费支出占国家财政支出比例的适当性问题

一直以来,有相当一部分学者认为,中国社会福利支出在国家公共财政支出所占比重偏低。我们认为,在我国社会福利发展过程中,虽然不能笼统地拿中国的社会福利统计数据与国外的相关统计数据进行对比,进而得出比例偏低或明显偏低的结论,但确实需要认真思考社会福利费支出占国家财政支出比例的适当性问题。表1-1和表1-2列出了中国和部分国家的社会福利支出状况。

表1-1 2011—2015年国家公共财政支出状况　　　　　单位:亿元

项 目	2011年	2012年	2013年	2014年	2015年
全国公共财政支出	108 930	125 712	139 744	151 662	175 768
教育支出	16 116	21 165	21 877	22 906	26 205
科学技术支出	3 806	4 429	5 063	5 254	6 454
文化体育与传媒支出	1 890	2 251	2 520	2 683	3 067

续表

项　目	2011 年	2012 年	2013 年	2014 年	2015 年
医疗卫生支出	6 367	7 199	8 209	10 086	11 916
社会保障和就业支出	11 144	12 542	14 417	15 913	19 001
住房保障支出	3 822	4 446	4 433	4 968	4 881
其中：保障性安居工程支出	3 123	—	—	—	—
农林水事务支出	9 890	11 903	13 228	14 002	17 242
城乡社区事务支出	7 653	9 020	11 067	12 884	15 912
节能环保支出	2 618	2 932	3 383	—	4 814
交通运输支出	7 472	8 173	9 272	10 371	12 347
资源勘探电力信息等事务支出	4 014	—	—	—	—
公共安全支出	6 293				
一般公共服务支出	11 109				
国债付息支出	2 388				
医疗社保住房保障三项合计	21 333	24 187	27 059	30 967	35 798
医疗社保住房保障三项比重（%）	20	19	19	20	20

（资料来源：根据国家财政部网站"2011年公共财政收支情况""2012年财政收支情况""2013年财政收支情况""2014年财政收支情况"和"2015年财政收支情况"提供的数据制表.）

表 1－2　2002 年部分国家社会福利支出情况

国　别	社会福利支出占 GDP 比重（%）	财政（含社会保险收支）支出中社会福利支出所占比重（%）
美国	12.0	33.6
英国	13.5	32.4
德国	27.1	55.9
法国	23.8	44.4
瑞典	20.7	35.4
日本	16.8	44.0
捷克	19.6	35.4
匈牙利	16.4	31.2

（资料来源：http://finance.ifeng.com/news/hgjj/20090403/509020.shtml.）

值得特别注意的是，从表 1－1 和表 1－2 的对比中，我们不能简单地得出中国社会福利占公共财政支出比重很低的结论，因为表 1－2 中各国社会福利支出为全口径，包括养老、遗属、残障待遇，工伤保险、医疗保险、生育与失业保障待遇，家庭、教育与住房津贴，社会救助等现金或实物支付等，其统计口径与我国的统计口径不尽相同。在我国，虽然明显属于社会福利的"医疗卫生支出""社会保障和就业支出""住房保障支出"三项占公共财政的比重比较低，但"城乡社区事务支出"和"一般公共服务支出"两项中也有一部分属于社会福利支出，这部分并未计入社会福利所占比重中。

（五）社会福利社会化程度较低

20世纪80年代以来，我国民政部门开始进行"社会福利社会化"改革的探索，以改变计划经济体制下由政府包办社会福利和国企办社会或国有企业办社会传统福利模式。2000年2月，国务院办公厅转发由民政部联合原国家计委、原国家经贸委、教育部、财政部、原劳动保障部等十个有关部门发布的《关于加快实现社会福利社会化意见的通知》，进一步明确了推进社会福利社会化的指导思想、目标和总体要求，指出要统筹规划、规范管理、有序发展社会福利事业。三十多年的改革实践中，企业办社会的包袱基本被卸掉了，非营利组织的发展也使政府独立支撑社会福利事业的状况有所改善。但改革进程中的一些问题仍没有得到解决。例如，将"社会福利社会化"等同于政府"甩包袱"、主张实行"社会福利市场化"等错误认识直接导致一些地区政府部门对社会福利事业的重视程度下降、将"民办公助"直接转化为"民办民助"等行为。由于认识误区、政府"越位"、社区力量动员不足等情况的存在，直接导致社会福利的社会化合作机制难以形成。

（六）社会福利制度立法工作相对滞后

社会福利走向制度化是社会文明进步的一个重要标志，而通过相应的法律来规范社会福利的供给与需求，是社会福利事业发展的基本要求。20世纪90年代以来，我国陆续颁布了一系列有关社会福利的政策法规。例如，1991年颁布的《关于企业职工养老保障制度改革的决定》、1993年颁布的《关于职工保险制度改革试点的意见》等。20世纪90年代中期后，又颁布了《中华人民共和国老年人权益保障法》《中华人民共和国残疾人权益保障法》和《中华人民共和国未成年人权益保障法》等。但客观地看，这些法律只是对社会福利制度建设从宏观上做出了原则性规定，对福利项目的具体操作并没有明确规定，即使涉及项目具体操作规范的法规也多存在界定不明晰、流于形式等问题。例如，按照民政部1994年12月发布的《有奖募捐社会福利资金管理使用办法》第8条第4款规定："社会福利资金主要用于资助为老年人、残疾人、孤儿服务的社会福利事业，帮助有特殊困难的人，支持社区服务和社会福利企业的发展。"但其中对福利资金的使用仅规定以"定期向社会公布募集资金的收入、支出使用情况"（《中国社会福利有奖募捐委员会章程》第19条第2款）的形式告知公众，而没有规定相关的监督制度。从各国社会福利制度的发展看，社会福利立法应作为一个独立的法律，既不能被其他法律体系所包容，也不能与其他法律体系相混淆。我国的社会福利制度历经五十多年的发展，到目前为止仍没有一部综合性的社会福利法律，值得反思和重视。

四、中国社会福利制度发展模式的选择

关于我国社会福利制度发展模式的选择，中国人民大学教授、知名社会学家郑功成认

为，要以不断改善和提高国民的生活质量为追求目标，走福利社会化、多元化的发展道路。特别是要体现中国自己的特色，如物质保障与服务保障相结合、国家救援与群众互助相结合、救助生活与发展生产相结合、发展社会福利与巩固家庭保障相结合、社会福利制度化建设与非制度化建设相结合等。一是要改造政府福利，设置老年人福利、儿童福利、妇女福利等项目，将财政性补贴转化为社会津贴项目。二是分化职业福利，将具有社会职能的一部分传统职业福利从单位中剥离出来，复原到社会化福利，职工对这部分的福利需求通过社会化或社区型的福利设施、项目得到解决。三是完善整个福利制度，包括健全社会福利法制体制、重整福利资源、健全福利体系、完善运行机制等。他提出，要构建官督民办的新型社会机制，除教育福利因与教育界密不可分仍由教育部门管理外，其他福利事务均应由民政部门统一监督管理。

民政部社会福利和社会事务司常宗虎认为，各国实践中的社会福利制度，从对社会结构的影响程度上区分为两种模式，从社会福利的实施方式上又可以区分为两种组织体制。两种模式与两种体制的交互搭配和混合使用，又形成了各种不同的社会福利制度。两种模式依据对市场的乐观和悲观的不同估计，区分为补救性福利模式和机制性福利模式。补救模式认为市场可以自行解决绝大部分社会问题，社会福利只需"将目标有选择地集中在一群残留的、人数不断减少的少数需求者"身上，就可以保障有一个健康、良好的社会环境。其典型代表是美国。机制模式认为市场无力解决日益恶化的社会问题，政府只有通过全面干预的社会福利政策（如普遍的、名目繁多的福利补贴和政府提供的补充社会保险等）在大范围内提供机制化的服务，才能解决普遍性的社会问题。否则，社会稳定就难以保证。代表性国家如瑞典、丹麦、挪威等。两种体制依据政府和社会在福利工作中的不同作用，区分为合作体制和国家主导的体制。合作体制突出强调社会力量，特别是社会中介组织在福利服务中的重要作用，认为大部分的福利服务，应该交由各类社会组织包括非政府、非营利机构来提供，公民整体的福利保障和服务充分依托社会部门的作用。代表性国家是德国、荷兰等。国家主导的体制强调国家应当基本包揽公民的福利收入和福利服务，全体公民能否享受到社会福利的基本权益，责任完全在于国家。

原国家民政部办公厅副主任常宗虎认为，结合我国国情，尤其是我国社会福利事业的实践和现状，中国的社会福利制度应当选择补救模式和合作体制。主要理由有四个：一是政府财力有限，面对社会福利服务需求与供给之间比较尖锐的矛盾和不发达的现状，必须充分动员、依靠社会力量发展社会福利事业，才能适应时代发展的要求；二是我国正在加速建立社会主义市场经济体制，政府参与社会越少，越有利于培育、发挥市场的作用，社会力量的大规模介入和政府退出直接管理的地位是建立相对完善的市场经济体制的必然要求；三是补救模式和合作体制把政府的作用放在比较低调的地位，既为政府以后更多地参与社会福利事业留下了余地，又为政府随时改变自己在社会福利事业中的角色和地位埋下了伏笔；四是吸取"福利国家"福利负担过重的教训，遵循福利水平只能提高而难于降低的刚性规律，选择补救模式和合作体制，应当说是明智的。

补救模式以维护社会稳定和社会公平为最终目的和衡量标准，带有强烈的救济型福利的特点，福利项目只限于社会普遍认可的、维持社会平均生产水平必需的物质与精神需求、福利水平只限于对不足部分的补贴或有特殊贡献者的补偿和必要的社会服务。补救模式的实施，一般要求以"家计调查"为前提，主张政府只进行最小限度的干预，同时积极鼓励个人、家庭、单位、社会尤其是社会中介组织作出最大努力。

中国著名社会学家、中国社会科学院学部委员景天魁等人认为，以底线公平理论为基础的福利模式是中国社会福利制度的可行选择。底线公平理论在社会福利问题上的基本主张是：只有满足穷人的利益，才能真正满足富人的利益；底线公平比一般公平更有利于实现社会公平；有重点的公平比所谓的"全面公平"更有利于真正实现全面公平；以增进普遍福利为目的的发展，比单纯的经济增长更有利于经济的健康和持续的发展；全民共富比一部分人富裕更能够真正富裕中国。

底线公平福利模式有五个基本特点（也是优点）。第一，理念特征：底线公平。社会福利领域的"底线"指社会成员基本需要中的"基础性需求"，主要包括解决温饱的需求（生存需求）、基础教育的需求（发展需求）与公共卫生和基本医疗的需求（健康需求），这三项需求是人人躲不开、社会又公认的"底线"。底线部分表现权利的一致性，属于无差别的公平，所有公民在"底线"面前所具有的权利一致性就是"底线公平"；底线以上部分体现权利的差异性，属于有差别的公平。底线公平是一种具体的、可操作的社会公平，比一般公平和抽象公平更有利于实现真正的社会公平。第二，制度特征：分层体系。底线公平的福利制度体系由基础性的福利制度和非基础性的福利制度两个层次构成，前者满足人民的底线福利需求，具有一致性；后者满足人民的非底线福利需求，具有差异性。第三，机制特征：刚柔相济。刚性机制强调政府在满足社会成员的底线福利需求时负有不可推卸和不能回避的"底线责任"和"首要责任"，这种责任既是一种政治责任，也是一种经济责任，还是一种道德责任。"柔性机制"强调非底线福利责任主体的多元化，充分发挥市场机制、慈善机制、互助机制、自助机制在非底线福利供给中的作用。刚性机制与柔性机制的相互结合，既划清了福利供给上政府机制与市场机制之间的界限，明确了结合点，又增加了福利调节机制的弹性。第四，目标特征：水平适中。在福利社会上，底线公平福利模式既反对"福利最小化"（它与共同富裕的社会主义本质背道而驰），也反对"福利最大化"，有效预防"高福利的陷阱"和"福利依赖"。第五，功能特征：雪中送炭。底线公平福利模式体现了"双重"的"雪中送炭"：在社会成员中强调"社会弱者优先"，强调政府要优先满足弱势群体的福利需求；在社会成员的福利需求中强调"底线福利优先"，强调政府要优先保证社会成员的底线福利需求。①

案例分析

贫苦是相对的，也是永恒的。美国虽然是世界上最发达的资本主义国家，凭借强大的经济实力和军事势力，以及美元作为世界货币的优势，应该说，美国的经济发达，物价低廉，居民生活富裕。但是，美国的贫富差距也非常大，一些失业者、流浪汉、无业移民等，生活仍然相当清贫，尤其是在金融危机的情况下，美国的困难家庭和困难群体还在不

---

① 景天魁，毕天云. 中国特色的福利社会——建设有中国特色的福利社会[J]. 人民论坛，2009 (20)：46-48.

断扩大。如何让这些家庭和群体"居有其屋,饿有其食,病有其医",美国有专门的社会保障制度或社会福利制度。

(1) 食品券制度。"仓廪实而知礼节,衣食足而知荣辱。"我国古代思想家管仲提出的治国理财思想,在美国的食品券制度中可以得到反映。美国农业发达,农产品市场供应充足,价格低廉,美国政府对农产品市场管制严格,体现了美国政府对农产品供应和食品安全的重视。同时美国政府也非常重视居民的食品和营养问题,美国有专门的食品券,免费发放给困难家庭和困难群体。美国的食品券开始于1964年的《食品券法案》,根据这一法案开始推行食品券福利计划。美国的食品券主要发放给官方公布的贫困线以下的人口,食品券规定专门的用途,只能用于购买食品,不能用于购买烟、酒等奢侈品,更不能出售。美国农业部统计显示,2001年有1 700万人申请食品券,其开支约为150亿美元,到2013年,有4 700万人申请食品券,其开支达到创纪录的784亿美元。食品券和现金相比,虽然使用不自由,但可以避免困难家庭和困难群体突击花钱和无计划地乱花钱,而导致政府花了钱又不能很好地解决困难家庭和困难群体的温饱和营养问题,引起社会的不稳,因为对困难家庭和困难群体来说,温饱问题是生活的第一需要,这有利于社会的稳定和家庭的和谐。

(2) 廉租房制度。美国政府解决困难家庭和困难群体的住房问题,主要采取廉租房的形式。廉租房是美国政府的一项重要的社会福利政策,一般由联邦政府提供财政援助,地方政府负责建造,在城郊结合部,集中建设多层或高层小公寓,有单身公寓、老人公寓等各式规模和类型的公寓,低租金租给低收入者、老人及残疾人居住。廉租房一般提供基本的生活设施,廉价的水电费,以实现低收入家庭、困难家庭和困难群体"居有其屋"。

(3) 免费医疗制度。美国的医疗制度和我国不一样,美国没有建立统一的医疗保险制度,居民主要靠医疗保险解决医疗问题。医疗保险主要有政府承办的社会医疗保险和私营医疗保险,以私营医疗保险为主,社会医疗保险主要资助老人、残疾人或患严重疾病的人的医疗照顾和困难家庭的医疗援助。美国医院也分私立医院和公立医院,以私立医院为主。美国的私立医院医疗条件、医疗技术比较好,医疗费用也比较高。美国还在弱势群体集中的地区建有"社区保健中心",主要参与社区免费或优惠性护理,提供免费或优惠价格药品等。救死扶伤是医院的职责,也是基本的人道主义精神。美国的医疗费用高昂,但对困难家庭和困难群体也提供免费医疗。根据美国的法律,急诊病人不论身份、是否有保险,都必须得到医院的救助治疗。对真正的穷人,各地都有不同的福利政策,州和联邦都有相应的医疗福利计划,可以享受政府的免费医疗,还有相应的生活救济。就像"世上没有免费的午餐"一样,困难家庭和困难群体享受了免费医疗,医院有专门的记录,一旦困难家庭和困难群体有了钱,在银行有了一定储蓄存款,必须向医院支付医疗费用,否则会留下不良记录。美国是个诚信国家,居民没有诚信,有不良记录,在社会上是很难立足的。

(4) 免费提供食物。除了政府外,美国的一些民间组织,主要是一些社会团体也热心社会公益活动,积极参与对困难家庭和困难群体的帮助。每到下午四五点,在旧金山、洛杉矶、纽约等美国大城市,在教会门口都可以看到失业者、流浪汉排队领取救济餐。笔者曾就此事请教过美国的地方政府官员,流浪汉影响城市的形象,给社会治安带来种种安全隐患,美国大城市为何不取缔流浪汉。据说,美国旧金山市曾想取缔城市流浪汉,结果引起了流浪汉的集体集会抗议,最后不了了之。因为在他们看来,流浪是一种生活方式,是人的基本权利,这也是在美国大城市随处可见流浪汉的原因所在。而且,取缔流浪汉显然是不尊重人权的,和美国的多元文化不相符合,和"自由、平等、博爱"的美国精神也不相符合。应该说,美国的一些民间组织也在替政府承担了一些社会保障方面的职能。

［资料来源：余丽生. 美国社会福利制度及其借鉴[J]. 中国财政,2009(18),有删减.］

阅读资料,并回答以下问题：

1. 你认为美国的社会福利制度有什么特点?
2. 美国采取了哪些手段来改革国家福利制度?

复习思考

1. 什么是社会福利?社会福利有什么特征?
2. 社会福利对社会发展可能产生什么影响?
3. 中国政府积极推动社会福利社会化的原因何在?如何推动社会福利社会化?
4. 中国社会福利实务领域常用的社会福利概念与西方福利国家所用的社会福利概念有什么不同?
5. 西方国家社会福利制度的基本结构由哪些制度构成?
6. 我国的社会福利制度改革面临着哪些挑战?
7. 你认为什么样的社会福利发展模式比较适合中国?为什么?

学习情境二 社会福利服务机构认知

子情境1　我国现行社会福利服务机构体系

■■■ 能力目标

掌握我国现行社会福利服务机构体系。

■■■ 知识目标

1. 理解社会福利服务机构的性质和类型。
2. 了解我国社会福利服务机构的发展趋势。

情境导入

用积极的心态对待生活

　　有这样一个传说：怪兽斯芬克斯盘踞于交通要道，常用一个古怪的谜语为难路人，猜不出者即被它吃掉。谜语是："谁早晨四条腿，中午两条腿，黄昏三条腿？"结果有数不清的路人因猜不出来而惨遭不幸。一次，英雄俄狄浦斯路过，准确地猜出谜底是"人"——刚出世时手脚并用在地上爬，因此"早晨"是"四条腿"；长大后双腿健步如飞，因而"中午"是"两条腿"；老年时步履蹒跚要拄拐杖，因此"黄昏"是"三条腿"。他猜出了答案，怪兽羞愧交加，滚下山崖摔死了。

　　人在早晨四条腿，中午两条腿，黄昏三条腿，这也说明，人不是时刻都是强壮的，人也有脆弱的时刻。

任务描述

　　两人一组进行体验式活动，体验人在特殊时期及特殊人群的困难，并分享感受。

任务实施

1. "盲人"游戏。一人扮盲人,另一人扮拐杖,通过布有障碍物的通道。两人之间不能有任何言语沟通。到达终点后盲人和拐杖分享感受。
2. "两人三脚"游戏。用宽的松紧带将两人相邻的腿绑住,要求两人以最快的速度从起点跑向终点。到达终点后请两人分享感受。
3. "心有灵犀"游戏。一人扮"小孩",一人扮"大人"。老师向"小孩"呈现词语,要求小孩展示不同感受,如"饿""渴""冷"等。小孩不能说话,只能用表情和动作展示,"大人"要负责猜出小孩此时的感受并用动作进行帮助。游戏结束后两人分享感受。

任务总结

1. 学生推举三名代表进行发言。
2. 教师对学生发言进行点评。

任务反思

从呱呱坠地到离开这个世界,人总有脆弱的时刻,这个时候离不开他人的帮助。当家人因为工作、疾病等原因无法照顾你时,你会向谁寻求帮助?你对自己所知道的那些照顾老年人、残疾人及孤儿和弃婴的机构有什么样的认识?

知识链接

一、社会福利服务机构的定义及性质

社会福利服务机构是指国家、社会组织和个人举办的,为老年人、残疾人、孤儿和弃婴提供养护、康复、托管等服务的机构。随着社会福利服务机构从"专为弱者提供服务"扩大到"为全民服务",社会福利服务机构的概念也将走出狭义的定义,实现服务对象的公众化、服务方式的多样化和服务水平的专业化。

社会福利服务机构具有社会性、福利性、服务性和专业性等特点。社会性指社会福利服务机构直接面向社会成员,尤其是社会中的具有特殊需求的个人、家庭或群体。福利性也称非营利性,是与"商业化"相对的,指按照非商业性的原则和方式来提供服务。从服务提供方的目标上看,其提供社会服务的目标不是直接为了赢利,而是为了实现某种社会性的目标;从其运行方式上看,他们一般都有一定的公共资金或优惠政策的支持,因此可以免除或降低向服务对象的收费。

根据社会福利服务机构的自身特点,社会福利服务机构应当遵守国家法律、法规和政策,坚持社会福利性质,保障服务对象的合法权益。同时,也因为其社会性、福利性等特点,社会福利机构享受国家有关优惠政策,比如在用水、用电、税费等方面享受一定的优惠政策。

二、我国社会福利服务机构的产生和发展

古语说,"老吾老,以及人之老;幼吾幼,以及人之幼"(《孟子·梁惠王上》),意思

是在赡养孝敬自己的长辈时不应忘记其他与自己没有亲缘关系的老人,在抚养教育自己的小孩时不应忘记其他与自己没有血缘关系的小孩。

人是社会性的动物,人们在照料老人、残疾人和儿童方面,以及家庭生活、文化娱乐、休闲和心理调适等方面都需要大量的服务。在传统的农业社会中,人们需要的服务种类和数量都相对较少,并且大多数服务都可以通过家庭自给自足和邻里互助的方式来满足,国家在此方面的干预不多。社会进入工业化之后,工业化和城市化的生产与社会活动方式使人们的服务需求逐渐增长,但家庭、邻里等传统的方式提供服务方面的功能却逐渐弱化,这就需要社会提供相应的服务。当代社会中,虽然商业化的服务产业在迅速发展,并在满足人们各种服务需求等方面发挥了重要的作用,但商业化服务业不能满足所有人的所有服务需要。因此在当代市场经济条件下,需要政府或其他组织以公共投资和福利性的方式来提供各种服务,以满足人们对服务的需求。

在各个社会中政府或其他组织都有一些针对特殊困难者的福利性服务。这里所谓的特殊困难者主要包括贫困者、老年人、残疾人、孤残儿童,以及其他一些在生活中具有特殊困难和特殊需要的个人和家庭。这些人由于自身的特殊困难而比其他人需要更多的服务,但他们当中又有很多人因为经济等方面的限制而比其他人更加难以利用商业化服务。因此,需要政府或其他组织以福利性服务的方式给他们提供必要的生活服务,以解决他们的困难。

早在农业社会中就有一些官办或民办的福利性服务机构。我国历史上很早就有政府举办的针对贫民、孤老、孤儿和其他各种困难者的社会福利设施。社会进入工业化之后,各国政府在为各类特殊困难人群提供福利性服务方面也有很大的进展。在我国民国时期,当时的政府办有养老所、育婴所、施医所、残疾所、孤儿所、习艺所等;另外还有教会等民间组织办的孤儿院、安老院、医院、施诊所等。但中国当时经济落后,连年战争,导致社会福利事业发展缓慢。

中华人民共和国成立以后,从20世纪50年代初开始,政府就着手在接收和改造原有社会福利机构的基础上,开始建设新的社会福利服务机构体系。主要通过接收、改造民国时期官办的救济院、习艺所等,以及地方民办的慈善堂、外国教会举办的慈善机构等,使之成为公共的福利机构。同时在城镇新设残老教养院、儿童教养院、精神病疗养院等福利设施。面向城市居民的民政福利事业开始形成。2000年2月27日,国务院办公厅转发民政部等11部门《关于加快实现社会福利社会化意见》(国办发〔2000〕19号),该意见指出,社会福利机构要面向全社会老年人、残疾人,拓展服务领域,扩大服务范围和覆盖面,并根据服务对象的不同情况,实行有偿、减免或无偿等多种服务。到2005年,农村90%以上的乡镇建立起以"五保"老人为主要对象,同时面向所有老年人、残疾人和孤儿的社会福利机构。大力发展社区福利服务设施和网点,建立社区福利服务体系,因地制宜地为老年人、残疾人、孤儿等特殊困难群体提供各种福利服务。鼓励并扶持社会力量兴办以老年人、残疾人、孤儿为服务对象的非营利性医疗机构。这表明,社会福利机构既有专业性的、专门为某类社会福利对象提供专业化服务的机构,也有综合性的面向所有社会福利对象的服务机构。国家赋予了农村社会福利机构以全方位服务的职能。

为了深入贯彻落实《关于加快实现社会福利社会化意见》,促进社会福利事业发展,2001年2月6日,民政部印发《关于批准发布〈老年人社会福利机构基本规范〉、〈残疾人社会福利机构基本规范〉、〈儿童社会福利机构基本规范〉行业标准的通知》(民发〔2001〕24号),批准《老年人社会福利机构基本规范》《残疾人社会福利机构基本规范》《儿童社会福利机构基本规范》。2005年11月16日,民政部印发《关于支持社会力量兴办社会福利机构的意见》(民发〔2005〕170号),更为具体地规定了支持社会力量兴办残疾人社会福利机构的政策措施。文件强调,各地要采取多种形式,打破所有制界限,加大对社会办福利机构的资金投入,充分调动社会力量参与社会福利事业的积极性,同时,要广开渠道,充分利用彩票公益金、慈善资金和社会捐赠资金发展社会办福利机构。有条件的地方要积极争取财政支持并加大彩票公益金投入力度,扶持社会办福利机构的发展。对于处在建设阶段的社会办福利机构,可以按照规模、投资额等,给予相应的资助;对于正式开业的社会办福利机构,可以按床位数和实际收养人数给予一定的运营补贴,也可以在社会办福利机构内安置城市"三无"对象、农村五保对象、低保对象和生活困难的老年人、残疾人、孤儿和弃婴,并按当地标准支付其生活、照料服务等费用。文件在规划、建设、税费减免、医疗、用地、用水、用电等方面提出了一系列优惠扶持政策,鼓励和支持企事业单位、民间组织、个人等社会力量投资兴办残疾人社会福利机构。经过几十年的发展,在城市中形成了一套由政府投资建设、政府直接管理的社会福利机构体系,以及在农村依托集体经济的社会福利服务机构,为社会上困难老年人、残疾人、孤儿、精神病人提供了基本的福利性服务。

三、现行社会福利服务机构的主要类型[①]

(一) 按照所有制性质进行分类

按照所有制性质进行分类,可将社会福利机构分为公办和民办公助等类型。

公办福利机构的作用一方面在于对低收入的老人、残疾人等提供最基本的生活保障,保护社会成员最基本的生活权,另一方面在推进设施的专业化和现代化发展上起到引导作用。

民办公助型机构,主要包括那些具有专业技能和经营能力的非营利组织,政府不直接参与其运作,但常通过委托与购买服务或补助的形式,向其提供必要的支持,同时监督其保持公共性和福利性。

(二) 按照经营性质进行分类

按照经营性质进行分类,可将社会福利机构分为非营利机构和商业型福利机构。

非营利机构是今后发展和扶持的方向。非营利机构不同于商业型福利机构,它以提供普遍的、日常的福利服务为主。由于它不以营利为目的,因而服务收费较低。但是为了保持非营利服务的公共性和福利性,政府需要在政策和经费上给予援助。

商业型福利设施是指为了满足特殊需求和高档消费需求而提供的商业性服务。它的经营可以按照市场经济规律和市场需求进行自我调节,政府不需要对此进行过多限制。

[①] 沈洁. 中国社会福利政策建构的理论诠释[J]. 社会保障研究:北京,2005(1):96-113.

(三) 按机构援助对象进行分类

按照机构援助对象进行分类，可将社会福利机构分为生活救助机构、儿童福利机构、残疾人福利机构、老年人福利机构和妇女救助机构等。

1. 生活救助机构

生活救助机构一般由政府直接经营或者委托民间社团、民办非企业单位等非营利组织（为公共目的而设立的，其利润不分配给其成员和管理人员的社会组织形态）间接经营。它主要接受由于没有经济收入或者由于疾病导致丧失经济收入等原因而被社会边缘化的贫困者。

2. 老年人福利机构

老年人福利机构是指国家、社会组织和个人举办的，为老年人提供养护、康复、托管等服务的机构。包括老年社会福利院、养老院或老人院、敬老院、老年公寓、托老所和老年人服务中心等。老年人福利机构最普遍的形式是养老院。传统的养老院以"三无"人员、五保户为主要服务对象，现在养老院的服务对象则已经扩展到一般的老人群体。养老院是老人人生最后的驿站，是他们休养生活的场所，也是他们与人进行交流的场所。目前，我国养老机构的类型基本上是根据所有制结构来划分的，即为公办、民办公助等。就公办的养老服务机构而言，主要包括国家举办的养老服务机构与工矿企业单位和农村集体经济举办的养老服务机构两大类型。我国政府历来高度重视对养老机构的管理，目前我国已经形成了一个以《宪法》为依据，由相关法律组成的保护老年人合法权益的制度体系。近年来，在党和政府的关心与支持下，我们通过推进社会福利社会化，开辟了老年人福利服务事业的新领域，逐步形成了以国家、集体兴办的老年人社会福利机构为骨干，以社会力量兴办的老年人社会福利机构为新的增长点，以社区老年人服务为依托，以居家养老为基础的具有中国特色的老年人社会福利服务体系。而民办的养老服务机构主要是指在国家政策指导下，人、财、物等条件由民间力量自行解决，或者是国家补助一部分后由民间力量自行解决的养老服务机构。随着社会经济的发展，人民生活水平的提高，社会生活方式的转变，社会养老需求不断增加及政府对社会福利事业的大力扶持，积极推动了民办养老机构在我国的发展。

3. 残疾人福利机构

残疾人福利机构，是指为肢体、智力、视力、听力、语言、精神方面有残疾的人员提供康复和功能补偿的辅助器具，进行康复治疗、康复训练、承担教育、养护和托管服务的社会福利机构。其目的是通过康复训练和简单的手工劳动训练，培养他们自立生活的能力，减轻家庭成员精神上和经济上的负担。残疾人福利机构的宗旨是：以科学的知识和技能维护残疾人基本权益，帮助残疾人适应社会，促进残疾人自身发展。

目前，受残疾人强烈需求的拉动，各地残疾人社会福利机构发展较快，涉及养护、康复、托管等各方面，这些机构有的是专门针对残疾人、以残疾人社会福利为主的专业性机构，也有的是与卫生、养老、教育等共存，兼为残疾人提供社会福利服务的综合性社会服务机构，基本呈现专业服务机构与社会服务机构并存，公立公办及民办公助为主、社会力量兴办为补充的局面。许多养护、康复、托管机构都从属、派生于现有的公办社会福利、公共服务机构。由于市社会福利院、市儿童福利院及其他老年福利机构中入住的老年人、弃婴大都身有残疾，这些社会福利机构也具有残疾人福利机构的功能与属性。

4. 儿童福利机构

儿童福利机构，是指以各种所有制形式为孤、弃、残儿童提供养护、康复、医疗、教育、托管等服务的儿童社会福利服务机构[①]，如儿童福利院、社会福利院、SOS儿童村[②]、孤儿学校、残疾儿童康复中心、社区特教班[③]等。其办院宗旨是：以科学的知识和技能维护儿童基本权益，帮助儿童适应社会，促进儿童自身发展。

党和政府历来特别关怀孤残儿童生存状况，高度重视儿童福利事业发展。随着社会经济发展，关注民生的理念更加深入，改善民生的政策取向更加明显，社会各界对儿童福利领域的关注程度日益提高，政府各项投入不断加大，儿童福利事业面临机遇与挑战并存的新局面。儿童福利机构是我国儿童福利事业的主要载体。我国儿童福利机构基本分为三类。第一类是收养性的儿童社会福利机构，如儿童福利院、儿童村，主要职能是对孤儿、弃儿进行收养，并使其享受教育的权利。第二类是教育性的儿童福利机构，如残疾儿童寄托所、特殊教育学校，主要职能是使残疾儿童受到足够的教育，增强他们的生活自理能力和劳动能力，使之作出对社会有益的贡献。第三类是康复性的儿童福利机构，如聋童语训中心、弱智儿童智力开发中心等，主要职能是对那些可以康复的残疾儿童实施治疗和康复，使其回归社会。近年来，随着儿童福利机构建设"十一五"规划暨蓝天计划的顺利实施，坚持"一切为了孩子"的服务宗旨，"以人为本"的工作理念，秉承儿童利益最大化、儿童利益优先的原则，各地儿童福利机构功能逐步完善，各机构更注重服务内容的拓展和服务内涵的深化使机构养育质量不断提高。

5. 妇女救助机构

妇女救助机构目的在于保护妇女的权益和生活，并扶持她们逐步走向自立生活。

(四) 按照专业化服务功能进行分类

按照专业化服务功能进行分类，可将社会福利机构划分为治疗型、康复型、收养型、利用型、疗养型、信息咨询服务型及文化教育型福利机构。

治疗型福利机构是以提供治疗为目的福利设施，以需要接受治疗的特殊福利对象为主要服务对象。

康复型福利机构介于治疗型和收养型机构之间，一般以在治疗阶段基本结束之后，转入身体机能恢复时期的人为主要对象。这种机构比医院经济、方便，服务对象也可采取日

---

① 本处提到的儿童，是指14周岁及以下的人口。孤儿，是指丧失父母的儿童。弃儿，是指查找不到生父母的1周岁以上的儿童（弃婴，是指查找不到生父母的1周岁以内的儿童）。

② SOS儿童村为国际性民间慈善组织，经费来自募捐。以模拟家庭为单位，由一位"妈妈"和若干名健全孤儿组成一个家庭。一个儿童村一般由10～20个家庭组成。

③ 指在社区内为残疾（主要是智力残疾）儿童进行特殊教育和相关康复服务的班级。

间利用的方式接受康复服务。

收养型福利机构以因无人照料或者没有住房等原因希望入住机构的人为对象，如老人公寓、养老院、福利院、护理院等。

利用型福利机构是指社区内的托老所、日间照顾、托儿所、公共食堂、图书室、老人活动室、儿童活动室等。它既是福利设施，又是公益场所和社交场所。

疗养型福利机构以健康老人或者有经济负担能力的老人为对象。比如，近年来在旅游资源丰富的地区和生态环境比较好的地区所出现的疗养型和休闲娱乐型养老机构，吸引了众多候鸟型老人。它既可以作避暑避寒型的短期利用，也可以作长期利用，目的是为有经济收入能力的老人提供多种选择。

信息咨询服务型福利机构包括医疗保健咨询站、福利服务利用咨询站、生活情报咨询站等。

文化教育型福利机构主要是指公共图书馆、文化馆、博物馆、群众文艺演唱队、老人大学等。

四．加强我国社会福利服务机构建设

社会福利事业为特殊困难群体提供必要的生活保障，被称为"德政工程""民心工程"。中华人民共和国成立后相当长一个时期，社会福利事业是由政府包办的。改革开放以来，特别是近几年来，各地积极探索"投资主体多元化、服务对象公众化、运行机制市场化、服务方式多样化和服务队伍专业化"的福利事业社会化的新路子，取得显著成效——减轻了政府的压力，扩大了服务范围和内容，提高了服务质量。可以说，改革开放以来社会福利事业的发展过程，就是逐步走向社会化的过程。特别是1998年3月以来，民政部在各地探索与实践的基础上，选择了13个城市进行社会福利社会化试点，出现了广东、上海、温州、苏州等一批各具特色的先进典型，取得了明显成效。目前，一个以国家、集体举办的福利机构为骨干，社会力量举办的福利机构为新的增长点，多渠道、多形式发展社会福利事业的局面开始形成。与此同时，国家、集体举办的社会福利机构以社会化为方向，深化改革，扩大开放，强化管理，不仅自身活力明显增强，也为社会力量平等参与福利事业创造了条件。

经过几十年的发展，我国社会福利服务机构在对各类特殊困难人群提供福利性服务方面发挥了重要的作用。随着我国已经进入老龄社会，老年人口基数大，增长快，特别是随着家庭小型化的发展，社会化养老的需求迅速增长。同时，残疾人和孤儿的养护、康复条件也亟待改善。但是长期以来，我国社会福利由国家和集体包办，存在资金不足、福利机构少、服务水平较低等问题，难以满足人民群众对福利服务需求日益增长的需要。社会福利事业的改革与发展，已经引起党和政府及全社会的广泛关注。

案例分析

台北市至善老人赡养护中心位于台北市仰德大道二段二巷五十号，共有5层，其中地上建筑物三层，地下两层，由台北市政府社会局设计规划建设，采取公办民营的模式，委托台北市天主教耕莘医院经营，2004年1月1日正式开始营运。作为一家公办民营的养老机构，台北市天主教耕莘医院开始接手经营至善老人赡养护中心开始，就定下了中心发展的远景：成为台湾老人赡养护中心典范及长期照护机构教育示范中心。按照这个发展目标，至善老人赡养护中心的管理者做了大量卓有成效的工作。首先，在至善老人赡养护中心的日常管理中，中心的工作人员坚持把满足入住老年人的各种需求为目标，在工作中确立了"全人、全家、全程、全队"的"四全"经营理念。全人，就是从"身、心、灵"各个方面对老年人进行全方位的照护；全程，就是从"生、老、病、死"各个方面、各个阶段对老年人开展持续性的照护；全家，就是动员病人、家属及陪伴者开展全家性的照护；全队，通过由行政人员、照顾服务员、营养师、医疗人员、护理师、社工等组成的专业团队，开展整合性的照护。其次，至善老人赡养护中心的工作人员坚信，入住中心的老年人，想要的是过生活，而不是等日子。因此，他们在日常管理中，努力把中心的生活环境家庭化，保持自然的生活环境，把中心营造成为动静相宜，适合老年人身、心、灵发展的完备空间，使中心真正成为老年人生活的乐园。最后中心的管理者除了重视中心自身为老年人营造充满爱的环境外，还十分重视发挥家属、社会的力量，给予老年人更多的来自各方面的爱与关心。

[资料来源：周根强，崔秀朋，陈早挺.台湾养老机构的管理及启示——以台北市至善老人赡养护中心为例[J].社会福利，2011（3）：51-52，有删减.]

阅读资料，并回答以下问题：
1. 台湾至善老人赡养护中心的养老管理有哪些突出的特点？
2. 台湾至善老人赡养护中心的养老管理对我们有怎样的启示？

子情境2 我国现行社会福利服务机构管理体系

■■■ 能力目标

1. 培养学生筹办社会福利服务机构的能力。
2. 培养学生分析与解决社会福利服务管理问题的能力。

■■■ 知识目标

1. 掌握社会福利服务机构申办程序。
2. 掌握我国社会福利服务机构管理的主要内容。
3. 了解我国社会福利服务机构管理存在的问题和改进措施。

学习情境二　社会福利服务机构认知

情境导入

一个养老院的两难困局

多年来，辽宁省丹东市的张克勤义务赡养几十名孤残老人，他和他的"夕阳之家"养老院一度被社会关注后，又归复平静。后来，因当地民政部门的一纸停业通知，这个养老院又成为舆论关注的焦点。"学雷锋咋就成了被整治对象呢？"张克勤有些想不通。2009年2月6日，他接到了丹东市振安区民政局的停业通知书，指出他所开办的"夕阳之家"养老院的卫生、消防和老人居住房间面积、环境均达不到有关规定，存在许多安全隐患，责令其立即停业，收养人员按户口所在地由国办福利机构妥善安置。

把陌生老人当自家老人悉心敬养的人并不多，张克勤是其中的一个。1996年，张克勤买下了下尖村4间房，收养了4位流浪老人，他们在这里有吃、有喝、有床睡。本是国营印刷厂职工的张克勤在下岗后开了个小印刷厂维持生计和养老院的运转。

多年来，张克勤免费收养的老人越来越多，其中年龄最大的96岁，年龄最小的43岁。除了来自丹东本市和省内的老人之外，还有来自黑龙江、安徽、吉林等省的走失老人和残疾人。48岁的胡勇因车祸致残，来到"夕阳之家"后，他备感温暖，对张克勤满怀感激。当听说要停业而且有可能被送回原籍时，胡勇急了："我们过得好好的，凭什么不让我们在这儿待了"。大部分老人也都表示不理解，陷入了惶惑之中。"出问题谁能负责？""无论做什么好事，也要安全第一。"丹东市民政局社会福利处处长史家利说。2008年年末他们在丹东全市范围内检查，发现全市60多家养老院中有16家不合格，有待整改，他们在2009年1月21日的《丹东日报》上进行了公示，这里边就有"夕阳之家"养老院。当地民政部门的调查材料里这样写道：丹东"夕阳之家"养老院属于社会力量兴办的养老服务机构，按照民政部《老年人社会福利机构基本规范》，该院在服务、管理、设施、设备等方面均不符合规范要求。一是没有《社会福利机构设置批准证书》，不具备法人资格。二是没有主管部门颁发的卫生许可证，炊事员没有做到持证上岗。三是没有消防、报警、通信、排污等生活设备，房间内随意堆放树枝干柴，老人在室内吸烟，容易发生火灾。四是老人居室面积狭小，走廊通道黑暗、曲折，道路不平，一旦发生意外，不利于老人逃生。室内卫生环境脏乱差，无老人室内活动场所，无医疗救治条件。五是没有制定规章制度，没有配备相应比例的服务人员。

对民政部门的检查结果，张克勤并不否认。问题在于其他15家养老院都是收费的营利性机构，唯有张克勤这家是不收费的。"我也一直在进行改进，目前的现状是在我能力之内所能达到的最好状况。"张克勤很是无奈。他几乎将所有的收入都用在了老人身上，在"夕阳之家"，除了张克勤和妻子外没有其他服务人员，老人们的日常起居更多的是互帮互助。2009年6月25日，丹东市民政局又在《丹东日报》上发布公告，"夕阳之家"养老院不在其承认的合格单位之列。

怎样走出两难困局？不改造达标，就要停业并遣散老人。这是张克勤所不愿看到的。但"夕阳之家"养老院的现状在民政部门看来却是不能再继续下去了。"冬季取暖，'夕阳之家'是烧火炕的，去检查时，发现房间里堆了一些柴火。而有些老人就在旁边抽烟，真要失火，那么狭窄的房间和通道，步履蹒跚的老人，后果不堪设想。"史家利说。"这里是东北农村，都有烧火炕的习惯，要把火炕扒掉改造成暖气，我没这个财力。但我每晚都仔细检查每一个老人的房间后才入睡。"张克勤说。"卫生不合格不达标，老人吃坏肠胃怎么办？"史家利说。"我这边的粮食和蔬菜都是地里种的，用农家肥，真正的绿色食品。"张克勤说。史家利表示非常敬佩张克勤的为人和精神，但是作为职能部门，对全市的养老机构进行管理是职责所在。他提醒人们："从当初几个老人到现在三十多个老人，对张克勤来说也存在着要控制规模、量力而行的问题。"史家利表示其实有一些合理合法的举措可以帮助"夕阳之家"养老院："孤寡老人办理五保户，可以从政府这儿拿到补助。张克勤收养的老人有的是其儿女不赡养的，儿女不尽赡养义务，就应该强制其拿出钱来，补贴到张克勤这儿。""但这些只能是其达标后维系运转的举措，我们只能通过一些民办公助政策帮他运转，但我们这儿也不可能拿出大笔资金帮他达标，希望企业家和全社会奉献爱心帮助张克勤的'夕阳之家'养老院改善现有居住条件。"史家利呼吁。

（资料来源：http://news.xinhuanet.com/focus/2009-07/21/content_11743155.htm，有删减.）

任务描述

1. 仔细阅读本章延伸课外阅读材料《社会福利机构管理暂行办法》，讨论申办人申请筹办社会福利服务机构时，应当提交的材料。

2. 如果你是社会福利服务机构的管理人员，你将如何合理有效地进行管理，使福利服务机构所拥有的资源充分运用起来，发挥其最大效率？

任务实施

1. 教师指导学生按照自愿组合原则，每6人分成一组，每组确定组长1人。每组仔细阅读本章课外延伸阅读材料《社会福利机构管理暂行办法》，讨论假如自己准备申办一所社会福利服务机构，在申请筹办时应当准备好哪些材料。

2. 教师带领学生进入一所社会福利服务机构进行实地探访，提醒学生注意观察收集社会福利服务机构的发展历程、内部管理等方面的信息，完成以下表格。

一、社会福利机构基本信息											
机构名称			机构地点				机构成立时间				
法人代表			联系电话				邮箱				
机构登记情况 （在相应选项打钩）				基本设施情况				职工构成情况			
事业	工商	民办非	未登记	床位数（张）	占地面积（万平方米）	建筑面积（万平方米）	固定资产总额（元）	总人数	领导及行政人数	医师人数	护理人员数	其他

续表

考察内容		参考标准	考察方法	考察结果		
二、机构内部管理情况	机构资质	具有《社会福利机构设置批准证书》和法人资格证书，并悬挂在醒目的地方。由社会组织和个人兴办的机构应执行《民办非企业单位名称管理暂行规定》	实地察看。必备证照齐全为达标	□达标	□基本达标	□不达标
	制度建设	① 有按照有关规定和要求制定的适合实际工作需要的规章制度 ② 有可供相关人员查阅和向有关部门汇报的长中短期工作计划、定期统计资料、年度总结和评估报告 ③ 各项规章制度和服务标准应当张榜公布，并向业务主管部门备案 ④ 有简单介绍本机构最新情况的书面图文资料。其中须说明服务宗旨、目标、对象、项目、收费及服务使用者申请加入和退出服务的办法与发表意见的途径、本机构处理所提意见和投诉的承诺等。这类资料应满足服务对象使用 ⑤ 有与入住人员或其亲属、单位签订的具有法律效力的入院协议书	查阅资料。制度健全、内容科学可行为达标；欠完善为基本达标；制度不完善，管理混乱为不达标	□达标	□基本达标	□不达标
	服务质量管理	① 制定服务流程、程序和操作规范，规定服务达到的水平和要求 ② 设立服务投诉渠道和处理程序，收集、调查、协调和解决服务质量争议	查阅资料，座谈询问。有规章和标准，有落实，有成效为达标；欠完善为基本达标；无规章、措施为不达标	□达标	□基本达标	□不达标
	危机与风险控制	① 制定各类危机和风险管理措施、应急预案、控制和处理程序，追踪落实，责任到人 ② 开展传染病预防教育、院内感染控制培训、各类安全教育和相关技术操作培训	查阅资料，座谈询问。有措施、有落实、有成效为达标；欠规范为基本达标；无措施为不达标	□达标	□基本达标	□不达标
	财务管理	① 各项财务制度健全，开支项目合理，凭证账目清楚，符合财务规定 ② 入住人员和工作人员的经费科目独立核算，入住人员和职工用餐账目分开，月清月结，按月公布；入住人员委托保管的财务登记造册 ③ 捐赠款物登记造册，按规定使用，未发生挪用、侵占或损毁	听取汇报，随机抽查款物流向。无差错为达标；无差错，欠规范为基本达标；账目不清为不达标	□达标	□基本达标	□不达标

续表

考察内容		参考标准	考察方法	考察结果		
二、机构内部管理情况	档案信息管理	① 入住人员档案资料齐全（包括入院协议书、申请书、健康检查资料、身份证明、照片、联系人等） ② 入住人员的个人资料除供有需要知情的人员查阅外，应予以保密	查阅台账，座谈询问。有落实、有成效为达标；欠规范为基本达标；资料不全，有差错为不达标	□达标	□基本达标	□不达标
	收费管理	服务项目收费按照当地物价部门和民政部门规定执行，收费项目既要逐项分计，又要适当合计。收费标准应当公开和便于查阅。当地物价部门和民政部门无规定的，应根据机构设施条件、管理水平和服务质量设立收费项目，合理定价，并向当地物价和业务主管部门备案	查阅台账，实地察看。规范收费为达标，未落实则为不达标	□达标	□基本达标	□不达标
	人员资质	① 城镇地区和有条件的农村地区，院领导接受过社会工作类专业知识培训，具有相关专业大专以上学历，熟练掌握行业基本知识和专业技能，熟悉国家相关法律法规政策 ② 生活照料、安全保护、协助医护服务的服务人员应持有国家相关职业资格证书或经过专业培训；且有年度体检健康证 ③ 从事医疗护理服务的人员应持有医师执业、护士执业资格，并办理注册登记；且有年度体检健康证 ④ 从事精神文化、心理咨询疏导专项服务的人员是中高级及以上级别的护理员，其条件资质符合国家相关规定 ⑤ 厨师、炊事员应持证上岗，且有年度体检健康证 ⑥ 各专业工作人员应具有相关部门颁发的职业资格证书或国家承认的相关专业大专以上学历。无专业技术职务的护理人员应接受岗前培训，经主管机关培训考核后持证上岗	查阅证书和台账并适当实地操作和演示。资质全，业务熟练为达标；业务欠熟练或资质不全为基本达标；医护人员无执业资格证书或工作人员无健康证为不达标	□达标	□基本达标	□不达标

续表

考察内容		参考标准	考察方法	考察结果		
二、机构内部管理情况	人员管理	① 建有工作人员花名册和档案 ② 有工作人员工作细则和选聘、培训、使用、管理、教育、考核奖惩等制度 ③ 根据国家和行业规定，用工人员签订劳动合同，办理社会保险 ④ 根据国家和行业要求，完成继续教育与岗前技能培训和安全知识培训	听取汇报，查阅台账，座谈询问。制度健全，有落实为达标；落实欠规范为基本达标；制度不健全为不达标	□达标	□基本达标	□不达标

任务总结

1. 各小组分组填写表格，并加以讨论。
2. 每小组分别推选1名学生进行发言，谈谈实践感想。
3. 教师对实践活动进行点评，对各小组的发言进行评价。

任务反思

我国社会福利事业正逐步由"国家福利"转变为"多元福利"，社会福利事业投资主体多元化及服务方式多样化乃大势所趋。社会福利服务机构数量日益增加、规模不断扩张。但我国现有的社会福利服务机构，在管理体制和运营机制方面都存在不少问题。相伴产生的另一个问题，即如何规范和管理社会福利服务机构，使其健康有序地发展，是我们现在要思考和解决的问题。

知识链接

一、社会福利服务机构管理的含义

社会福利服务机构管理是社会福利事业管理的重要内容，是综合运用管理学理论、方法和技术，对开展社会福利服务的人、财、物、信息、时间和空间等资源进行的科学管理。其目的是通过组织、计划、协调和控制等环节，使社会福利服务机构所拥有的社会福利服务资源充分运用起来，使其发挥最大效率，取得最大社会效益，实现社会福利服务的目标。

社会福利服务机构管理包括两层含义：一是宏观管理，即政府对社会福利机构的行政管理；二是微观管理，即社会福利机构的内部管理。在我国，各级民政部门是社会福利服务机构的主管部门，负责履行国家对社会福利服务机构的行政管理职能。社会福利服务机构依据国家的法律法规和主管部门的要求，结合本单位的具体情况，实行科学的内部管理。

为了加强对社会福利服务机构的管理，促进社会福利事业的健康发展，根据有关法律，我国于1999年制定了《社会福利机构管理暂行办法》（1999年12月30日民政部令第19号发布）。

二、我国社会福利服务机构的管理体系

国务院民政部门负责指导全国社会福利机构的管理工作。县级以上地方人民政府民政部门是社会福利机构的业务主管部门，对社会福利机构进行管理、监督和检查。社会福利机构依据国家的法律法规和主管部门的要求，结合本单位的具体情况，实行科学的内部管理。卫生、公安、税务、工商、物价、消防等有关部门，按各自的职责协助做好社会福利服务机构的监督与管理工作。

作为国家社会福利机构的主要职能部门，民政部门承担的任务主要有以下几点。

（1）根据本行政区域内社会福利事业发展需要制定社会福利机构设置规划。

社会福利机构的设置应当符合社会福利机构的设置规划和社会福利机构设置的基本标准。

（2）组织社会福利服务机构的筹建、审批、验收、注册登记和发证。

依法成立的组织或具有完全民事行为能力的个人（以下称"申办人"）凡具备相应的条件，可以依照《社会福利机构管理暂行办法》的相关规定，向社会福利机构所在地的县级以上人民政府民政部门提出举办社会福利机构的筹办申请。

申办人申请筹办社会福利机构时，应当提交下列材料。

① 申请书、可行性研究报告。

② 申办人的资格证明文件。

③ 拟办社会福利机构资金来源的证明文件。

④ 拟办社会福利机构固定场所的证明文件。

申办人应当持以上材料，向社会福利机构所在地的县级以上人民政府民政部门提出申请，由受理申请的民政部门进行审批。我国香港、澳门、台湾地区的组织和个人，华侨及国外的申办人采取合资、合作的形式举办社会福利机构，应当向省级人民政府民政部门提出筹办申请，并报省级人民政府外经贸部门审核。民政部门应当自受理申请之日起30日内，根据当地社会福利机构设置规划和社会福利机构设置的基本标准进行审查，作出同意筹办或者不予同意筹办的决定，并将审批结果以书面形式通知申办人。经同意筹办的社会福利机构具备开业条件时，应当向民政部门申请领取《社会福利机构设置批准证书》。

申请领取《社会福利机构设置批准证书》的机构，应当符合社会福利机构设置的下列基本标准。

① 有固定的服务场所、必备的生活设施及室外活动场地。

② 符合国家消防安全和卫生防疫标准，符合《老年人建筑设计规范》和《方便残疾人使用的城市道路和建筑物设计规范》。

③ 有与其服务内容和规模相适应的开办经费。

④ 有完善的章程，内容包括机构名称、宗旨、服务范围、组织管理制度、资金来源、资产管理及使用原则、变更和终止程序、负责人的产生及职权范围、需要由章程规定的其

他必要事项。

⑤ 有与开展服务相适应的管理和服务人员，医务人员应当符合卫生行政部门规定的资格条件，护理人员、工作人员应当符合有关部门规定的健康标准。

申请领取《社会福利机构设置批准证书》时，应当提交下列文件。

① 申请《社会福利机构设置批准证书》的书面报告。
② 民政部门发给的社会福利机构筹办批准书。
③ 服务场所的所有权证明或租用合同书。
④ 建设、消防、卫生防疫等有关部门的验收报告或者审查意见书。
⑤ 验资证明及资产评估报告。
⑥ 机构的章程和规章制度。
⑦ 管理人员、专业技术人员和护理人员的名单及有效证件的复印件，以及工作人员的健康状况证明。
⑧ 要求提供的其他材料。

民政部门自受理申请之日起 30 日内对所报文件进行审查，并根据社会福利机构设置的基本标准进行实地验收。合格的，发给《社会福利机构设置批准证书》；不合格的，将审查结果以书面形式通知申办人。申办人取得《社会福利机构设置批准证书》后，应当到登记机关办理登记手续。

（3）指导社会福利服务机构规范化管理及开展自费收养、生产经营等各项工作。

（4）组织开展社会福利服务机构各类人员培训工作，包括院长培训，中层管理人员、各类专业技术人员培训，使社会福利服务机构从业人员素质得以提升。

（5）定期对社会福利服务机构进行年度审查、考核、评级和总结表彰。

（6）协助调查机构投诉事件，化解矛盾纠纷；协调政府、机构和社会之间的关系。

三、我国社会福利机构的申办程序

社会福利机构的申办程序是由其管理体制所决定的。如图 2-1 所示，根据《社会福利机构管理暂行办法》的规定，社会福利机构的申办，要经过筹办申请、筹办审查、领证申请、验收审查、登记等基本程序。

筹办申请是指申办人依照《社会福利机构管理暂行办法》的规定，向具有管辖权的人民政府民政部门提出举办社会福利机构的筹办申请。

筹办审查是指民政部门自受理申请之日起 30 日内，根据当地社会福利机构设置规划和社会福利机构设置的基本标准进行审查，作出同意筹办或者不予同意筹办的决定，并将审批结果以书面形式通知申办人。

领证申请是指经同意筹办的社会福利机构具备开业条件时，向民政部门申请领取《社会福利机构设置批准证书》。

验收审查是指民政部门对申请领取《社会福利机构设置批准证书》的社会福利机构进行审查，并根据社会福利机构设置的基本标准进行实地验收，并决定是否发给《社会福利机构设置批准证书》。

登记是指申办人取得《社会福利机构设置批准证书》后，到登记机关办理登记手续。

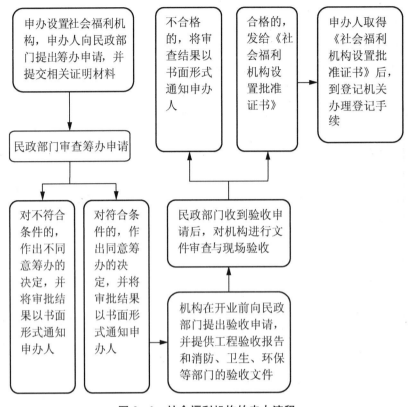

图 2-1 社会福利机构的申办流程

四、我国社会福利服务机构内部管理的主要内容

社会福利服务机构内部管理的主要内容包括资源管理、信息管理、入住管理和质量管理等。

（一）社会福利服务机构的资源管理

社会福利服务机构资源是指福利机构在提供服务的过程中所需要的全部要素，主要包括社会福利服务机构的人力、经费、设施、装备等。福利服务机构资源管理就是综合运用行政的、法律的、经济的和规划的管理方法与手段，对社会福利服务机构资源进行合理配置。对福利服务机构资源实施科学化、规范化管理，将会使整个福利机构服务的工作处于最佳状态，有效地提供福利服务，发挥福利服务机构资源的最佳效率，获得最大的社会效益和经济效益。社会福利服务机构资源管理包括：社会福利服务机构人力资源管理、财力资源管理与物力资源管理。

社会福利服务机构人力资源管理是国家和各种组织对本国或本组织人力资源现状和未来进行统计、规划、投资、成本收益核算、培训、使用、保障、研究和发展等一系列组织决策的活动。社会福利服务机构人力资源管理的内容包括：人员的招聘、配备和使用；人员的培训；人员的考核和奖惩等。社会福利服务机构内的卫生技术人员、特殊教育教师、社会工作者等专业技术工作人员应具有国家职业资格证书,其他专业技术人员应具有专业技术等级证书或者接受过专业技术培训。社会福利服务机构中不具备上岗资格的护理人员、特教人员应当接受岗前培训,经考核合格后持证上岗。在实际管理工作中,应根据各项工作要求明确管理目标、任务、内容、方法、工作程序与流程等内容;技术操作规程与标准多参照国家、行业和地方制定的技术标准、操作规程、服务与管理规范的格式与内容进行制定和描述;考核评价标准与办法可以自行制定,也可以参照行业主管部门或行业协会的考核评价体系进行制定与描述;奖惩制度多根据机构的实际情况进行制定与描述。

社会福利服务机构财力管理,又称为财务管理或经费管理。社会福利服务机构财力管理的内容包括:预算管理、收入与支出管理、财务分析与财务监督等。它是对社会福利服务机构有关资金的筹集、分配、使用等财务活动所进行的计划、组织、指挥、控制、协调和考核等工作的总称,是社会福利服务机构资源管理的重要组成部分。社会福利服务机构应当加强财务管理,其收益应当按照国家的有关政策规定分配使用。现阶段,在政府投入不足、优惠政策难以落到实处,以及资金筹措困难的情况下,为了发挥有限的资金效益,必须加强财务和资金的管理,以有限的资金投入获取最佳的社会与经济效益。

社会福利服务机构物力管理是指对机构内所有资源的开发、利用和物资资料分配、流通等进行计划、组织、指挥、控制的过程。主要包括对社会福利服务机构固定资产、低值易耗品、药品、卫生材料等物力资源管理。社会福利服务机构物力管理的目的是:按照自然规律和经济规律的要求,以福利服务发展目标为出发点,从动态和静态的结合上,研究社会福利服务机构资源的合理配置,盘算资源存量,减少积压,加快物资使用周转率,增加资金使用率,降低社会福利服务成本,提高服务质量,满足人们的需求。

(二)社会福利服务机构的信息管理

当今社会是一个信息化社会,开展福利机构服务同样也离不开信息。社会福利服务机构信息管理是对福利机构可用的数据、信息和知识资源进行有效的开发,也就是把福利服务管理过程作为管理信息的收集、加工、处理、应用和反馈的过程。通过信息为管理服务,将管理决策建立在充分利用信息的基础上。由此可见,社会福利服务机构信息管理有双重含义,可分别理解为"养老服务信息的管理"和"养老服务的信息管理"。前者指对养老服务信息进行的管理,包括信息的收集、加工、处理、存储、传输和反馈等;后者是指福利服务的一种管理方式或模式。社会福利服务机构信息管理的内容主要有两个方面:一是福利服务信息的来源、收集和处理;二是福利服务信息的利用。由此可见,开展社会福利服务机构的信息管理过程,实际上就是一个向管理信息化靠拢的过程。

(三)社会福利服务机构的入住管理

社会福利服务机构应当与服务对象或者其家属(监护人)签订服务协议书,明确双方的责任、权利和义务。社会组织和个人兴办以孤儿、弃婴为服务对象的社会福利服务机构,必须与当地县级以上人民政府民政部门共同举办;社会福利服务机构收养孤儿或者弃婴时,应当经民政业务主管部门逐一审核批准,并签订代养协议书。

就老年人福利服务机构的入住管理而言,老年人进出养老服务机构遵循自愿的原则。

自费老人住院时间可长可短，不受年月限制。入院人入院时须持有护送人、养老人的身份证或者户口簿。孤老者应持单位介绍信，由单位或亲友护送，入住人与院方签订入院协议书，明确双方的权利与义务。

入住程序分两种情况：一是社会"三无"老人的入住，二是自费老人的入住。

社会"三无"老人的入住程序是：老人本人书面申请；社区或街道办事处推荐；老人居住所在地的区（县）民政局审批；带齐入院审批表中所列的老人生活必需品及有效证件到养老服务机构进行体检办理住院手续。如需入住区（县）以上民政部门或其他部门主办的养老机构，需经同级民政部门批准。

自费老人的入住程序是：携带老人户口本、一寸照片一张、亲属或者经办人的身份证复印件到接待处办理入院登记；携带接待处填写的门诊病志到养老服务院所属的康复医院交费进行入院体检；由医生确定老人的护理程序为自理、半自理、完全不能自理，根据体检结果选择入住楼舍，如有特殊疾病（传染病、狂躁性精神病）不得入院；携带体检结果到接待处按照所选楼舍缴纳住院费用（一般一次缴纳一个季度的住院费用）；由亲属或者经办人签订入院合同；向楼内服务员出示接待处所开具的入院通知、收款收据及住院病志，由服务员安排老人入住。

社会福利服务机构应当建立健全各项规章制度和服务标准。各项规章制度和服务标准应当张榜公布，并报民政部门备案。

（四）社会福利服务机构的质量管理

社会福利服务机构管理的一个核心内容就是质量管理，服务质量是社会福利服务机构的生命线。没有质量，社会福利服务机构就不能存在和发展。社会福利服务机构的质量管理就是根据福利服务本身特点，遵照现代质量管理思想，对社会福利服务机构进行有效的管理，其目标是获得更高更好的福利服务质量。

五、我国社会福利服务机构管理的进一步发展

我国社会福利事业正逐步由"国家福利"转变为"多元福利"，社会福利事业投资主体多元化及服务方式多样化乃大势所趋。社会福利服务机构数量日益增加、规模不断扩张。但我国现有的社会福利服务机构，在管理体制和运营机制方面都存在不少问题。相伴产生的另一个问题，即如何规范和管理社会福利服务机构，使其健康有序地发展，也随着社会福利事业社会化的推进而变得日益突出。

（一）社会福利服务机构管理存在的问题

1. 政策不完善且落实难

为了加强对社会福利服务机构的管理，促进社会福利事业的健康发展，国家相继制定了一些政策、制度。例如，1999年，民政部制定了《社会福利机构管理暂行办法》（民政部令〔1999〕第19号）；2000年，民政部与建设部共同颁布了《老年人福利机构建筑设计规范》；2001年，民政部批准发布《老年人社会福利机构基本规范》《残疾人社会福利机构基本规范》《儿童社会福利机构基本规范》等。不过，这些政策法规对社会兴办的福利

服务机构在收费标准、护理人员配备比例、行业要求等方面没有明确规定。即使在税收、土地、信贷、水、电等方面作出了原则性规定，但由于有关部门和地方没有制定可操作性的措施和办法，国家政策落实难的情况也普遍存在。

2. 指导、监督检查力度不够

国务院民政部门负责指导全国社会福利服务机构的管理工作。县级以上地方人民政府民政部门是社会福利服务机构的业务主管部门，对社会福利服务机构进行管理、监督和检查。当前我国社会福利服务机构管理体制仍主要沿用计划经济时代形成的传统的社会福利服务机构管理体制，政府扮演着"全能政府"角色，其控制几乎深入到社会福利服务机构管理的各个方面。而实际上，县级以上民政部门由于自身原因，在很大程度上很难同时胜任行政管理与行业管理职能。以山东济南为例，市民政局基层政权与社区建设处是社会福利服务机构的业务主管部门，该处包括处长和工作人员共5人，各区基层政权与社区建设科则仅1～2人。他们的工作包括：城市社区建设工作、基层政权与村委会建设、社会福利机构管理等。在这种人力资源严重匮乏、小马拉大车的情况下，要他们全面承担起制定社会福利机构的设置规划、审批和年检、定期组织对社会福利服务机构的服务、管理、设施、人员队伍进行评估，并向社会公布，同时查处经营管理中存在的问题，提供行业发展方面的服务的确是力不从心。

3. 各类社会福利服务机构缺乏"非营利"理念且服务质量不高

从对一些社会福利服务机构的调查发现，一些机构负责人根本不知道"非营利"为何意，在其创办福利机构的动机中，无不夹杂着利用优惠政策进行营利性经营的成分。许多机构的设施设备都很简陋，护理设备缺乏。而入院时院方向长期入住人员收取的"一次性设施使用费"，数额从数千元到数万元甚至十几万元不等，一般不作退回。然而，当部分人发现自己与所住福利机构"合不来"，想"分道扬镳"时，这笔数额不菲的设施费却成为牵绊他们离开的一把"锁"。

4. 服务队伍素质偏低且不稳定

在社会福利服务机构里，服务人员能力不足是目前社会福利服务机构普遍面临的问题。突出表现为：机构的领导管理人员普遍缺乏有关非营利组织项目管理、内部管理、人力资源管理等方面的知识和能力；应付救急、临时雇用的短期行为经常出现，而长远规划、加强培训、提高技能、培养人才的长期行为甚少；机构的护理人员几乎都是非医护专业出身，他们大多数是女性下岗职工和农村妇女，普遍缺乏专业知识。同时，由于工作劳动强度大，待遇差，致使管理和服务队伍极不稳定。

（二）改革与发展社会福利服务机构管理的对策

1. 落实政策加强监督

对于已经出台的政策，要督促地方认真落实，及时进行检查和评估，以检验政策的有效性和各地的落实情况。同时，也要加强监督，规范管理，确保其健康发展。对于一些不符合法律法规和标准规范的社会福利服务机构，一方面，要创造条件，使其逐步具备准入资格，并纳入管理范围；另一方面，要加强日常监督和管理，保证国家优惠政策发挥应有的作用，防止个别人利用优惠政策进行营利性经营。例如，经民政部门批准兴建的社会福利服务机构用地，按照有关法律、法规规定应当采取划拨方式供地的，要优先划拨供地；应当采取有偿方式供地的，在地价上应当给予优惠，土地出让金按同级别标准的低限收取；属出让土地的，土地出让金收取标准应适当降低。凡享受土地使用优惠政策的社会福利服务机构，不得改变土地使用用途，如改变土地使用用途，必须在符合规划等前提条件下，经相关部门批准，按照有关规定办理土地有偿使用手续，补交土地出让金等。

2. 制定推动社会福利服务机构管理的工作措施

各级民政部门要贯彻落实相关政策，积极、主动地做好本行政区域的社会福利服务机构规划，提出相关政策建议，制定推动社会福利服务机构管理的工作措施，制定对各级各类福利服务机构高层管理人员、核心技术人员的资质要求，建立对高级管理者素质的标准化要求。要有管理者的综合素质标准、专业能力标准和工作经验标准，统一设立岗位资格认证标准，建立一套培养管理者达标的培训教材和考核机制，分类、分级定出时间进度，组织培训考核上岗。

3. 制定严谨的人员绩效考核机制

为提高服务质量，社会福利服务机构在制定人员绩效考核标准时应注重将适应性、可操作性和有效性与管理机构各项工作有效结合。要严格遵守具体、细致、有针对性的原则，每一项考核指标都应配有操作说明、考核要求和评价奖惩的相关规定，真正坚持将技术操作细化到每一个步骤，将管理事项固化为每一条制度，将工作内容落实到每一个岗位，通过有效的考核评价方式追溯奖惩到每一个部门、每一名服务人员，最大限度地避免工作中的无据可依、无标准可循现象，预防工作中的差错和漏洞，有效保证服务质量的持续提升。

4. 全面引进"管理认证评估体系"

各类社会福利服务机构应积极引进先进的科学管理理念，坚持以人为本、与时俱进的核心理念，不断探索人性化管理、个性化服务、专业化介入和社会化互助的服务模式，由传统型、经验型管理向科学化、系统化管理转变。例如，广州市老人院2002年通过了国际质量管理体系认证，佛山市南海区福利中心也通过了国际质量、环境、健康安全管理体系认证。通过对社会福利服务机构质量、环境保护、能源控制、职业健康、危机安全等多方面的管理评估，能有效地提升福利服务机构的管理水平和效能，明确福利服务机构内部各部门的职能、职责，规范各项工作流程，使管理目标、岗位职责、工作规程、责任考核整合成一个有机整体，管理将更加规范。

今年80岁的李阿姨，去年3月与老伴一起入住广州市的一家养老院，入住时共交纳5.5万元的一次性设施使用费。入住后，养老院有固定的一套食谱，但李阿姨认为，院方没有配备专门的营养师对饮食进行分类，"能选择的太少，有时候糖尿病人早餐只有甜面

包吃,痛风症患者也不得不吃豆腐。"李阿姨想到外面吃或自己煮,但院方规定,即使不在养老院开伙,也要缴纳40%的伙食费。根据院方的这一规定,李阿姨陷入了进退两难的局面。

目前,各养老院一般都会向长期入住的老人收取"一次性设施使用费",数额从数千元到数万元甚至十几万元不等,一般不作退回。然而,当部分老人发现自己与所住养老院"合不来",想"分道扬镳"时,这笔数额不菲的设施费却让他们感到左右为难。尤其对于自身及子女经济条件都不宽松的老人来说,好不容易凑齐"嫁妆"跨过了养老院的"门槛",又如何舍得随便放弃?但继续留在原养老院,又觉度日如年。

(资料来源:http://politics.people.com.cn/GB/1026/11208772.html,有删减.)

问题:

1. 养老院收取"一次性设施使用费"究竟是否合理?
2. 针对"一次性设施使用费"使老人进退两难的问题,你认为应该如何更好地解决?

复习思考

1. 简述社会福利服务机构的主要类型。
2. 怎样推动社会福利服务机构的发展?
3. 走访当地一所社会福利服务机构,了解其主要服务对象,服务内容及项目,取得的成绩和有待改进之处,撰写调查报告。
4. 简述我国社会福利服务机构管理的主要内容。
5. 简述社会福利服务机构的申办程序。
6. 试论我国社会福利服务机构管理中存在的主要问题及其改革与发展对策。

学习情境三

老年人福利服务

子情境1 老年人福利服务需求认知与发展方向

能力目标

1. 提高学生与老年人有效沟通的能力,以及对老年人生活自理能力评估的能力。
2. 训练学生在养老服务方面的分析能力和问题解决能力。

知识目标

1. 了解我国人口老龄化现状及其对养老服务的挑战。
2. 掌握老年人对社会养老服务的需求。
3. 了解发达国家及中国香港地区的老年社会福利服务模式。
4. 了解发达国家老年福利服务模式对我国的启示。
5. 了解我国老年社会福利服务的发展方向。

任务一 人口老龄化与老年人福利服务需求认知

情境导入

空巢老人突破一亿大关

据光明网记者梁捷2013年2月27日报道,全国老龄工作委员会办公室27日发布的我国首部老龄事业发展蓝皮书《中国老龄事业发展报告（2013）》披露：2013年我国老年人口数量将达到2.02亿，平均每100人中，老年人口已经超过15人，劳动人口也遭遇到负增长的拐点，老龄化的迅速发展，给医疗、就业、住房、社会管理等造成了巨大的压力。

蓝皮书披露我国老龄化形势严峻。高龄老年人口继续增长，年均增长100万人的态势将持续到2025年；失能老年人口继续增加，从2012年的3600万人增长到2013年的3750万人；慢性病老年人口、空巢老年人口规模继续上升，2013年均突破1亿大关；无子女老年人和失独老年人开始增多，2012年已达100万个失独家庭，每年正以7.6万个家庭的数量持续增加；2013年中国老年人口数量将达到2.02亿，老龄化水平达到14.8%，是劳动年龄人口进入负增长的历史拐点，推动人口机会窗口逼近关闭，老年抚养比将从2012年的20.66%上升到2013年的21.58%。

蓝皮书还介绍，由于人口老龄化超前于现代化，"未富先老"和"未备先老"的特征日益凸显。老年人面临诸多问题和困难，2012年全国约有2300万老年人属于贫困和低收入者。城镇老年人口的宜居环境问题十分突出，70%以上的城镇老年人口居住的老旧楼房无电梯，高龄、失能和患病老年人出行困难。2012年农村留守老年人已达5000万人。高龄、失能和患病老年人的照料护理问题，已经引起社会各界的普遍关注。此外，由于我国老年医疗卫生体系建设亟待完善。在老年医疗卫生服务方面，还存在老年护理康复服务设施和场所总量明显不足，城乡老年医疗卫生服务发展水平差距大，基层老年医疗卫生服务供给不足等问题。

（资料来源：http://politics.gmw.cn/2013-02/27/content_6830964.htm，有删减。）

任务描述

根据上述情境，试讨论并分析下列问题：

1. 我国未来社会人口结构的发展趋势是什么？
2. 我国人口老龄化具有什么特征？
3. 该情境反映出目前我国老年人急需哪些类别的社会福利服务？
4. 如何实现老有所养，老有所乐？

任务实施

1. 以每5人为一组，对全班同学进行分组。
2. 各小组根据情境，开展主题讨论。
3. 各小组分析我国未来人口结构的发展趋势，我国人口老龄化的特征等。
4. 各小组选派代表汇报、分享讨论结果。

任务总结

1. 教师结合情境对任务要求进行分析。
2. 教师对各小组讨论结果进行点评。

任务反思

每个人都无法阻止"不断老去的岁月",老龄化问题不仅是个人和家庭的现实问题,也是一个关系国计民生的重大社会问题。面对日益严峻的人口老龄化,我们必须思考这将对我国的经济社会产生怎样的影响,更为直接的是将对老年社会福利服务带来怎样的挑战。

知识链接

一、老年人及人口老龄化的界定

(一)老年人的界定

国内外老年学家对老年人的定义有不同的观点。根据世界卫生组织和卫生部规定,我国把60岁以上的人称为老年人。但很多人认为,简单地从年龄或表面现象来划分老年人是很不科学的,因为一个人是否衰老,不能单纯看出生年龄,还要看生理年龄,尤其是心理年龄。目前,专家学者对老年人的界定有以下四种观点。

一是根据年代年龄来界定老年人。所谓年代年龄,也就是出生年龄,是指个体离开母体后在地球上生存的时间。西方国家把45~64岁称为初老期,65~89岁称为老年期,90岁以上称为老寿期。发展中国家规定男子55岁、女子50岁以上为老年期限。根据我国的实际情况,规定45~59岁为初老期,60~79岁为老年期限,80岁以上为长寿期。

二是根据生理年龄来界定老年人。所谓生理年龄,就是指以个体细胞、组织、器官、系统的生理状态、生理功能及反映这些状态和功能的生理指标确定的个体年龄。生理年龄可分为四个时期:出生至19岁为生长发育期,20~39岁为成熟期,40~59岁为衰老前期,60岁以上为衰老期。所以,生理年龄60岁以上的人被认为是老年人。但生理年龄和年代年龄的含义是不同的,往往也是不同步的。生理年龄的测定主要采用血压、呼吸量、视觉、听觉、血液、握力、皮肤弹性等多项生理指标来决定。

三是根据心理年龄来界定老年人。所谓心理年龄,是根据个体心理活动的程度来确定的个体年龄。心理年龄以意识和个性为其主要测量内容。心理年龄分为3个时期:出生至19岁为未成熟期,20~59岁为成熟期,60岁以上为衰老期。心理年龄60岁以上的人被认为是老年人。心理年龄和年代年龄的含义是不一样的,也是不同步的。例如,年代年龄60岁的人,他的心理年龄可能只有40~50岁。

四是根据社会年龄来界定老年人。所谓社会年龄,是根据一个人在与其他人交往的角色作用来确定的个体年龄。也就是说,一个人的社会地位越高,起的作用越大,社会年龄就越大。

(二)人口老龄化的界定

人口老龄化是指总人口中因年轻人口数量减少、年长人口数量增加而导致的老年人口比例相应增长的动态。根据1956年联合国《人口老龄化及其社会经济后果》所确定的划分标准,当一个国家或地区 65 岁及以上老年人口数量占总人口比例超过 7% 时,意味着这个国家或地区进入了老龄化。而 1982 年在维也纳召开的老龄问题世界大会,则确定 60 岁及以上老年人口占总人口比例超过 10%,就意味着这个国家或地区进入老龄化。目前,上述两种标准都被国际社会广泛用来表明一个国家或地区人口的老龄化程度。当前,人口老龄化正成为一种世界性发展趋势。引起人口老龄化的因素众多,但其中低生育率及生活、医疗条件改善使得人们寿命延长是主要原因。

人口老龄化是社会文明进步的标志,但同时也会给经济增长、社会发展等带来一系列影响。第一,老龄人口的增长会改变人口的抚养比,被抚养人口的增加必将加重现有劳动人口的负担;第二,人口老龄化将使得适龄劳动人口数量减少,从而对经济发展和劳动生产率的提高产生消极影响;第三,人口老龄化会导致社会保障费用的大幅上升,从而增加公共财政负担;第四,人口老龄化会促进现有产业结构的调整,会带动老龄相关产业的发展,如老年社会服务业及老年消费品行业的繁荣等;第五,人口老龄化还将引起家庭规模和家庭结构的变化,削弱传统家庭的养老功能。

二、我国的人口老龄化

1. 我国人口老龄化现状

我国是世界上人口最多的国家,同时也是世界上老年人口最多的国家。据国家统计局 2011 年 4 月 28 日发布的《2010 年第六次全国人口普查主要数据公报》(第 1 号)表明:截至 2010 年 11 月 1 日零时,全国总人口为 1 370 536 875 人,[①] 同第五次全国人口普查 2000 年 11 月 1 日零时的 1 265 825 048 人相比,十年共增加 73 899 804 人,增长 5.84%,年平均增长率为 0.57%。其中,大陆地区 60 岁及以上人口为 177 648 705 人,占大陆总人口 13.26%,而 65 岁及以上人口为 118 831 709 人,占 8.87%。同 2000 年第五次全国人口普查相比,60 岁及以上人口的比重上升 2.93 个百分点,65 岁及以上人口的比重上升 1.91 个百分点。

2. 我国人口老龄化发展趋势

21 世纪的中国将是一个不可逆转的老龄化社会。据全国老龄工作委员会办公室 2006 年 2 月 23 日发布的《中国人口老龄化发展趋势预测研究报告》显示,中国人口老龄化将伴随 21 世纪始终,从 2001 年到 2100 年,中国的人口老龄化发展趋势可以划分为三个阶段。

第一阶段:从 2001 年到 2020 年是快速老龄化阶段。这一阶段,中国将平均每年增加 596 万老年人口,年均增长速度达到 3.28%,大大超过总人口年均 0.66% 的增长速度,人口老龄化进程明显加快。到 2020 年,老年人口将达到 2.48 亿人,老龄化水平将达到 17.17%,其中,80 岁及以上老年人口将达到 3 067 万人,占老年人口的 12.37%。

第二阶段:从 2021 年到 2050 年是加速老龄化阶段。伴随着 20 世纪 60 年代到 70 年代中期的中华人民共和国成立后第二次生育高峰人群进入老年,中国老年人口数量开始加

---

① 此处所指的总人口是含中国香港特别行政区、中国澳门特别行政区以及中国台湾地区人口在内,其中普查登记的大陆 31 个省、自治区、直辖市和现役军人人口数为 1 339 724 852 人。

速增长，平均每年增加620万人。同时，由于总人口逐渐实现零增长并开始负增长，人口老龄化将进一步加速。到2023年，老年人口数量将增加到2.7亿人，与0~14岁少儿人口数量相等。到2050年，老年人口总量将超过4亿人，老龄化水平推进到30%以上，其中，80岁及以上老年人口将达到9 448万人，占老年人口的21.78%。

第三阶段：从2051年到2100年是稳定的重度老龄化阶段。2051年，中国老年人口规模将达到峰值4.37亿人，约为少儿人口数量的2倍。这一阶段，老年人口规模将稳定在3亿~4亿人，老龄化水平基本稳定在31%左右，80岁及以上高龄老人占老年总人口的比重将保持在25%~30%，进入一个高度老龄化的平台期。

3. 我国的人口老龄化特征

与其他国家相比，我国当前的人口老龄化具有以下特征。

一是老年人口数量庞大。据全国老龄工作委员会办公室2013年2月27日发布的《中国老龄事业发展报告》显示，2013年我国老年人口数量预计达到2.02亿人，根据预测，这一数据到2026年将达到3亿人，2037年将超过4亿人。根据联合国的预测，21世纪上半叶，中国将一直是世界上老年人口最多的国家，占世界老年人口总量的1/5，到21世纪下半叶，中国仍将是仅次于印度的第二老年人口大国。

二是老龄化发展迅速。发达国家65岁以上老年人占总人口的比例从7%提升到14%，大多用了45年以上的时间，其中，法国130年，瑞典85年，澳大利亚和美国79年左右。中国只用27年就完成这个历程，并且在今后一个很长的时期内都保持着很高的递增速度，进入老龄化速度最快国家之列。

三是高龄人口比重持续增大。从1999年中国迈入老龄化社会到2010年，中国80岁以上的高龄老人增加了近一倍，已经超过了2 000万人。根据全国老龄委的预测，到2050年，我国80岁及以上的高龄老年人口总数将超过1亿人，约占全国总人口的7.2%。

四是老龄化速度快于经济发展速度，即未富先老。发达国家是在基本实现现代化的条件下进入老龄社会的，属于先富后老或富老同步，而中国还未实现现代化，目前仍处在中等偏低收入国家的行列，应对人口老龄化的经济实力还比较薄弱，在经济尚不发达的情况下提前进入老龄社会，属于未富先老。

五是老龄化城乡倒置显著，农村老龄问题突出。据最新的人口普查数据显示，我国近70%的老龄人口分布在农村地区，农村老龄化水平比城镇高出1.24个百分点。据预测，到2028年，这一差距还将继续扩大到11个百分点，到2050年前后，全国约有28个省区的农村老年比例高出城镇20%以上，这与发达国家城市人口老龄化水平一般高于农村的情况截然不同。①

六是空巢率高。据全国老龄工作委员会办公室调查显示：我国城市老人的空巢比例已经接近一半，达到49.7%，农村过去没有这种现象，但随着农民工大量外出务工，农村老人空巢率也达到38.3%，并且上升速度比城市更快。

---

① 贺丹. 民下部副部长：中国农村老龄化水平高于城市 人口老龄化城乡倒置[EB/OL]. 中国日报，http://www.chinadaily.com.cn/dfpd/shehui/2012-05/17/content_15320969.htm，2012-05-17.

七是地区发展不平衡。中国人口老龄化发展具有明显的由东向西的区域梯次特征，东部沿海经济发达地区明显快于西部经济欠发达地区，以最早进入人口老年型行列的上海（1979年）和最迟进入人口老年型行列的宁夏（2012年）比较，时间跨度长达33年。

三、人口老龄化对我国养老服务的挑战

1. 人口老龄化对传统养老模式的挑战

家庭养老是我国传统和主流的养老模式。随着经济社会的发展及人口结构的改变，传统的家庭养老功能在我国正逐渐弱化。主要表现为，长期实行的计划生育政策导致倒金字塔形的"四二一"家庭模式日益增多，家庭养老压力增大及孝道观念淡漠，家庭养老功能不断被削弱等。

2. 人口老龄化对老年人供养水平的挑战

人口老龄化对老年人养老方式产生挑战的同时，也对老年人供养水平提出挑战。对老年人供养水平的挑战，主要是随着人口老龄化的加剧，人口抚养比增大，从而导致老年人供养水平的降低。

3. 人口老龄化对老年人福利服务队伍建设的挑战

人口老龄化的加剧使得未来社会对老年社会福利服务专业人才，尤其是高层次专业人才的需求量会越来越大。然而我们面临的问题却是，目前社会福利服务人员的整体素质较低，专业人才缺乏。这种专业人才的缺乏突出表现在，我国福利服务人员中专业社工的比例偏小，远远没有达到发达国家专业社工所占的比例，如英国社工占其福利服务人员的比例为10%。

4. 人口老龄化对老年人福利服务设施建设的挑战

尽管我国老年社会福利设施建设已经取得较大进展，但仍存在不少问题，突出表现在，老年福利服务机构的数量及床位数严重不足，以及社区提供的老年福利服务设施的不足。据民政部发布的《2015年社会服务发展统计公报》显示，截至2015年年底，全国有各类养老服务机构和设施11.6万个，拥有各类养老床位672.7万张（其中每千名老年人拥有养老床位30.3张），与发达国家5%~7%的机构供养比例相比，还有很大差距。此外，尽管全国已有各类社会服务机构和设施176.5万个，但大部分为综合性的社区服务站（中心），专门提供社区老年福利服务的站点或设施的数量仍不尽如人意，远不能满足城乡老年人对社区老年福利服务的需求。

四、老年人对社会养老服务的需求

（一）老年人的需求分析

美国著名心理学家马斯洛把人的各种需求归纳为五个层次，这就是生理需求、安全需

求、归属与爱的需求、尊重需求和自我实现需求。根据的五个层次需求理论，结合老年心理的特殊性，老年人的需求可归纳为以下几个方面。

1. 生理需求

这是一切需求中最基本、最优先的一种需求。它包括人对食物、水、空气、衣服、排泄及性的需求等。如果这一类需求不能得到满足，人类将无法生存下去。老年人也有这些基本的需求，以满足其生存，但老年人的生理需求有其特殊之处。在食物方面，老年人更注重保健，对饮水和空气环境的需求也更讲求洁净、新鲜、卫生；在服装方面，老年人需要与自己年龄相符的服饰，讲求宽松、轻便、保暖、透气和适用；由于其身体机能的衰退，老年人更需要方便、舒适、无障碍的卫生间；老年人对性的需求虽已不像中青年那样强烈，但依然是一种本能的需求。

2. 安全需求

在人们的生理需求相对满足后，就会产生保护自己的肉体和精神，使之不受威胁、免于伤害、保证安全的欲求。老年人的安全需求与其他人群相比更为迫切，尤其是集中在医、住和行这样三个方面。在医疗康复保健方面，老年人希望老有所医、老有所乐、健康长寿。一旦生病，希望能及时得到治疗，能就近看病和看好病；还希望生病期间身边有人护理和照顾；另外就是希望有人指导他们加强平时的健康保健，使其不生病或少生病。老年人的居室要求稍宽敞一些，以便于行走和活动，室内要求通风、干燥、透光；内部设施要便于老年人使用和行动，比如卫生间要有扶手和坐便器之类，楼道要安装栏杆和扶手，以防其摔倒；居住楼层不宜太高，以便于老年人进出和下楼活动。老年人出行的安全尤其重要，一般需要有人伴护，以防途中摔倒或犯病，公共场所和交通工具也需设老人专座或老人通道，以保障老年人出行的安全。

3. 归属与爱的需求

一个人在社会生活中总希望与他人交流，希望得到他人或社会群体的接纳和重视，如交结朋友、互通情感，追求爱情、亲情，参加各种社会团体及其活动等。老年人的这些需求也是强烈的。首先，他们渴求家庭温暖，子女孝顺，以享受天伦之乐；其次，老年人也需要参与社会活动，渴望与邻里、亲朋好友的接触和交流，害怕孤寂；最后，老年人也有爱情需求，特别是一些丧偶老人，希望能有一个伴侣与之相濡以沫，共度晚年。

4. 尊重需求

一个人在社会上总希望自己有稳定、牢固、强于他人的社会地位，需要自尊和得到他人的尊重。老年人特别爱面子，自尊心强，特别需要别人对他的尊重，对于他人对自己的态度尤为敏感。这种尊重需求往往也会延伸为老年人注重自己在知识和修养方面的提高，对自身形体、衣着装扮的关注等。

5. 自我实现需求

人们希望实现自己的理想和抱负，充分发挥个人的聪明才智和潜在能力，取得一定的成就，对社会有较大的贡献。老年人也希望为社会做一些力所能及的事情，充分发挥自己的潜能和余热,实现自身的价值或未完成的心愿,也从中体验到成功的喜悦和满足感。

(二)老年人对社会养老服务的需求

1. 希望老有所养

鳏寡孤独皆有所养,是古人追求社会大同的理想。老有所养对社会稳定非常重要,对个人更为重要,同时也是当前构建和谐社会的基本要求。构建社会主义和谐社会就必须关注民生、凝聚人心,就必须实现老有所养。

人人都会变老,不论领导干部还是平民百姓都会面临养老问题。养儿防老是我国传统的养老方式,在漫长的封建社会中,养儿防老在解决老年人的养老问题上发挥了积极而巨大的作用。但随着家庭规模的变小,特别是计划生育政策的实施,养儿防老将面临很大的挑战,为有效地解决老年人的养老问题,必须充分发挥社会的养老功能,大力发展养老社会保险。

由于城乡二元结构和历史的原因,在我国广大的农村地区,很多农民可以获得的社会保障服务还很少,这不仅关系到农村社会的稳定,也关系到农村的经济发展和农村的现代化进程。对于进城务工农民的社会保障,现在的关键是进一步完善政策,根据他们的实际需要,提高政策的可操作性。要从根本上解决农民工的社会保障问题,就应把农民工纳入农村社会保障制度之中,并最终向城乡一体的社会保障体制过渡。只有这样,才能让所有老年人实现老有所养。

2. 希望老有所医

"老有所医"是在"老有所养"基础上调节和促进老年人身心健康必不可少的措施和手段,也是社会文明和科学进步的最重要体现。生病特别是生重病,是每个老年人都担心的事,因为现在我国很多老年人未享受任何医疗保障,基本无法抵御重大疾病(如肾透析、白血病、恶性肿瘤等)所产生的高额医疗费用的经济风险。为此,我们必须加快老年人大病住院基本医疗保险制度建设,加强对老年人不同层次的自我保健教育,增强自我保健能力,增进身心健康的自觉性,普及有关身心健康的知识,减少老年病的发生,提高老年人身心健康水平,只有这样,才能实现"老有所医"的目标。

3. 希望老有所教

"老有所教"主要是指国家对老年人进行思想教育、法律法规教育、形势教育等。按照一般规律,人到晚年,看问题的全面性、深刻性、敏锐性等方面都是很成熟的,处理问题的稳重程度和老练程度也都超过年轻人,但在某些方面往往落后于时代的步伐。"老有所教"更多的就是要通过不同形式的教育活动让老年人跟上时代的发展步伐,同时也要解决老年人对社会上一些问题的不正确认识。有机会接受各种教育,能使老年人的教育需求得到满足,其实质也是为老年人创造了社会福利。

4. 希望老有所学

"老有所学"是老年人应当享受的一项权益,老年人教育事业则是老年事业总体发展中的一项必不可少的事业。《中华人民共和国老年人权益保障法》明确规定："老年人有继续受教育的权益。国家发展老年教育，鼓励社会办好各类老年学校。各级人民政府对老年教育应当加强领导统一规划。"发展老年人教育事业，能使老年人从学习中获得许多重新安排生活的技能和知识，把老年人从家庭引向社会，陶冶情操，培养和树立正确的养老观，使老年人不断更新知识，实现老有所为，健康长寿，欢度晚年。发展老年人教育事业也有利于实现健康老龄化，它是社会主义精神文明建设的重要内容，是解决人口老龄化带来的问题的重大措施之一。为了切实搞好老年人教育事业，各地政府应将老年学校的建设纳入政府的行为，列入地方国民经济和社会发展计划之中。老有所学还是实现老年人老有所为的基础，是满足老年人自我实现需求的根本保证。

5. 希望老有所为

"老有所为"是老年人完全自愿的、具有积极意义的，有利于他人、社会、人类发展与进步，有利于国家稳定发展，并具有一定价值体现和奉献精神的行为。"为"不仅指老年人的某种行为，更多的意义是指哲学、文化和伦理价值取向的"行为"。"老有所为"是老年人继续为社会主义三个文明作贡献的体现，是老年人人生的最高境界。当今社会的事实也表明，"老有所为"的老年人已成为稳定社会、教育后代、促进经济发展和科技进步、加强社会主义三个文明建设的一支重要力量。实现老年人老有所为的目标，其实质是满足了老年人自我实现的需求。很多老年人把有机会实现老有所为的目标看成是一种幸福。

6. 希望老有所乐

"老有所乐"贯穿于"六老"的始终，其内容极为丰富。人们的价值取向不同，内容也就不同。有的在生活、工作、学习、劳动中求乐；有的以助人为乐；有的以吃苦为乐；有的以廉洁自律为乐；有的也就是平平常常自得其乐；有的只是满足私欲的吃喝玩乐；等等。总之，为实现老年人的"老有所乐"目标，各地应建设一批老年人兴趣活动室、阅览室、健身房、棋牌室、品茶聊天室等老年设施，这些设施应根据老年人的特点建设，体现人性化，要集老年人学习、活动、艺术表演、文化演出于一体，使之成为丰富老年人精神文化生活的好场所，从而更好地实现老年人老有所乐的目标。

任务二

老年人福利服务的发展方向

情境导入

国外的特色老年福利服务

在日益多元化的现代社会，人生七十已不再是古来稀，现代化社会赋予了老年人更多的生活选择。近年来，国外一些地区为了提高老年人的生活质量，使他们愉快地安度晚年，开办了各种有趣的老年服务项目。

老年电台：法兰西广播公司开办了一个老年电台。它的节目是根据老年人的需要而设置的，有音乐、电影剪辑、各地风光、园艺知识、生活顾问、法律常识等，以丰富老年人的精神生活，增添他们的生活乐趣。

老年"幼儿园"：在西班牙首都马德里有一所专为65岁以上老人准备的"第三年龄幼儿园"。凡愿"入托"的老人均由工作人员负责接送。每天早晨上课前，老人们在一起吃"团聚饭"，上课时学习老年保健知识和保健操。

老年大学：瑞士有一所老年大学，前来学习的老年人最年轻的60岁，最老的80岁。学员自选课程，不做作业，也无须考试，学习主要是为了丰富知识。

老人商店：俄罗斯首都莫斯科郊区有一家老人商店，它分售货和订货两个厅。服务对象主要是参加过卫国战争的、已退休的老人和受伤残疾的老战士。

老年公寓：瑞典首都斯德哥尔摩的老人公寓位于居民区内，是专供有独立生活能力的退休老人居住的。在这里居住，每月要付房租，但可以像在家里一样，自己上街买菜、做饭。与普通公寓不同的是，所有的房间都没有门槛，以防老人绊倒；马桶、澡盆比较低矮，并带有扶手；考虑到老人弯腰不便，炉灶、烤箱等用具的高度适合老人站立使用，甚至可以上下升降；阳台、窗户较大，可让老人多晒太阳等。老人公寓还有一支训练有素的"家庭护理员"队伍，可以随时为老人提供帮助。日本的各大企业也积极兴建号称"银色公寓"的自费养老公寓，它以完美的设备和管理吸引了许多退休者。目前，日本的"银色公寓"大体分为都市型、郊外型、田园型、休闲区型等。"银色公寓"专门接待60岁以上的老人住宿疗养，内设有保健医生，为客人提供医疗保健服务。

老年巴士：加拿大的"老年巴士"是一种会员式的出租车业务。老人们只需向设有这种服务项目的出租车公司交一定的入会费，并填写一张登记表，公司再将他们的姓名、性别、年龄、家庭住址、原工作单位等基本情况输入电脑后，这些老人就可以享受公司方便、快捷的服务了。从这时起，无论老人们在城市的哪一个角落，也不分白天还是夜晚，只要拨通公司专用的服务号码，公司就可以通过专用的服务网络通知离老人们最近的"老年巴士"前往老年人住处，提供服务，而且价格还特别低廉。

老人街：在日本东京，有一条著名的老人街。在长达1千米的街上，有专卖老人衣服、鞋子、食品及药品的商店，还有怀旧的咖啡店，店里的音乐是老人耳熟能详的歌曲。老人们悠闲自在地在这条街上逛街购物，流连忘返。

老人福利院：匈牙利有一家老人福利院，这里树木葱郁，鸟语花香，环境幽雅。福利院的工作人员和医生24小时为老人服务。福利院有专门食堂，为老人安排统一的伙食，饭菜以素食为主，肉食品只有家禽肉和鱼，这些都是经过营养师和医生专门的研究搭配的，既可口又利于老人的身体健康。福利院每天都要组织多种多样的活动，让老人完全没有孤独和寂寞的感觉。

［资料来源：海畅. 国外老年服务一瞥［J］. 老年教育（长者家园），2008(10)：28-28.］

任务描述

根据上述情境，试讨论并分析下列问题：

1. 老年福利服务的目的是什么？
2. 上述情境中的特色老年福利服务分别满足了老人哪些需求？
3. 了解了国外这些特色的老年福利服务对我们完善和发展中国的老年福利服务有何启发？

任务实施

1. 以每5人为一组，对全班同学进行分组。
2. 各小组根据情境，开展主题讨论。
3. 各小组分析老年福利服务的目的，特色老年福利服务满足老人何种需求，以及讨论这些特色服务给中国老年福利服务带来的启发。
4. 各小组选派代表汇报、分享讨论结果。

任务总结

1. 教师结合情境对任务要求进行分析。
2. 教师对各小组讨论结果进行点评。

任务反思

面对滚滚袭来的"银发浪潮"，让每一位老人都老有所养、老有所乐，不仅是政府，也是社会及每一位个体不可推卸的责任。随着经济、社会的发展，老年人口的不断增多，如何帮助老年人实现快乐老龄化、积极老龄化已经成为全社会共同的责任。

知识链接

一、发达国家及中国香港地区老年福利服务模式认知

（一）以社区照顾为主的英国模式

英国的老年社会福利服务主要有四种。一为院居服务，如老人院、福利院等。受益人主要是鳏寡孤独、生活自理能力较差、需要长期照顾、缺乏家庭支持的人。他们被集中到福利院居住，由福利院提供各方面的服务。二为日间照顾，包括建立在社区的各种服务中心。日间照顾的特点是受益人在自己的家中居住，只是白天到福利机构去，得到所需要的服务。三为社区照顾，受益人在自己的家中，得到福利机构上门提供的各种服务。四为现场工作服务，由专业的社会工作者、康复师组成的一支工作人员队伍。在一定的地段内，对该地段的全部居民负责，根据居民的要求到现场进行登记、评估，提供和安排适当的服务。

在服务方式的选择上，英国长期以来持加强社区服务、弱化院舍服务的观点。院舍照顾的费用几乎一半用于居住开支，因而被认为效率不高。而社区照顾不需要支付居住成本，降低支出和社会服务成本，同时可以维系服务对象的邻里关系，使其继续生活在熟识的环境中，避免社会隔离感。因此，20世纪80年代以来，英国政府一直把社区照顾放在优先的地位。

自1990年以来，英国制定法案对社会照顾服务进行改革，主要包含：区分服务提供者与服务购买者；签订合同的管理机制；沿用集中控制制度和对医师及其合作所需必要条件的有关规定；发展社区照顾而不是住所或慈善机构照顾；鼓励私营部门和志愿组织参与，减少由公共机构直接提供的服务；强调家庭和社区非正式工作网络提供的服务；规定社会服务部的工作内容，即负责社会照顾的主要管理工作、对申请者的需求进行评估、选择服务提供者、在内部范围分离"购买"与"提供"的职能。法案的首要目标是打破各类服务提供组织之间的不平衡状态，采用市场化机制和契约化手段，由"提供方利益"主宰和指导的"资源导向"向以使用者或顾客为中心的"需求导向"的服务转变。①

（二）以居家养老服务及其支持性措施为主的瑞典模式

瑞典是高福利社会的典型，而联合国的一项调查报告则称，通过调查91个国家和地区的老年人生活质量，认为瑞典是最适合养老的国度。除了拥有全世界首屈一指的"从摇篮到坟墓"的社会福利制度，老年人不用为养老费用发愁，更重要的是瑞典以居家养老服务为主，以提供短期护理的日间照料和长期住养的机构养老为辅的老年福利服务模式充分保证了老年人生活的幸福。居家养老服务是瑞典老年福利服务的核心，几乎覆盖了老年人居家长期照顾中的所有要素，主要内容包括：健康照顾和预防保健照顾（瑞典有专门的家庭护理中心或护理公司），康复治疗（主要针对患有老年痴呆和精神障碍的公民），日常生活照护（如协助购物、煮饭、洗衣、助浴、如厕及老年情感和社会支持服务等）。在具体的服务提供方面，瑞典的居家养老服务由政府部门牵头负责，由公共和私营护理公司提供上门服务，其中私营护理公司已经成为瑞典养老服务的主力军。在护工认证监管与市场竞争机制的紧密结合下，护理公司在良性竞争中为瑞典老年人提供优质的入户服务，让老人享受便利的"居家养老"。

在经历20世纪八九十年代的福利服务改革之后，瑞典也从福利国家走向福利社会，其老年福利服务对象变得更有针对性，即更多地向那些高龄、单身、健康状况不佳等高服务需求的老人倾斜。比如，如果一个老年人身体基本上健康，仅需要少量服务，其支付的服务费相对就比较高昂，如一周洗一次澡，服务费可达400元人民币。而当老年人身体日益衰弱，需要的服务越来越多时，服务费用反而会降下来。如果老年人退休后只有极少的退休金，只要将退休金全部交出，社会福利局将包管其所有的服务、房租和食品。当老年人由于某种严重疾病入院，经过治疗病情缓解，但身体状况已无法在家居住，经过医院医生、护士、理疗师、社会福利局工作人员数方讨论、商谈，老年人可以移居到养老院。

除了居家养老服务，瑞典老人也可以自愿选择养老服务机构。瑞典的养老院有多种类

---

① 刘明松. 社会福利服务：英国的经验及启示[J]. 理论界，2008(7).

型，如患有老年痴呆症，大脑日益失去思维功能，生活不能自理，但身体重要器官尚无严重病患的老年人，可以移居到"老年痴呆中心"。"老年痴呆中心"多是巨型别墅，每个中心能住 20～30 个病人。每人有自己的房间、卫生间，房间内可以根据各自的爱好进行布置，使老年人尽量减少陌生感。中心还有统一的厨房和娱乐室，老人们可以在饭后坐在沙发上看电视，互相有个伴儿。另外一种养老院则是为有重大疾病、家中无人服侍的老人准备的。这些人因为身体器官衰竭，无法自由活动，多数卧床不起。这种养老院活动空间相对较小，病人只有自己的房间和厕所，护理人员可以随时探望，跟医院的病房差别不大。在瑞典，还有一种叫做 ASIH 的模式，即瑞典文"先进家庭病房"的缩写。ASIH 一般收患有严重疾病的老年人或晚期癌症患者。由于病人们在家居住，节省了医院里繁重的护理费用，另外病人们也可以在自己熟悉的环境里，在亲人的环绕中安然度过生命的最后时光。①

（三）以老年看护为主的日本模式

日本是目前世界上老龄化程度最高的国家，人口老龄化问题由来已久，其老年社会福利服务在经历了长期的演变过程后，目前其法制化、社会化程度和福利服务水平在世界上处于领先地位。

日本的老年人福利制度的完善和老年社会福利服务体系的建立并非是一步到位的。早在 1963 年，为给低收入老人提供基本的收容和必要的照护服务，日本就制定了《老人福利法》，老人福利制度开始确立。此后，随着日本社会老龄化问题的日益突出，《老人福利法》不断修改完善，《老人保健法》(1982) 等老年福利法规相继出台，日本最终确立了适合老人居家养老的福利服务模式，并通过兴建托老所和保健训练中心、小规模多功能服务站、居家介护支援中心、咨询中心等，打造一个全社会参与的多元化的老人福利服务网络。

针对生活不能自理老人的增多问题，考虑到将他们全部安置在医疗机构不现实，而安置到老人福利设施又缺乏足够的护理条件，日本一方面在 1982 年颁布、1986 年修改的《老人保健法》中决定全面推广老人保健设施（服务对象为病状处于相对安定期，已经没有必要在医院接受治疗，但仍需要看护和进行机能恢复的痴呆病人、中风病人和卧床不起的老人），另一方面又于 1989 年 12 月推出了《高龄者保健福利发展 10 年战略计划》（简称"黄金计划"）。这项计划以居家养老、居家看护为发展方向，规定从 1990 年开始，国家逐年加大对高龄者看护设置的预算。

为解决日本高龄者看护制度中存在的医疗与福利分离、费用负担的不公平、自由选择服务的局限性，以及空巢独居老人增多导致社会护理服务需求加大等问题，日本在 1997 年 12 月出台了《看护保险法》。《看护保险法》号召让所有的老人享受"更普遍、更公平"的看护，它标志着日本现代老人看护保险制度的建立。这一制度通过在看护制度中导入契约的方式，一方面满足了老年人对福利多样化的需求，即是否需要看护保险及选择什么样的服务方式都取决于使用者的意愿。使用者本人或家属可以直接向提供看

---

① 石太能. 国外老年生活一瞥[N]. 大众卫生报，2006-12-05(5).

护服务的事业团体申请服务，选择适合自己的看护服务，也可以通过专业机关与提供服务社会团体交涉。另一方面实现老人福利与老人医疗的综合利用。将过去全额公费的老人的福利和医疗保险、公费负担的老人保险制度一体化，改变为由看护保险费和公费负担的看护保险。这样不仅可以做到使用者享有选择权，而且可以解决由于高龄住院带来的医疗难题。经过多年实践，日本的看护保险制度在促进民间力量介入养老服务，扩大服务供给量，减轻家庭及个人的医疗和护理费用的负担，提高养老服务水平和服务效率等方面都取得了显著的成效。

此外，为解决老人福利服务对专业人才的迫切需求，日本非常注重老年护理教育和专业养老护理人才的培养。日本在1987年5月颁布了《社会福利师及看护福利师法》，规定看护福利师需要具有协助福利对象日常生活的工作能力，以及具备向对象进行看护指导和训练的专业技术知识和能力，必须参加国家统一的资格考试，并通过实习取得看护技能鉴定合格后，才可获得资格证书。此外，日本还在提高老年福利专业人才的待遇和社会保障方面做了许多工作，并于1992年6月制定《福利人才确保法》，从法律上对福利人才培养及其应该享有的经济和社会地位予以保障。[①]

（四）以现金援助、社区支援服务及院舍照顾服务为主的香港模式

受英国影响极深的香港在社会福利服务方面接受了社区照顾的理念，社区照顾从程序规划上被确认为老年人福利服务的原则之一。20世纪70年代，香港家庭的小型化、核心化成为普遍现象，传统家庭的养老功能日趋衰退；同时，老人数量在增加，孤老的数目也急剧增加。在此背景下，1977年香港政府发表《老人服务绿皮书》，确认社区照顾为推行安老服务的指导原则。至此，香港的老年人福利服务完成了服务模式的基本架构，政府为老年人提供的服务分为现金援助、社区支援服务及院舍照顾服务三大类。

其中，贯穿了社区照顾理念的长者社区支援服务被认为是一种有效应对人口老龄化的方案，院舍照顾服务则是需要深切个人护理的体弱长者的最后选择。长者社区支援服务主要分为"中心为本"和"家居为本"两大类别。前一类鼓励长者到"中心"（如长者地区中心、长者邻舍中心）参加活动，"中心"提供社区教育、长者支援服务队、教育及发展性活动、义工发展等服务。后一类服务为体弱长者提供到户服务，包括"改善家居及社区照顾服务""综合家居照顾服务"两类，提供基本及特别护理、康复练习、护老者（提供照顾给长者的人，多是长者的配偶、子女、亲友、邻里或家庭佣工等）支援等服务。

为确保社区照顾服务使用的有效性，避免滥用福利的现象，以及针对不同经济情况老人区别收费标准以兼顾公平，自2000年11月起，香港实行了安老服务统一评估机制，以国际认可的"长者健康及家居护理评估"工具为标准，通过评估员对老人身体状况、自理能力、行为及认知能力、情绪稳定状况、家庭状况等各方面进行一些评估，根据评估结果决定老人应接受何种类型的服务，确定老人对住宿照顾和社区照顾服务的护理需求，并从

---

① 周娟. 日本社会福利事业民营化变革及其对我国的启示——以日本老年看护服务民营化为例[J]. 湖北社会科学，2008(4)：66-68.

2003年11月28日起实施长期护理服务中央轮候册，集中处理为长者而设的受资助长期护理服务的申请和服务编配。

香港老年社会福利服务体系的另一支柱是院舍照顾。其服务的目标是为一些由于健康、社会因素及其他原因未能在家中居住的长者，提供院舍照顾服务及设施，尽量使入住的长者保持健康状况，并协助他们应付不同的起居照顾需要和日常活动，满足入住者的社会心理需要，以及促进入住者之间的人际关系。安老院舍根据机构的性质可以分为非营利组织经办的养老院舍和私营养老院舍，根据入住老人的身体状况和自理能力的高低差异又可以分为老人宿舍、安老院、护理安老院和护养院。

由于香港老龄化日益严重，而院舍照顾资源又相对紧张，2004年之后，香港开始鼓励老人尽量在家庭、社区内养老，并通过完善的社区照顾服务和支援服务将老人留在社区内，而把院舍照顾的重点放在体弱、自立能力严重受损的老人身上。为减少资源的浪费，将资源集中在急需要护理的老人身上，香港政府于2003年1月1日起停止接受长者宿舍和安老院床位的新申请，并逐步取消长者宿舍和安老院宿位，以更好地满足高龄失能老人对养老服务及护理的需求。[①]

二、发达国家和地区的老年福利服务模式对我国的启示

（一）明确老年福利服务的公共物品属性和多元化服务供给模式

尽管当今世界各国社会福利制度的差异很大，老年福利服务的供给模式也不尽相同，但在对老年福利服务的属性界定上，各国却是高度一致的，都认为老年福利服务是一项重要的准公共物品，即它具有有限的非竞争性或有限的非排他性。因此，政府应当在老年福利服务的供给中发挥主导性作用。但为了避免过度提供公共物品、财政负担过重及效率低下等问题，大部分国家也都认同，一方面在制度规范、监督管理及发展规划方面需要发挥政府的主导作用，另一方面在老年福利服务的具体提供上，应当发挥政府和市场共同的作用。政府既可以通过政府投资或政府购买服务的方式直接提供养老服务，也可以通过政府补贴、社会保险的方式间接提供养老服务。在许多发达国家，通过引入民间社会团体、私营企业、志愿者组织及家庭参与到具体的老年福利服务，形成政府、非政府机构与市场相结合的多元化、社会化的福利服务供给网络，正日益成为现代老年福利制度的改革方向。

（二）大力倡导以社区照顾为主、机构照顾为辅的养老模式

早期实行"福利国家"制度的西方国家，其老年福利服务模式大都由政府出面，大量建设大型老年福利机构，为老人提供集中式照顾和护理服务。此后，许多福利国家由于严重的财政危机和福利依赖问题，而不得不在福利领域掀起一场场革命，其中一项重要的转变就是从以机构照护为主转变到以社区照顾模式为主。此外，由于对机构集中照护的程序

---

① 罗刚. 香港老年社会福利服务研究及启示[D]. 武汉：武汉科技大学，2008.

化、专业化及管理流程化可能导致社会隔绝与缺乏人性化关怀，也是"去机构化"成为潮流的原因之一。基于上述原因，以英国为代表的福利国家于20世纪70年代开始推动老年福利服务向社区照顾方式转变。在经济发展减缓、政府财政危机、人口老龄化及人们福利观念转变的背景下，"社区照顾"以其人性化、人本化的服务理念及鼓励社区居民积极参与的意识，得到了人们的普遍赞同，进一步为世界其他国家所推行。[①]

无论是瑞典居家养老服务模式，还是以社区照顾为主的英国和香港模式，其共同特点都是通过整合资源、构建社会支持网络、完善社区服务功能来形成对家庭照顾的补充和支持。随着老龄化趋势日益严峻，老年人服务需求日益多元化，这种以居家为基础，以社区照顾为依托的服务模式在长期的发展中趋于成熟化和完善化，既能满足老年人对日常生活照顾和专业护理的需求，也较好地照顾了老年人回归社会、家庭的情感需求，从而成为当今世界各国主流的老年福利服务模式。而机构养老服务模式由于具有连续性照顾、专业护理、医疗康复设施齐全及个性化服务等方面的优势，成为高龄失能老人、肢体伤残、失智老人及部分自愿入住老人群体的理想选择。

（三）建立专业化的老年福利服务人才队伍

作为服务性行业，服务人才的数量和专业素质直接决定了服务效率、服务质量和服务对象的满意度。因此，专业人才的培养是发展老年福利事业必须解决的问题。西方各国在发展老年福利服务事业的同时，都非常重视老年服务专业人才的培养。一方面，高度社会化、市场化的福利服务体系，数量众多的非政府组织和专业护理机构为老年福利服务人才提供了充裕的就业机会和职业发展前景；另一方面，分工明确的专业职责范围、科学的专业标准与完善的专业服务质量控制体系保证了老年福利服务的针对性和专业性。比如，瑞典和香港都建立有完善的老年福利服务评估机制，服务对象的评估与反馈对政府的购买服务计划有重要影响，想要获得政府支持，非政府组织或服务机构就必须重视和提高服务水平和质量，从而促使老年福利服务向专业化方向发展。

三、我国老年社会福利服务的发展方向

作为世界人口大国和老龄人口大国，我国在"未富先老"的情况下，要充分结合本国实际，通过社会化、产业化、市场化的手段来促进我国老年福利服务事业的发展，满足日益增长的养老服务需求。同时转变观念，创新思路，把养老服务打造成为我国未来经济增长的助推器，变"包袱"为"财富"，引导其产生正向的经济效益和社会效益。

具体来讲，以下几个方面将是我国未来推动老年福利服务的发展方向。

（一）大力推进老年福利服务社会化的建设

在建立健全养老保障和医疗保障的基础上，抓住机遇，深化改革，推动老年福利服务

---

① 仝利民. 社区照顾：西方国家老年福利服务的选择[J]. 华东理工大学学报：社会科学版，2004，19(4)：20-24.

的投资主体逐步由单一的国家投入向国家、社会、企业和个人等多元主体投入转变。在继续加大财政投入的同时，多方调动社会力量兴办老年福利服务事业的积极性，逐步形成多渠道、多元化投资，多种所有制共同发展的新格局。在老年福利机构的运营管理上，也要改变以往老年福利机构全部由政府投资兴建、政府管理的模式，引入政府投资建设、委托专业化管理公司管理，以及政府不投资建设而补贴部分入住老人费用，由民间投资建设，按照市场化模式运营等多种运营模式。

（二）提升社区养老服务水平，拓展居家养老服务项目

对处于老龄化趋势不可逆转的中国而言，家庭不仅是社会的基本单位，也是未来老年福利服务的重要供给主体。但与传统的家庭养老模式不同，我国未来老年福利服务的重点是要以家庭为基本单位，以社区为依托，通过完善现有社区服务中心和社区养老服务设施，全面提升社区为老年人服务的功能，不断拓展居家养老服务项目，让老年人足不出户也可以享受到专业化的生活照料、精神慰藉、医疗保健、康复护理等福利服务。政府则通过政策引导和资金支持，鼓励社会力量参与社区老年福利服务和居家养老服务，为社区养老和居家养老营造良好的政策环境，不断探索社区老年福利服务购买模式，逐步普及社区养老或居家养老服务补贴制度。

（三）鼓励社会力量开办老年福利服务机构

我国已全面放开社会福利服务领域，并且针对社会力量兴办老年福利机构出台了一系列扶持政策和优惠措施。未来，我们将进一步扩大老年福利服务机构的资金来源，并降低准入门槛，以吸引更多社会力量参与老年福利服务事业。同时，鼓励现有的老年福利服务机构做大做强，鼓励连锁化、品牌化等市场运营模式，支持民办老年福利机构承担三无或五保对象的养老服务任务，以及参与社区老年福利服务。

（四）组建专业化的老年福利服务队伍

为了给老年人提供专业的服务，发达国家往往都非常重视专业服务人员的培养，尤其重视发展高学历的护理队伍，如日本为此专门出台了《社会福利师及看护福利师法》和《福利人才确保法》。鉴于我国目前在老年福利服务行业整体素质较低的状况，未来我国应继续加大对该行业的人才培养力度。目前，我们在养老护理员和社会工作人才方面的培训力度正逐年增大，相关职业资格证书的培训和行业准入资质的要求正在逐步规范。未来，我们应当从老年福利服务人才的职业发展、待遇保障及社会地位提高等方面加大扶持力度，确保有更多高素质人才愿意从事这类服务工作。

 案例分析

据《参考消息》驻东京记者蓝建中 2012 年 07 月 12 日报道，当前"少子高龄化"已成为日本人最关注的话题之一，有关话题在媒体报道中也长盛不衰。日本近来的统计数据

也表明这一问题愈发严重。所谓"少子高龄化",就是生育率降低,而人口不断老龄化的现象。人口年龄结构的急剧变化给日本经济和社会带来诸多不良影响。

在日本经济高速增长时代,由于劳动力不足,大量农村人口尤其是年轻的劳动力开始向大城市迁徙,使得部分地方中小城市的人口数量锐减,一些偏远县的全部人口甚至只有区区几十万,仅相当于东京一个区。农村很多果树由于缺乏劳动力而无法采摘,很多农田被放荒。农民很难找到对象,一些大龄农民只好到海外找新娘,不少农村的学校则因无生源而关闭。

另一方面,进入老龄化社会后,赡养老人也成为严峻问题。日本实行的是养老保险制度全覆盖。人口老龄化造成医疗设施、老年人福利设施的数量不足,社会负担将因此大幅增加。而且,今后面临一个年轻人养活五六个老人的问题,保险制度如何维持也成疑问。一些地方的医院由于劳动力不足,照顾老人的人手不够,不得不从国外引进看护人员。

人口减少和老龄化问题对日本的影响并不仅限于此。随着日本社会老龄化不断加速,更多的人进入退休年龄,劳动力人口的减少将导致日本经济潜在增长力降低。由于工作的人口减少,国内的生产和服务也将随之减少,导致投资和消费低迷,企业和家庭收入也将降低。

(资料来源:http://news.xinhuanet.com/cankao/2012-07/12/c_131710650.htm,有删减.)

阅读资料并回答以下问题:
1. 结合案例材料,试分析人口老龄化给经济社会带来的影响。
2. 试分析比较我国人口老龄化与日本"少子高龄化"现象的异同点。

子情境 2 机构养老服务

能力目标

1. 综合训练学生思维能力、论辩能力、语言表达能力和沟通能力。
2. 提高学生对老年人自理能力评估的能力。

知识目标

1. 掌握机构养老的概念、对象及特点。
2. 了解我国机构养老服务发展面临的困境及促进其健康发展的思路。
3. 掌握养老服务机构的类型与性质。
4. 掌握养老机构服务的内容与标准。

任务一 机构养老服务认识

情境导入

课堂辩论：子女该不该送老人去养老院？

据研究资料显示，2010年，全国60岁的人口已近两亿，2020年可能超过四亿，老龄化问题使中国四世同堂的金字塔结构迅速变成"四二一"倒金字塔结构，这使得越来越多的年轻人开始思考该如何赡养老人这个问题。最近网络上就出现了一个很有争议的话题——"子女该不该送老人进养老院？"对此，持赞成与反对观点的都有。

赞成的一方认为，虽说养儿防老是中国人自古的传统，可养老不应局限于让老人吃饱喝足、衣食无忧，做儿女的还应关注老人的精神生活，而当前的社会竞争如此激烈，年轻人的工作和生活压力都很大，因此很难有时间和精力去陪伴老人，还不如送老人去条件好、环境佳、人多热闹的专业养老机构里颐养天年。反对的一方则认为，养儿防老自古就是中国人的传统，养老院再好始终不如家里温暖，父母养大我们不容易，做子女的理应担当起父母的晚年生活，让他们在家安度晚年，这才是最好的选择。

任务描述

以"子女该不该送老人去养老院"为题，以班级为单位组织一场课堂辩论赛。要求：
1. 每个学习小组推举一名代表参加辩论。
2. 参加者须熟悉辩论规则及程序。
3. 参加者分工合作组成两支辩论队（含辩论主席）。
4. 通过抽签决定两队各自的立场。

任务实施

1. 由辩论主席简要介绍辩论规则和要求。
2. 正反双方按照辩论规则展开辩论。
3. 同学及老师相互提问。
4. 教师引领全班开展自由讨论。
5. 辩论主席根据课堂表决宣布比赛结果。

任务总结

1. 教师对各参赛同学表现进行点评。
2. 教师对辩论主题进行点评。

任务反思

《国语》曾说:"孝,文之本也。"《左传》曾说:"孝,礼之始也。"这充分说明了孝在中国文化中的重要性和影响力。将机构养老与孝敬老人的文化传统联系起来,开展课堂辩论,一方面锻炼了学习者思维能力、论辩能力和语言表达的能力;另一方面也引领学习者思考:什么是机构养老?当前的机构养老存在什么问题?社会对机构养老存在何种认知?并进一步引领学习者正确认识机构养老与孝文化的关系,从而为即将开始的知识学习做好铺垫。

知识链接

一、机构养老的概念

机构养老是一种老人在家庭之外,由各种社会养老机构以无偿或有偿方式为其提供生活照料、日常护理服务的一种养老方式。目前,我国的养老服务机构主要有:老年社会福利院、敬老院、养老院、老年护理院、老年公寓、托老所及老年人服务中心等。

现在,世界各国都建有一定数量且条件良好的养老机构,并有一定比例的老年人在各类养老机构养老。但各国选择机构养老的老年人占老年人总数的比例有所不同,据统计,英国的比例为4.5%,美国为3.7%,瑞典为4.8%,菲律宾为7%,泰国为13%,印度尼西亚为16%。我国的机构养老兴起于20世纪50年代后期,农村主要的养老服务机构是敬老院,集中供养"五保户";城市主要的养老服务机构是社会福利院,收养城市中的"三无"老人。近年来,全国各地兴办了为数甚多的收费养老院,为满足老年人的养老服务需求和解决年轻人照料老人的后顾之忧作出了贡献。现在,机构养老已成为我国主要的养老方式之一,且发展潜力较大。

二、机构养老服务的对象

(一) 传统的机构养老服务对象

我国的社会福利事业始于20世纪50年代,当时的养老机构——社会福利院是各级政府合并教会、团体开办的救济院、慈幼院而建成的。最初,社会福利院的服务对象主要是因战争、灾害造成的难民、灾民、无依无靠的孤老残幼、城市无业游民和少量经政府打击制裁的地痞流氓恶棍中无劳动能力的人。政府对这些人的福利服务目标是保障其最基本的吃、穿、住、医、葬等生存需求。后来,在我国农村以乡镇为主,兴建了一批农村敬老院,收养农村居民中无儿无女、无劳动能力的孤寡老人,为他们提供保吃、保穿、保住、保医、保葬的"五保",费用由乡、村两级统筹。从保障形式看,这是救济型的社会福利。由此可见,传统的机构养老对象主要是"三无"对象和"五保"对象。

(二) 社会福利社会化后的对象

随着我国社会主义经济体制的建立、政治体制的改革的深化和对外开放的扩展,我国老年人对社会福利服务需求也发生了重大变化,有社会福利服务需求的老年人已不仅仅是"三无"老人和"五保"老人。而且,由于市场经济体制的建立,"职业福利"的逐渐萎缩,原来在计划经济时期企业和单位建立起来的福利网也被打破,"企业人""单位人"逐渐改变成了"社会人",更多的福利服务需求被推向了"社会福利"。众多的老年人为提高生活质量,向养老服务业提出了更高的需求,开始选择机构养老的养老方式。由此可见,在我国推行社会福利社会化后,所有有机构养老需求的老年人都逐渐成为了机构养老的对象。

机构养老对象的这一大改变,得益于国家养老政策及养老服务理念的改变。我国政府为了改变社会福利服务对象的局限性和服务理念的落后局面,1984年,民政部在福建漳州召开了全国民政社会福利工作会议。这次会议回顾了前三十多年中国社会福利事业进程中的得失,研究了今后社会福利事业的发展方向,提出我国社会福利工作要实现"两个转变":一是要实现服务对象的转变,即由过去单纯为传统的"三无对象""五保户"提供福利服务转变为向所有老年人、残疾人、孤残儿童等弱势群体提供福利服务;二是要实现保障形式的转变,即由仅提供基本生存保障的救济型转变为提供生活照料、医疗保健、文化教育、体育健身、休闲娱乐等全方位服务的福利型。可以说漳州会议彻底改变了中国社会福利工作的理念,从此我国的社会福利工作步入了一个新的历程。

近二十年来,我国的社会福利尤其以养老服务业最为突出,各类福利院、养老院、老年护理院的蓬勃发展,承担了社会上大量的养老服务任务,逐渐形成一个养老服务产业。大量的家庭养老支持系统、社区养老服务系统、院舍养老服务系统形成了老年社会福利服务体系。

2000年,民政部为改变社会福利的落后状况做出了重大的政策性改变,由国家统包统管社会福利事业向动员社会力量投资兴办社会福利事业转变,提出了社会福利社会化的策略。全国各地结合自身特点,在多方面推行社会福利社会化。一是实现投资主体多元化,采取国家、集体和个人等多种渠道投资方式,形成多种所有制形式共同发展养老服务业的格局;二是实现运行机制市场化,按照产业化思路和市场规律发展养老服务业,在强调社会效益的同时注重经济效益,努力实现良性循环、持续发展;三是实现服务方式多样化,充分利用家庭、社区福利服务网络和养老福利机构等载体,因地制宜开展集中、分散、上门包户等多种形式的福利服务,满足不同群体不同层次的需求;四是实现服务队伍的专业化与志愿者相结合,逐步提高养老福利服务队伍的专业化水平,建立职业资格和技术等级管理认证制度,建立一支专业化福利服务队伍。

三、机构养老服务的特点

(一)养老服务由专门机构提供

与居家养老、社区养老方式相比,机构养老的第一大特点就是养老服务由专门的机构提供,我们把这些机构称为养老服务机构。目前,我国的养老服务机构主要有:老年社会福利院、敬老院、养老院、老年护理院、老年公寓及老年人服务中心等。其中老年公寓主要是为生活能够自理的老人提供自助式养老,特别是一些"空巢"家庭老人为了解决家庭照料的困难，或避免孤独，会选择机构养老的方式。其他养老机构以接收"三无"和"五保"老人、需要长期照料护理的老人为主。

（二）养老服务由专业人员提供

为提高养老服务质量，最大限度地满足老年人对养老服务的需求，养老服务机构注重培养职业化、专业化的养老服务专门人才。养老服务专门人才应具有以下素质：较高的政策理论水平、高尚的职业道德、宽厚的文化基础知识、扎实的专业理论知识、较强的基本技能、过硬的专业技能、良好的心理素质。

（三）养老服务呈现专业化特点

各类养老服务机构拥有适宜老年人生活的设施条件和具备相关专业技能的人员，为不同类型、不同需求的老年人提供专业化的生活照料和医疗护理服务。专业化的养老服务能减轻年轻人照顾老人的心理压力，缓解家务劳动所带来的各种矛盾，使老年人得到较为集中的照顾和较有秩序的生活。而且从心理上来说，老年人在院舍中有机会与同辈群体交流，这为老年人建立了另一种社会支持网络，对老人的身心健康也是很有帮助的。

（四）须交纳一定的费用

除入住的收养老人，其他老年人要得到养老服务机构的服务，必须按月交纳规定的费用，才能获得专门为老年人提供护理、食宿、照料等各种服务。一般养老服务机构规定：入住人应在每月月初5日内向院方交付当月的住院费及其他应付的费用，不得逾期。在我国大陆地区，这种付费式养老方式还处于初级阶段，但在部分地区已经表现出很大的发展潜力和广阔的市场前景。

四、机构养老的定位

（一）功能定位

养老机构的功能定位，是指根据每个养老机构的收养老人所需帮助和照料的程度，对其照料功能进行科学界定和区分。在美国按照不同的功能定位，其养老机构大致分为三类：第一类为技术护理照顾型养老机构，主要收养需要24小时精心医疗照顾但又不需要医院所提供的经常性医疗服务的老人；第二类为中级护理照顾型养老机构，主要收养没有严重疾病，需要24小时监护和护理但又不需要技术护理照顾的老人；第三类为一般照顾性养老机构，主要收养需要提供膳舍和个人帮助但又不需要医疗服务及24小时生活护理服务的老人。[①]

对养老机构功能进行定位的主要目的在于优化资源配置，便于政府主管部门依法对养老机构进行有效监管，以提高服务品质，维护老年人的权益。因为不同功能的养老机构在

---

① 桂世勋.合理调整养老机构的功能结构[J].华东师范大学学报：哲学社会科学版，2001，33(4)：97-101.

硬件的配备、工作人员的配置、医疗设备及物资（如步行辅助器、轮椅、便椅）等要求上是不一样的。在我国，除属于卫生部门主管的老年护理医院（也称老年护理院）与民政部门主管的老年公寓在收养的老人需照料程度上有明显差别外，一般的社会福利院、敬老院等机构收养的老人涵盖从生活基本能自理的老人到长期卧床不起的，甚至需要"临终关怀"的老人，功能定位较模糊。只是在机构内部按收养老人需照料程度的不同，分成专门护理、一级护理、二级护理、三级护理等几类，实行分部或分区管理，尚无专门收养需专门护理和一级护理的养老机构。从提高养老机构服务与管理水平角度来看，这种方式不利于各养老服务机构找准自己的功能定位，提高服务的专业化。有鉴于此，有学者提出我国可以根据入住老人需要照料的级别，各机构在场地、设施、工作人员配置方面的不同情况，并结合现有的养老护理分级制度对所有养老机构进行分类，以明确其功能定位提升服务的专业化水平。比如，借鉴美国经验，将养老机构分为三类：第一类是重度护理养老院，以需要一级护理与专门护理的老人为收养对象的养老院；第二类是中度护理养老院，以需要二级护理的老人为收养对象的养老院；第三类是轻度护理养老院，以需要三级护理或不需要护理的老人为收养对象的养老院。

（二）服务定位

任何一所养老机构都要找准自己的服务定位。所谓服务定位，包括养老机构的性质定位和服务层次定位两层意思。性质定位，是指养老机构服务的公益性。我国当前的养老机构根据是否以获取经济收益为主要目的可以分为营利性和非营利性两种。但不管是营利性还是非营利性养老机构，其根本的性质定位都应是公益性，把满足老人的需求而不是经济利益放在首位，把照顾老人、关爱老人、扶助老人，让老人安度晚年生活作为机构追求的终极价值目标，而不是以获取收益为唯一目的。

养老机构的服务层次定位，是指养老机构所提供的服务主要是面向普通收入或低收入层的老年群体，还是针对的高收入层老年群体。对象不同，养老机构的收费标准及相应的场地、设施配置、服务方式也不同。主要面向中低收入老年群体的养老机构，提供的服务应当能满足老人的日常生理和生活所需，并适当满足老人的精神和文化需求，为老人营造相对舒适的养老环境。而如果针对的是高端收入群体，养老机构则应提供更为专业、更具个性和有针对性的服务，如特色订餐服务、24小时陪护服务、特病护理、家庭套房服务、老人兴趣提高班等。

五、我国机构养老发展面临的困境

（一）机构养老供需失衡严重

目前，我国在床位比（养老机构床位数在老年人口所占的比例）方面与发达国家相比，还存在较大差距。发达国家一般能够达到6%～7%，根据《2015年社会服务发展统计公报》数据显示，我国每千名老年人拥有的养老床位数量为30.3张，即我国目前仅有3‰，老龄人口的快速增长与养老服务设施发展缓慢的矛盾，困扰着未富先老的中国。多年来，养老机构一直面临着公立机构"一床难求"、私立机构价格高昂的局面。以北京市第一社会福利院为例,该院共有 1100 余张床位,只向拥有北京市户籍的老人开放,但现在排队等待入院的人数已经超过了 1 万人。以此计算,即使是一年轮换一次床位,老人要入住该院也需要十年时间。①

(二) 不同所有制养老机构发展不均衡

依据产权和所有制形式的不同,养老机构可以区分为公办和民办,不同所有制的养老机构在资源获取和服务质量等方面存在不平衡的现象。公办机构归属于政府,总体来说数量有限,但无论在资金来源还是土地使用方面,都享有一定的优势,加上公办机构内部管理体系相对完善,外部监管比较严格,用人机制也较为规范和严格,因此公办机构给人们的总体印象较好,有养老需求的人大都会倾向于选择公办养老机构,从而导致公办养老机构入住率高,甚至出现"一床难求"的现象。

与公办养老机构相比,民办养老机构除了在数量上具有绝对的优势,在很多方面都无法与之抗衡。首先,在硬件设施上,公办养老机构的硬件设施好,政府每年投入巨资对公办养老机构的硬件设施进行改造,而民办养老机构多是旧楼改造或租赁的房屋,难以吸引老年人入住。其次,在资金上,民办养老机构除了前期投入的资金外,基本上靠入住老人所交费用运营。由于前期建设养老院的投入较大,因此,在后期经营过程中,民办的养老机构资金压力更大,后期投入不足让原本存在先天缺陷的民办养老机构雪上加霜。再次,多数民办养老机构不具备必要的医疗条件,不具备医养功能。最后,在政策落实上,民办养老机构所享受到的优惠政策主要是税收减免。而在水费、电费、土地使用、建筑等方面难以获得足够的政策优惠和制度扶持。这在一定程度上迫使民办养老机构通过降低人工成本、减少服务、牺牲质量来维持生存。过低的行业工资又不能吸引高素质、有经验的服务人才加盟,使得养老院的整体服务水平难以提高,导致老人不愿入住或者撤离,从而形成恶性循环。②

作为机构养老服务的主力军,如何保障民办养老机构的健康发展,正日益成为制约我国老年福利事业进一步发展的瓶颈问题。

(三) 服务功能单一

当前我国的机构养老服务功能相对单一,绝大多数养老机构都以"养"为主,满足老年人的基本生活需求没有问题,但在"护"方面却存在严重不足。由于我国养老机构尚未实现功能分类,护理型养老机构数量偏少,且普遍缺少专业的养老护理员和医疗康复人员,因此大多数养老机构只愿意接纳生活能自理的老年人,而不愿意接纳有较高护理要求的失能老人。而大多数选择入院的老人要么是自理能力有限,要么是自理能力严重缺失,正是由于需要专业的、全天候的照顾才选择到专业化的养老机构养老。此外,大多数养老

---

① 周蕊,崔静. 调查:十年等一"床"——透视我国当前养老困局[EB/OL]. 新华网,http://news.xinhuanet.com/politics/2013-09/13/c_117365015.htm,2013-09-13.
② 穆光宗. 我国机构养老发展的困境与对策[J]. 华中师范大学学报:人文社会科学版,2012,51(2):31-38.

机构，尤其是农村型养老机构医养分离的现象还未得到有效解决，这给那些医疗需求较高而行动不变的老人带来了许多不便。据中国老龄科研中心2011年3月1日发布的《全国城乡失能老年人状况研究》显示，在养老机构中，配备有医疗室的机构不足60%，其中政府办机构为52.1%，民办机构为56.0%，农村五保供养机构仅占41.7%；而配备康复理疗室的机构不足20%，其中民办机构高于政府办机构。占比重22.3%的养老机构既没有单独的医疗室，也没有专业医护人员；农村情况最为严重，西部农村的养老机构超过60%缺少专业医护人员。

（四）缺乏心理疏导和精神慰藉服务

目前，大多数养老机构所提供的服务多集中于老人基本的物质生活需要层面，而很少关注老人的心理诉求，缺乏必要的精神慰藉服务。事实上，老年人难以适应机构养老的一个重要原因就是缺乏家的感觉和个人自由。在许多养老院，往往刚入院的老人们会像幼儿园刚入托的孩子一样"闹得厉害"。特别是有病痛的老年人，心理比较敏感，情感比较脆弱，家是他们最留恋的地方，而进入机构往往让他们由于归属感的缺失而在情绪上产生强烈抵触性。

实际上，亲情和社会融入感的缺乏是当前国内外院舍服务所面临的普遍性问题。刚进入机构的老人们必须适应机构相对孤独而标准化的集体生活，这就是为什么老年人在入住养老机构后的15天属于非常关键的适应期，也是机构养老服务中断的高发期。因为，不管是对老年人还是对家属，15天都是个"坎儿"。生活在养老机构中的老年人是全社会所有老年人群体中一个重要的组成部分，关注老年人的心理健康和精神慰藉需求，根据老年人心理特点，在照护中给予其必要的心理、社会和情感支持，是当前提高和完善养老机构服务质量中值得重视的问题。

（五）缺少专业的老年护理和管理人才，缺乏职业化发展模式

据我国老龄办2014年发布的数据显示，截止2013年年底我国失能老人已超过3 700万，80岁以上的高龄失能老人达2 400多万。假定按照1∶4的护理人员配置，我国就需要1 000万护理人员，但全国现在仅有五六万名持证的养老护理员，且人才流失率还非常高。除了护理人员总量不足、护理人员流动率过大、稳定性差之外，养老机构的从业人员还存在结构不合理和专业素质不足等问题。目前，养老机构的从业人员仍以女性为主，男性护理人员及管理人员相对较少，导致对男性老人的照顾不足。另外，由于养老机构的管理与一般服务性行业或企业管理有较大区别，因此其管理具有一定的特殊性，然而由于专业教育和专业人才的匮乏，致使许多养老机构，尤其是民办养老机构在功能定位、规范化管理和非营利性控制等方面都面临许多问题。此外，受传统世俗观念及职业化发展不足的影响，养老护理工作的专业性和技术性长期被忽略，行业工资标准只相当于低层次的服务行业水平，与其工作内容和付出严重不成正比。收入低、专业性差、职业化程度低、社会认同度不高，使养老服务成为既难以吸引人才，也难以留住人才的行业。

六、促进机构养老服务健康发展的思路

解决当前机构养老服务面临的各种挑战，将是一项长期而艰巨的工程，且需要政府、

市场、社会的共同努力，以市场化、社会化的方式构建多元化的机构养老服务体系，为各类老人有效率地提供无偿、低偿、有偿等不同层次的机构养老服务。我们认为，机构养老服务的健康发展，应当遵循以下思路。

第一，政府应当完善和落实优惠扶持政策，促进民办养老机构发展。目前，许多民营企业和个体投资者都有参与养老服务的意愿，而由于现行的扶持政策不够明确和细化，使许多投资者对养老产业仍处于观望阶段。因此，我们一方面要继续加大对民办养老机构的扶持力度，并将财政补贴、信贷支持、土地使用、用水用电等方面的优惠措施落实到位，消除当前民办养老机构发展的政策瓶颈，吸引更多社会资本参与养老服务事业；另一方面要积极鼓励社会组织、个人甚至外资企业以投资、承包、租赁、托管、股份制等多元化的形式参与机构养老服务，支持建立产业联盟，实现资源共享和各地区无差异、无障碍养老。总之，既要把"民办公助"的政策落实到实处，也要积极推进"公办民营"的改革步伐。

第二，推动机构养老服务的标准化建设，引领机构养老走向专业化、规范化和职业化的发展道路。"标准化养老服务"在一些发达国家，已经非常成熟和完善。当前，我国正在借鉴发达国家成熟的院舍管理和服务标准及相关细则，来推动我国养老机构管理走向专业化、规范化和职业化。机构养老的标准化应当包括行业职业标准、管理标准和服务标准。我国于2002年就出台了《养老护理员国家职业标准》，将养老护理员职业分为初级、中级、高级和技师四个等级，而民政部在2010年修订该标准之后，一方面加大了对养老护理员的培训力度，另一方面也提高了养老护理员的准入门槛，严格养老护理员持证上岗制度，这表明我国养老服务行业职业标准化正渐入正轨。2014年1月26日，民政部等5部门联合印发了《关于加强养老服务标准化工作的指导意见》（〔2014〕17号，以下简称《意见》），明确提出要加快健全养老服务标准体系，加紧完善包括养老服务基础通用标准、服务技能标准、服务机构管理标准、居家养老服务标准、社区养老服务标准、老年产品用品标准等在内的养老服务标准体系，以及加紧制定养老机构设施设备配置规范、养老机构内设医疗机构服务质量控制规范等标准。此外，《意见》还指出，要积极推进养老服务领域管理的标准化，建立健全养老机构分类管理和养老服务评估制度，要加紧制定和实施养老机构等级划分与评定、养老服务质量评估和等级评定等标准，加强第三方评估，建立养老服务评估专家库，不断提高养老机构规范化建设水平。同时，积极借鉴国际及其他行业经验做法，开展服务质量满意度测评，并鼓励相关养老机构开展质量管理体系建设，申请第三方认证，以逐步提高内部管理的规范性和透明度。

第三，不断提升机构养老服务的文化内涵，开展人性化服务。成功的机构养老服务不仅要实现老人的健康化、居家化，还应当实现老人精神的归属化。机构养老既要追求"品质养老"的境界，即提供专业、规范的养老服务和产品，从饮食起居到个性化的医养服务，更要提供多样化的精神关怀服务，让老人在精神上产生归属感。因为精神的满足和依赖是降低老人发病率和死亡率、提高生活满意度的重要因素。因此，养老机构必须重视文化建设，打造富有个性的机构养老文化，关注老年人的物质、心灵、情感和精神需求，更好地实现老有所乐、老有善终。

第四，启动公办养老机构的改革，明确其职能定位，对社会化养老机构进行功能分类。我国公办养老机构在近几年发展非常迅速,在履行基本养老服务职能、承担特殊困难老年人集中养老任务及开展养老服务示范、培训等方面,发挥了重要作用,但也存在着职能定位不明确、运行机制不健全、发展活力不足等突出问题。为激发公办养老机构的活力,提高其资源使用的效率,民政部在2014年年初启动了公办养老机构改革试点工作,明确公办养老机构的职能定位为优先保障孤老优抚对象、经济困难的孤寡、失能、高龄等老年人的服务需求,充分发挥其托底作用。公办养老机构特别是新建机构将逐步通过公建民营等方式,鼓励社会力量参与运营,通过运营补贴、购买服务等方式,支持公建民营机构发展。而对提供经营性服务,尤其是专门面向社会提供经营性服务的公办养老机构将探索转制成企业。除了改制,公办养老机构还将增强服务功能,提高护理性床位的数量和比重,拓宽服务范围,发挥其面向社会示范培训、调控养老服务市场、化解民办养老机构因暂停或终止服务导致的老年人安置风险等作用。在明确公办养老机构职能定位的同时,也要明确社会化养老机构的功能分类。目前,我国绝大多数养老机构还未进行功能定位。我们可以借鉴美国的分类标准并结合我国的实际情况,逐步按照功能分类来对社会化养老机构进行管理,清晰定位不同性质和不同类别养老机构的服务对象,并制定不同的扶持政策。重点发展具有集医、护、养于一体的护养型机构或专门面向半自理或失能老人提供中度、重度护理服务为主的养老机构,支持养老机构开展临终关怀服务。

任务二 了解申请入住养老机构流程

情境导入

养老机构入住流程

王奶奶今年72岁,老伴已过世多年,儿女都在外地工作。最近老人经常听说有独居老人生病在家没人知道,几天后才被邻居发现送去医院的事情,很担心这种遭遇说不定哪天就发生自己身上。由于儿女都在外地且工作较忙,因为不愿给儿女增加负担,所以老人想在本地找一家养老机构入住,这样既能得到日常照顾,又能结交更多老年朋友排解寂寞。但老人听说现在的养老机构有很多种,既有政府办的,也有私人办的,有的养老机构只收符合条件的老人,交钱都还不一定让住。此外,入住养老机构还要办一些手续,填一堆东西,老人识字不多,又不想麻烦儿女,因而左右为难。

任务描述

假设你是一名养老机构工作人员,请接待一下王奶奶,向老人介绍一下养老机构的情况、入住条件和程序,并帮助老人办理入住养老机构所需的相关程序。

任务实施

1. 每5人组成一个学习小组，组员交替扮演学习情景中的王奶奶和社区工作人员。
2. "工作人员"了解"王奶奶"的基本情况，向其介绍当前养老机构的情况（服务设施、服务内容和收费标准）、入住养老机构的条件和程序。
3. "工作人员"帮助"王奶奶"填写入住申请表，安排老人进行体检。
4. "工作人员"打电话到老人原工作单位或居住社区核实老人身份和家庭情况。
5. "工作人员"将老人申请递交机构办公室审批，并根据老人的体检结果、自理能力和家庭调查情况，同时征求老人本人及其家人意见帮助老人确定护理等级。
6. 为老人讲解入住服务协议（合同），协助老人签署协议。
7. 给老人及其亲人出具《入住通知书》，协助老人缴费，办理正式入住事宜。

任务总结

1. 教师对各小组及组员的表现进行点评。
2. 教师重点对入住养老机构申请的受理考察和审批程序进行分析点评。

任务反思

随着社会的发展，人们的养老服务消费观念越来越成熟，对养老服务的专业化要求也越来越严格。面对这种趋势，除了加强硬件设施建设，改善入住环境，养老机构还必须从严格服务流程、提高服务质量、规范管理和提高从业人员素质等方面着手，才能有效提升养老机构的竞争力，吸引更多的老人入住养老机构。

知识链接

一、养老服务机构的类型与性质

（一）养老服务机构的概念与类型

养老服务机构是指专为60岁以上老年人提供住养、生活护理等综合性服务的机构。按照《养老设施建筑设计标准》建设的各类养老机构，内设有无障碍设施，具有设施齐全、舒适的居住房舍，有单人间、双人间、三人间、四人间供老年人选择，为入住老年人提供24小时服务。

我国养老服务机构的类型多种多样，主要有以下几种。

1. 老年社会福利院

老年社会福利院是由国家出资举办、管理的综合接待"三无"老人（无法定扶养义务人，或者虽有法定扶养义务人，但是扶养义务人无扶养能力的老人；无劳动能力的老人；无生活来源的老年人）、自理老人（日常生活行为完全自理，不依赖他人护理的老年人）、介助老人（日常生活行为依赖扶手、拐杖、轮椅和升降等设施帮助的老年人）、介护老人（日常生活行为依赖他人护理的老年人）安度晚年而设置的社会养老服务机构，设有生活起居、文化娱乐、康复训练、医疗保健等多项服务设施。

2. 养老院或老人院

养老院或老人院是专为接待自理老人或综合接待自理老人、介助老人、介护老人安度晚年而设置的社会养老服务机构，设有生活起居、文化娱乐、康复训练、医疗保健等多项服务设施。

3. 老年公寓

老年公寓是专供老年人集中居住，符合老年体能心态特征的公寓式老年住宅，具备餐饮、清洁卫生、文化娱乐、医疗保健等多项服务设施。

4. 护老院

护老院是专为接待介助老人安度晚年而设置的社会养老服务机构，设有生活起居、文化娱乐、康复训练、医疗保健等多项服务设施。

5. 护养院

护养院是专为接待介护老人安度晚年而设置的社会养老服务机构，设有起居生活、文化娱乐、康复训练、医疗保健等多项服务设施。

6. 敬老院

敬老院是在农村乡(镇)、村设置的供养"三无""五保"老人和接待社会上的老年人安度晚年的社会养老服务机构，设有生活起居、文化娱乐、康复训练、医疗保健等多项服务设施。

7. 托老所

托老所是为短期接待老年人托管服务的社区养老服务场所，设有生活起居、文化娱乐、康复训练、医疗保健等多项服务设施，分为日托、全托、临时托等。

8. 老年人服务中心

老年人服务中心是为老年人提供各种综合性服务的社区服务场所，设有文化娱乐、康复训练、医疗保健等多项或单项服务设施和上门服务项目。

(二) 养老服务机构的性质

就性质而言，公办养老服务机构应是国家福利事业单位。之所以将我国公办养老服务机构定位为国家福利事业单位，是因为以下几点。

第一，公办养老服务机构是构成我国社会福利体系的重要组成部分。我国政府历来高度重视老年社会福利事业，目前，中国已经形成了一个以《宪法》为依据，由相关法律组成的保护老年人合法权益的制度体系。近年来，在党和政府的关心与支持下，通过推进社会福利社会化，开辟了老年人福利服务事业的新领域。逐步形成了以国家、集体兴办的老年社会福利机构为骨干，以社会力量兴办的老年社会福利机构为新的增长点，以社区老年人福利服务为依托，以居家养老为基础的具有中国特色的老年人社会福利服务体系。

第二，公办养老服务机构一般由我国政府部门——民政部举办，所需资金绝大部分来自政府。

第三，人员编制为事业编制，这一点进一步说明我国公办养老服务机构是事业单位。

与公办养老服务机构不同，民办养老服务机构则属于民办非企业单位。那么，什么是民办非企业单位呢？民办非企业单位是利用企业事业单位、社会团体和其他社会力量及公民个人利用非国有资产举办的，从事非营利性社会服务活动的社会组织。它具有民间性、社会性、公益性和非营利性等特点，以提供社会公共服务产品的公益性为宗旨，以追求最大化的社会效益和主动承担社会责任为目标。民办非企业单位与民营经济组织有着本质的区别。

一是两者的性质不同。民办非企业单位，不是企业，是非营利性组织，它的属性为社会公益组织范畴；而民营经济组织是营利性组织，它的属性为社会经济组织范畴。

二是两者的价值取向不同。民办非企业单位，是从事社会公益活动的非营利性组织，不以营利为目的。其主要宗旨是承担社会责任，履行社会公益职能，促进公共社会事业的进步与发展。例如，民办养老服务机构，就是要促进老年人社会福利事业的发展。民营经济组织，是从事商品或劳务生产经营活动的经济实体，它以营利为目的，它的行为价值取向是建立在纯粹经济利益关系基础上的，追逐利润的最大化。

三是两者的功能不同。民办非企业单位，由于其非营利性和社会公益性的本质特征，决定了组织角色的社会责任和社会义务，其功能体现在行为上是社会公共产品的创造者、提供者、服务者，不断满足社会服务对象对社会公共产品的需求。例如，民办养老服务机构，就是要为老年人生产更多、更好的社会福利产品，不断满足老年人对社会福利服务产品的需求。民营经济组织，由于其职业特征决定了它所从事的活动具有营利性和商品性，其功能反映在行为上是为卖而买，为交换而生产，为社会消费而组织生产和经营。

四是两者所享受的国家政策不同。民办非企业单位的资金来源是多渠道的，它不仅可以是热心于公益事业者的出资，也可以接受政府的资金资助、公益项目支持、承接政府转移的职能和政府购买服务，更可以接受社会各界及国外资金的捐赠和赞助，同时还能享有国家对其事业的发展所给予的鼓励和扶持的税收优惠政策。例如，民办的养老机构、民办的教育机构、民办的文化体育机构及民办的公益服务机构等，不仅能接受政府的资金资助、公益项目支持、政府购买服务和社会各界及国外资金的捐赠和赞助，还能享受到政府给予的免营业税、所得税的国家税收优惠政策。民营经济组织投资的资金来源主要来自于投资者自身的积累和商品运作的收益，它既不能接受政府的资助和社会的捐赠，也不能承接政府行政体制改革后政府转移的职能，更不能享有国家对从事社会公益事业组织的税收政策的优惠。

二、养老机构服务目标

（一）让老人满意、让亲属放心

让老人满意、让亲属放心是机构养老服务的首要目标，也是养老机构最根本的服务理念。根据美国著名的心理学家马斯洛关于人类需求五个层次理论的精神，使老人满意应该着重体现在：生理需求、安全需求、归属与爱的需求、尊重需求、自我实现需求等方面的满意。其综合满意度，应按民政部规定的关于入住老人的满意率超过95%来衡量与要求。

要实现让老人满意、让亲属放心的目标,需要养老机构不断提高养老服务质量,不断加强自身的软硬件建设。首先,应当具备符合国家规定和行业标准要求的,专业化和规范化程度较高的,整体配套、功能较齐全的基础设备设施条件,这些是确保养老机构不断提高服务质量的硬件设施,是基础和前提。其次,应具备一套标准化、系统化、专业化、规范化、现代化等完善的经营管理服务机制,以及职业道德高尚、爱岗敬业、业务技术熟练、充满爱心与真情、精干高效、互动配合到位的优秀团队精神等,这些都是提高养老服务质量的软件,也是让老人满意、让亲属放心的根本之所在。

(二)保障老人安全,防止意外事件

老人的人身安全是机构养老服务最基本的要求。作为专业的养老机构,如果连老人最基本的人身安全都难以保障,则其他服务更无从谈。保障老人安全,首先,应该考虑老人的生理和疾病等因素。在老人的居住和基本生活设施等方面,如居住面积、建筑设计、结构布局、设施设备功能配置、清洁卫生、安全防范,都要做到符合国家相关标准的规定。例如,对机构中所有的通道、地面进行防滑处理,在走廊、厕所等处设置安装护栏等。其次,还要考虑老人的精神和心理因素,随时关注老人情绪变化,对有过激行为倾向甚至试图轻生的老人及时进行心理疏导和干预。此外,机构自身要加强内部管理,如加强对工作人员、服务人员的职业道德教育,提高其安全防范意识;还需加强食品安全和卫生防疫,防止因食品安全问题或疾病传染危及老人人身安全。

(三)提高老人的生活和生存质量

老人的生活质量包括物质生活质量和精神生活质量两方面的内容。这是老人享受养老服务过程中最主要的内容,也是机构养老服务最核心的目标。老人的物质生活质量包括饮食起居、养生保健、医疗康复护理、各种生活必需品的实用性、全方位的照料服务及生活环境的卫生、安全等多方面的内容。在不断改善提高上述物质生活条件的同时,养老机构还应重视老人的精神生活质量,如设立专业社工人员,有针对性地做心理沟通,帮助老人走出心理障碍,开展丰富多彩的文化教育活动与休闲娱乐活动,鼓励老人发挥余热实现自身价值等,以有效克服老人易出现的恐惧感、自卑感、压抑感、孤独感、寂寞感、失落感等心理问题,从而增强老人追求美好生活的信念,提升老人的生活情趣。针对部分高龄老人、失能老人或重病缠身的老人,养老机构还应最大限度的提高和维护老人的生存质量,加强对这些老人的康复治疗和护理,确保老人有病能得到及时诊治,慢性病有康复保健理疗条件,急危、重症有配套合理的救护措施,并建立起一套与养老机构需求相适应的医疗救护设施和人员配置,以最大限度地减轻、延缓或避免老人病症折磨的痛苦,提高老人生存质量。对重症治疗无效、生命垂危的老人开展临终关怀服务,让老人有尊严地在充满亲情、爱心的氛围中平安详和地走完人生里程。

三、养老机构服务内容

1. 生活照料服务

养老服务机构个人生活照料服务是指为入住的老年人提供持续性照顾,以确保老年人享有舒适、清洁的日常生活为目的。个人生活照料服务的范围包括老年人个人清洁卫生、穿衣、修饰、饮食起居、如厕、口腔清洁、皮肤清洁护理、褥疮预防、便溺护理。

2. 护理服务

养老服务机构老年护理服务以满足入住机构的老年人健康和医疗照护需求为目的,服务工作包括老年社区护理、基础护理、老年专科疾病护理、老年心理护理、老年康复指导、老年期健康教育、健康咨询、护理技术操作、院内感染控制、临终护理等。

3. 心理(精神)支持服务

养老服务机构提供心理(精神)支持服务是以满足老年期特殊心理需求为目的,范围包括访视、访谈、危机处理、咨询活动等。

4. 安全保护服务

安全保护服务以预防为主,采取适当的安全措施,达到避免或减少对老年人伤害的目的。安全保护服务范围包括提供安全设施、使用约束物品、改善老年人生活环境、采取预防措施。

5. 环境卫生服务

环境卫生服务目的是为老年人提供舒适、清洁、安全的养老环境,内容包括老年人居室、室外的环境的清洁卫生。

6. 休闲娱乐服务

养老服务机构提供休闲娱乐服务以满足老年人休闲娱乐需求为目的,服务范围包括开展各种休闲娱乐活动,如棋、牌、器械、体育运动活动、书法、绘画、唱歌、戏曲、趣味活动、参观游览。

7. 协助医疗护理服务

养老机构提供协助医疗护理服务,是指在医生和护士的指导下,完成简单的医疗护理照顾服务。协助医疗护理服务包括观察老年人日常生活情况变化;协助老年人服药;协助生活不能自理的老年人进行肢体活动,搬运;协助老年人使用助行器具;完成标本的收集送检;协助进行并发症的预防;完成物品的清洁、消毒,协助做好院内感染的预防工作。

8. 医疗保健服务

养老服务机构内的医疗保健服务以满足入住老年人基本医疗需求为目的。提供服务的范围包括为老年人提供健康管理、社区保健、健康咨询、康复指导、预防保健工作。

9. 家居生活照料服务

家居生活照料服务以老年人在居住的环境中得到健康照料,帮助老年人和家庭提高自我照顾的能力为目的。家居生活照料服务包括指导家务管理、协助维持家庭生活、帮助老年人进行日常生活照料。

10. 膳食服务

养老服务机构提供膳食服务时,应根据营养学和卫生学要求、老年人生活和地域特点、民族、宗教习惯制定菜谱,以为老年人提供营养丰富、全面合理的均衡饮食为目的。提供膳食服务的范围包括食物的采购、处理、储存、烹饪、供应过程,以及提供适宜的就餐环境和为老年人提供一日三餐及对食品的卫生监控管理。

11. 洗衣服务

洗衣服务以满足老年人清洁衣物的需求为目的。洗衣服务包括签约提供送洗及送回服务的整个服务过程。

12. 物业管理维修服务

养老服务机构提供物业管理维修服务以满足入住的老年人日常生活基本需求,为老年人提供适合老年人生活特点、安全、合适、方便的生活环境为目的。物业管理维修服务范围包括提供水、电、取暖、降温、排污、消防、通信项目的维修和保养,保障生活设施完好。

13. 陪同就医服务

陪同就医服务是协助监护人陪同老年人到指定的医疗机构就医。陪同就医服务以协助监护人满足老年人基本医疗需求为目的。

14. 咨询服务

提供咨询服务以帮助老年人解决各种疑难问题、获取各种信息为目的。咨询服务包括开展法律、心理、医疗、护理、康复、教育、服务信息等方面的咨询。

15. 通信服务

养老服务机构提供通信服务以满足老年人与家人和社会保持紧密联系的需求为目的。通信服务范围包括为老年人和监护人提供便利的通信、用不同的通信手段协助联系亲友或监护人。

16. 送餐服务

送餐服务以满足老年人将饮食送到房间的服务需求为目的。送餐服务范围包括为无法独立购物或准备膳食的老年人提供一日三餐的饮食。

17. 教育服务

养老服务机构提供教育服务以满足老年人学习新知识、掌握新技能与社会交往的需求为目的。教育服务的范围包括开展各类知识讲座(健康知识、时事教育、绘画技巧、音乐常识、照相技术、运动知识、电脑知识),举办各种老年学校。

18. 购物服务

养老服务机构提供购物服务的目的是帮助老年人解决购物不便的问题,满足老年人的社会交往需求。购物服务的范围包括为老年人代购物品或陪同购物。

19. 代办服务

养老服务机构提供代办服务是以帮助老年人解除信笺、文书书写或领取物品、交纳费用的困难,满足老年人与社会交往的需求为目的。代办服务范围包括代读、代写书信,帮助处理老年人的各种文件，代领、代缴各种物品和费用。

20. 交通服务

养老服务机构提供交通服务以方便老年人及监护人交通往来为目的。交通服务范围包括定时接送老年人及监护人。

四、养老机构服务标准

养老机构根据不同服务对象采取不同的服务标准。一般分为休养护理服务和特护护理服务两种。

休养护理服务对象是生活完全自理者。护理基本要求是服务人员每日负责整理房间，打扫室内外卫生，每两周换洗床上被褥一次，提供洗衣、送开水等服务。服务员24小时值班。

特护护理服务又分为特级护理、一级护理和二级护理三类。

特级护理的对象是生活完全不能自理者。护理要求包括以下几点：严格交接班，注意安全，防止意外；每早每晚为老人洗脸、洗脚、漱口，按时喂水，早、中、晚餐喂饭，按医嘱喂药、护理；清洗、摆放各种餐具，保持桌面卫生，倒痰盂，卫生间冲刷干净；对卧床不起者，每天为其翻身4～6次，清理个人卫生；定期为老人洗澡，冬、春为老人们晒被，夏季每天擦席；及时换洗衣被、床单、处理大小便，保持床单干燥、整洁、平坦，保持卧床者舒服、清洁；定期理发，修剪指甲。

一级护理的对象是重病、身体虚弱、生活能力差者。护理要求包括：密切观察病情，发现病情变化及时报告医师；做好口腔、皮肤、饮食、晨晚间护理，预防褥疮和并发症；每日送开水到室内，定时督促服药；定期安排协助督促洗澡，冬、春帮助晒被，夏季擦席；及时换洗衣被、床单，保持床单干燥、整洁、平坦，使卧床者舒适；定期理发，修剪指甲。

二级护理的对象是生活自理有困难或需要督促者。护理基本要求为：督促并协助料理生活，做好晨、晚间护理；经常巡视，注意观察病情变化；组织休养人员参加康复娱乐活动；每日早、晚各送开水一次至室内，协助整理室内卫生；协助洗刷卫生间、整理床铺等工作；按月按时协助换洗床单、衣被。

五、老人自理能力评估方法

随着年龄增加，或受疾病的影响，老年人的活动能力、生活自理能力将有所下降或出现障碍，因此入住养老机构的老人事先都应对其进行生活自理能力的评估，以确定其生活照料服务的等级。早在1969年，美国的劳顿（Lawton）和布罗迪（Brody）就制定了日常生活能力量表（Activity of Daily Living Scale，ADL），通过几项基本生活活动的自理程度来衡量老年人的生活自理能力。ADL共有14项，包括两部分内容：一是躯体生活自理量表，共6项，包括上厕所、进食、穿衣、梳洗、行走和洗澡；二是工具性日常生活能力量表，共8项，包括打电话、购物、备餐、做家务、洗衣、使用交通工具、服药和自理经济。这些活动，如果老人有一项或多项不能独立完成，就必须有专人为其提供相应的照料服务。

根据 ADL 表结合机构养老实际，有学者开发出了较为实用的养老机构老人生活自理能力评估表（见表3-1）。根据该表对老人逐项询问，如老人因故不能回答或不能正确回答（如痴呆或失语），则可根据家属、护理人员等知情人的观察评定。评定结果可按总分、分量表分和单项分进行分析，根据老人的各项得分来判断老人的自理能力及对他人照料的依赖程度，并以此为基础将入住养老机构的老人分为自理老人（生活自理能力正常，日常生活无须他人照顾的老人）和介助老人（生活自理能力轻度和/或中度依赖老人，也叫部分自理的老人，即日常活动需要他人部分具体帮助或指导的老人）和介护老人（生活自理能力重度依赖，全部日常生活需要他人代为操持的完全不能自理老人）。[①]

表3-1　养老机构老人生活自理能力评估表

评估事项程度等级		正常	轻度依赖	中度依赖	重度依赖	判断评分
(1)进食	使用餐具将饭菜送入口、咀嚼、吞咽等	独立完成	—	需要协助，如切碎、搅拌食物等	完全需要帮助	正常0分□ —□ 中度依赖3分□ 重度依赖5分□
(2)个人卫生	修饰、洗澡	独立完成	能独立地洗头、梳头、洗脸、刷牙、剃须等；洗澡需要协助	在协助下和适当的时间内，能完成部分修饰	完全需要帮助	正常0分□ 轻度依赖1分□ 中度依赖3分□ 重度依赖7分□
(3)穿衣	穿上衣、穿裤子等	独立完成	—	需要协助，在适当的时间内完成部分穿衣	完全需要帮助	正常0分□ —□ 中度依赖3分□ 重度依赖5分□
(4)如厕及排泄	如厕、小便、大便等	不需协助	偶尔失禁，但基本上能如厕或使用便盆	经常失禁，在很多提示和协助下尚能如厕或使用便盆	完全失禁，完全需要帮助	正常0分□ 轻度依赖1分□ 中度依赖5分□ 重度依赖10分□
(5)移动	站立、移行、行走、上下楼梯	独立完成	借助较小的外力或辅助装置能完成站立、转移、行走、上下楼梯等	借助较大的外力才能完成站立、转移、行走，不能上下楼梯	卧床不起，移动完全需要帮助	正常0分□ 轻度依赖1分□ 中度依赖5分□ 重度依赖10分□

[①] 陈卓颐．实用养老机构管理[M]．天津：天津大学出版社，2009：3．

续表

判断评分参考值	参数项目	评估结论
0~3分生活自理能力正常 4~9分生活自理能力轻度依赖 10~18分生活自理能力中度依赖 19分或以上生活自理能力重度依赖	1. 评分总和	
	2. 判断等级	正常□ 轻度依赖□ 中度依赖□ 重度依赖□
	3. 结论备注	

（资料来源：陈卓颐. 实用养老机构管理[M]. 天津：天津大学出版社，2009.）

案例分析

新华网银川 艾福梅、霍然10月13日报道，从2006年开办以来，宁夏银川市的宁红爱心老年公寓已经接收千余位老人。目前，这里还住着70多位老人，其中2/3都是失能老人。一般的养老机构都不愿意接收失能老人，但宁红爱心老年公寓创办人何宁红却专门接受失能、半失能老人。"我们的房屋是老房子，条件有限，再加上宁夏本地老人的养老观念多数仍停留在居家养老，老年公寓并不具备与公办养老机构竞争的优势，所以只能差异化竞争，以接收高龄、失能老人为主。"她说。

缺乏护理员一直是困扰民办养老机构最大的难题。工资不高、劳动强度很大让很多人对护理老人这份工作敬而远之。

"这些年，我这里来来去去的得有两百多位护理员，有的早上来下午就走了，还有人说'宁愿去工地搬砖，也不愿意当护工'。"何宁红无奈地说。

与其他民办养老机构一样，由于空置率高，宁红爱心老年公寓运营至今已经亏损近50万元。

"当初租这栋楼的时候预计300个床位，后来考虑到实际需求仅设置了100个床位，但就这100个，也没有住满过。"她说。

为了解决资金上面的困难，何宁红将剩余的楼房全部租出去，还将另外开办的幼儿园的盈利也用来补贴这里的开销，才让这所民办养老机构不至于倒闭。

但在2011年，何宁红再次作出了一个让人费解的决定——新开两家养老机构，其中一家主要做残疾人托养。

2013年，宁红爱心老年公寓开始由亏损转向基本持平。这一方面是因为她利用残疾人托管中心的空地种菜、搞养殖，降低了运营成本；另一方面，老人的入住率也基本稳定。介新开的西夏区老年爱心公寓却因为入住率低亏损严重。

2013年9月，《国务院关于加快发展养老服务业的若干意见》出台，而宁夏对民办养老机构的扶持政策也越来越多。

"每个人都会老，现在我们努力把养老事业做大做好，以后我们老了就能受益。"何宁红说,随着利好政策越来越多,相信民办养老机构一定会迎来"发展的春天"。

(资料来源:http://news.xinhuanet.com/2013-10/13/c_117696509.htm,有删减.)

阅读资料并回答以下问题:

1. 结合案例,试分析当前民办养老机构发展所面临的困境。
2. 如何解决社会福利机构面临的人才困境?

子情境3 社区养老服务

能力目标

1. 训练学生掌握并熟练运用社会调查的方法。
2. 培养学生团队合作能力,以及分析问题和解决问题的能力。

知识目标

1. 掌握社区养老的概念。
2. 掌握社区养老服务的内容、服务对象和供给模式。
3. 了解社区养老服务的运作,掌握服务流程。
4. 了解社区养老服务原则及我国社区养老服务事业发展概况。

任务一 社区养老服务认知

情境导入

《关于加强居家养老服务工作的通知》

2013年8月24日,重庆市渝中区印发了《关于加强居家养老服务工作的通知》,该通知明确将进一步提高渝中区的居家养老服务工作,即日起对该区60周岁以上的"三无"(无经济来源、无劳动能力、无法定赡养人)、低收入、低保等老人,提高供养金、定救金、助养补贴、居家养老服务补贴、门诊救助等,通过等额"服务券"形式实施。按照该通知,60周岁以上的"三无"老人每月最高可领取882元,其中包括:每月430元的供养金和每月92元的定救金;按60~79周岁每人每年200元的标准给予助养补贴;每人每月260元的标准实行居家养老服务补贴;按每人每年1 000元的标准给予门诊救助。而80岁以上"三无"老人每人每年可领取的助养补贴为600元,90岁以上的"三无"老人可领1 000元。

通知还指出,60周岁以上低保老人,每年至少可以享受700元的补贴救助,包括200元的助养补贴,以及500元的门诊救助。高龄体弱老人得到的补贴救助更高。按照通知要求,80~89周岁的老人每年可领600元助养补贴,90周岁以上可领1 000元。对重病、重度(一、二级)残疾及80周岁以上低保老人,按每人每年1 000元的标准给予门诊救助。此外,通知还对居住在渝中区内的低保老人,增设特别福利。60周岁以上老人,每户每月可领取100元居家养老服务补贴;80周岁以上老人,每户每月可领200元;空巢或失能的,每户每月可领260元。

通知指出,对低保残疾老人,适配每件3 000元以下的辅助器具实行全额免费。超过3 000元、低于3万元的,由政府按照实际金额补助2/3,同时提供总金额不超过1万元的无障碍改造。而低保、低收入以外的残疾老人,适配每件1 000元以下的辅助器具实行全额免费;适配每件1 000元以上的辅助器具,按实际金额补助1/3,最高不超过1万元。此外,渝中区还将对居住在辖区内的60周岁以上低收入老人,按每户每月100元的标准给予居家养老服务补贴;空巢或失能的,每户每月200元。值得一提的是,以上对象不同类别补贴、补助等可同时享受。居家养老服务补贴享受对象按一个家庭户计算,补贴就高不就低,不重复享受。居家养老服务补贴将通过"服务券"的形式实施。审查成功后,老人及家属将收到等额"服务券",在指定服务机构购买居家养老服务。

此外,60周岁以上老人,可到定点医院实施3 180元每例的白内障复明手术。80周岁以上老人,每人每年可领取300元长寿补贴,90周岁以上老人可领取800元,100周岁以上老人可领取3 600元。社区医疗卫生服务机构还将为60周岁以上老年人每年免费健康体检1次、健康指导1次,为80周岁以上老年人每季度上门健康指导1次。

(资料来源:http://www.cq.gov.cn/publicinfo/web/views/Show! detail.action? sid=3603278,有改动.)

任务描述

根据上述情境,试讨论并分析下列问题:
1. 社区养老服务的主要形式是什么?
2. 社区养老服务的性质及主要的服务内容是什么?
3. 结合情境讨论重庆市渝中区属于哪种社区养老服务的供给模式。

任务实施

1. 以每5人为一组,对全班同学进行分组。
2. 以小组为单位,根据情境展开主题讨论。
3. 各小组讨论分析社区养老服务的主要形式、社区养老服务的性质及主要服务内容等。
4. 各小组选派代表汇报、分享讨论结果。

任务总结

1. 教师结合情境对任务要求进行分析。

2. 教师对各小组讨论结果进行点评。

任务反思

通过对该学习情境的分析和讨论，学习者应当深入思考社区的功能和意义，并尝试站在服务对象的视角去思考老年人对养老服务的需求，从而对现行社区养老服务的内容和具体服务项目提出改进建议。在进入老龄化社会之后，社区在老年福利服务领域将扮演越来越重要的角色，如何更好地发挥社区养老的优势，以及在养老服务中政府、社区、非政府组织之间如何建立良性的互动与合作关系将是我们需要进一步思考的问题。

知识链接

一、社区养老服务认知

（一）认识社区

"社区"作为社会学的一个基本概念，最先是由德国社会学家滕尼斯提出的。1887年，滕尼斯出版了他的成名作《共同体与社会》，在这本书中，他首次使用了社区（Community）这个概念。滕尼斯认为社区是指那些有着相同价值取向、人口同质性较强的社会共同体，其体现的人际关系是一种亲密无间、守望相助、服从权威且具有共同信仰和共同风俗习惯的人际关系。

自滕尼斯提出社区概念以后，随着西方国家工业化和城市化的发展，人们纷纷涌进城市，许多传统的东西被打破，城市人口的高度流动性和异质性，使得人际关系淡化，也使得城市居民越来越远离滕尼斯所设想的社区模式。

社区概念正式进入中国社会学著作是在20世纪30年代初。1933年，当时还在燕京大学读书的费孝通先生在翻译美国著名社会学家帕克的社会学论文时将"Community"一词译为"社区"，自此"社区"开始为中国社会学界所认可并慢慢流行。

2000年11月3日，我国民政部颁发《民政部关于在全国推进城市社区建设的意见》。在该文件中，社区首次有了官方的有操作性较强的正式定义——社区是指聚居在一定地域范围内的人们所组成的社会生活共同体。同时，该文件还明确指出，城市社区的范围为经过社区改革后做了规模调整的居民委员会的辖区。

由此，我们得出，社区就是指一定数量居民组成的、具有内在互动关系和文化维系力的地域性的生活共同体。

构成社区的基本要素包括人口、地域、生产和生活设施、组织结构、文化与社区意识。对社区中的居民而言，社区有政治、经济、服务、参与和教育等功能。其中，社区的服务功能是指社区通过基础性保障和福利性照顾，来满足社区居民的日常生活需求。目前，我国各地已普遍建立起功能完善的社区服务中心，为社区居民提供包括家政、治安、就业、文化、优抚等各方面的服务。随着社区的发展，社区的服务内容、服务方式将不断丰富和完善。

（二）认识社区养老服务

1. 概念辨析

在养老服务研究领域中，"社区养老""居家养老"或"社区居家养老"这几个概念往往交替出现，而无论是政府、社会团体，还是学术界都没有对这几个概念进行很明确的区分和辨析。那么这几个概念到底有没有区别呢？在对这几个概念进行辨析之前，我们先要了解在全国各地广泛开展的社会化养老服务体系建设中，具体有哪几种养老服务的形式。

第一，集中供养服务形式。它是指由街道、居委会和社区内各类组织或个人兴办的养老院、社会福利中心、托老所、老年人公寓等专业养老机构，雇用专职工作人员为入住的老年人提供的集中供养式养老服务。其服务内容覆盖老人的衣食起居、医疗保健、文体娱乐等生活的各个方面。除无依无靠、无生活来源的个别孤老的养老费由政府救济以外，其他入住老人一般都由自己或家庭承担养老费用。据统计，当前各地选择入住社区养老机构接受养老服务的老年人还不足老年人口总数的5%，只有一些经营得法的社区性养老机构能够做到收支相抵或略有盈余。因此，集中供养服务还未成为当前社会化养老服务的主流形式。

第二，居家养老服务形式。即老年人居住、生活在自己家里，由社区组织或个人根据老年人的需要为其提供生活服务。居家养老服务形式主要的优点是成本相对较低，老年人可以留在自己熟悉的社区环境和人际关系网络之中，一方面继续得到家庭照顾，与邻里、朋友等继续交往；另一方面也能得到社区提供的家庭和子女力所不能及的照顾、帮助等，从而实现了家庭养老和社会养老的有机结合。所以，居家养老服务形式是一种既满足老年人不愿离开亲人、不愿离开熟悉环境的心理，又可使他们享受到住院式养老所特有的服务和照顾的符合当前我国国情的一种社会化养老服务形式。

第三，介于集中供养和居家养老两种服务形式之间的日间集中供养服务形式。例如，社区内的日间托老所，早晨由家庭成员将老人送到这样的养老机构，晚上下班后再将老人接回家。养老机构的专职工作人员负责老人的日间照料，夜间照料则由家庭成员负责。

通过对上述三种社会化养老服务形式的了解，我们不难发现它们的共同特点——都以社区为依托，充分利用了社区资源和发挥了社区服务的功能。因此，本书认为从广义上讲它们都是社区养老服务。但在实践中，由于第一种集中供养服务形式从本质上讲更接近于机构养老服务模式，为避免混淆，人们使用较多的是狭义上的社区养老服务概念，即特指社区居家养老服务、社区日间集中供养服务（或社区日托服务）或两者之和。至于居家养老服务与社区居家养老服务，就当前的使用情用习惯来看，两者之间没有的明显的区分。

因此，可以这样给社区养老服务进行定义：所谓社区养老，是一种以家庭为核心，以社区为依托，由社区专业服务人员以上门服务和日托护理为主要形式的，为老年人提供日常生活照料、医疗保健、精神慰藉、文化娱乐等服务的一种家庭养老与社区服务相结合的新型养老模式。与机构养老和传统的家庭养老模式不同，社区养老服务模式充分利用社区的服务功能，具有灵活、方便、快捷、经济的优点，较为适合"未富先老"的中国国情和老年人"养老不离家"的传统观念。老年人在不脱离家庭和原有生活环境的前提下，可以从社区得到助餐、助洁、助浴、助医等全方位的服务。

2. 社区养老服务的性质

社区养老服务是在政府的倡导和政策的引导下，为提高老年人的生活水平与生活质量而进行的一种福利服务。随着人口老龄化压力的增大和传统家庭养老服务功能的日益弱化，老年人特别是高龄老人对社会福利和社区照料服务的需求不断增加，养老职能将更多地依赖于社会，尤其依赖于社区养老服务的开展。因此，社区养老服务必将会成为今后我国养老服务的主要方式之一。

3. 社区养老服务的理论基础

社会福利社区化是我国开展社区养老服务的理论基础。所谓社会福利社区化，就是在政府的倡导和政策的引导下，让社区中有能力的企事业单位、社会团体及居民个人提供服务，其目的是让老年人、婴幼儿、残疾人能在自己的家庭或社区中接受服务。社会福利社区化的特点可以归纳为：提供人性化的服务，提供居民参与的机会，服务符合社区的需求，机构性与社区性等各层级服务功能划分清晰，服务效率较高等。社会福利社区化进一步强化了社区的功能，能让老人或其他受照顾者不必离开原来的生活环境，既能在自己的家庭或社区内接受服务，也能使人们对自己所生活的社区更有认同感、归属感。

老年人福利社区化是世界社会福利的发展趋势。过去机构式的照顾方式，不仅成本高昂，而且老年人不得不从自己熟悉的环境及社区离开，到一个远离社区、集中式的机构生活，重新适应新的环境、人、事、物。这种照顾方式对一个老年人而言，在某种程度上是缺乏人情味的。推行老年人福利社区化，老年人既可以维持以前的人际关系，也不必为了配合养老院的作息规定，而影响其生活习惯。

二、社区养老服务的内容、服务对象和供给模式

（一）社区养老服务的内容

1. 日常生活服务

根据社区老年人的不同需求，提供送餐、代办服务和日常家政生活类的服务，是社区养老服务的重点。一是送餐服务。为方便社区老年人就餐，社区为老年人开办老年饭桌。老年人可自行到饭桌就餐，对行动不便的老年人，社区老年人服务中心免费送饭上门。二是代办服务。包括法律代理、看病就医、代交电话与手机费、代办邮政业务、代购日常用品、办理保险业务等。三是家政服务。通过家政服务公司，满足老年人的各种家政服务需求。

2. 医疗保健服务

社区医疗保健服务是社区为老年人服务的一项基本任务。由于它具有较强的专业性，主要依托各类社区医疗卫生机构开展老年人医疗保健服务。主要服务内容包括：了解和掌握社区老年人的基本情况；指导老年人进行疾病预防和自我保健；指导老年人进行意外伤害的预防、自救和他救；为社区老年人提供一般常见病、多发病和诊断明确的慢性病的医

疗服务，疑难病症的转诊，急危重症的现场紧急救护及转诊；为老年人提供家庭出诊、家庭护理、家庭病床等家庭医疗服务。

3. 精神生活服务

围绕实现"老有所学、老有所乐"的工作目标，大力开展以思想交流、精神慰藉为主的社区老年文娱活动，经常举办老年人书法、歌咏、棋牌等比赛活动，举办各种老年文艺团体表演、老年大学、老年问题讲座等。利用社区广场、休闲场所、图书馆、阅览室、报栏、墙报，尤其要利用社区服务中心（站）、社区文化中心（站）、"星光老人之家"等丰富老年人的精神生活，延缓衰老，让健康向上的文化活动陶冶老年人的情操，拒绝邪教侵蚀。与此同时，设立聊天室、心理咨询室，帮助那些因丧偶或子女不在身边的老年人，克服心理上的孤单与寂寞。

（二）社区养老服务的服务对象

社区养老服务的对象应当是所有居住在辖区内的年满60周岁以上的老年人。而根据老人们个人家庭情况、经济情况的不同，社区养老服务的对象又可以细分为无偿服务对象、低偿服务对象、有偿服务对象和志愿服务对象。

（1）无偿服务对象。主要指生活在社区中年满70周岁、生活不能自理且在市区无子女照顾的低保老人、重点优抚对象、"三无"老人、革命"五老人员"及百岁老人等。

（2）低偿服务对象。主要指生活不能自理的"空巢"老人（指子女不在本市区居住生活的老年人），未享受民政各种救助的80周岁以上"空巢"老人，有一定经济来源但生活仍很困难的老年人。

（3）有偿服务对象。主要指有一定经济能力，以自费的形式购买服务，由社区提供日托、送餐或上门照料等服务的老年人。

（4）志愿服务对象。对社区内所有老年人，重点是"空巢"老人、高龄、病残老人，志愿者都可以上门开展服务。

（三）社区养老服务的供给模式

针对老年人的需求情况和个体经济条件的差异，社区养老服务的供给模式主要有以下几种。

1. 政府购买服务

政府购买服务是指由政府通过向特殊困难老年群体发放助老服务券等形式，由持券老年人凭券自主选择由社区养老服务员、家政服务公司等提供的社区养老服务项目。在这种供给模式下，政府的角色是社区养老服务的规划者和服务购买者，而不是社区养老的直接生产者。

2. 社区提供专项服务

社区提供专项服务是指社区养老服务站（中心）自行开发，或者联合辖区内各种专业性社会组织、团体或机构来提供的形式多样的专项养老服务。这些服务需要向服务对象收取一定服务费来维持运作，比如托老所、特别护理、定制营养餐等。

3. 志愿者提供服务

志愿者提供服务是指由社区内外的群众按照自愿原则，运用自觉组织起来的办法，采取成立志愿者组织或"一对一""一对二"等上门照顾的方式，义务为社区中的高龄、"空巢"、病残老年人提供陪聊、送医、家务料理等多种形式的养老服务。

4. 邻里互助服务

邻里互助服务是指社区内邻里间通对邻里结对、亲属结对、党员结对等，按照就近、自愿原则，建立的相对固定的互帮互助服务。

三、社区养老与其他养老模式的比较

（一）社区养老与传统家庭养老模式比较

在中国的传统文化观念中，赡养老人被认为是家庭和子女的传统美德和责任，"养儿防老"是中国人重要的生育观和家庭观。因此，家庭养老成为中华民族赡养老年人的传统方式。与其他养老模式相比，家庭养老模式具有舒适度高、成本较低、有益老人身心的愉悦及方便子女照顾父母和老年人帮助子女照顾孙辈等优势，是许多人理想的尽享天伦之乐的模式。然而随着老龄化加剧，社会家庭结构发生变迁，传统的家庭养老模式正面临巨大挑战。首先，越来越多的独生子女出现，"四二一"的家庭结构日渐占据主流。独居、空巢老人数量日益增多，而老人们安全的保障就成为一大难题，"空巢"老人一旦发生意外，很可能无法及时发现，从而耽误救治。其次，工作的流动性与激烈的社会竞争也致使许多子女难以在繁忙的工作之余去照顾年老的父母。

而在社区养老服务模式下，老人既能得到家庭成员的照顾，也可以从社会获得帮助。社区为老人提供的养老服务是全方位、多角度、多层次的，既有请老人走出家门到社区养老服务机构中享受自己所需要的多种服务，也有派专业养老服务人员走进家庭为行动不便和生活不能自理老人提供的多种陪护服务。因此，相比传统养老服务模式，社区养老服务模式既保持了家庭养老的所有优势，同时又缓解了家庭成员的养老压力，弥补了家庭养老的不足，具有专业化和社会化的特点。

（二）社区养老与机构养老模式的比较

与家庭养老模式相比较，机构养老无疑具有专业性强的优势，它可以满足不同年龄段、不同身体条件的老人的各种需求。同时，作为专业的养老场所，其安全性也相对有保障，特别是有24小时护理待遇的老年人，能够得到专人照料，在突发情况下可以及时得到救治。因此，随着老龄化水平的不断提高，家庭养老服务功能的减弱，很自然地，人们就将解决问题的目光投向了养老机构。但一项关于养老意愿的调查却显示，受调查者中只有4.4%的老年人愿意去养老院养老，95%的老人仍希望在家里度过晚年。究其原因，固然与多数养老机构养老设施条件差、养老机构收费偏高等因素有关，但更重要的是许多老人认为养老机构缺乏"家"的感觉。因为养老除了需要物质层面的赡养之外，还需要精神层面的赡养，而亲情交融、精神慰藉正是机构养老所无法提供的，而且长期的院舍照顾容易使老年人丧失独立自主的生活能力。

与此相对应，社区养老服务就具有成本较低、覆盖面较广、服务方式灵活等优点，老年人所需要的服务都能够在他们所熟悉的环境中获得。此外，社区养老所特有的感情交流功能、组织服务功能，能够保持家庭养老的传统和优点，能满足老年人的亲缘、地缘心态，有利于老年人保持愉快的心情，促进老年人身体健康。

因此，社区养老服务成为目前破解养老难题最经济、最可行的途径之一，也是发展社区服务业、推动社区就业再就业的新的增长点，同时也是促进家庭和谐、代际和谐，建设和谐社会的一项重要举措。

任务二　社区居家养老服务申请

情境导入

社区居家养老申请流程

张大爷居住在重庆市渝中区某街道某社区，今年70岁，每个月可以从社保领到八百多元养老金。几个月前，张大爷意外摔倒导致一条腿粉碎性骨折，至今行动不便。张大爷的子女都不在身边，老伴也已于两年前去世。听说社区现在有居家养老的服务，尽管张大爷在生活自理和看病就医等方面存有困难，但由于老人对社区居家养老服务的政策不太了解，加上担心自己微薄的退休金无法负担这方面的开支，因而一直未去申请社区居家养老服务。现在，张大爷的情况被社区工作人员小李了解到，小李决定帮助张大爷。

任务描述

根据上述情境，请你代替小李帮助张大爷申请社区居家养老服务。

任务实施

1. 两个同学为一组，分别扮演张大爷和小李。
2. 扮演小李的同学向"张大爷"详细了解个人及家庭情况。
3. 扮演小李的同学向"张大爷"解释社区居家养老服务的相关政策，以及劝说老人申请社区居家养老服务。
4. 扮演小李的同学代"张大爷"填写《社区养老服务申请表》。

任务总结

教师对各小组的任务完成情况及填写的《社区养老服务申请表》进行点评。

任务反思

随着老龄社会的到来,我们的身边将会有越来越多的高龄老人、"空巢"老人、孤寡老人和特困老人,如何让这些老人在社区安享晚年,在社区实现老有所医、老有所靠、老有所养,是我们每一个社区工作人员神圣的使命和责任。社区工作人员就是一滴滴最普通的水珠,但他们却可以形成涓涓细流,把政府和社会的关爱送到老人的身边,送到老人的病榻旁,送到老人的心里。

知识链接

一、社区养老服务的运作

社区养老服务的运作包括社区养老服务平台(社区养老服务站或社区养老服务中心)的规范化管理、开展社区养老服务的流程,以及社区养老服务的形式和服务项目等内容。

(一)社区养老服务平台的规范化管理

社区养老服务的规范化管理,主要是指按照"四有"标准来建设、管理社区养老服务站(中心)。所谓"四有"标准,包括有规范标志、有服务场所和相应的设施、有工作制度和服务流程,以及有工作队伍和工作职责。

1. 有规范标志

有规范标志是指在社区养老服务站(中心)应当有规范的名称,如"×××社区养老服务中心(站)"或"×××社区居家养老服务中心",同时还应将服务中心(站)的名称标志悬挂于门口或外墙等醒目位置。

2. 有服务场所和相应的设施

社区养老服务站(中心)应当建设有专门的场所,包括服务站办公室[配备桌椅、电话、电脑、档案柜(箱)等办公设备]、室内外老年活动场所(配置电视、书报、文体器材等)、日间照料室等。服务场所的选址可以是社区居民区中闲置空地,也可以是距离社区不远的开阔地段,但原则上应远离工厂、商业街等嘈杂地段。

3. 有相应工作制度和服务流程

社区养老服务站(中心)需要建立以下工作制度:社区养老服务站(中心)工作职责,社区专职养老服务员职责,服务站(中心)工作人员制度,服务员岗位职责。此外,社区养老服务站(中心)还应当设立规范的社区养老服务申请流程等方便居民了解情况。同时,社区养老服务站(中心)还要在醒目位置设置公告栏,将平台的管理人员、服务单位、服务项目、服务内容、收费标准、服务电话等重要事项向社区居民公告。

4. 有工作队伍和工作职责

社区养老服务平台的工作队伍包括站长或负责人,其他专兼职的管理人员和养老服务人员等。其中,服务人员工作队伍应当包括两种:一种是专业养老服务队伍,即由社区面向社会公开招聘并经过一定业务技能培训的专职服务人员；另一种是志愿者、义工队伍，主要是由社区党团员、社区工作人员、老年人邻居、热心人士等组成的。

(二) 社区养老服务流程

1. 前期工作

(1) 社区工作人员对辖区老年人状况进行摸底并详细分类和建档。

① 掌握社区中老年人的个人、家庭及经济状况是开展社区养老服务的前提。这就要求社区养老服务中心的工作人员要对辖区内的老年人状况进行摸底调查，重点掌握低保困难老人、"空巢"老人、病残老人、高龄老人等无偿服务对象（政府购买服务对象）的情况，同时还要开展低偿、有偿服务对象调查，了解这部分老年人对养老服务的需求情况。

② 根据调查掌握的情况为辖区老年人建立社区养老服务需求档案，同时与辖区内社区卫生服务中心等医疗机构联系，为老人建立健康档案。

③ 进一步搜集整理辖区内所有老年人的信息，掌握辖区内所有老年人的基本情况和需求情况并建立数据库。

(2) 印制服务手册、养老服务卡或爱心助老卡、养老服务优惠卡等。

将这些资料发放到老年人手上，加大宣传，让老人了解和接受社区养老服务，真正实现社区资源为老年人服务、为老年人提供便利的目的。

(3) 整合、培植多元化的服务力量，发动群众参与社区养老服务。

在对辖区养老服务资源充分调查摸底的基础上，寻找信誉好、服务有保障的服务机构，如医院、诊所、卫生服务站、图书馆、文化馆、家政服务中心、液化气站、家电维修中心、餐饮店、老年活动中心、保健中心等，与之签订协议，使其成为社区养老服务站（中心）特定服务项目的服务提供单位或提供者，并实行挂牌服务。同时充分发动社区群众通过相互帮扶、邻里守望等方式，为有服务需求的社区老年人提供安全看护、生活照料、精神慰藉等多种形式的无偿服务。

2. 社区养老服务及补贴的申请流程

(1) 服务对象提出申请。

对申请自费的养老服务对象，由其自行到社区养老服务站（中心）填写《社区养老服务申请表》，约定服务时间、服务内容、服务费用；对申请养老服务补贴的老人，进行家庭经济状况的审核，并要求其提交以下相关材料，包括：户口簿、身份证、参保人员社保卡（医保卡），养老金收入证明等复印件，相关医疗证明和由街道出具的低保、低收入证明，同时填写《社区养老补贴申请表》。

(2) 评估和审批。

针对申请养老服务补贴的老人，由社区养老服务评估员上门对申请对象进行养老服务需求评估，根据评估情况出具评估报告，并将评估结果提交社区养老服务站（中心）。社区养老服务站（中心）对符合服务补贴条件的人提出初审意见，在上级社区养老服务中心审批后，向符合条件的老年人发放《准予服务补贴告知书》，向不符合补贴条件的老年人发放《不予服务补贴告知书》，申请人如对告知细论有异议，可在收到告知书之日起5个工作日内,向街道或社区居委会申请复检评估。

(3) 服务确认和提供。

社区养老服务站(中心)应根据核准的服务补贴金额和老年人的实际服务需求,确定服务内容,发放服务券。同时,社区养老服务站(中心)制订服务计划,安排服务人员,提供助餐、助洁、助急、助行、助医等专项养老服务内容。

(4) 服务变更和终止。

社区养老服务站(中心)对确需调整照料等级的服务补贴对象应重新评估,确认服务补贴标准和服务内容。对不符合服务补贴条件的老人,社区养老服务站(中心)应及时终止服务补贴,或按照自愿的原则转为自费服务对象(见图3-1)。

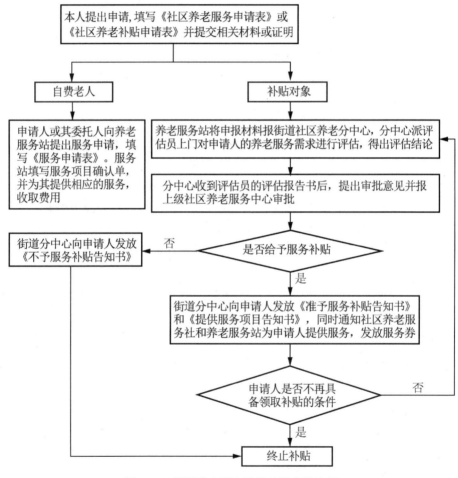

图3-1 社区养老服务及补贴的申请流程

3. 后期工作

(1) 老年人信息的动态管理。经常进行入户和电话调查,掌握服务对象的需求变化情况及时调整服务项目,并不断更新老年人信息数据库。

(2) 服务质量调查。对接受服务的对象通过电话进行服务满意度调查,并虚心听取老人及家属对社区养老服务的意见。将调查结果反馈给服务单位或个人，不断改进提高服务质量。

（3）建立健全考核机制。成立养老服务考核监督小组，制定考核标准，定期对服务单位和个人进行考核，奖优罚劣，确保社区养老服务的质量。

(三) 多元化的服务形式

社区养老服务站（中心）应当设立老年人活动、阅览、健身、医疗保健、日间照料、托管等工作和活动场所，为社区中60岁以上老年人，特别是"三无"、高龄、独居、特困和生活难以自理的老人提供形式多元的社区养老服务，包括站点式服务、日托式服务和上门式服务等。

站点式服务，是指老人自行或由家人陪送到社区养老服务平台接受社区养老服务人员的专业服务，这种服务方式集中统一，便于服务人员使用社区养老服务平台的专用设备或器械为老人提供专业服务，且服务效率较高。

日托式服务，是由社区老年人日间服务机构（托老所）对高龄独居或因子女工作较忙无法全日制陪护的老人提供综合性的集中的生活照料和日间护理服务。对行动不便的老人，托老所还可提供免费早接晚送入托服务，以免去许多上班族的后顾之忧。

上门式服务，也就是目前广受老人欢迎的居家服务，是专为居家老年人提供的养老服务，是由专业的养老服务人员上门为老人提供送餐、做饭、打扫居室衣物、洗澡、理发、购物、陪同上医院等服务。

(四) 有针对性的服务项目

作为联系老人与社区的纽带，社区养老服务站（中心）要以满足老年人的生活需求为重点，兼顾老年人的多种需求，提供内容丰富且有针对性的社区养老服务项目。

1. 安全保障服务

社区养老服务站（中心）应当与辖区内的老人建立一定的联系制度，工作人员要通过定期打电话、走访、探视等形式，加强对"空巢"老人等的帮扶联系。同时，还应建立相应的应急救助机制，比如有条件的地方可设立应急救助服务热线，在老年人遇到意外情况时，能及时、快捷、有效给予救助和帮助。

2. 生活照料服务

社区养老服务站（中心）应当根据老年人的不同年龄和不同生活状况提供与之相适应的各类生活照料服务，包括常规的照顾和一般性家政服务，如洗衣、打扫卫生、家电维修等，以及购物、配餐、送餐、陪护和日间托老等特殊服务。条件具备的地方还应开通家政服务热线给老人日常生活提供最大方便。

3. 医疗保健服务

社区养老服务站（中心）应当为辖区老年人提供各种医疗保健服务，包括普通疾病防治、伤（病）后的康复护理、日常健康教育、建立老人健康档案等。有条件的地区还应当开设临终关怀、家庭病床，以及关爱老人心理卫生的特殊医疗保健服务。

4. 文化娱乐服务

社区养老服务站（中心）要为老年人提供学习和活动场所、体育健身设施和组织健身团队等，同时积极引导老年人参与各类文体活动，如组织引导老年人参加学习培训、书法绘画、知识讲座、图书阅览等。

5. 精神慰藉服务

社区养老服务站（中心）应当为辖区内老年人，尤其是那些文化程度较高、经济条件较好的"空巢"独居老人提供邻里交流、谈心沟通、心理咨询、聊天等精神慰藉服务，以满足老人在沟通、理解、尊重等方面的精神需求。

二、社区养老服务原则

（一）以人为本原则

社区养老服务归根结底是社会福利性质的服务，其最终目的是实现老年人"老有所养、老有所医、老有所乐、老有所学、老有所为"，让他们幸福地安度晚年。因此社区应当从老年人实际需求出发，根据服务对象的不同情况和不同需求，提供多层次、多形式的服务。比如，对高龄和生活不能自理的老人，社区可以提供上门照料服务，服务的内容应当包括医疗、康复、护理、家务等全方位服务；对生活能基本自理的中高龄老人，可以运用日托中心、康复站等形式开展服务；对救济对象、特困、独居、高龄和对社会有重大贡献等特殊老人，主要提供低保救助、政府购买服务，服务形式可以是志愿者服务、邻里互助服务等多种形式相结合；而对那些低龄、健康的老人，特别是"空巢"家庭的老人，社区提供的主要是文体娱乐、医疗保健、家务料理等方面的服务，鼓励支持老人参与社区公益活动。

（二）依托社区、因地制宜原则

依托社区是指社区养老服务机构的建设管理，服务场所的开辟，服务队伍的组建，服务资源的整合都要以社区为基础和平台，充分调动社区各方面的积极性，来发展社区养老服务事业。因地制宜是指社区养老服务要紧密结合本地实际，与地方经济社会发展水平相适应，与社区人文环境和老年人的需求相适应，循序渐进，稳步开展。

（三）政府主导、社会参与、市场化运作相结合的原则

长期以来，我国发展社区养老服务主要依靠政府的财政投入，以及政府协调扶持各地组建社区的养老服务平台，或者直接出资向社区养老服务机构购买社区养老服务。但单纯依靠政府主导无法实现社区养老服务产业的良性运作。社区养老服务是社会化的养老服务，在坚持政府主导原则的同时，还要发动社会参与，并引入市场运作的模式，充分调动社会各方面力量来参与和支持社区养老服务，这样才可以实现社区养老服务产业的良性运作。比如，可以鼓励和支持专业养老服务、家政服务、餐饮服务、卫生医疗服务等机构来参与社区养老服务，通过评选、公开招标签订协议等方式，把服务质量高、诚信好、管理

规范、实力强的社会服务机构确定为社区养老服务和政府购买服务的定点单位。

（四）无偿服务、低偿服务和有偿服务相结合的原则

对有特殊困难并需要生活照料的低保老人、独居老人、特困家庭老人及对社会有重大贡献的老人等，依照评估程序提供数额不等的政府购买服务。而对有一定经济能力且自愿提出服务需求的老人，可通过社区、社区服务中心等平台联系社会专业服务组织或加盟企业，签订协议服务关系。社区也可根据老人的需求，直接安排相关服务人员提供上门服务、预约服务、随时服务。服务费用由老人自理。

（五）专业化服务与社区志愿服务相结合的原则

目前，社区养老服务的服务者主要由两类群体构成：第一类是具有老年服务知识，掌握专业老年服务方法和技巧的社区养老服务专职工作者；第二类是由社区党员代表、热心居民、青少年等组成的社区志愿者。第一类人员由于接受过一定的专业培训，掌握了一些专门技能，加上良好的综合素质和服务态度，有利于提升社区养老整体的服务水平和服务质量。第二类人员以尊老、爱老、敬老为出发点，按照自愿的原则，采取成立志愿者组织或志愿者协会的形式，义务为社区中的老人提供各种养老服务，在社区养老服务人力资源极度匮乏的当前发挥了至关重要的作用。因此，发展社区养老服务事业，既需要有专业服务人员的专业化服务，也离不开社区志愿者提供的志愿服务。

三、我国社区养老服务事业发展概况[①]

社区养老服务自 2000 年起在全国部分省（区、市）开展试点以来，截至 2013 年年底，大部分省（区、市）的大中城市已不同程度地开展了社区养老服务工作，取得了许多宝贵的经验，也收到了良好的社会效果。

（一）社区养老服务的组织体系初步形成

经过几年的探索和发展，社区养老服务初步形成了"政府主导、社会参与、中介组织运作"的工作机制。政府方面，一是制定出台了一系列社区养老服务的相关政策，鼓励和引导社会力量参与社区养老服务，如《关于加快发展养老服务业的意见》（国办发〔2006〕6号）、《关于全面推进居家养老服务工作的意见》（全国老龄办〔2008〕4号）等，各地也根据当地的实际情况出台了一系列配套措施。二是建立了层级服务管理体系和服务实体组织，在社区逐步形成一个多层次、多形式、广覆盖的社区养老服务网络，如浙江省杭州市、宁波市等地在区级建立社区养老服务管理办公室，在街道建立管理服务中心，在社区建立社区养老服务站，形成三级管理服务体系，受政府委托负责社区养老服务的管理和实施。三是建立了一批较为完善的社区服务设施。近几年来，各地加大资金投入力度，改造和新建了一大批社区养老服务设施，如杭州市各级政府先后累计投入两亿元，使80%以上的社区都拥有了社区养老服务中心。社会参与方面，通过大力宣传，广泛发动社区居委

---

① 吴玉韶，李伟，孔伟，等. 我国居家养老服务存在的主要问题及对策研究[C]. 中国老龄国情与养老服务业发展论坛，2009.

会、企事业单位、社区中介组织、社区居民参与到社区养老服务中来，整合资源，共同推进。中介组织运作方面，积极培育和发展非营利性的社区服务机构或中介服务组织。例如，南京市积极培育、发展和依靠社区"心贴心""万家帮"等服务组织，及时为老年人提供各种服务。

（二）政府补贴制度开始实施

目前，部分省、市出台了社区养老服务补贴标准，根据实际情况，实施"区分对象、分类施补"的补贴制度，即按照经济收入、身体状况、家庭成员等状况进行分类补贴。对"三无"老人、优抚对象和有特殊贡献的老人由政府购买服务，对低保老人、高龄老人、生活困难老人由政府补贴服务费用，对更多身体健康、有经济支付能力的老人实行优惠低偿的市场化服务。例如，上海市根据老年人具体情况实行每月 100~250 元不等的补贴标准。通过这种补贴方式，不仅较好地提高了老年人的支付能力，降低了服务成本，节约了政府资源，而且还培育和开拓了养老服务市场，引导和促进了老年人或其子女购买服务的消费。

（三）服务队伍初具规模

近年来，各地结合地方政策，一方面，把社区养老服务人员培训与下岗再就业工程相结合，集中培训符合条件的下岗职工学习专业护理知识，考核合格，持证上岗，从队伍建设的进口把关，确保良好的道德素养和基本的专业技能。例如，上海市挑选和培训了 14 000 多名下岗人员在社区养老护理员的岗位；宁波海曙区把社区养老服务人员列入财政拨款购买公益岗位的序列，保证了社区养老服务人员的基本收入和队伍的专业化建设。另一方面，大力发展社区养老服务的志愿者组织和志愿者队伍，通过宣传动员，组建起由社区党员、热心人士、邻里居民、低龄健康老年人等组成的志愿为老服务队伍，对社区老人通过结对子、定时定点、安装求助电话、"爱心门铃"等方式，无偿地提供多种公益性服务。

（四）监督机制正在探索建立

社区养老服务开展得比较好的地区，如上海、南京，已经开始探索建立监督评估机制。对社区养老服务扶持政策的贯彻落实情况，政府和社会各界投入社区养老服务资金的使用效果，服务机构、服务人员和服务质量等方面，聘请中介组织或专业机构作为第三方，进行检查监督。例如，上海市委托全市的福利行业协会成立了社区养老服务评估事务所，招聘、培训专门的评估员，对申请服务补贴的老年人进行生活自理能力的评估和经济收入的核定，提高了政府福利资源的利用效果和效率。

案例分析

自 2011 年年底出台《成都市人民政府关于加快社会化养老机构发展的意见》（简称"38 号文件"）以来，成都市新建社会养老机构的门槛大幅降低，从 30 张降到 10 张。同时，市政府还在项目用地保障、财政资金补贴等方面给予了较多优惠政策，以加快居家养老服务机构的发展速度。随着人口老龄化进程加快，社区养老服务需求不断增大，近两年居家养老服务机构在成都市的发展速度惊人。以该市口碑较好的晚霞社会养老服务中心为例，从2012年成立到2014年，短短两年该中心已建成居家养老服务中心40所，覆盖了成都市金牛区、青羊区、锦江区、高新区、武侯区、成华区、金堂县等主要区县，共有居家养老床位800余张，可为老人提供日托、全托与临托以及上门送餐与护理等服务。然而，养老市场的蛋糕看起来很大，吃起来却不简单。据《成都商报》记者调查发现，新建的社区养老服务机构基本都处于亏损状态。以双新社区的朗力托老所为例，每月仅是员工工资、水电费等硬性支出就达3万元。而10名老人的托养收费，以每人2 000元计算却只有2万元。石人北路100院晚霞托老所的情况与此类似。因此，无论是朗力还是晚霞，都采取向社区内的居家老人提供服务来寻找赢利点。在朗力托老所的居家养老服务卡上面，服务项目包括送餐服务、助浴服务、代购服务、康复服务、助医服务。正如朗力托老所负责人朱庆海所说，"光靠托养服务是无法盈利的，我们希望依托社区养老服务站点辐射到居家养老人群，这才是市场的大头。"

依靠上门配餐、护理以及陪伴服务等，晚霞的部分站点已实现盈利，正好可以弥补新建站点的亏空。"但总体来说，利润都很微薄。"负责人白维称。

（资料来源：http://e.chengdu.cn/html/2012-08/17/content_342839.htm，有删减.）

阅读资料并回答以下问题：
1. 发展社区养老有何现实意义？
2. 案例中的晚霞社会养老服务中心为什么发展如此快速？

子情境4 社区服务中心探访

实践主题

社区服务中心探访。

本子情境是综合实践环节，要求教师带领学生走出学校进入社区开展一系列的实践活动。

实践目标

（一）知识目标
1. 了解社区养老与机构养老的区别。
2. 掌握机构养老和社区养老各自的服务对象、服务内容和主要的服务项目。
3. 思考我国养老服务社会化存在的主要问题。
4. 掌握我国机构养老服务和社区养老服务的运作条件和运作机制。

（二）能力目标
1. 训练学生熟练运用社会调查方法的能力。
2. 锻炼学生的语言表达能力和沟通能力。
3. 训练学生在养老服务方面的分析能力和问题解决能力。

4. 培养学生团队合作能力。

5. 训练学生独立承担养老服务的专业能力。

（三）情感目标

1. 通过实践，学生应该做到无条件地接纳、尊重及平等对待老年人。

2. 通过实践，学生应该学会与组员互相协助，在互动中共同成长。

3. 通过实践，学生要树立健康、乐观、积极的心态。

4. 通过实践，学生应该养成有计划地开展工作的习惯和不怕挫折的精神。

实践前的准备

（一）教师的准备工作

1. 教师预先联系好学校附近的社区服务中心。

2. 申请相关实践活动经费。

3. 召开实践动员会，指导学生充分认识本次实践活动的意义和目的。

4. 将实践内容、实践步骤、注意事项及探访的礼仪向学生逐一进行讲解。

5. 指导学生撰写实践活动方案。

6. 组织学生事先预习演练本次实践可能涉及的知识和技能。

7. 对实践过程中可能出现的突发事件拟定应急处理方案。

（二）学生的准备工作

1. 参加实践的同学按照每组5~7人的标准进行分组。

2. 小组成员自行选举一名小组长负责组员的纪律和组织管理，以及与其他组和老师进行沟通联系的工作。

3. 由小组长带领组员共同讨论认识本次活动的意义和目的。

4. 以小组为单位撰写实践活动方案，内容包括实践主题、实践目标、实践方法、小组成员及分工、实践内容及分工、实践步骤、实践总结等。

5. 预先复习演练本次实践可能涉及的知识和技能。

实践内容及说明

实践内容及说明见表3-2。

表3-2 实践内容及说明

序号	实践内容	实践说明
一	组员熟悉实践方案、开展热身互动	组员对预先拟定的实践方案进行熟悉，组员之间开展一至两个小游戏，增进小组成员的默契和了解
二	参观社区服务中心	在工作人员的引领下参观社区服务中心的工作场所、相关设施，了解服务中心工作流程
三	感受社区服务中心日常工作	以小组为单位，跟踪观察，体验并记录社区服务中心工作人员日常工作

续表

序号	实践内容	实践说明
四	与老人互动	分小组与在社区服务中心接受服务的老人开展互动活动，各小组可以自行选择互助内容，如陪老人做游戏，为老人表演小节目，与老人谈心聊天等
五	老人需求情况访谈	各小组使用子情境2中的生活自理能力评估表，随机对社区中的3~5名老人进行访谈，了解当前老人对养老服务的需求情况
六	参观社区内的一所养老服务机构	在机构工作人员的引领下参观机构养老服务的工作场地、相关设施，了解养老服务机构的日常工作和服务流程
七	为机构中的老人提供志愿服务	在机构中的工作人员或服务人员指导下，分小组为机构中的老人提供一次志愿服务，内容可以自行选择，比如助食、助浴、日常清洁、帮助老人穿衣等
八	活动回顾与总结	返校途中，或返校之后，由教师引导学生对实践活动进行回顾和总结

实践总结

1. 各小组分组撰写实践总结或实践报告，填入表3-3中。
2. 学生对这次实践活动进行自我评价，并由组内其他成员对其完成他人评价，填入表3-4中。
3. 教师对实践活动进行点评，对各小组的实践报告进行评价。

表3-3 实践方案及总结

实践主题：	
小组成员及分工：	
实践时间：	实践地点：
实践目标：	
实践方法：	
实践内容及分工：	
实践步骤：	
实践小结：	

表 3-4　实践过程评价

专业　　　　班级　　　　小组名称　　　　学生姓名　　　　填表日期

评价项目	评价内容	自我评价			他人评价		
		优秀	良好	合格	优秀	良好	合格
学习态度	对实践主题充满了兴趣，能主动思考、探寻其中的问题，积极参加小组的实践活动						
组织合作	能与本小组成员团结协作，能在规定时间内完成小组布置的任务，记录及时、真实、完整						
实践能力	能利用多种途径搜集信息，并能对搜集到的信息进行整理						
	能动手制作调查问卷、采访提纲，会撰写实践方案、调查报告、采访总结						
	能及时展示实践成果并能与其他同学分享，口头表述详尽生动，举止大方自信，语言有感染力						

实践知识链接

老年人沟通技巧与为老服务的注意事项

一、老年人的特点

（一）老年人的心理变化及影响因素

随着年龄的增长，身体脏腑器官、组织细胞发生老化，功能逐渐衰退，老年人在面对自身生理的衰老，以及社会、生活环境的改变和躯体疾病的影响时，通常会出现一些特有的心理变化。主要表现在感觉、知觉、记忆、抽象思维的改变，情感、性格、人格的变化，以及老年精神障碍的病理性改变等。

1. 生理变化引起的心理变化

随着年龄的增长，老年人的大脑逐渐萎缩，脑细胞数量减少。相应地，其记忆力、抽象思维能力也有不同程度的下降。主要表现为记不起某个熟人的姓名、日常用的电话号码，记不起某些字的写法等，但一般在经过提示后，就能部分或全部回忆起来。另一个表现是，老年人通常对远事记忆力相对保持较好而近事记忆力则下降，常常表现为忘了刚决定要做的事情，刚刚放置的物品又找不到等。

生理变化会导致老年人心理的一些变化，表现为性格和情绪的改变。随着老龄化加重，这种性格和情绪的改变日趋明显，主要表现如下。

（1）小心、谨慎。小心、谨慎是老年人心理变化的特征之一，人到老年，做一件事情时,常常注意避免错误,为追求准确性使做事速度明显放慢。同时,在做事和处理问题时,一般小心谨慎,不愿冒险。

(2) 保守、固执。许多老年人在多年的社会实践中,养成了一定的生活作风和习惯,随着年龄的增长,这些作风和习惯不断受到强化。因此,他们在评价和处理事物时,往往容易坚持自己的意见,不愿意接受新事物、新思想,经常以自我为中心,很难正确认识和适应生活现状;常常沉湎于旧事,悔恨无法挽回的美好的过去;稍有成就者则变得高傲自大,拒听逆耳良言;还有部分人变成"老顽童",言语、行为幼稚;但大多数老年人还是通情达理的,只要经过认真研究、讨论,他们也会放弃己见,服从真理。

(3) 焦虑、多疑。部分老年人由于视力、听力减退及记忆功能减退,容易变得焦虑、多疑、好猜忌,对人和事不信任。表现为内心空虚、意志消沉、烦恼、抑郁焦虑等,并对往事回忆多有自责感。有时还会表现为病理性的疑病症,对自己的健康状况及身体某一部分过分关注,经常怀疑自己得了某种严重的身心疾病,紧张焦急,四处求医。在焦虑、多疑的基础上,老年人容易产生消极悲观情绪,从而变得沉闷、少言、忧郁,或者变得偏见、顽固和执拗。

(4) 自卑、自责。大多数老年人都爱回忆自己的过去,但另一方面又不得不面对自己年老后在视力、听力、记忆思考能力及运动能力等方面的减退,因此常因无力改变这种现状而自怨自责,产生沮丧和心灰意冷的心情,形成自卑、自责的心理特点。

(5) 情绪时常波动。老年人由于个人遭遇、精神压力的影响及智力和活动能力的减退,情绪波动明显,常常不能调控自己的情绪。有时急躁易怒,有时焦急不安,有时悲观忧郁,或兴奋,或低沉。情绪的波动会影响或加重老年人的心身疾病。

(6) 死亡恐惧。死是老年人不可避免要考虑和面对的问题,尤其是在配偶、朋友、同事去世后,老年人经常会想到死亡的问题,有时可能产生明显的恐惧心理。

2. 环境因素引起的心理变化

(1) 社会关系引起的心理变化。

随着社会发展变迁,现代城市生活使老年人独处独居的概率大大增加,而与邻居、亲友交往却相对减少,人际关系变得日益疏离和冷漠,使老年人产生强烈的失落感和忧郁心理。加之人到老年,难免会面临至亲或伴侣卧病在床或故去的变故,与此同时,家中的子女却结婚立业,另组家庭开始独立生活,进而加重老年人的孤独、悲忧的情绪,从而加速衰老或导致精神障碍的发生。

另外,不良社会风气对老年人心理健康也产生巨大的影响。社会不重视老年人存在的价值和作用,不能给老年人一个发挥余热和良好社会地位的大环境也会在无形中加重老年人的心理压力。

(2) 离退休引起的心理变化。

离退休几乎是每个城市老年人都要遇到的问题。老年人由于长期的工作、生活磨炼,已经形成了比较固定的心理状态及生活方式和习惯。由于离退休突然改变了老年人原有的工作、生活习惯,因此在老年人中,无论是否愿意离退休,或是否有心理准备,在离退休前后一段时期,均会对老年人的心理变化产生不同程度的影响,形成所谓的"离退休综合征"。表现为坐卧不安,无所适从,注意力不集中,或感到抑郁孤独,或感到烦躁不安,或焦虑不宁，或偏执、多疑，有时可伴有头痛、头晕、心悸、胸闷、失眠、多梦等躯体不适。

3. 躯体疾病引起的心理变化

身体的健康状况和心理、精神的健康既相辅相成，又互为影响。身体健康则精力充沛、精神愉快、心情舒畅，心理状态稳定而健康；躯体有病，则精神不振，心理负担加重。老年人生理功能逐渐减退，各系统疾病相继出现，具有多病性的特点，明显影响着老年人的身心健康。

例如，老年人发病率和死亡率最高的心、脑血管病，肿瘤及其他系统疾病；呼吸系统疾病所致的呼吸困难，心肺功能衰竭；消化系统疾病所致的胃肠道不适，饮食、大便障碍；糖尿病的各种并发症及饮食控制；骨质疏松症所致的骨痛、骨折等多种老年疾病。由于这些疾病本身引起的痛苦及伴随这些疾病所出现的活动受限，生活自理困难及给家庭、社会带来的负担增加感，使老年人的情绪、性格明显受到影响，容易变得悲观、忧郁、焦虑、急躁、情绪波动明显。同时，可影响到老年人的记忆、思维、运动，变得记忆减退、反应迟钝、动作迟缓。如果不能做到正确的心理调节，则可导致病理性抑郁、焦虑、躁狂症及老年痴呆症、老年性精神病的发生。

(二) 老年人的疾病特征

老年人的疾病具有以下几个主要特征。

(1) 对老年人来说，疾病很少是单一的，也就是说，往往是不同生理系统的疾病同时存在，比如高血压、肺气肿、冠心病及胃肠道疾病等。所以，老年人在医院被诊断出5~6种疾病的情况是很多见的。

(2) 潜在性疾病众多而其症状却不稳定、明显。由于潜在性疾病的存在，往往发现一种疾病的同时，也可以把潜在性疾病诊断出来。

(3) 在老年人中，某些疾病的症状极不典型。例如，中年人经常会出现伴有剧烈胸痛发作的心肌梗死，但老年人几乎就没有这种症状，常常只是轻度的胸前不适感，这往往容易使疾病在不被察觉中而渐渐地严重和恶化。

(4) 老年人的疾病多是慢性疾病，在治疗上也比较困难。一种疾病的出现，可以合并其他系统的疾病。例如，糖尿病的存在，容易引起动脉硬化和高血压等疾病。

二、老年人的心理需求

我们在与老年人沟通的过程中，一定要处理好与他们的关系。除了要了解和把握老人的基本生理需求，并积极主动地采取一些措施满足老年人的需要之外，还有必要了解一下老年人的心理特征，其中最主要的是老年人的心理需求。

老年人的心理需求一般可以分为以下三个方面。

(一) 依存需求

老年人在离退休之前，生活在各种大大小小的工作群体、朋友群体中，他们的交往、归属等需要多多少少都能得到一定程度的满足。而退休之后，离开了原来的工作群体，与朋友的交往也显著减少了。在这种情况下，家庭就成了他们的主要活动场所和精神寄托的地方。然而由于年老体弱，老年人在家中的大部分时间还是无所事事，而自己的子女也都成家立业，不在他们身边，因而他们很容易产生失落感和孤独感。在与家人的关系中，老年人渴望在生活上予以照顾与帮助，在心理上尤其情感上能够得到温暖与关怀。

（二）自尊需求

离退休或丧失劳动能力的老年人，社会角色发生了很大的变化。变化之一就是他们由供养者变成了被供养者。尽管工作能力和经济收入都不及以前，但他们还是非常希望子女和其他人能像以前一样尊重自己，至少不能把自己当成未成年的孩子甚至是一个"无用的人"来看待。因此，我们在同老人进行交往时，言行举止都应该敏感地注意到老年人的这种心态，以免挫伤他们的自尊心。

（三）求助需求

老年人随着年龄的增大，健康状况的退步，活动和生活自理能力都逐步下降，这时候越来越需要别人的帮助与照顾。这种需求如果得不到满足，他们就会产生忧郁、怨恨等消极情绪，甚至会产生被遗弃的感觉。

三、如何与老年人进行有效沟通

（一）营造沟通机会，启发交流兴致

（1）主动与老人接触，可从打招呼、握手、日常问候开始。注意因人而异的礼貌称谓，必要时向老年人询问希望别人怎么称呼。初次见面要自我介绍，先开放自己，谈些自己的事，待取得老人信任后再展开其他的话题。

（2）营造与晚辈人接触的机会。每个人都是一部鲜活的历史，经历中孕育着经验，经验中蕴藏着智慧。每个老人都有着独特的人生经历及相对丰富的经验，有时"听君一席话，胜读十年书"。晚辈人与老年人接触时要注意"多请教，少指教"，这也是提供发挥老有所为的重要途径。

（3）营造与同年龄交流的机会。同年龄间更易于相互理解。社区内应设置必要的交流空间，如露天休息亭、健身活动处、老年人俱乐部等，供老年人们聚在一起聊天。

（二）知己知彼，适当调整自己和环境

（1）自我准备：包括自己目前对老年人所持的态度、自身状态及沟通能力。

① 照顾者要换位思考，体谅对方的处境，理解对方的苦衷，看到对方的长处，至少不要嫌弃老年人。老年人有时比较爱唠叨，对此我们要有足够的耐心去接受。要顺应其心理状态及社会处境，避免带来不快。老年人记忆力减退，往事虽历历在目，近期的事却模糊不清，但也不愿被别人说自己记性差。所以，再次见到老年人时，应避免问"您还记得我吗？"而改为"我又来看您啦！"这样会让对方觉得自己被重视了，会高兴许多。铭记与老年人沟通的原则：多听少说、多了解少判断、多启发少代劳。

② 可恰当运用微笑、赞美、幽默等润滑剂。但是当老年人备受疾病折磨或极度痛苦时，应收敛笑容，给予关注的目光。对老年人的赞美要真诚得体，尽量具体，如衣着服饰、特色专长等。此外，幽默绝非油腔滑调，而是闪烁着智慧的光芒，风趣而不失尊重，在诙谐中化解紧张，消除抵触情绪，拉近距离。

（2）了解对方：了解老年人的身心状态和生活习惯，特别是作息时间、兴趣及忌讳。

由于退休后生活圈子改变，生活目标转移，我们宜选择老有所乐、老有所为的话题，如追忆往事、谈保健等，而且要把握好时机。当我们心情愉快时，会不由自主地开放自己；当情绪低落时，就会情不自禁地封闭自己。

（3）环境准备：保证充足的时间，提供安静舒适的环境，轻松活跃的氛围，通风良好，光线充足，双方都能清楚看到对方的脸，保持适当位置，距离以1米内为宜。通常未经老年人允许，不要随便挪动或摆弄其居室的摆设及物品。

（三）与老人沟通的模拟问答

1. 当老人不吃药时

先找出老人不吃药的原因，是因为药苦、难下咽或缺少吃完药后要吃的糖果，还是因为长期吃药而感到厌烦或其他原因。找到原因后，再慢慢耐心哄老人吃药。

2. 当老人说头晕时

要先了解老人的病患史，看有没有神经性头疼或偏头疼等病史，如果是休息不好或感冒引起的头晕，可以用风油精和清凉油替老人搽抹"太阳穴""人中穴"，并用大拇指按压老人手腕内侧的"内关穴"；如果是由低血糖引致的头晕，就马上冲杯葡萄糖水给老人喝，再让老人慢慢进食一些易消化食物；如果是房子或天气闷热所致的头晕，就要先通风再搽药油。

3. 当老人跌倒时

切记，千万不能马上把老人扶起！要先询问老人跌到哪里，检查确实没有骨折的情况时再小心把老人扶起，一般的表皮外伤用淡盐水或碘伏消毒，如果有扭伤可以适量抹点儿红花油。如果有骨折的情况，千万不要搬动老人，而要尽快拨打电话求救。

4. 当老人哭泣时

同样要先找原因，要知道老人为何事伤心，然后再慢慢耐心开导；或做一个聆听者，耐心地听老人诉说。疗治老人悲伤、孤独的最好药剂就是倾诉、聆听。

5. 当老人不吃饭时

还是要找原因，是因为胃口不好，还是因为饭菜不合口味或有什么心事，然后再让老人慢慢吃。不要强求老人吃完一顿饭，能吃多少是多少。

6. 当老人有心理障碍或自闭表现时

先要了解老人的"心结"和"死穴"，用时间加耐心、爱心和关心去融化老人的心，直到有一天老人开口。要明白，要被老人所接受和信任，唯有用真情来投入，用真心来相待。

四、与老人沟通交流时的注意事项

养老服务的对象有很多是社会上的"三无"老人或"空巢"老人，他们更需要一种承认和关怀，让他们感觉没有被彻底遗弃。因此，在为老年人服务或与老年人沟通时，我们需要注意以下事项。

（1）主动接近老人。大多数老人比较被动，自信心低，对人有戒心，因此要积极主动去接触他们，使他们感受到关心。

第一次接近服务对象时，记得先对他微笑，尽量向他表示你的友好和善意，因为有一部分老人可能因经历过某些事件而对人防范心理比较严重，缺乏一种安全感，对陌生人的靠近会有敌对意识。这时一定要先取得老人的信任，让他知道自己是安全的。当确定老人没有抗拒反应时才可以靠近老人。尽量不要引起老人情绪激动或反应激烈。向老人走近时，在距离老人一米左右时就要微微弯下腰，弯腰程度根据老人的身高或是老人所处位置的高低而定，让老人感受到你的亲切。

（2）在与老人交谈时，亲切更胜于亲热，态度要和蔼可亲，脸上尽量保持微笑，用心交流，眼睛要多注视对方的眼睛，视线不要游离不定，否则老人会觉得你不关注他。不能让老人抬头仰视或远距离和你说话，不要摆出高高在上的姿态或姿势，尽量让老人感觉到与你平等，以及你对他的重视。眼神要在同一高度，必要时不妨蹲在老人的面前，以比老人低的位置抬头与老人沟通，会让老人觉得亲切和放松，而这时老人也会放松警惕，开始轻松、自然和更亲近的交流。

（3）避免几个人围成一圈站在老人周围与老人交谈。有些老人原本就缺乏自信，或性格不是很开朗、不善与人交流，当面对几个人的包围时，会让老人产生拘束、压抑的感觉，甚至有些老人会有手足无措的紧张心理。

（4）老人的反应相对比较慢，因此沟通时语速尽量放慢，同时注意把握好语调。很多老人存在听力不同程度下降的问题，因此需要我们说话大声点儿。具体大声到什么程度，则要视情况而定，可根据老人与我们谈话时的反应情况来把握，避免对所有老人说话都大声喊。

（5）对老人真诚地赞赏。每个人都渴望被承认，老人有时更像小孩子，需要表扬和肯定，特别是一些年轻时曾经有过辉煌经历的老人，他们更希望自己曾经的成绩被肯定，当聊到此话题时，尽量多称赞老人。

（6）尽量选择老人喜欢的话题，避免提及老人不喜欢或是会让老人产生情绪波动的话题，如果在最初交流时不能准确把握，则选择一些安全话题。例如，可以和老人说说自己的情况，或是给老人讲一些有趣的生活见闻等，慢慢了解老人感兴趣的内容。老人高兴了，交流气氛才会更活跃。避免与老人一问一答的采访式交流，这样服务者和老人都会觉得累。

万一谈得不愉快或是老人情绪有波动，尽量不要在引起老人情绪有变的原话题上劝说老人。同时采取一些动作，如先轻拍对方的肩膀或是抓住对方的手，稳定老人的情绪，然后迅速转移话题。大部分老人有高血压或心脑血管疾病，精神上受到刺激或是情绪突然激动，都容易引起疾病复发，因此一定要注意话题的安全性，尽量避免会让老人伤心难过的话题。

（7）老年人一般都比较唠叨，一点儿小事可能会说很久或是很多次，这个时候不要表现出不耐烦，一定要注意语言和一些细微的小动作。老人一般都比较敏感，不要让老人觉得你已经开始烦他、讨厌他了。

（8）与老人交流的过程中，聆听胜过多说，不要自顾自地说话，尽量多引导老人自己倾诉或是提起自己感兴趣的话题，服务者则多聆听，在必要的时候给予肯定，表示你一直都在关注他的谈话内容。有些老人有过不愉快的生活经历，他可能会向信任的人诉说，这时不要和他讨论话题的对与错，而是要尽量引导老人放下过去的不愉快，一定不要对事件发表自己的"对与错"观点，更不要与老人争辩，以免引起老人情绪激动。

（9）与老人互动的过程中，充分发挥动手的魅力，有时动作更胜于千言万语，比如为卧病在床的老人掖一下被角，为瘫痪老人擦一擦嘴角上留下的食物残渣，等等。

（10）扶老人时掌握正确的方式，一个人没把握时尽量不要独自去帮助老人，与其他服务者的互动也很重要。推轮椅时要缓慢，并在推轮椅前检查老人的手脚，将手脚位置放好再推，如果需要与轮椅上的老人沟通，尽量先固定轮椅，然后在老人面前与其面对面沟通。

（11）不要随便给老人吃自己带的食品。比如，糖尿病患者要低糖，肾病及高血压患者需要控制盐，如果给老人吃自带食品，一定要先咨询老人的护工或相关负责人，避免好心办坏事。需要注意的是，这种情况最好不要问老人本人，因为一些原因，有些老人回答不一定准确，一定要与工作人员沟通后再决定！

（12）在为残障或生活不能自理的老人服务时，一定要事先和工作人员沟通交流，掌握服务对象的基本情况及注意事项，如某些服务对象的进食特点等，对自己无法确定的问题，不要自行猜测，一定要向工作人员问明情况。

（13）尊重老人的日常生活习惯，不要乱动老人房间的物品及摆设，在为老人打扫卫生时，对一些物品的摆放位置一定要先征求老人的意见，不要按自己的习惯去自作主张。如果认为某些物品的摆放不科学或是不安全，可以提醒老人或是引导他改变习惯，而不是强制性改变老人原本的习惯。

（14）随时注意老人的细节变化，如冷、热、咳嗽、口渴、如厕等问题，以便及时作出正确处理，必要时联系工作人员求助。

（15）老人常见的疾病包括：糖尿病、关节炎、眼疾（老花眼、白内障、青光眼）、失禁、冠心病、脑血管病（中风）、老年痴呆症、帕金森症等，简单了解这些疾病的基本特征及注意事项，以避免在关爱这类老人时犯不必要的错误。

（16）对自闭的老人或是比较内向不愿与人沟通交流的老人，则需要更多的时间和精力去了解和沟通，主动与老人交流，取得老人的信任，让他觉得和你很亲近。

（17）视每一个老人为单独的个体，有不同的特质与需要，除基本态度与技巧外，还要顺应情况，使用不同的行动和表示，才能建立良好的关系，达到更好的服务和关爱效果。

案例分析

（一）

李大爷家最近颇不安宁，他的老伴儿刚去世，李大爷执意要住进敬老院。大儿子觉得送老人进敬老院是儿女不孝，坚决不同意父亲进敬老院，小儿子却说老人们在一起不孤独，支持送老爷子去敬老院。两个人争执不下，亲朋形成两派，天天在家里开"辩论大会"，就送老人进敬老院到底是孝还是不孝展开了争论。

李大爷家人的主要观点有以下两种。

观点一：将老人送入养老院有悖我国的传统家庭伦理，在家养老的老人的精神和心理更幸福。

观点二：孝与不孝，重在实质，且集体生活有利于老人安度晚年。

问题：

1. 上面两种观点，你支持哪一种？理由是什么？
2. 除了入住养老院，你还有什么更好的养老建议给李大爷？

（二）

上海市某街道社区有2.4万老人，自2009年开始推出"9073"养老模式，即90％社区居家养老、7％社区托老所养老、3％养老院养老。服务对象为60周岁以上、需生活照料的本区户籍老人，其中对低保和低收入的老人、优抚对象，为社区孤老和对社会作出特殊贡献的老人，经评估可无偿或低偿提供养老服务。社区养老服务员是面向社会招聘并经过一定培训的人员，月工资1 200元。社区养老服务员所开展的养老服务：一是上门为老人提供家政服务；二是居家养老个性化服务，如定时上门理发、洗浴等。目前有300多个上门家政服务和300多个个性化服务。但目前该社区养老服务却存在一些问题，包括养老服务项目推进不快，服务人员流失严重等。原先招聘了200人，最后留下来的只有40人。养老服务中的一些危险工作，如爬高擦窗等，服务人员不愿干。此外，社会对养老服务人员也缺乏尊重，有些老人把养老服务人员视同为保姆、清洁工。

（资料来源：http://www.sh.xinhuanet.com/2015-07/17/c_134420222.htm，有改动。）

问题：请根据以上材料，对该社区养老服务遇到的问题进行分析。

复习思考

1. 简述老年人对社会养老服务的需求。
2. 简述推进我国老年福利服务发展的制约因素。
3. 简述社区的概念及其主要功能。
4. 什么是社区养老？社区养老有哪些优越性？
5. 简述社区养老服务的主要内容与供给模式。

学习情境四 儿童福利服务

子情境1　儿童福利服务的具体制度与政策

能力目标

1. 培养学生的语言表达和沟通协调能力。
2. 锻炼学生在具体的儿童福利服务中灵活运用相关制度与政策知识的能力。

知识目标

1. 了解儿童福利服务需求。
2. 了解我国儿童社会福利方面取得的成就与存在的问题。
3. 了解我国儿童社会福利的改革与发展对策。
4. 掌握我国儿童福利服务方面的政策法规。

任务一　儿童福利服务需求认知

情境导入

中国儿童福利和收养中心、民政部职业技能鉴定指导中心
关于举办孤残儿童护理员职业资格鉴定暨师资认证班的通知

收养字〔2013〕18号

各省、自治区、直辖市民政厅（局）社会福利处、人事处：

根据民政部职业技能鉴定指导中心和中国儿童福利和收养中心联合发布的《关于做好2013年孤残儿童护理员职业技能培训和鉴定工作的通知》（民职鉴发〔2013〕2号），以及中国儿童福利和收养中心《关于下发2013年度儿童福利机构管理及专项技能培训计划的通知》（收养字〔2013〕6号）的文件要求，为加强孤残儿童护理员队伍建设，提高孤残儿童护理员服务水平，中国儿童福利和收养中心、民政部职业技能鉴定指导中心决定举办2013年孤残儿童高级护理员（国家职业资格三级）职业技能鉴定暨师资培训班两期（第一、二期），孤残儿童中级护理员（国家职业资格四级）职业技能鉴定培训班一期（第三期）。现将具体事项通知如下：

一、参加人员和申报条件

各省儿童福利机构内相关人员参加培训（具体申报条件见附件8）。根据"考培分离"的有关要求，已参加并通过考评员资格培训和认证的人员不得作为培训师资。

二、时间、地点

第一期（高级班）：7月19日—8月2日（7月18日报到）

第二期（高级班）：8月11日—8月25日（8月10日报到）

第三期（中级班）：9月8日—9月15日（9月7日报到）

报到及住宿地点：北京保利大厦酒店，联系电话：010-65001188

培训地点：中国儿童福利和收养中心

三、其他事项

（一）培训学员经考核合格，可授孤残儿童高级（中级）护理员职业资格证书。其中，符合师资条件的，同时授孤残儿童护理员职业技能鉴定培训师资证书。

（二）各省参训学员名单由各省（自治区、直辖市）民政厅（局）社会福利处汇总，并于7月12日前将第一期、8月5日前将第二期、9月2日前将第三期报至中国儿童福利和收养中心儿童抚育部，联系人：杨丽威、周璟哲，传真：010-65548841，电话：010-65548884、65548839，电子邮箱：ylw@cccwa.cn。

鉴定政策咨询电话：010-61591732，联系人：郎秀娥。

（三）培训经费、食宿费、鉴定费等由部福利彩票公益金承担，往返交通费用自理。

（四）报名的学员需进行"网上填报"，填报步骤详见附件6；学员参训时需提交的材料详见附件7。

（五）本通知可在中国儿童福利和收养中心网站http://www.ccaa.cn及民政部职业技能鉴定指导中心网站http://jnjd.mca.gov.cn下载。

附件（略）

二〇一三年七月四日

（资料来源：http://jnjd.mca.gov.cn/article/zyjd/gcethly/201307/20130700483031.shtml，有改动.）

任务描述

假设你是孤残儿童护理员职业资格鉴定暨师资认证班的组织策划者，你打算采取哪些方式、手段和途径，让参加孤残儿童护理员职业资格鉴定暨师资认证班的学员了解国内外孤残儿童护理员职业资格鉴定的现状，学习发达国家和地区孤残儿童护理员职业资格鉴定的经验和做法，分析我国孤残儿童护理员职业资格鉴定存在的问题，理清发展思路和措施，提高管理服务能力和创新能力。

任务实施

1. 将全班分成四个小组，分别设定为这次培训的组织策划者。
2. 每组推荐一名学员作为本组代表，发表培训策划的实施方案。
3. 其余三组学员扮演培训对象，对本次培训的培训内容、培训方式、培训手段是否合理、是否切实有效发表意见和看法，重点是指出其培训策划的不足之处。
4. 培训组织策划者对培训对象的意见和看法进行回应，并有针对性地提出改进措施。
5. 进一步思考：怎样提高孤残儿童护理员职业资格鉴定人员的管理服务能力和创新能力？

任务总结

1. 活动结束，推举两名学员代表对整个活动进行总结发言。
2. 教师对学员整体表现和各组所讨论问题进行点评。

任务反思

孤残儿童护理员职业资格鉴定人员培训，是提高儿童福利服务水平的重要途径和载体，如何通过培训，促使孤残儿童护理员职业资格鉴定人员掌握管理科学、福利政策、业务技能及其专业社会工作的价值理念、实务技巧和工作方法，从而促进儿童福利事业的健康发展，是一项艰巨而迫切的重要任务，我们必须认真去思考怎样加强孤残儿童护理员职业资格鉴定人员提高服务能力。

知识链接

一、儿童社会福利概述

（一）儿童的界定

对于儿童的界定，有多种不同的观点。心理学一般将儿童划分为几个时期：0～1周岁为乳儿期，1～3周岁为婴儿期，3～6周岁为少儿期，6～12周岁为童年期。在我国，一般将儿童的范围限定在0～14周岁。国际《儿童权利公约》的界定为："儿童系指18岁以下的任何人，除非对其适用之法律规定成年年龄低于18岁。"中国政府于1992年批准了《儿童权利公约》，并于1992年4月1日开始在我国正式生效。我国法律规定：年满18周岁的人即为成年人，未满18周岁的则为未成年人。因此，我国的"未成年人"概念等同于联合国所界定的"儿童"概念。

本学习情境所涉及的有关儿童及儿童福利，除非特别说明，一般是针对0～14周岁这一年龄段的人群。

(二) 儿童社会福利的含义

儿童社会福利是社会福利的重要组成部分，是社会福利在特殊群体——儿童中的体现。联合国《儿童权利宣言》指出："凡是以促进儿童身心健全发展与正常生活为目的的各种努力、事业及制度等均称之为儿童福利。"美国的儿童福利联盟认为："儿童福利是社会福利中特别以儿童为对象，提供在家庭中或其他社会机构所无法满足需求的一种服务。"《美国社会工作年鉴》则指出："儿童福利旨在谋求儿童愉快生活、健全发展，并有效地发掘其潜能，它包括了对儿童提供直接福利服务，以及促进儿童健全发展有关的家庭和社区的福利服务。"这些定义都是广义的儿童社会福利。

在通常情况下，我国则是从狭义的角度来定义儿童社会福利的。具体来说，儿童社会福利是指由社会福利机构向特殊儿童群体——孤儿与弃婴提供的一种福利服务。在我国，儿童社会福利的享受对象主要是处于不幸境地的儿童，这类儿童包括残疾儿童、孤儿、弃婴和流浪未成年人等。儿童社会福利的功能主要倾向于救助、矫治、扶助等恢复性功能。近年来，儿童社会福利的功能也在向发展性功能拓展。

(三) 儿童社会福利需求分析

1. 儿童社会福利需求日益膨胀

在中国，改革开放带来的不仅是不断发展的社会生产力，而且带来了社会内在的根本性变化。就儿童的生存发展和福利需求而言，这种变化的影响是多方面的。随着家庭结构、家庭经济状况、婚姻内在联系、婚姻价值观及影响家庭生活的各种因素等多方面的变化，儿童的生活环境日益复杂化，家庭对儿童成长发展的支持性作用正在发生巨大的变化。

(1) 随着离婚率的攀升，单亲儿童比例不断增加，带来很多社会问题。根据民政部发布的2015年社会服务发展统计公报显示，2015年全国共依法办理离婚手续的夫妻有384.1万对，增长5.6%，粗离婚率为2.8‰，比上年增加0.1‰。其中，民政部门登记离婚314.9万对，法院办理离婚69.3万对。离婚率上升，导致单亲家庭增多，单亲儿童比例增加。单亲家庭的孩子在生活关爱、营养水平、学业辅导、人格成长、心理健康等方面，比正常家庭的孩子存在着更多的社会性问题。

(2) 随着人们对优生优育的重视，以及部分人道德观念的淡漠，遗弃儿童，特别是遗弃病残儿童的数量近年并没有明显减少，给社会福利机构带来了日益增长的压力。随着部分儿童在家庭教育和社会教育方面出现偏差，以及厌学等原因，流浪未成年人的数量近年也没有明显减少。有关部门抽样调查统计，近20年来我国的社会流浪儿总数达百万之多，为前30年的总和，而流浪于社会的青少年违法犯罪占青少年违法犯罪总数的60%左右。在这些孩子中间，大部分流浪儿经历了"流—收—遣(放)—流"，最终又流入社会，其基本权利得不到保障。

（3）随着社会生产的发展，人类生存的自然环境日益恶化，环境污染日益严重，加上身为父母的成年人由于精神压力的增大，身体综合素质明显下降，直接影响了下一代的健康，残疾儿童的问题日益引起了全社会的重视。另外，儿童被拐卖、毒品侵害、教唆犯罪、非法使用童工等问题也对儿童福利的发展提出了进一步的需求。而相对于这些需求，社会福利机构的服务能力却严重不足。

2. 特殊儿童服务对儿童福利在制度和体制上的需求日益突出

强调家庭因素在儿童福利中的重要作用，是基于儿童权利的社会进步理念，但儿童社会福利在本质上是一种完整、全面的社会福利服务建设，是尊重儿童权利的诸多表现形式中的一种底线，它建立在社会对每一个儿童的发展成长负有责任和义务这样一个基本理念之上。从社会福利的角度看儿童福利需求，就不是简单的生理心理性的、个体性的、个别化的需求，而是一种全面的社会性需求。

3. 儿童社会福利的专业化需求日益突出

在传统观念和意识中，儿童福利就是简单的生活照顾和养育，也就是令其吃饱穿暖，满足其物质上的要求。随着社会的进步，儿童的需求是朝全方位、多元化发展的。特别是那些处于困难境地的儿童，由于各种自然的和人为的原因，他们在心理和社会性的成长方面往往会面临更多的问题，需要给以特别的照料和辅导。儿童社会福利机构实施的"养、治、教"相结合的方针，正是对孤残儿童生理、心理、社会化成长特点的积极回应。儿童福利离不开福利服务，一般情况下，这种服务应包含三个方面：补充性儿童福利服务，即通过多种手段对经济困难的家庭予以补助，补充父母的角色责任；支持性儿童福利服务，主要是解决正常家庭中儿童的生存和发展遇到的问题，达到支持和增强父母和儿童适应各自角色的能力；替代性儿童福利服务，以收养、寄养、儿童福利院、特殊教育机构等形式给儿童以替代性家庭照顾。无论是哪一种类型的儿童福利服务，都需要将其视为一种专业，一种需要特殊的技能和专业知识的特殊职业。仅就残疾儿童对主流社会的回归和认同，就需要大量的专业活动，其中不仅有对残疾儿童本身的工作，而且有对社会其他人群的工作。

二、我国儿童社会福利事业的成就与主要问题

（一）我国儿童社会福利事业的成就

中国政府历来关心和重视儿童的生存、保护和发展，把"提高全民族素质，从儿童抓起"作为社会主义现代化建设的根本大计，着力推进儿童福利事业的发展，取得了显著的成就。目前，我国对孤残儿童的保护主要采取机构照料的方式，同时也正在进行非机构养护模式的探索和实践。下面分四个方面阐述我国儿童社会福利事业所取得的成就。

1. 机构照料

目前，我国孤残儿童养育方式主要是以机构照料为主，机构照料为孤残儿童的成长作

出了重要贡献。但是，这种照料方式随着"以人为本"理念的逐步深化，也暴露出不少问题。所以，机构照料也正处于积极稳妥的变革中。目前，我国机构照料的形式分为三类：第一类是院舍型的儿童福利机构，如儿童福利院、儿童村等，它们的主要职能是对孤儿进行院舍照顾，并使其享有受教育的权利；第二类是康复型的儿童福利机构，如各类残疾儿童康复中心等，它们的主要职能是对那些可以康复的残疾儿童实施治疗和康复，减轻其残疾程度，使其尽快回归社会；第三类是教育性的儿童福利机构，如残疾儿童寄托所、特殊教育学校和孤儿学校等，它们的主要职能是使各类残疾儿童受到足够的教育，增强他们的生活和劳动能力，促进残疾儿童成长。通过以上三类社会福利机构，基本达到了给孤儿与弃婴提供良好收养、医疗、康复和教育服务的目标。机构照料服务具有长期性的特点，也就是说，机构养育服务一直提供至他们长大成人为止，对痴呆和重残儿童则实行终身供养。为进一步规范社会福利机构为孤残儿童提供的服务，2001年，民政部颁布实施了强制性行业标准《儿童社会福利机构基本规范》；2013年，民政部对《儿童社会福利机构基本规范》进行了修订和完善，并颁布实施了新的《儿童福利机构基本规范》。我国儿童机构养育取得了巨大的成绩，根据民政部发布的2012年社会服务发展统计公报，当年全国共有儿童收养救助服务机构724个，拥有床位8.7万张，年末收养各类人员5.4万人。其中，儿童福利机构463个，比上年增加66个，床位7.7万张，比上年增长28.3%；流浪未成年人救助保护中心261个，床位1.0万张，全年救助生活无着流浪乞讨未成年人15.2万人次。截至2012年年底，全国共有孤儿57.0万人，其中，集中供养孤儿9.5万人，社会散居孤儿47.5万人，各类社会福利机构收养儿童10.4万人。2012年，全国办理家庭收养登记27 278件，其中，中国公民收养登记23 157件，外国人收养登记4 121件。

2. 社区照料

社区照料是我国今后儿童福利发展的主要方式之一。近年来，全国多家儿童福利机构都在尝试在儿童福利机构以外的社区里购置房屋，每套住房安置3~5个儿童，由招聘来的符合条件的"爸爸妈妈"对他们进行养育，儿童在社区里生活、学习，养育效果由儿童福利机构和社区工作人员共同进行检测和评估的照料方式。这种崭新的孤残儿童养育模式得到了社会各界的好评。此外，一部分儿童福利机构在以帮助儿童回归家庭、回归社区、回归社会这一最终目标的指导下，积极为儿童在社区内寻找收养、寄养、代养和助养家庭，努力成为以科学的知识和技能维护儿童基本权益、帮助儿童适应社会、促进儿童自身发展的专业化社会福利机构，正在进行面向社区，为社区内有残疾儿童的家庭提供辅助、康复、特殊教育、文娱等多种服务的探索。

3. 收养

收养是孤儿和弃婴重返家庭、融入社会的最佳途径。我国收养工作的指导思想是坚持"国内收养优先，适量开展涉外送养"。在收养工作中，我国政府始终把维护被收养儿童的权益放在首位。由于儿童缺乏自我保护能力，所以在收养工作中，必须把维护被收养儿童的利益放在首位。《中华人民共和国收养法》规定"收养应当有利于被收养的未成年人的抚养、成长"，联合国《儿童权利公约》也规定"在所有的寄养和跨国收养过程中，应首先考虑儿童的最大利益"。因此,无论是国内收养还是跨国收养,民政部门都充分考虑儿童的利益,把一切为了孩子作为收养工作的根本宗旨。

4. 家庭寄养和助养

家庭寄养是为孤儿、弃婴回归家庭、融入社会而采取的一种养育方式。它既符合儿童成长规律和我国目前的经济、社会发展水平,又发扬了中华民族爱幼、护幼的优良传统,对于发挥民间力量,减轻政府和社会福利机构的压力,塑造儿童健康心理和性格,具有重要作用。近年来,由于各种社会因素,导致孤儿和弃婴数量维持在一个较高水平,社会福利机构收养的孤儿和弃婴数量仍很庞大。为了解决矛盾,更为了让更多的孩子进入家庭,进而融入社会,2000年,民政部明确提出要使家庭寄养成为儿童福利事业社会化的一条重要途径。为了加强和规范对家庭寄养工作的管理,维护被寄养孤儿、弃婴的合法权益,2003年,民政部发布了《家庭寄养管理暂行办法》,并从2004年1月1日起执行。这是我国儿童福利事业从"重机构发展"到"以人为本"的重大转折。

所谓家庭寄养,即经过规定程序,将民政部门监护的和其他有需要的儿童委托在符合条件的社会家庭中养育的照料模式。所谓助养,是指社会组织或个人通过民政部门及其儿童福利机构,以捐资或其他方式为儿童提供帮扶养育的行为,孩子不与认养人生活在一起,认养人节假日可以将孩子接回家中团聚或前往福利机构看望,让孩子享受到父母般的关怀和温暖。寄养的具体做法是,儿童福利机构通过调查了解,将孤儿委托给那些条件较好并具有爱心的家庭进行养育照顾,儿童福利机构仍旧是孩子的监护人,而受委托家庭为孩子的养护人,双方签订《寄养协议》,由儿童福利机构按一定标准向寄养家庭定期支付孩子的生活、医疗和教育费用。寄养时间随协议终止而终止。

政府鼓励各地探索建立形式多样的社区儿童助养中心,负责捡拾弃婴、儿童的接收、报案、证明材料的申报,协助民政部门做好弃婴体检和救治工作,编制和发布助养儿童信息。有收养意愿、符合收养条件的家庭,可以通过社区发布的信息,到民政部门办理收养手续;不符合收养条件但愿意通过家庭寄养形式奉献爱心的家庭,亦可以通过社区向民政部门办理家庭寄养手续,分担社会福利机构的压力。对于已形成的事实收养也应将其纳入社区助养范畴,并为收留人看望弃婴、奉献爱心、开展志愿服务提供优先和便利条件。

随着助养和寄养的开展,服务内容从注重儿童基本生存权益向注重提高儿童生活质量、保障儿童合法权益转变。近年来,国家又在探索孤残儿童高等教育助学工程,帮助更多孤儿实现圆梦大学、自立于社会的愿望。

(二)我国儿童社会福利事业存在的主要问题

《中国儿童发展纲要(2011—2020)》明确提出,"扩大儿童福利范围,推动儿童福利由补缺型向适度普惠型的转变",开辟出了政府和社会的新的互动模式,并实现了以免费午餐和校车为代表的"普惠型"儿童福利。但是,我国儿童福利建设还面临以下三个方面的问题。

1. 儿童社会福利水平较低

随着社会和经济的发展,人们的物质和精神需求不断提高,从而使儿童社会福利的层次也面临着越来越高的要求。福利院的残疾儿童同样希望能够同普通儿童一样，接受正规教育和职业技能培训；希望能够广泛地参与社会生活，获得社会认可，实现自身价值；希望有专业的专家和机构为他们提供有针对性的康复指导、专业化的信息和咨询服务。但我国大部分地区的儿童福利还停留在养育的层次，福利水平较低，满足不了儿童的需要。

2. 政府对儿童社会福利投入多，社会参与少

在我国，发展儿童社会福利的主体是政府，包括资金的筹集、机构的运作等方面，社会力量的参与力度则很不够。改革开放以来，虽然我国在儿童福利事业方面逐步引入多渠道的筹款机制，但到目前为止，与其他单项福利经费的筹措一样，儿童福利经费仍主要由政府财政负担。新的《中国儿童发展纲要（2011—2020）》提出的目标措施如何实现？谁来牵头组织、谁来监督落实，经费如何保障？在澳大利亚、日本、英国、爱尔兰、美国等国家都设有国家层面的儿童福利部门，而我国民政部相关部门才刚着手学习国外的先进经验。在我国香港、台湾等地区，如果孩子受到虐待、伤害，很快会有专业化的机构介入，妥帖地保护孩子。而在我国内地，儿童受虐待的解决办法，基本还是打110，而工会、妇联、团委等的作用也相当有限。社会要承担起对儿童的责任，需要发达完善的行政系统来保障，包括专业化的照料机构、专业化的设施和工作人员。

3. 有关儿童社会福利的法律法规缺失

在我国，有关儿童福利的法律、法规较少，很不完善。例如，在未成年人救助保护方面，在我国现有的法律法规中，如《中华人民共和国未成年人保护法》《中华人民共和国预防未成年人犯罪法》及《城市生活无着人员救助管理办法》《城市生活无着人员救助管理实施细则》等，虽然有未成年人救助保护的相关条款，但这些条款只对未成年人的救助保护作了原则性的规定，没有完整的救助保护儿童的条款，操作性也不强，还缺乏系统的儿童保护制度。虽然《民法》《刑法》《未成年人保护法》均有涉及，但并不系统，也没有建立对受虐儿童的替代性监护制度。

三、我国儿童社会福利的改革与发展对策

（一）增强做好新时期儿童福利工作的社会责任感

儿童是祖国的未来、民族的希望，是社会主义事业的接班人。作为特殊困难群体，孤残儿童需要更多的关心、帮助和支持。发展儿童福利事业、做好儿童福利工作，是全面建设小康社会的组成部分，是社会文明进步的重要体现，是健全社会福利制度的重要内容，对于贯彻科学发展观、促进社会和谐、保障孤残儿童权益、维护社会公平、体现《联合国儿童权利公约》的原则，都具有极其重要的意义。各级民政部门要深刻理解习近平总书记提出的"五大发展理念"，把共享作为发展的出发点和落脚点，让孤残儿童共享发展成果，各级民政部门要进一步提高认识，切实将儿童福利工作列入重要议事日程，摆在突出位置，增强做好新时期儿童福利工作的社会责任感，切实保障孤残儿童的生存权、发展权、受保护权和参与权，依法维护他们的养护、医疗、康复、教育、就业、住房等合法权益。要确保孤残儿童能够分享改革开放、经济发展和社会文明进步的成果，使他们能够在生活水平

不断提高、合法权益获得切实保障、人格尊严赢得应有尊重、身心发展备受呵护的和谐环境中健康成长，为孤残儿童谋幸福，为社会福利事业添光彩，为和谐社会建设作贡献。

（二）进一步健全孤残儿童救助制度

健全完善各项政策措施。各级民政部门要认真贯彻习近平总书记的重要指示精神，抓住机遇，切实落实民政部等15部门《关于加强孤儿救助工作的意见》，着力健全、完善孤残儿童养护、教育、医疗、康复、就业、住房等方面的各项政策措施，逐步实现规范化、制度化、法制化，为保障孤残儿童的健康成长创造良好的条件。要积极争取财政投入，全面落实孤残儿童福利保障经费，确保他们的基本生活不低于当地平均生活水平。要适时提高儿童福利院收养孤残儿童和弃婴的生活费标准，并根据国家"十三五"规划纲要的要求，建立自然增长机制，落实家庭寄养经费，不断提高孤残儿童的生活水平。

多渠道妥善安置孤残儿童。各级民政部门要以孤残儿童重返家庭、回归社会为目标，积极探索适应孤残儿童身心发育、发展要求的养育模式，采取多种形式、多种渠道妥善安置、养育孤残儿童。一是鼓励公民收养，二是推进家庭寄养，三是强化亲属监护，四是提倡社会助养，五是充分发挥福利机构集中供养的示范作用，增强福利机构对多种孤儿养育形式的指导、协调、培训和监督功能。

（三）大力加强儿童福利机构设施建设

根据民政部、国家发改委《儿童福利机构设施建设指导意见（试行）》及有关文件要求，完善儿童福利设施的功能。儿童福利机构建设必须重视孤残儿童身心发育、性格培养和全面发展的需要，着眼于完善功能。通过基础设施建设和完善，为孤残儿童提供较好的养育、预防、医疗、康复、特殊教育、心理辅导、职业培训和社区支持等服务，充分发挥示范、指导、辐射等方面的作用。儿童福利机构建设要从实际出发，规模适度，考虑人口、布局等因素，科学规划，体现特色。标准和数量应当量力而行、实事求是。

（四）着力推进孤残儿童特殊教育

特殊教育是对视力、听力、言语、智力有残疾的人和有多重残疾的人实施的教育。开展特殊教育是孤残儿童提高自身能力、参与社会生活、适应社会需要的重要条件。在我国儿童福利机构中，有相当比例的儿童是中度和重度的智力、肢体和听力残疾，他们需要通过特殊教育，减轻残疾程度，恢复和提高运动能力、认知能力、语言社交能力、生活自理能力等身体机能。各级民政部门要提高认识，高度重视，切实加强对孤残儿童特殊教育工作的指导。探索规律，创新方法。在推进特殊教育工作中，要坚持早期发现、早期干预、早期康复的方针，通过积极开展引导式教育、聋儿听觉语言训练、特殊儿童的心理辅导和行为矫治等活动，帮助孤残儿童适应社会，提高生存发展能力。要利用儿童福利机构特教手段先进、专业化水平较高和教育康复理念先进等优势，积极向所在社区辐射，为残疾儿童家庭分忧解难。着力推进特殊教育，必须加强服务队伍的专业化、职业化建设，引进先进教育和服务理念、更新方式、提高整体素质。

(五）广泛动员社会力量为孤残儿童奉献爱心

儿童福利事业是慈善事业关注的重要领域，在动员社会慈善资源方面具有独特的优势。动员社会力量为孤残儿童奉献爱心。要积极探索建立政府主导下的社会参与机制，积极引导和鼓励社会各界人士通过捐款、捐物、义工和志愿者活动等方式，参与、支持儿童福利事业；要大力倡导和发动各种社会力量，发挥其各自的优势，为孤残儿童提供力所能及的服务，如动员博物馆、公园、图书馆等对孤残儿童免费开放，公交、铁路、民航等对孤残儿童实行免费乘坐或者提供优惠票价；要适时对为孤残儿童奉献爱心、维护孤残儿童合法权益、支持儿童福利事业发展作出突出贡献的先进集体和个人予以表彰，对他们的善举义行进行宣传。要充分发挥政府职能部门的推动作用、法律的规范作用、政策的引导作用、民众的参与作用、慈善组织的主体作用、慈善文化的熏陶作用、新闻媒体的宣传作用，形成推动福利事业和慈善事业良性互动、共同发展的局面。

任务二 儿童福利服务的法规政策

情境导入

全面启动试点工作 全力推进政策创制

民政部召开适度普惠型儿童福利制度建设试点工作推进会

2013年7月10日，民政部在浙江嘉兴海宁市召开全国适度普惠型儿童福利制度建设试点工作推进会。

会议明确了适度普惠型儿童福利制度的基本内涵和主要内容。适度普惠型儿童福利制度总体要遵循"适度普惠、分层次、分类型、分标准、分区域"的理念，按照"分层推进、分类立标、分地立制、分标施保"的原则和要求，立足当地经济社会发展状况、紧紧围绕儿童生存发展需要、适应社会福利制度的整体发展，全面安排和设计儿童福利制度。"适度普惠"是指逐步建立覆盖全体儿童的普惠福利制度。"分层次"，是将儿童群体分为孤儿、困境儿童、困境家庭儿童、普通儿童四个层次。"分类型"，是将各层次儿童予以类型区分，孤儿分社会散居孤儿和福利机构养育孤儿两类；困境儿童分残疾儿童、重病儿童和流浪未成年人三类；困境家庭儿童分父母重度残疾或重病的儿童、父母长期服刑在押或强制戒毒的儿童、父母一方死亡另一方因其他情况无法履行抚养义务和监护职责的儿童、贫困家庭的儿童四类。"分区域"，是指全国划分为东、中、西部，因地制宜制定适应本地区特点的儿童补贴制度。"分标准"，是指对不同类型的儿童，分不同标准予以福利保障。"分层推进、分类立标、分地立制、分标施保"就是要分不同的地区因地制宜建立制度，分不同的层面逐步推进，分不同的儿童类别按照不同的标准实施保障。

会议强调，保障各类儿童基本生活，是适度普惠型儿童福利制度的主要任务。要求各地一方面要在对儿童尤其是孤儿、困境儿童、困境家庭儿童进行分类的基础上,为这些儿童发放基本生活补贴,对于残疾儿童和重病儿童,在补贴基本生活费的基础上还要发放医疗康复补贴;另一方面,要着力健全儿童福利服务体系。

会议要求各地从六个方面,推进适度普惠型儿童福利制度建设试点工作。一是要充分认识试点工作的重要意义,加强对试点工作的领导。二是要健全试点工作机制,制订试点工作方案。三是要积极争取当地党委政府重视,加大对试点工作的财政保障力度。四是要认真协调有关部门完善配套政策,丰富试点工作内涵。五是要着力健全工作体系,加强人员队伍建设,夯实试点工作基础。六是要充分引导社会力量参与,为试点工作开展创造良好环境。

会议最后强调,儿童是祖国的未来和希望,儿童发展关系到我国人力资源的竞争优势和富民强国梦的实现。开展适度普惠型儿童福利制度建设试点工作的目的,是先行先试,摸索路子,取得经验,推广实施。

(资料来源:http://www.mca.gov.cn/article/zwgk/mzyw/201307/20130700486068.shtml,有删减。)

任务描述

假设你是儿童福利机构的一名工作人员,面对一群孤儿,你将怎样安排他们的医疗、教育、就业、住房等事宜。面对遭遇生活不幸、十分无助的他们,你将如何鼓励他们恢复对生活的信心,帮助他们树立正确的人生观、世界观?

任务实施

1. 请四个同学分别扮演因车祸失去父母的孤儿、因地震失去父母的孤儿、因火灾失去父母的孤儿、因泥石流失去父母的孤儿。

2. 请四位扮演孤儿的同学分别演示自己的不幸遭遇,然后谈一谈身为"孤儿"的感受,以及自己对亲情关怀的渴求。

3. 请四位同学分别扮演某社会工作服务中心的一名工作人员,分别针对其中一位孤儿的不幸遭遇,谈谈应该采取哪些社会工作服务模式和方法,来抚慰孤儿破碎的心灵,重新点燃他们对生活的信心,切实保障他们的学习生活。

4. 全班开展自由讨论:如何让孤儿感受亲情并有尊严地生活?孤儿在学习、生活上可能遭遇哪些困难和不便?

5. 进一步思考一个问题:孤儿都有哪些心理和精神需求?如何予以解决?

任务总结

1. 推举两名学生代表进行总结发言。
2. 教师对学生表现和所讨论问题进行点评。

任务反思

孤儿是社会大家庭的一员,他们理应得到政府和社会更多的关爱和照顾。孤儿的精神和心理需求不仅是个人和家庭的现实问题,也是一个关系社会发展的重大社会问题。面对那些孤儿,我们必须认真去思考怎样对他们提供全方位的精神和心理帮扶。

知识链接

近年来，我国出台了多项法规政策，并采取了多种措施保障孤残儿童的基本权益，取得了明显成效。

1992年，我国正式加入联合国《儿童权利公约》。为了保障未成年人身心健康，培养未成年人良好品行，有效地预防未成年人犯罪，1991年和1999年，我国先后颁布实施了《未成年人保护法》和《预防未成年人犯罪法》。1992年我国颁布《中华人民共和国收养法》，1998年对其作了修改，放宽了收养条件和统一登记成立收养关系的程序，使更多的孤残儿童和弃婴被家庭收养，得到了家庭的温暖，实现了在家庭生活的愿望。2008年，颁布了《收养登记工作规范》，对收养登记、解除收养登记、撤销收养登记、补领收养登记证、解除收养关系证明等方面进行了规定。

1997年，针对孤儿、弃婴和加强儿童福利院建设等问题，民政部等发布了《关于进一步发展孤残儿童福利事业的通知》。1999年，为了加强对社会福利机构的管理，促进社会福利事业的健康发展，民政部发布了《社会福利机构管理暂行办法》。2011年，从儿童早期着手，为培养、造就适应21世纪需要的高素质人才队伍，国务院颁布了《中国儿童发展纲要（2011—2020年）》。

2001年，民政部颁布实施了国家强制性标准《儿童社会福利机构基本规范》，2013年，修订为《儿童福利机构基本规范》，规范了社会福利机构为孤残儿童提供的服务。2003年，民政部出台了《家庭寄养管理暂行办法》，有力地促进了社会福利机构家庭寄养工作健康有序发展。2004年，为切实解决社会福利机构中残疾孤儿的困难，实现他们回归家庭、回归社会的愿望，民政部决定在全国启动"残疾孤儿手术康复明天计划"。

2006年，为了做好农村"五保"供养工作，保障农村"五保"供养对象的正常生活，促进农村社会保障制度的发展，颁布实施了新的《农村五保供养工作条例》。2010年10月，国务院常务会议审议通过了《关于加强孤儿保障工作的意见》，提出了建立孤儿基本生活保障制度，提高孤儿医疗康复保障水平等措施。2013年，民政部出台了《关于开展适度普惠型儿童福利制度建设试点工作的通知》，在全国推广适度普惠型儿童福利制度建设工作。

案例分析

我国有近3亿未成年人，他们的保护问题一直是人们关切的焦点。在十二届全国人大常委会第十次会议报告中称，我国每年约有5.5万名未成年人意外死亡，其中农村地区非正常死亡学生占总数近80%。

未成年人保护问题如何加强？相关法律法规如何完善？政府管理部门、家庭、学校和社会都应该承担哪些责任？

未成年人能否健康成长，关系到国家前途和民族命运，关系到亿万家庭的幸福安康。对于未成年人保护，需要突破以下薄弱环节。

一、尽快把未成年人保护法修改纳入议程。

我国相关法律法规还不够完善。一是民法中的监护制度不够具体，操作性不强。二是刑法中关于虐待罪、遗弃罪、收买被拐卖儿童罪等规定需要修改补充。三是一些社会管理法律中，缺乏对未成年人特殊保护的规定。四是我国现行法律中没有专门的儿童福利法，缺乏对保障对象、实施主体、资金来源、保障方法和保障水平的系统规范。因此，有必要把未成年人保护法修改纳入议程。

二、建议研究设立未成年人专门保护机构。

终结"谁都管谁都不管，谁都有责任但谁的责任都追究不了"的状态。建议国务院及有关部门适时研究设立未成年人专门保护机构，统一管理、协调落实未成年人保护相关工作。形成"不可侵犯、不敢侵犯"的社会氛围——把"儿童优先原则""儿童利益最大化原则"和未成年人保护法规定的各项保护措施贯彻到千家万户。

各级政府要强化国家机关工作人员依法保护未成年人权益的法治观念和责任意识，把法律的各项规定，融入贯彻实施未成年人保护法的各项工作中。营造全社会关爱、保护未成年人的社会环境。

[资料来源：李海涛. 未成年人保护，哪些薄弱环节要突破？[N]. 农民日报，2014-09-05（08）.]

阅读资料，并回答以下问题：

1. 请举例说明如何加强未成年人保护。
2. 如果设立未成年人专门保护机构，请给这个机构命一个名。

子情境2　儿童福利机构养育

能力目标

1. 锻炼学生与机构养育对象沟通协调的能力；
2. 训练学生灵活运用儿童机构养育方法和技巧的能力。

知识目标

1. 了解儿童福利机构养育的概念，以及儿童福利机构的类型；
2. 了解儿童福利机构养育的意义；
3. 了解儿童福利机构养育面临的问题；
4. 掌握儿童福利机构的基本要求、设施配备与人员要求；
5. 掌握生活服务、教育服务、医护服务和康复服务等养育服务的具体内容。

学习情境四　儿童福利服务

任务一
儿童福利机构养育认知

情境导入

福利院招募18对"爱心父母"

"我想有个家，一个不需要多大的地方，在我受惊吓的时候，我才不会害怕……"一个温馨的家庭加上父母的疼爱是孤残儿童最大的福利。新建的苏州市福利总院即将投入使用，也将重点推出"类家庭"养育模式。"18套三室两厅的套房将成为孩子温馨的家，孩子马上就可以入住了，但他们还没有爸爸妈妈。"昨天，苏州市社会福利院正式向社会公开招募18对"爱心父母"，让这些孤残儿童也能有个家。

由于种种原因，一些孩子被遗弃，成为缺家少爱的孤儿，社会福利院就有着不少这样的孤残儿童。"在福利院，有保育员、康复医生、老师、社工等，他们给予孩子生活上无微不至的照料。但由于缺乏家的温暖和父母亲情的关爱，这些孤残儿童无论是人格的塑造还是感情的培养都存在缺失。"市社会福利院院长孙惠忠说。从1996年开始，福利院启动家庭寄养模式，让一些孤残儿童寄养在社会家庭中。十几年下来发现，这些寄养儿童在性格、情感及智力上都优异于没有寄养的孩子，这也为以后的回归家庭、回归社会创造了可能。

考虑到一些孩子不符合寄养条件，位于相城开发区的市福利总院设计建造了18套三室两厅的套房来推行"类家庭"养育模式，让这些孩子在享受到专业的医疗、康复、特教服务的同时，也能体验亲情和家庭生活氛围，促使其心理、人格健康发展。孙惠忠说，孩子有了"家"，却缺爸爸妈妈。为此，福利院向社会招募驻院"爱心父母"。每对"爱心父母"负责照顾福利院的3~4名孤残儿童，需24小时驻院照顾。

"爱心父母"主要义务：照顾孩子日常生活事项；教授日常生活常识，帮助孩子学习生活自理；以身作则，传授为人处世的道理，培养孩子养成良好的生活习惯和健全的人格；配合福利院做好孩子课业督促等及家庭康复等。

福利院为"爱心父母"免费提供一套住房及基本生活设备，免水、电、煤费用；福利院提供孤残儿童的伙食及衣物等用品，全额承担其医疗、康复、教育费用；福利院每月按实际照顾孩子数给予一定的劳务报酬；"爸爸"白天可外出工作，晚上回家居住并一起照顾孩子。

"爱心父母"具体条件：已婚夫妇，有爱心，有养育和照料孩子的经验，且能常驻照顾孩子；身体健康；遵纪守法，无犯罪记录，无不良生活嗜好，家庭关系和睦；夫妻双方均具有初中或初中以上文化程度等。有爱心人士可以致电详细咨询。

（资料来源：http://sz.xinhuanet.com/2013-07/25/c_116681679.htm）

任务描述

假设你打算应聘"爱心父母"，设想一下你将怎样安排"类家庭"的生活？面对"类家庭"生活中可能出现的下述问题，你将如何妥善应对？

1. 亲生儿子和爱心儿子一桌吃饭，只有一个苹果，给谁吃？
2. "你好"这句话教一个月也学不会，怎么办？
3. 将来有了孙子孙女，你还会继续在"类家庭"服务吗？

任务实施

1. 请3名同学扮演福利院"类家庭"招聘工作小组的评委。
2. 由4对男女同学（共8名）扮演应聘者，每个问题由1对男女同学作为应聘者谈服务设想。
3. 评委提问，应聘者对每一个问题谈自己的服务方案。

任务总结

1. 评委对每个服务方案进行点评。
2. 教师对评委和应聘者的表现进行点评。

任务反思

让生活在儿童福利院的缺少真正家庭温暖的孤残儿童进入"类家庭"，重新拥有爸爸妈妈，或者说重新开始和正常儿童一样的温馨家庭生活，这是实现保护儿童权益的必然趋势。当然，这种模式还存在着一些的问题，我们必须认真思考如何改进"类家庭"儿童养育模式，推进儿童福利事业的健康发展。

知识链接

儿童福利机构是政府、社会组织或个人举办的集中收养孤残儿童、弃婴的设施，是目前我国儿童福利事业的主要载体。民政部先后制定了《社会福利机构管理暂行办法》和《儿童福利机构基本规范》等规章制度，对儿童福利机构的规划、设立、日常管理和服务等方面提出了具体的要求，推动了儿童福利机构的健康发展。通过深化改革、规范管理、加强培训，使儿童福利机构实现了由封闭型向开放型、救济型向福利型、单纯供养型向供养、康复及教育型的转变，基本保障了在院孤残儿童生活、医疗、康复、教育等方面的基本权益。截至2015年年底，全国共有儿童福利和保护服务机构753个，床位10万张。其中儿童福利机构478个，床位8.9万张。

随着社会主义和谐社会建设的进一步推进，对中国儿童福利机构养育提出了更高、更具体的发展要求，儿童福利机构如何克服困难，面对挑战，抓住机遇，迎难而上，推进儿童福利事业新发展，是我们面临和亟待探讨解决的现实问题。

一、儿童福利机构养育的概念

儿童福利机构养育是指各种所有制形式的儿童社会福利服务机构为孤、弃、残儿童提供的养护、康复、医疗、教育、托管等服务，是我国儿童福利事业的主要组成部分。儿童福利机构的养育对象包括18周岁以下，父母双亡，或查找不到生父母，符合国家孤、弃儿接收程序规定，由民政部门监护、委托儿童福利机构供养的自然人。目前，提供儿童机构养育服务的主要有儿童福利院、社会福利院、SOS儿童村、孤儿学校、残疾康复中心、社区特教班等。

中华人民共和国的儿童福利事业与以往的儿童福利有着本质的不同。首先，儿童的公民权利，即生存、生活和受教育的权利得到国家法律的保障。《中华人民共和国宪法》第16条明确规定："国家培养青年、少年、儿童在品德、智力、体质等方面全面发展。"根据宪法的精神，《中华人民共和国婚姻法》中都规定和体现了保护儿童的原则，这就从根本上保证了儿童的生存权利，使其能够在良好的条件下健康成长。其次，国家对儿童福利机构，拨给必要的经费、配备应有的工作人员，或者是在经费、政策等方面给予必要的扶持；儿童福利机构有完备的生活、教育、医疗等设备和设施。最后，在儿童福利机构内实行科学的管理。国家设有专门机构负责对儿童福利事业的管理指导。在儿童福利机构里，收养的儿童在工作人员精心护理教育下幸福健康地成长，孤儿得到社会主义的德、智、体的全面教育，被培养成为社会主义建设的人才；弃婴不再是怜悯施舍的对象，而是作为国家和社会的下一代，具有应享的种种权利，被抚育成长，或被收养，重获温暖的家庭生活；伤残儿童同样得到照顾，被矫治培养成才。

二、儿童福利机构养育的意义

儿童福利机构是集中养育孤儿、弃婴的场所，儿童福利机构养育是各级政府和社会各界对孤儿、弃婴履行监护义务、承担养育责任的重要形式，在儿童福利服务体系中发挥着骨干作用，是保障孤儿、弃婴生存权益的最后一道"安全网"。孤儿、弃婴的现实生存和未来发展状况，完全取决于各级政府和社会各界是否能够为他们提供满足其健康成长需要的养育服务。加强儿童福利机构养育工作，有利于维护孤儿、弃婴的合法权益，促进社会公平正义，实现全体人民共享改革发展成果；有利于促进我国人权事业全面发展，体现社会主义制度的优越性，树立我国良好的国际形象。

三、儿童福利机构的类型

目前我国儿童福利机构基本分为三类。第一类是收养性的儿童福利机构，主要职能是对孤儿进行收养，并使其享受教育的权利，成为对社会有用的人才，如儿童福利院、儿童村等。第二类是康复性的儿童福利机构，主要职能是对那些可以康复的残疾儿童实施治疗和康复，使其减轻残疾程度回归社会，如聋童语训中心、弱智儿童智力开发中心等。第三类是教育性的儿童福利机构，主要职能是使各类残疾儿童受到足够的教育，增强他们的生活和劳动能力，使之作出对社会有益的贡献，如残疾儿童寄托所、残疾儿童学前班、特殊学校等。

（一）儿童福利院

1. 收养对象

（1）孤儿。一般情况，孤儿可得到祖父母的抚养，只有部分无人抚养的孤儿需要入住。

（2）弃婴。其成因包括：因重男轻女思想遗弃女婴；非婚生子；个别父母遗弃有先天残疾的婴儿。残疾儿童一般占儿童福利院收养对象的95%以上。

2. 服务内容

遵循全心全意为孤残儿童服务的宗旨，根据孤残儿童的特点，进行启蒙、康复、学习、治疗，运用体疗、理疗、作业疗法和营养、语言、心理等综合疗法，因人而异实行康复训练计划，坚持养护、医疗、康复、培训、特教等多功能发展。全面关注儿童的情感满足、社会认知、心理卫生等方面的需求，体现人性化的互动作用。

(二) SOS儿童村

SOS儿童村是一种民间社会福利组织，宗旨是通过为那些失去父母的儿童提供一个有"妈妈"的家庭式的生活环境，使他们重新获得母爱并享受"家庭"温暖。世界上第一所SOS儿童村由奥地利科学院名誉院士H.格迈纳尔医生于1949年在奥地利建立。国际SOS儿童村组织总部设在奥地利因斯布鲁克。

儿童村采用小家庭分养方式，每个家庭有6~8名不同年龄、不同性别的孤儿，他们之间以兄弟姐妹相称，由一位女士充当家庭中"妈妈"的角色。该女士要有献身精神，喜欢孩子，爱护孩子，并能教育孩子，使他们的身心健康成长。这位母亲角色的生活态度和行为方式与正常家庭中的母亲一样。每一个儿童村有15~20个家庭，每个家庭都有自己独立的住宅。进入就学年龄的孤儿，可就近上学，这些孤儿进入青年期后，迁至SOS青年宿舍居住，直到完全独立走向社会。

SOS儿童村经过60多年发展，这种模式已得到广泛的承认和推广。全世界134多个国家和地区建立了500多个儿童村及附属机构。这些机构的国际管理组织——国际SOS儿童村组织也逐步成为具有良好国际声誉、有号召力和影响力的世界性慈善机构。1999年，国际SOS儿童村组织获诺贝尔和平奖提名，2002年，国际SOS儿童村组织荣获了奖金高达100万美元的全球人道主义最高奖项——希尔顿奖。中国已有10所儿童村。

(三) 综合福利院儿童部

综合性福利院（有的称为福利中心），除收养老年人、残疾人外，一般也收养孤残儿童。目前，为加强分类管理和服务，绝大多数综合性福利院根据收养对象的不同，进行功能分区，设立专门的儿童部。

(四) 农村敬老院

根据《农村五保供养工作条例》的规定，农村孤残儿童的集中供养一般就近入住农村敬老院。目前入住敬老院的农村孤残儿童人数很少。受敬老院条件的限制，对入住的孤残儿童在管理、教育和服务等方面存在着一些亟待解决的问题。

(五) 流浪未成年人救助保护中心

流浪未成年人问题是一个世界性问题，在我国及世界都普遍存在。我国政府非常关心少年儿童的健康成长，并一直致力于解决流浪未成年人问题。目前，在一些大城市，尤其是在交通枢纽城市建立了流浪未成年人救助保护中心。流浪未成年人救助保护中心是保护流浪未成年人合法权益的专门机构。就其性质而言，是国家依法维护和保障儿童的生存、生活和受教育权利的一类儿童福利事业单位。

作为儿童福利事业单位的流浪未成年人救助保护中心，具有救助功能、预防功能、管理功能、教育功能和矫治功能。

为了加大流浪未成年人救助保护工作力度，民政部多方募集资金，资助流浪未成年人较多的城市建立流浪未成年人救助保护中心。此外，民政部还通过与国际组织的合作，推动了全国流浪未成年人救助保护工作的开展。在改善救助方式的同时，我国政府已经开始准备制定专门的流浪未成年人救助保护工作政策和法规，并不断加大对流浪未成年人救助保护机构建设的资助力度，力图将更多的流浪未成年人纳入保护范围。

四、儿童福利机构的基本要求、设施配备与人员要求

（一）基本要求

儿童福利机构的基本条件：应具有独立法人的资质；应具有相对独立、固定、专用的场所；建筑及设施的设计与设置应符合《儿童福利院建设标准（建标145－2010）》的相关要求；人力资源配置应满足儿童福利机构服务的需要，工作人员与儿童的比例应为1：1；有条件的机构宜设置相应的医疗机构，并取得相应资质。

为了便于对儿童的分类管理，一般采取分类设部的格局设置机构，分为婴幼部、残儿部、弱智儿部、学生部等四个部分。婴幼部又分为婴儿部与幼儿部，婴儿部包括哺乳睡眠室与健身活动室、保育员值班室；幼儿部包括幼儿卧室、游艺活动室等。残儿部主要是学龄前的残疾儿童与10岁以下重残儿童的集体居住活动部分，包括残儿卧室、康复训练室、游艺活动室等。弱智儿部，又分为12岁以下与12岁以上两部分，包括儿童寝室、教室、阅览室、文娱活动室、操场等。学生部的服务对象，除了正常儿童外，也包括部分能上学的残障儿童。

（二）设施配备

儿童福利机构的设备与设施应普遍注意适应儿童德、智、体、美、劳全面发展的要求，具有培养教育的意义，同时要有较强的针对性、因人施教的适应性。儿童福利院的设备与设施，有些部分是可以长期固定的，有些部分则是非固定的。为强调发展儿童的自立、自理、自治，要求配置的设备与设施应注意数量与质量并重，适应人人动手、人人能轮流使用。

儿童福利机构建设要体现以人为本、儿童优先的原则，重视孤残儿童身心发育、性格培养和全面发展的需要，着力完善养育、预防、医疗、康复、特殊教育、心理辅导、职业培训和社区支持等功能，充分发挥示范、指导、辐射等方面的作用。坚持从实际出发，规模适度，布局合理，科学规划，体现特色。

（三）人员要求

机构的管理层应具有大专以上文化程度，5年以上的相关工作经验，并经行业培训合

格，获得相关资质证书；专业技术人员应持有与其岗位相适应的专业资格证书；孤残儿童护理员应持有与岗位要求相适应的职业资格证书；宜配备社会工作者、康复师、心理咨询师、营养师等。

五、儿童福利机构养育面临的问题

（一）高残疾率、高驻留率与服务人员动态配比机制的缺失，导致服务比例严重失衡

儿童福利养育机构常年驻养儿童中大多为残疾儿童，新增入院儿童中残疾儿童的比例更高。为促进儿童社会性发展，实现资源与社区共享，各个儿童福利机构创办了各种形式的幼儿园，对外招收社区幼儿，与院内同龄健康儿童一起学习，实施特教幼教一体化教育。院内特殊教育校（部）和康复部也实现对外开放，接收社会上的残疾儿童来院接受康复与特教服务。按照民政部《儿童福利机构基本规范》的要求，婴幼儿童与服务人员的比例应为1∶1，正常儿童与服务人员比例为1∶（4～6），受人员编制及经费等限制，现有的儿童福利机构很难达到这一比例要求。同时，由于残疾儿童一般要靠儿童福利机构长期供养，孤儿数量增长致使儿童居住、生活照顾、康复训练、教育服务必须超负荷运行，在人手有限的情况下，加大了职工劳动强度，带来了严峻考验。

（二）经费短缺制约了养育功能的实施

随着社会福利社会化的推进，我国儿童福利事业正在突破传统的孤残儿童照料理念和方式，向社会化、个性化的发展模式转变，服务对象由单一集中收养的孤残儿童，逐步扩展到社区所有儿童群体。儿童心智培养发展目标由"特殊儿童"转向"普通儿童"，即要把孤残儿童培养成能够适应社会要求、具有正常儿童特征、可以回归家庭、回归社会的普通儿童。机构养育功能在坚持传统的"养、治、教"三个基本功能的基础之上，向"情、智、能"功能发展，拓展和完善社会功能。而要实现这一目标，需要在软件和硬件上投入相当的资金，在人力、物力上需要更多的经费保障。

（三）现有设施难以适应养育服务的拓展

我国绝大多数儿童福利设施都是历史沿袭下来的，尽管在历史进程中，党和政府给予了极大的关怀，设施设备有所改善，但众多的儿童福利设施仍然是在原有设施基础上进行改造、改善或单纯新增设施，部分没有按照《儿童福利机构基本规范》和《儿童福利机构建筑设计规范》的要求。与此同时，在社会化进程中，我国孤残儿童福利事业不断发生重要的功能战略转变。由低层次救济性、福利性转向高层次福利性与发展性并重。儿童福利事业由以孤残儿童为主扩大到以各种类型困境儿童为主。服务范围与内容由单纯收养安置转向收养、教育、康复和社会保护并重；养护模式由单纯院舍养护转向社区化保护和社会化照顾服务，形成院舍照顾、家庭寄养、社会收养、法律保护、社会助养和代养等多种替代性养护模式并存共生局面。这些变化必须要以儿童福利设施硬件建设符合标准为基础，在新建或改扩建中，功能取向上必须适应形势的发展。

（四）养育服务专业化道路漫长

对于国有儿童福利机构，事业单位人事制度的弊端日益突显。例如，编制控制严格，养育机构大量聘请临时工，这些临时工均在一线最艰苦的岗位，甚至长期超时服务，由于没有编制，造成同工不同酬的不平等现象。现有的招聘制度，使新生力量和所需专业技术人才难以引进。而待遇偏低，致使人才即使引进了也难以留住。民办儿童福利机构由于投入机制不畅等原因，既难以引进所需的专业技术人才，又难以对现有服务人员进行培训提高，更难以留住人才。造成儿童福利机构队伍参差不齐、文化水平偏低、整体素质不高，导致人员专业化水平低、专业服务严重缺乏的局面，加之统一的培训机制的缺乏，人员专业培训工作落后，因此难以提高服务的专业化水平。

任务二 儿童福利机构养育服务的具体内容

情境导入

烟台市儿童福利院启动社工服务项目　招募志愿者

为适应当前社会工作发展需要，推进社会工作人才队伍建设和社会工作专业化职业化进程，日前烟台市儿童福利院"七彩虹"社会工作服务项目正式启动。

社会工作服务项目是针对院内孤残儿童的思想道德品格、人际交往、行为偏差、心理及认知、生活方式、生存技能等方面的不足，将专业社会工作人才引入福利院，开展音乐疗法、心灵花园、技能培训、特长培养、行为矫治、课业辅导、社会融合等七个方面的个案辅导，为全院孤残儿童健康成长，更好地融入社会最终实现自立自强的目标，提供更加专业化的社会工作服务。

此次，烟台市儿童福利院还面向社会招募社工服务志愿者。要求：有志于从事儿童社会任务，具有良好的团队协作精神和项目筹划运作才能；能运用专业办法和技巧，为儿童提供专业的社会工作服务；每月定期参加社工服务。对于从事心理疏导、儿童康复、课业辅导、早教、特教及音、体、美教育教学等专业技术人员；通过国家社工资格考试，并获得相应证书；具有一年以上社会工作服务经历或相关项目运作经历者等可优先考虑。志愿者服务须遵守市儿童福利院的相关规定和要求。

有意者可与烟台市儿童福利院联系报名，报名表格可在福利院网站下载。

（资料来源：http：//www.jiaodong.net/aixin/system/2013/06/06/011927688.shtml，有删减.）

任务描述

假设你是烟台市儿童福利院招录的一名社工项目志愿者，你将采取什么方式让孤残儿童认识鸡和兔子？怎样将鸡和兔子区别开来？

任务实施

1. 请四名同学扮演社工项目志愿者，运用儿童康复技巧和方法，并准备鸡和兔子的图片。
2. 请四名同学扮演儿童福利院的孤残儿童。
3. 由四名扮演社工项目志愿者的同学分别教四名扮演孤残儿童的同学认识鸡和兔子。

任务总结

1. 请两名同学对四名扮演社工项目志愿者的同学的表现进行点评。
2. 教师对四名扮演孤残儿童的同学的表现进行点评。

任务反思

孤残儿童认知训练是有一定层次的，且存在反复性，要充满耐心，由易到难，循循善诱。认知训练主要包括视觉、听觉、味觉、嗅觉和触觉训练等几个方面。例如，在视觉训练时可以遵循以下的顺序：看固体物品—看移动物品—看复杂的图案（从图中找出相同和不同之处）—目光对视（拿孩子喜欢的物品让他看，马上又把物品拿开吸引孩子目光的追踪）。

知识链接

开展养育服务是孤残儿童提高自身能力、参与社会生活、适应社会需要的重要条件。在我国的儿童福利机构中，有相当比例的儿童是中度和重度的智力、肢体和听力残疾，他们需要通过养育服务，减轻残疾程度，恢复和提高运动能力、认知能力、语言社交能力、生活自理能力等身体机能。儿童福利机构在进行养育服务时，要探索规律，创新方法，坚持早期发现、早期干预、早期康复的方针，通过积极开展引导式教育、聋儿听觉语言训练、特殊儿童的心理辅导和行为矫治等活动，为孤残儿童回归社会奠定基础，全面提高其生存发展能力。

在养育服务中，要遵守联合国《儿童权利公约》，贯彻实施《未成年人保护法》《收养法》《残疾人保障法》等法律法规及民政部颁布的《儿童社会福利机构基本规范》行业标准，针对孤儿、弃婴特点及病残种类提供科学规范的养育及保教服务。为让儿童福利工作体现普惠型的特点，满足不同层面残疾儿童的需要，养育服务的内容涵盖了生活服务、教育服务、医护服务、康复服务、培训指导等服务项目。

一、儿童福利机构养育服务的方针

在养育服务中，儿童福利机构针对不同的收养对象，分别采取不同的方针。对婴幼儿以保育为主，在养好的基础上搞好学龄前的教育，使婴幼儿身心得以健康成长；对健全的学龄儿童实施教与养结合，根据条件或开班上课，或送附近学校走读，一般都要给予中等教育，有培养前途的继续培养深造，使他们在德、智、体等方面得到全面发展，成为现代化建设的人才；对伤残儿童的养育服务，首先要根据伤残儿童的不同情况，提出不同的养育服务要求，如对智力正常的盲、聋、哑儿童尽量送盲校和聋哑学校学习；对智力正常但肢体有缺陷的儿童，有条件的可在养育机构内开班，授以与一般学校和幼儿园相同内容的教学；对于经过智力测定，尚能接受一些教育的儿童，在机构内对他们进行简易的文化教育和粗浅的职业技术培训，培养他们良好的生活习惯，使其能够自食其力；对智力严重缺损的儿童，从语言、走路、吃饭、大小便、穿衣服等方面进行日常生活教育训练，使他们对自己的生活能够自理或半自理；对伤残儿童特别注意采取不同的养育服务方法，要坚持正面教育，积极启发诱导，形式多样，尽量运用实物、图片、模型等直观教学方法，必要时进行强化教育，对那些肢体有缺陷或部分器官有损伤的儿童采取补偿的办法，以达到施教的目的。

总之，儿童福利机构的养育服务的一个突出特点是家校一体、院校一体，即在全部生活活动中贯穿教育与康复、体现教育与康复、渗透教育与康复，寓教育与康复于整个生活之中。儿童福利机构的养育服务，既是从学前幼儿到学龄儿童及青少年的全程养育服务，又是健全儿、弱智儿、残疾儿的多类养育服务。

二、生活服务

（一）儿童生理心理发展特征

儿童福利机构里的儿童不同于一般儿童的发展特点。他们几乎都有大小不同的心理创伤，由于具有多样的家庭背景，且生活环境复杂，造成这些儿童多有冷漠、孤独、多疑、图小便宜、厌学、好斗等心理，进入儿童福利机构后从个体到集体生活环境突变，生活、衣食、住宿均由机构供给，致使他们中的绝大部分人感到满足，有强烈的自尊心，具备了团结友爱的精神，喜欢参加劳动，一般都愿意帮助别人做些事情。入住儿童的心理变化，大致分为婴幼儿阶段、少年阶段和成年阶段，不同阶段各有其发展特征和变化规律。

1. 婴幼儿阶段

在此阶段的婴幼儿，一般是天真活泼，无忧无虑，心理活动单纯，好动爱玩，乐于做各种游戏和喜爱玩具。大一点儿的孩子表现出好奇心强，问这问那，得到教师回答才感到满意，并且开始模仿大人行动，爱听表扬，有集体观念，能帮助小朋友做事。智力落后的儿童，其最大特点是爱吃，同时也喜欢游戏和玩具等。

2. 少年阶段

从儿童福利机构生活转入小学生活，要系统学习文化知识，从简单的感知向复杂思维过渡。随着年龄的增长和知识的不断丰富，以及社会条件的影响及反向作用，有的儿童产生了一种孤僻性格，特别表现在不愿意接近院外的儿童，但与院内儿童心齐，如果谁受到欺负，往往会一道去奋争评理，这是院内少年儿童的一个突出的心理活动特点。上初中以后，他们逐渐成熟起来，对自己的身世有所了解，自尊心表现较强烈，千方百计掩盖自己的身世，同时产生了自卑感，抱怨命运，甚至有时也为自己鸣不平，有怨恨父母的情绪。于是，表现出情绪不稳定，沉默、悲观等心理活动特征。

初中三年级以后，他们心理活动比较复杂。这时，他们思虑较多的是出院后的就业，以及回到哪个家的问题。特别是近年来工作安排难度大的信息，更使他们不安，个别的甚至吃不下、睡不着，坐立不安。他们主要有这样几种心理活动：学习好的，更加努力学习，争取报考高中以进入高等院校，为自己找出路；学习成绩不好的，表现出情绪低落，悲观失望；绝大多数则有依赖思想和侥幸心理，认为自己是孤儿，政府和社会不会不管。

作为儿童福利机构养育的孤残儿童，在集体机构中要重点培养儿童独立生活的能力、社会适应能力和学习能力。教师应结合孤残儿童发展的特点，有规律地进行正面教育。教师的言行对儿童的深刻影响常可延及一生。随着儿童年龄的增长，他们接触社会逐步增多，社会上各种不良风气都会影响儿童的心理发育。机构和教师必须重视儿童的心理卫生，主动为他们选择图书、电视节目、录像，指导他们正确地交友，让他们身心都能得到健康成长，都能够感受党的关怀和社会主义制度的温暖，具有报效祖国的远大抱负和投身现代化建设的决心。

（二）儿童管理要求

1. 入院管理

（1）入院儿童应有捡拾证明、弃婴（儿）证明。

（2）儿童入院后，应为其拍照，检查其随身携带物品，审核证明材料，登记；应为入院儿童起名、建档，发布寻亲公告。

（3）办理户口。

2. 收养管理

机构应提交相关证明、记录，并为儿童办理户口转出手续。

3. 家庭寄养管理

（1）机构应审核寄养家庭的户口、住所、收入、健康状况、年龄、文化程度等，并进行现场审核、评估，合格后与寄养家庭签署寄养协议。

（2）机构应定期对寄养家庭培训、考核、评估，探访寄养儿童。

（3）机构应建立被寄养儿童和寄养家庭的档案，内容包括文字、照片、影像资料等。

4. 助养管理

机构应审核助养个人、社会组织的有效证件，审核合格后，确定助养形式、对象，签订助养协议。

5. 死亡管理

（1）儿童死亡应由机构内医生或社会医疗机构确认，并出具死亡证明。

（2）遗体应按相关规定处理，注销户口。

6. 儿童成长档案管理

儿童成长档案应1人1档，包括但不限于以下内容。

（1）捡拾证明、弃婴（儿）证明和随身携带的物品。

（2）医疗机构的诊断证明和相关资料。

（3）登记表、体检表、观察期记录、照片和寻亲公告复印件。

(4) 养育、医疗保健、康复和教育等文字、照片和影像记录资料。

(5) 转出资料或死亡证明。

(三) 环境与设施设备要求

1. 环境

(1) 房屋建筑面积应符合《儿童福利院建设标准（建标 145—2010）》第四章的要求。

(2) 室外环境应符合《儿童福利院建设标准（建标 145—2010）》的要求。儿童室外活动场所应按 4~5 平方米/床核定；地面应设置塑胶地坪和防护设施，配置各种游戏、娱乐设施。有条件的可建造多功能运动场及儿童戏水池。

(3) 应设置公共信息图形符号和安全标志，公共信息图形符号和安全标志应符合 GB/T 10001.1—2012、GB/T 10001.9—2008 和 GB 2894—2008 的要求。

(4) 室内灯光照度应柔和，居室及通道应设有夜灯及应急灯。

(5) 室内宜配备房间空气温度调节设施。

(6) 室内空气应符合 GB/T 18883—2002 的要求，应保持空气清新，温度、湿度适宜，整洁、无异味。

(7) 室内噪声应符合 GB 3096—2008 中 0 类要求。

2. 设施设备

应有与服务配套的活动室（场所）、食堂、餐厅、盥洗室、洗衣房等服务设施和无障碍设施。应配备与服务相关的医疗保健、教育、康复、娱乐、安全防护、消防等设备，并满足以下条件。

(1) 活动室（场所）地面应采用地板或地垫；应光线充足，配有的教育、康复、娱乐用品应使用环保材料，家具、各种设备应无锐角，窗户、阳台处应有防护设施；应设壁橱或储物架。

(2) 食堂、餐厅应布局合理、干净整洁，桌椅齐备。

(3) 盥洗室应根据儿童年龄段配备适合的设施设备；卫生间及浴室应地面平坦、防滑，配有防滑垫；浴室应有温湿度、取暖、排气设备；卫生间应有大小坐便器，男女应分开；应配有 3 岁以上儿童使用的蹲式便器和扶手。

(4) 洗衣房应布局合理，洁污分开，通风良好，设洗涤、烘干、整理区域。

(5) 设施设备应定期维护保养。

(四) 安全要求

(1) 安全通道、疏散楼梯、安全出口标志明显。消防栓、灭火器材标志清楚、完好、有效。

(2) 活动室（场所）地面应采用防滑、防水材料，墙壁边角处应做钝化处理。

(3) 玩具、器具及家具应符合环保要求，定期清洁、消毒，安全防护措施齐备。

(4) 特种设备应定期检验，合格后方可使用。

(5) 应按操作规范安全使用轮椅、约束带、假肢、矫形支具等辅助器具，应定期消毒、维护和更换。

（6）食品的采购、加工、储存、运送应符合相关食品安全规定。

（7）医疗护理过程中，应执行巡视、查对制度，发现病情变化及时处置。

（8）院内感染控制按国家疾病防控相关政策法规执行。

（9）异物吸入、烫伤、摔伤、交通等意外伤害发生时，应启动应急预案。

（10）水、电、气、暖设备应标识清楚，规范操作。

（11）易燃易爆、化学品的使用和存放应符合安全规定，警示标识清楚。

（五）服务内容与要求

1. 生活照料

（1）卫生照料。

① 沐浴：新生儿应每日1次；冬季应每周1~2次，春秋季应每周2~3次，夏季应每日1次；污染后应及时沐浴。

② 口腔应每日清洁。

③ 理发应每月1次，发型应平整美观。

④ 指（趾）甲应每周修剪1次，指（趾）甲修剪后应光滑平整。

⑤ 更衣应及时，服装应适季、合体、舒适、整洁、无破损，扣（带）齐全。

（2）晨/晚间照料。

① 晨间照料：应在起床1小时内测量体温，观察儿童的皮肤和精神状况，并记录；应督促自理儿童穿衣、叠被、大小便、洗手、刷牙、洗脸和梳头；应协助部分自理儿童穿衣、叠被、整理床铺和大小便。应准备洗漱用具用水，指导、协助其完成刷牙、洗脸、洗手和梳头；应为不能自理儿童、特殊口腔疾患和术后需要口腔护理的儿童做口腔护理；应为婴幼儿及不能自理儿童换尿布、清洗外阴、穿衣、叠被、洗脸、洗手和梳头等；应为有特殊身体功能障碍的儿童准备辅具，如坐姿椅、站立架等。

② 晚间照料：应在儿童入睡前关上门窗，拉好窗帘，调整室内温度、照明，根据需要铺防水垫；应督促自理儿童睡前清洁、铺被、脱衣和整理衣物；应协助部分自理儿童准备洗漱用具及温水，指导睡前清洁，铺被、脱衣和整理衣物；应为不能自理儿童做睡前清洁，换尿布，铺被、脱衣、整理衣物和盖被；应为特殊身体功能障碍儿童整理收拾辅具。

（3）睡眠照料。

① 就寝前应有人陪护，宜讲故事或放轻缓音乐。

② 应拉好床栏，为有癫痫史的儿童加装床挡，对兴奋躁动儿童采取保护性措施。

③ 应定时巡视，观察儿童身体、睡眠状况和环境变化，及时调整不良睡姿，如有身体不适儿童，应报告医生，遵医嘱处理。

④ 应定时叫醒儿童如厕，及时更换尿布。

（4）进食照料。

① 配餐应营养均衡，按儿童生长阶段添加辅食，进食定时、保量。

② 餐具应1人1碗（瓶）、1勺（筷）、1巾。

③ 进食前后应提醒或协助儿童洗手，餐后应清洁口腔。

④ 喂奶时应抬高婴儿头部，喂奶后将婴儿竖直抱起轻拍背部，宜采用侧卧位。

⑤ 喂食速度宜慢，提醒儿童细嚼慢咽。

（5）饮水照料。

① 应按年龄及个体需求提供水量和次数。

② 饮水具应1人1杯（瓶）、1巾。

（6）排泄照料。

① 应培养幼儿定时坐盆排便习惯，指导女童生理期使用卫生用品。

② 应及时更换尿布，清洁皮肤。

③ 应观察大小便的性质、颜色、次数、量和形状。

④ 用具应随时清洗，消毒备用。

2. 医疗保健

（1）体检。

① 儿童入院时应隔离观察，全面体格检查，建立"健康档案"，必要时应到三级医院检查。

② 应根据儿童各年龄阶段的生长发育规律定期体检。6个月内应每月体检1次；6~12个月应每3个月体检1次；12~36个月应每6个月体检1次；36个月以上应每年体检1次。体检内容应包括但不限于：身高、体重、头围、胸围、坐高和血常规。

（2）保健。

① 应根据儿童各年龄阶段的生长发育规律，在定期体检的基础上进行生长发育评估，评估内容应包括但不限于：发育水平、生长速度和匀称程度。

② 应定期进行免疫接种。

③ 儿童每日日光浴不应少于30分钟，不应强光直射。

④ 应指导合理喂养营养失调患儿。

⑤ 有特殊需要的患儿，应分析病因，合理用药，辅助以食疗。

（3）诊疗。

疾病救治应按诊疗技术规范执行。必要时转医疗机构救治。

（4）护理。

① 儿科疾病护理应按儿科专科护理常规执行。

② 手术患儿应补充营养，观察患儿生命体征、伤口情况，应执行护理技术操作规范。

（5）院内感染控制。

① 应对院内感染进行监测，定期对空气、物品、人员进行采样和检测。

② 应根据传染病类型，控制传染源，切断传播途径，采取相应隔离措施。

③ 应根据需求选择使用消毒剂和消毒方法，定期消毒。

3. 康复

（1）脑瘫儿童宜采用引导式教育、物理治疗、作业治疗、言语治疗、认知治疗和感觉统合等康复训练。

（2）智障儿童宜采用早期启蒙教育、作业治疗、认知治疗、语言交往和社会适应能力等教育，以提高生活自理能力为主。

(3) 自闭症儿童宜采用感觉统合训练、音乐疗法、行为治疗和特殊教学等方法。

(4) 听力残疾儿童宜早期佩戴辅助器具开发听力、触摸感觉等；应通过佩戴人工耳蜗、助听器，语言训练，掌握发音技巧。

(5) 应对唇腭裂术后儿童进行疤痕按摩和早期语言康复训练。

(6) 盲童宜采用认知和智力训练为主。

(7) 其他残疾或复合残疾儿童，应有与之相对应的康复措施及实施。

(8) 应在康复专业人员指导下，选配康复辅助器具，指导儿童使用康复辅助器具和进行适应性康复训练。

4. 教育

(1) 应根据儿童生长发育规律，开展早期教育、学前教育、义务教育和特殊教育。

(2) 生活技能养成教育应注重培养儿童的生活自理能力和社会适应能力，生活自理能力培训应与特殊教育及康复训练相结合。

(3) 职业教育应根据儿童的残疾、智力、能力和兴趣等，有针对性地进行职业规划的培养。应鼓励适宜儿童接受职业教育，协助就业服务。

5. 社会工作

(1) 应关注儿童特点与需求，运用社会工作专业知识、方法，协助儿童实现养育环境的良性互动，预防和解决儿童成长中的问题，促进儿童良好发展。

(2) 应为机构内工作人员提供心理健康支持。

(3) 应协调、组织志愿服务。

(六) 小儿营养服务

1. 注意营养配餐

《中国0~6岁儿童营养发展报告（2012）》显示，儿童营养状况整体不佳。在儿童营养发展方面，截至2010年，我国5岁以下儿童低体重率为3.6%；生长迟缓率为9.9%，人数超过1 000万。同时，2岁以下儿童贫血突出，6个月至2岁儿童更易贫血，这与儿童在这个时期生长发育快、对营养需求量大有关系。为此，在喂养上，6个月之内提倡纯母乳喂养，6个月之后要逐渐添加辅食。在这个过程当中，在继续母乳喂养的同时，添加辅食的质量和数量是否充足，里面含铁丰富的食物是否多，成为影响儿童是否贫血的重要因素。卫生部提出，我国将不断完善儿童营养监测体系，今后将把儿童营养改善提升为国家战略，纳入国民经济和社会发展规划。

儿童福利机构的婴儿哺乳主要是人工喂养。在使用牛羊乳或代乳品（如奶粉）时，要合理配制，使各种营养素齐全，保证热量充足，易于消化，并防止传染疾病给婴儿。

幼儿主食及豆类应主要选择粳米、籼米、紫米、小麦面粉、燕麦、绿豆、赤小豆、黑豆、大米、小米、燕麦、大豆及其制品等。肉蛋奶应主要选择猪瘦肉、排骨、牛肉、鸡肉、鸭肉、猪肝、鲫鱼、带鱼、黄鳝、泥鳅、虾、虾皮、鸡蛋、羊肉、黄鱼、牡蛎、牛奶等。蔬菜应主要选择胡萝卜、土豆、菠菜、大白菜、青椒、南瓜、黄瓜、豆芽、海带、黑木耳、红薯、番茄、洋葱、芹菜、蘑菇、紫菜、笋。水果应主要选择苹果、香蕉、橘子、西瓜、桃子、哈密瓜、芒果、火龙果、猕猴桃、菠萝、草莓、梨等。其他的坚果类如核桃、花生、瓜子、榛子等也应适当选择。

2. 开展体格锻炼

在加强小儿营养管理中，还应注意循序渐进、全面科学地开展体格锻炼。婴幼儿骨骼尚软，肌纤维细，力量薄弱，心脏和呼吸肌的代偿能力较差，一般不能接受较长时间或剧烈的运动锻炼，故应选择活动量小、时间短而灵活有趣的项目。婴幼儿期较易开发的是"三浴锻炼"，即日光浴、空气浴和水浴。

（1）日光浴。科学证明，在日光中不仅有普通光线，还有红外线与紫外线，能透过皮肤使血流加快，促进生长发育。尤其是晒太阳，可使婴儿皮肤里的维生素 D_3 转变为维生素 D_2。这两种维生素 D 在体内经过肝、肾转化后能促进钙磷吸收，维持体内正常的钙磷代谢和骨骼发育，对于保证婴幼儿的正常发育是非常必要的。此外，紫外线还有杀菌作用，有预防感染的功能。所以，日光浴是婴幼儿必不可少的体格锻炼方法。

（2）空气浴。新鲜空气含有较多的氧，对人体特别有益。所以婴幼儿应多在室外活动，呼吸新鲜空气。同时，经常接触室外空气，还可增强小儿的耐寒力与适应气候变化的抵抗力。尤其夏秋天气炎热时让小儿在室外树荫下睡眠，每次 1～2 个小时，冬春天气温暖时，让孩子在室外散步、做游戏，都是进行空气浴锻炼的好办法。

（3）水浴。水洗全身，清洁皮肤，使毛孔保持通畅，利于排泄，提高体温调节功能；同时还有一定的按摩作用，保持皮肤健康，增强抵抗能力。常用水浴一般有 5 种：水温在 20℃ 以下的冷水浴；水温在 20～28℃ 之间的凉水浴；水温在 28～35℃ 的微温水浴；水温控制在 35～40℃ 间的温水浴；水温在 40℃ 以上的热水浴。婴儿多用温水浴，年龄较大且健壮的儿童可逐步用凉水或冷水擦洗或淋浴。

三、教育服务

（一）学龄儿童教育服务与管理

健全的学龄儿童教育，一般均采取在机构外学校就读，以养育机构为家，机构内主要进行辅导教育的办法，构成校外教育管理的特色。

1. 儿童教育效率与年龄段分布

出生后 6 个月是婴儿学习咀嚼和喂干食物的关键年龄，过了这个关键年龄，婴儿就可能拒绝咀嚼，从口中吐出食物。出生后 9 个月至 1 岁是分辨多少、大小的开始。2～3 岁是学习口头语言的第一个关键时期，也是计数发展的关键年龄。2 岁半至 3 岁半是教孩子做到有规矩的关键年龄，应使之形成良好的卫生习惯和遵守作息制度的习惯。4 岁以前是形象视觉发展的关键年龄。4～5 岁是开始学习书面语言的关键时期。5 岁左右是掌握数学概念的关键年龄，也是儿童口头语言发展的第二个关键时期。5～6 岁是掌握语言词汇能力的关键时期。6～12 岁是儿童心理发展塑造的黄金时期。

2. 教育内容

儿童时期是人生的关键时期,这个时期对儿童的培养直接影响着儿童以后的生长发育过程,包括知识、思想、价值观、世界观等在这个时期都是处于一个启蒙的阶段,所以对儿童的培养受到了社会各界的重视,儿童的培养关乎一个民族及一个国家的前途和命运。因此,要坚持生活训练、文化学习辅导、品德培养与人生理想、志趣培养、身体锻炼等全面培养训练的原则,有计划、循序渐进地开展德、智、体、美、劳全面教育。针对儿童教育效率与年龄段分布,智力开发教学内容主要应包括以下三方面的内容。

(1) 科学知识。这是最基本的也是最重要的,但是要注意培养的方式和方法,不宜使用一种直接的传教方式,而应该更多地使用一种诱导和启发的方式,让儿童自己去发现,去体会、去思考、去总结。这样能够更好地锻炼儿童的思维,丰富儿童的想象力。

(2) 想象力。儿童处于一个各方面急需开发的时期,没有受到社会各种知识和思想的束缚,有着丰富的想象力,所以能够更好地通过一种诱导尽可能地开发他们的想象力,这样对儿童智力和身心的发展都有很大的作用。童话故事能够很好地帮助开发想象力,启发儿童的思维,也可以组织一些益智游戏,进行互动,提升儿童的智力。

(3) 儿童自身兴趣的培养。儿童处于不定型时期,所以福利机构不应该主观给孩子设定方向,甚至强迫孩子学习,而应该尊重孩子自身的选择,发现孩子自身的兴趣和特长,并加以诱导和支持。

3. 上网指南

作为生活在福利机构的儿童,有必要早些接触最新的现代科技知识,应积极创造条件让他们上网,但应注意以下事项,以免适得其反。

教育儿童上网时的密码、账号不要随便使用,更不能留在电脑的有关资料中;上网查看电子邮件或其他个人信息后,要随手关闭浏览器。不去经营性互联网上网场所(如网吧),为了能够保证健康成长,不要浏览内容不健康的网页,不得浏览与年龄不相符的网页信息。另外,上网时间不要过长。不要公开福利院的电话、地址或就读学校的班级。有网上朋友邀请外出时,尽量不要答应,如果一定要外出,也要征得管理人员的同意,并由管理人员陪同外出。

(二) 弱智儿童教育和智力开发

弱智儿童主要是指那些在智力发育期间,由于各种原因导致智力低下,或者在智力发育成熟以后,由于各种原因引起的智力损伤的儿童。

1. 弱智儿童的教育原理

弱智儿童虽有心理、生理上的缺陷,但也有正常儿童共同的基本特征,所以对弱智儿童的教育应把握住两个基本方面:一方面尽量抓住弱智儿童与正常儿童所共有的如爱游戏、爱玩具、爱听音乐和故事、喜欢表扬鼓励等基本特点,组织他们参加上述活动,寓教育于游乐之中,培养他们的兴趣和进取心,发展他们的智力,促进他们的身体发育;另一方面,还要根据他们弱智、生理缺陷及心理特征,拟定不同的教学内容、特殊的教育方法及锻炼项目，通过教育训练，培养他们自理生活的本领。通过医疗锻炼，补偿他们的生理缺陷，用一切可能培养他们成为自食其力的劳动者。

2. 弱智儿童的再训练或早期教育

弱智儿童的再训练是一项特殊的教育工作。

从弱智儿童教育原理的应用上来说，大体上轻度弱智是可教育的，中度智力不足属可训练的，重度智力不足则属于需要监督的。弱智儿童中属于可教育和可训练的是大多数，经教育和训练之后能够在专设的特殊工厂劳动。需要监督的弱智儿童，尽最大努力训练，可以使他们中的一部分达到生活简单自理或基本自理，其余的则仍需要继续采取措施护理。

对于可教育和可训练儿童的早期教育，应以普通生活用语、活动方式、人体结构、周围环境、日用品、玩具、花草树木、简单数字等为主要的教育和训练内容。训练的原则是："从实际出发，因人制宜，循序渐进。"训练结合方法有以下几种。第一，结合教材探索规律，进行启发式教学和感化式训练。根据儿童的基本特点，进行游戏式的训练，寓教育于游戏中，耐心地启发他们的兴趣，反复教、反复训练。第二，结合教材进行直观教学。尽量多搜集实物、标本、看图识字、摄影或制作教具进行课堂式训练，使儿童易懂、牢记，从而提高思维能力逐步过渡到能够抽象思维。第三，结合开展多种活动进行形象教学。例如，以看电影、电视、录像、幻灯片，听音乐会、观摩文艺演出等形式进行活动式训练，开阔学生视野，丰富生活内容，弥补他们有限的感知，教育他们向英雄模范人物学习，提高爱国主义、集体主义的觉悟。第四，结合日常生活进行日常生活基本功训练。针对他们学得慢、忘得快的特点，反复教，抓巩固，进而达到循序渐进之目的。

训练内容主要有：本能（吃饭等）训练，衣着穿脱训练，大小便的训练，睡眠的训练，清洁卫生的训练，文明礼貌的训练，品德的训练。

3. 弱智儿童的智力开发

对弱智儿童的管理工作，所要解决的主要是弥补智力缺陷的功能。智力低下儿童的智力开发应采取文化教育与职业培训相结合、功能锻炼与习惯培养相结合的方法，促进其智力及肢体的一定好转，生活能自理，并尽量使他们具有一定文化知识和粗浅的技能，以达到成为自食其力劳动者的目的。

弱智儿童的智力特征。感知觉方面：表现为速度缓慢，知觉范围狭窄，分辨性差，缺乏主动性。语言方面：表达能力差，反应迟钝。思维方面：多为具体思维，独立性与批判性不成熟，缺乏抽象概括能力。性格方面：个性较强，好多变，容易出现偏见和固执己见。总之，弱智儿童的智力发育多是曲线性和内向发展特征。

智力开发的基本途径。强化教育、康复、护理三位一体的管理方式是搞好弱智儿童智力开发的重要环节。首先，课程设置及教学时间要根据孩子不同智商的实际，强调有针对性和实行弹性化。教师授课采取因人施教，教学方法应适当集中、灵活多样，课堂时间宜短，不拘泥固定模式。其次，以音乐、游乐、游戏为主轴，改革课堂教学。根据这些儿童在视力、语言、听力、肢体、智力、精神等功能受限的实际情况，应改变教室课堂为主的教学形式，将各门课程的教学寓音乐、游戏、游乐活动之中，变活动室、操场、公园、道路为课堂，使他们在兴趣中学知识，长才干。教师可用想一想、摆一摆、画一画、讲一讲、评一评及编儿歌、演节目、猜谜语等形式，调动智力低弱儿童的学习兴趣，增强他们的好奇心和求知欲。最后，教材要因人施编、因人施教。因智力落后的程度不同，编写的教材要因人而异，有的放矢，甚至细致入微到每一个具体学生。

智力开发的主要措施。促进儿童智力健康发展，要从多方面采取措施，促进他们观察力、注意力、记忆力、想象力、思维能力等认识能力的开发，其主要措施包括五个方面。其一，抓好老师自身素质的培养与提高。教师既是教师，又是父母，给孩子以亲情，才能使感情融化，取得儿童的信赖与服从。其二，儿童福利机构的活动不与社会隔绝。其三，经常开展丰富多彩的活动。其四，职业技能培养、工艺劳动、农田劳动等活动也是促进儿童智力发展的良好办法，使实践活动成为儿童智力健康发展的重要途径。其五，学校教育是促进儿童智力发展的关键一环。儿童福利机构的教育管理，应该为促进儿童较快通过智力发展的各个阶段提供良好的条件。

(三) 人生观教育

未成年时期是一个人发展的关键阶段，需要予以高度重视。人生观教育要寓教于乐，不要死板地像上课一样给孤残儿童讲。当工作人员和孤残儿童一起做游戏、一起看动画片或一起做活动时，可以和孤残儿童一起交流讨论看到或发生的事情，让孤残儿童明白什么行为是对的，什么行为是错。还要注意熏陶孤残儿童养成爱读书的习惯，让书籍引领孤残儿童，启发他们的心智。另外树立人生观是一个比较长的过程，福利机构要持之以恒；孤残儿童的人生观和价值取向的形成与孤残儿童身边工作人员的人生观、生活习惯、福利机构氛围有密切的关系。如何使儿童福利机构的未成年人形成适应社会发展的人生观，应该把握以下三点。

1. 早期教育

应从孤残儿童接触社会开始就有意识地将其心理发育过程与社会主流文化相结合，增强他们的认识能力。

2. 规范教育

规范教育可以让孤残儿童明确是非曲直，自觉抵制消极因素的刺激。

3. 行为养成

社会责任感的缺失、价值观念的错位是导致青少年走上犯罪道路的重要心理原因。可以通过正常的管理及时矫正孤残儿童的行为偏向。那么，作为儿童福利机构，首要的就是要建立健康文化氛围，营造未成年人文化圈，加强对文化导向的规范。随着社会文化的日趋多元化和开放化，未成年人在发展中所受的刺激也逐渐带有多元性和随意性的特点，其中不乏消极因素，如钱、权、色、暴力等灰色、黄色和黑色文化。从目前已犯罪的未成年人的人生观内容看，往往有这样几个突出特点：一是以自我为中心，忽视他人和社会的利益；二是物质需要畸形，社会性的需要缺乏；三是妄图凌驾于他人之上的虚荣心强烈；四是人生目标狭隘，缺乏融入整体社会发展的心理指向。

对人生目标的迷茫和价值观念的错位是导致一些青少年走上犯罪道路的一个重要心理

原因。青少年涉世未深，缺乏辨别是非的能力，极易受享乐主义、利己主义观念的影响，片面追求个人利益最大化，忽视自身对他人、社会的责任和义务。

四、医护服务

来到儿童福利机构的儿童，大部分入院时患有重病或有严重的先天性残疾。儿童福利机构的医护管理，使病残儿童最大限度地得到救治。机构内配有医生、康复师、营养师，设置医务室、康复室、抢救室、病房、化验室和药房，对监护养育儿童所患疾病及时进行医治。

一般来说，儿童福利养育机构开设与孤残儿童相关的内科、外科、儿科、妇科、五官科等。有条件的地方，要通过多种方式和渠道，积极引进相关各科专业技术人员，针对残儿的常见病和多发病进行治疗。开展助听器专业选配业务，从测听、配制、养护、治疗、咨询，形成了一条龙服务，提供以筛查、预防、医疗、保健、康复为一体的综合性医疗服务。

（一）建立健全卫生保健制度

为提高医护管理水平，形成完善的卫生管理制度，必须建立和健全各项有关的管理制度，这些制度主要包括以下几点。

1. 卫生工作制度

把爱国卫生运动列入全院的工作议事日程，成立爱国卫生运动委员会，宣传卫生科学知识，树立讲卫生光荣、不讲卫生耻辱的院风；搞好工作区及生活宿舍室内的环境卫生；切实做好饮食卫生，认真执行隔离消毒制度，搞好污水、污物、垃圾等的处理，防止污染。

2. 医疗保健工作制度

（1）儿童福利机构内感染管理制度。认真贯彻《中华人民共和国传染病防治法》等法律法规，制订本养育机构感染监控方案、对策、措施、效果评价和登记报告制度。

（2）病案管理制度。门诊和住院的病员应有完整规范的病案。

（3）病房管理制度。保持病房整洁、舒适、肃静、安全、无噪声。

（4）查房制度。科主任、主任、副主任医师查房坚持每周1～2次，解决疑难病例，诊断危重病员，决定重大手术及特殊检查治疗等；主治医师查房每日1次，对所管病员尤其是新入住、危重、诊断未明、治疗效果不好者进行系统重点检查与讨论；住院医师每天查房4次，巡视病员，检查当天医嘱执行情况，主动征求对医疗、护理、生活等方面的意见。

（5）会诊制度。对科间会诊、急诊会诊、科内会诊及院内、院外会诊制定具体程序和制度。

（6）分级护理制度。护理工作对患者康复起着极其重要的作用，把住院病员分为三级护理，严格各级护理标准，坚守岗位，更好地为患者服务。

（7）其他技术管理制度也必须健全。

（二）饮食起居保健及疾病预防

儿童福利机构因教育培养的儿童年龄大小不同，身体状况各异，从保健饮食起居到疾病预防，都具有复杂多样的特点，特别对婴幼儿、残疾儿童、弱智儿童的保健及疾病预防更为突出。

1. 婴幼儿保健

婴幼儿保健以保育及保护为主，不单是保护小儿身体健康，而且要积极地促进小儿健康地生长发育。定期对婴儿身高、体重进行检测，注意观察婴儿的面色、呼吸、哭声、吮乳力、睡眠、体温和大小便等情况。勤换尿布，预防湿疹，保持脐部干燥，预防脐部感染，冬季注意保温，夏季预防中暑。

婴儿时期生长发育快，需要大量营养物质，但消化功能尚不完善，很容易发生消化营养紊乱。因此，注重婴儿合理喂养很重要，应注意食品的质与量。注意易于消化，富有营养，由少到多、由简到繁的喂养，以达到婴儿生长发育为原则，"乳贵有时，食贵有节"。

2. 婴幼儿衣着及室外锻炼

婴幼儿衣着要合适，衣服柔软宽松，使肢体活动不受限制。衣着一般不要过多，以免出汗后容易感冒；也不可太少，以防感染风寒，婴幼儿衣着应根据气候变化适当增减，注意寒暖调节，以预防外感疾病。对会走路的幼儿，可带出室外散步、玩皮球、做各种游戏，这其中要注意季节、场合、时间，不能玩得太累，以免过度疲劳引发疾病。较大的孩子应教他们学做一些简短的体操。同时注意定期给孩子洗澡，适当晒太阳，注意防护、避免外伤。养成良好卫生习惯，以保持身体健康。

3. 保证睡眠

足够的睡眠是保证小儿健康的重要条件，年龄越小，每天所需睡眠的时间越多，但因个体差异较大，不便作硬性规定。要保证足够的睡眠，必须首先养成良好的睡眠习惯。从婴儿时期就开始训练，做到喂乳准时，令其自然入睡，不附加某些条件，习惯一旦养成，就不要任意变更其睡眠时间。

4. 学龄儿童保健

学龄儿童身体各器官的发育接近完成，分析综合能力增强，迫切要求认识自然和社会复杂现象，求知欲望较强。此时对一般传染病多已具有一定的抵抗力，而风湿、肾炎、结核病等则较多见，需注意防治。

5. 残疾儿童和智力落后儿的保健

做好婴幼儿的矫治，可以发挥祖国医药的特长，推行针灸、推拿、捏脊和功能锻炼等综合疗法，对常见病和多发病要及时诊断、治疗。除以上所述有些共性外，还要把这部分儿童列为重点预防对象。因为个体差异及其抵抗力普遍低下，对他们的饮食起居应特别注意，分别采取相应的保健措施。

6. 儿童疾病预防

主要是注意卫生，保持好儿童食堂、寝室的整洁卫生，保持空气新鲜无异味，无蚊蝇，门窗四壁无灰尘，炊事用具定期消毒，被褥定期洗换、晾晒，能使用牙刷的坚持每天刷牙，定期洗头、洗澡、理发、剪指（趾）甲，保证无虱子。对这些要定期检查评比。特别注意预防急性传染病的发生，一旦发生要立即采取措施。各种传染病的传染一般应具有三个条件：一是传染源，二是传播途径，三是易感人群。具备了这三个条件就会引起流行。因此，所有防治措施的目的，均在于消除和切断流行过程中三个条件的协同作用。必须及早采取措施控制传染源，防止传染病的传播和蔓延，发现后及时报告，对病人实行隔离治疗，对易感与密切接触者，及时做被动免疫或用药物预防，并对病人住处环境及排泄物进行必要的消毒处理。麻疹、百日咳、水痘、腮腺炎、流行性脑膜炎等传染病，病体在外界抵抗力低、生存时间短，应用通风、湿性扫除。流感或猩红热可用 0.5% 漂白粉澄清液喷雾，进行室内空气消毒，或用乳酸蒸发消毒空气。同时，及早切断传播途径，保护易感人群。对附近存在过传染源的地方进行消毒，以杀灭可能存在的病原体。在养育机构内要搞好个人卫生和公共卫生，对易感人群预防接种。因婴幼儿对各种传染病都具有易感性，按期进行各种预防接种，是保护这些儿童免受传染病传染的有效措施。

五、康复服务

（一）残疾儿童康复工作的主要成绩

我国自 1988 年始，将残疾人康复工作纳入国家发展规划，残疾儿童的康复、教育及社会保障，也连续纳入《中国残疾人事业五年工作纲要》和以后的"十一五""十二五"规划纲要同步推进，得到了长足发展。

1. 初步建立了与残疾儿童康复相关的政策法规体系

国家十分重视儿童特别是残疾儿童的生存、保护和发展，相继颁布实施了《义务教育法》《残疾人保障法》《未成年人保护法》《母婴保健法》《中国儿童发展纲要（2011—2015年）》《收养法》《残疾人教育条例》等，对残疾儿童给予了充分关注，要求加强残疾儿童的早期诊断、护理、康复和教育工作，改善他们的生活状况。

2. 初步形成了推进残疾儿童康复的工作机制

多年来，随着我国残疾人康复事业的深入发展，逐步形成了以"政府主导，有关部门各负其责、密切配合，社会力量广泛参与"推进残疾儿童康复的工作机制。政府相关部门组成的残疾人康复工作办公室负责残疾儿童康复工作的组织管理、规划制定、经费筹措、协调实施。卫生部将残疾儿童康复工作纳入社区卫生服务；组织、参加残疾儿童矫治手术等各类医疗助残行动；开展残疾儿童早期筛查，实施《中国提高出生人口素质、减少出生缺陷和残疾行动计划（2002—2010）》，开展残疾预防工作。民政部对各类福利机构和社区服务机构中的残疾儿童开展康复、教育，组织实施"残疾孤儿手术康复明天计划"，救助贫困残疾儿童。教育部指导特殊教育机构开展残疾儿童康复工作；支持和推动基层残疾儿童康复等相关机构的建设，开展特殊教育工作。国家发展和改革委员会将残疾人康复工作，特别是残疾儿童相关康复机构设施的建设纳入国民经济和社会发展总体规划。财政部加大对残疾儿童康复工作的投入，支持中国残联专项彩票公益金残疾人康复项目的实施，救助贫困残疾儿童康复。全国妇联呼吁全社会关心残疾儿童，开展宣传教育活动，促进残疾儿童的康复、教育和权益保护工作。

3. 残疾儿童康复服务网络初步建立

各级妇幼保健机构、福利机构、特殊教育学校始终在为各类残疾儿童康复服务。同时，截至2007年年底，全国已建成各级各类残疾人康复训练服务机构近2万多个，其中大部分省级、地市级及部分县级机构具备了为残疾儿童提供康复服务的能力。残联系统的康复中心、聋儿康复中心、辅助器具资源中心、低视力康复机构建设，带动了各级各类残疾人康复服务机构的建设和规范化发展，初步形成了为残疾儿童提供有效康复服务的网络。

(二) 残疾儿童康复工作存在的问题

我国残疾儿童康复工作虽然取得了很多成绩，但仍然面临诸多困难。当前，制约残疾儿童康复工作发展的因素主要有以下方面。

1. 保障机制尚未形成，服务能力严重不足

残疾儿童康复工作未全面纳入国家社会保障的相关制度之中，残疾儿童接受康复服务缺乏持续、稳定的支持。目前残疾儿童康复服务机构，除聋儿康复服务体系初具规模，已建成1 700余个机构外，其他视力、智力、肢体、精神残疾儿童的专门康复机构极其匮乏，部分领域还处于空白，已有的也多为民办，大多专业化水平低，服务能力弱。总体上看，由于保障残疾儿童康复工作持续发展的长效机制尚未形成，服务能力严重不足，致使大量的残疾儿童徘徊在康复的边缘，错过了最佳康复期。

2. 缺乏有力宏观调控，难以形成工作合力

残疾儿童康复工作涉及预防、医疗、功能训练、康复工程服务及特殊教育等多个环节，需要多种技术手段支持、各部门广泛参与，是一项社会系统工程。《中华人民共和国残疾人保障法》及发展残疾人事业的国家计划中，规定了政府、部门和社会对残疾人康复，包括残疾儿童康复工作的责任。但在具体执行过程中，因有些地方和部门职责不明，缺乏有效协调和衔接，导致工作不力，制约了残疾儿童康复工作的健康发展，残疾预防、筛查、诊断、康复等"一条龙"服务还很难做到，残疾儿童的康复需求难以得到满足，全面康复更难以实现。

3. 康复知识有待普及，康复意识有待提高

家庭康复是现阶段我国残疾儿童康复的重要途径，父母在残疾儿童康复工作中发挥着不可替代的作用，家长是否具有康复意识，掌握康复知识和技能至关重要。由于目前残疾儿童家长康复知识普及率较低，一些家长特别是农村地区的家长对残疾儿童采取消极态度的现象时有发生。需要大力加强知识宣传，开展必要的教育活动，迅速提高家庭和全社会关心、帮助残疾儿童康复的意识，为残疾儿童康复营造良好的社会氛围。

(三) 残疾儿童康复的主要工作

1. 实施重点康复工程，为残疾儿童提供康复服务

一方面，针对广大残疾儿童急需的基本康复需求，实施一批重点工程，为残疾儿童提供康复服务；另一方面，面向贫困残疾儿童，加大救助力度，扩大受益范围。

2. 提高为残疾儿康复服务的能力和水平

首先，依托现有的康复中心、儿童福利院、特教学校、儿童医院等，合理规划，建立完善各类残疾儿童康复服务机构；同时，注意对民办残疾儿童康复服务机构的引导和规范管理。其次，加强残疾儿童康复工作人员队伍建设，把残疾儿童康复工作者的培养与国家教育计划的实施、社区卫生服务的全面推进及《全国残联系统康复人才培养规划》的落实紧密结合起来，逐步在基层形成一支稳定的、技术过硬的残疾儿童康复工作队伍，提高服务能力和水平。

3. 围绕"人人享有康复服务"的目标，加大社区康复工作力度

开展残疾儿童社区康复，是在立足国情的前提下，尽可能迅速而大面积地解决广大残疾儿童基本康复需求问题，帮助他们改善功能，回归社会生活的根本途径。要发挥康复专业机构的技术支持作用，做好社区康复协调员及各类残疾儿童家长的培训工作，增强残疾儿童和家长的康复意识，针对残疾儿童的迫切需求开展早期康复，提高社区家庭康复训练与服务水平；结合初级卫生保健、社区卫生服务，完善新生儿筛查及儿童保健工作制度，从基层社区开始对新生残疾儿童进行早期干预，并通过完善残疾儿童发现报告制度，逐步建立从发现残疾到转介服务，再到相应机构接受康复服务的畅通渠道。

4. 完善法规体系和保障制度建设，保障残疾儿童康复权益

法规体系和保障制度建设是残疾儿童康复事业健康发展的基本前提。发达国家和地区普遍通过立法对残疾儿童接受康复服务给予扶助。完善中国特色的残疾儿童康复法规体系和康复救助制度，不仅体现了"以人为本"和"儿童优先"的原则，直接惠及残疾儿童和家庭，而且可以带动社会对残疾儿童康复事业的投入，完善和落实有利于残疾儿童生存、保护和发展的相关法律法规和政策，保障残疾儿童的康复权益。

5. 随班就读服务

（1）社工支援服务。充分整合社会、学校资源，根据服务对象的需求及学校的意愿，积极开拓试点学校。与小学建立合作关系，加强宣传工作，为随班就读支援服务铺平道路。通过不间断的宣传活动，让学校老师和同学了解特殊儿童学生及学会如何去与之相处，给予随班就读支援服务更大的支持。通过学校倡导工作坊，改善接纳、关爱环境。实施个案管理，一般以个案为中心，寻求与老师乃至同学的沟通协作，共同帮助特殊学生去克服所面临的困难。运用小组工作方法，提高孩子解决问题的能力。根据孩子的需要，社工、特教及心理咨询师共同提供小组服务。

（2）特教支援服务。特教利用驻点服务的优势，除了为特殊孩子提供认知、语言和行为辅导外，往往还负责日常与学校、福利机构的沟通工作。承担教学任务，开办入学前准

备班，为即将入读普通学校的特殊孩子做适应性训练。普通学校的老师以志愿者身份参与教学，在特殊孩子入学后，还不定期提供电话回访、面谈等跟踪服务。开展个别、小组辅导服务，提升其各项能力。特教开展按照"及早辨别、及早介入"的原则，提供个别辅导。特教教师根据学生日常表现，向普教教师提供学生行为管理、课程或作业调试建议，帮助解决课堂问题，为他们提供技术支持，调整教学方法。

（3）其他支援服务。普教支援服务，让老师走进特殊孩子的世界，并积极去探索特教方法，以最大限度地帮助特殊学生克服学习障碍，完善个案跟踪记录，研究适合特殊学生的教学方法。专家支援服务，不仅指引着战略思想，还提供具体服务督导，评估随班就读支援服务成效，提出改善措施。心理咨询师支援服务，主要对特殊孩子的家长进行个案或团体辅导，让他们学会调整心态，提高对生活的幸福指数。义工支援服务，普通义工经过常规培训后，一般协助活动及其他服务的开展；高级义工往往能够运用自身某一特长或其他优势，提供持续而专业的服务。

子情境3 家庭寄养

能力目标

1. 培养学生对寄养对象及寄养家庭的筛选辨别能力。
2. 训练学生在家庭寄养方面的计划执行能力和监督能力。

知识目标

1. 了解家庭寄养的目的和意义。
2. 区分家庭寄养与家庭收养的区别。
3. 了解对寄养家庭的要求及寄养家庭应履行的责任与义务。
4. 了解家庭寄养服务机构在家庭寄养管理中的作用。
5. 掌握儿童家庭寄养的办理程序。

情境导入

家庭寄养成趋势

陈宝今年60岁，是福州市回收公司退休职工。她的"小儿子"汪备和孙女同龄。其实汪备跟她没有血缘关系，是福州市儿童福利院寄养在她家的孩子。陈宝夫妻俩已退休，全职照顾小孙女和汪备。

汪备今年6岁，患先天性脑积水和左眼眼底白斑，在陈宝家生活5年多了，已成为这个家不可缺少的一分子。今年暑假，陈宝夫妻还带着汪备去昆明、贵阳等地旅游了。

"备备明年就上小学了，希望能上个好学校。他一只眼睛看不清，希望老师能给排个靠前的位置。"在陈宝眼里，汪备就是她的亲儿子。

根据寄养协议，汪备大病医疗和康复费用由福利院承担，教育则由双方各负担一半。福利院每月给家庭一定补贴，补贴标准从5年前每月三四百元到现在1 000元。5年多的共同生活，早已使汪备成为陈宝的亲人。陈宝坦言，城市养个孩子的开销挺大，但她不在乎："如果没更好的家庭收养他，我们愿意抚养他到成人。"

像汪备这种寄养在爱心家庭的孤残儿童还有不少。福建省民政厅统计数据显示，目前全省孤儿在外寄养1 000人左右。福利院孩子分为：健全孩子（孤儿、遗弃儿），轻度残疾、中度残疾及重度残疾孩子。长期以来，福利院的健全孩子会在很小的时候被人收养，轻度残疾孩子会被寄养，中、重度残疾孩子则留在福利院进行康复训练和抚养。

虽然孩子在寄养家庭里生活，但他们的监护权依然属于福利院。记者采访福州市儿童福利院院长时，他总把"我们的孩子"挂在嘴上。"福利院条件虽好，但每两个保育员要照顾十几个孩子，而且没法给他们家庭一样的亲情。"院长认为，家庭寄养使孩子真正走进社会、融入家庭，使孤残儿童能得到一对一或多对一的生活照料，正常上学，使孩子心理和情感有了依托。

记者还从福州市儿童福利院了解到，该院有不少孩子通过寄养正常回归社会，走上工作岗位。1986年出生的小王几年前考上北京林业大学，如今已在深圳一家企业工作。

（资料来源：http://shfl.mca.gov.cn/article/xgbd/201210/20121000363342.shtml，有删减.）

任务描述

作为一名从事儿童福利工作的专业人士，在给孤残儿童选择寄养家庭时，会考虑什么样的条件及因素？寄养家庭该为被寄养的孩子做些什么？

任务实施

1. 请男、女各两位同学描述自己童年时对父母的依赖和需求，回忆自己童年期在家庭中享受的照顾和关爱有哪些方面。
2. 请同学结合自己经历的家庭生活和集体生活，举例说明二者的不同之处。
3. 请全班开展自由讨论：家庭能为孩子提供什么？家庭在孩子成长中有什么作用？
4. 进一步思考两个问题：什么样的家庭对孩子成长和发育有益？家庭寄养能给孤残儿童的成长带来什么样的帮助？

任务总结

1. 学生推举两名代表进行总结发言。
2. 教师对学生表现和所讨论问题进行点评。

任务反思

孤残儿童与普通孩子最大的区别不在于生活条件的优劣，而在于精神世界的健康与健全。家庭在一个人的成长历程中的重要作用是任何组织和个人都无法替代的。儿童福利机构对孤残儿童的监护和照顾在其情感和性格发育中的作用远没有家庭那么强大。让孩子回归家庭，将给孤残儿童的精神世界最大限度地恢复和健全。这要求寄养家庭不仅要有能力而且愿意给予寄养的孩子真诚的关爱，给予他们普通孩子一样的物质家园与精神家园。

知识链接

自民政部 2003 年开始倡导在全国的儿童福利机构开展家庭寄养工作以来，截至 2014 年底，全国儿童福利机构抚养的儿童中，大约有 3 万名儿童实行了家庭寄养。实践证明，家庭寄养的儿童养育模式，是对我国目前集中供养模式的有效补充。它在一定程度上减轻了政府的负担，缓解了儿童福利机构远远满足不了社会需求的突出矛盾，同时也提高了儿童福利机构的业务素质与服务水平。

一、儿童家庭寄养的含义

（一）儿童家庭寄养的概念

儿童家庭寄养是指经过法定程序，将民政部门监护的儿童寄居于居民家中，由民政部门委托居民家庭对寄居的儿童进行养育的孤残儿童照料模式。

寄养不同于收养。被寄养的孤残儿童，通过一定的手续，进入寄养家庭，其监护人仍为民政部门。被寄养儿童享受政府给予的生活费、教育费、医疗费，儿童寄养家庭领取一定的劳务费。收养是指收养当事人通过一定的法律手续，在收养人和被收养人之间确立收养关系，被收养人成为法定家庭成员，收养人成为被收养人的法定监护人，其享受的权利和承担的义务与亲生父母子女同等。由此可见，这两种养育方式最根本的区别在于，收养建立了法定的亲子关系，而寄养实际上是一种委托关系，孤残儿童的法定监护并不发生转移。

（二）儿童家庭寄养的起源与发展

儿童家庭寄养的起源最早可追溯到英国伊丽莎白一世统治时期的《济贫法》。而真正的起源是，19 世纪中期，美国纽约儿童之家协会为解决孤儿、弃儿、单亲或其他与父母居住的儿童的问题，提出的一种安置计划，1909 年得到白宫儿童福利会议的确认。现代家庭寄养照顾则是 20 世纪 70 年代始于英国和美国，大规模发展在 20 世纪 80 年代。

我国的儿童福利最早可追溯到周朝，而且历代封建朝代都有相应的举措。中华人民共和国成立后，在党和国家及全社会的重视和关怀下，中国的儿童福利事业得到较大发展，孤残儿童的合法权益受到保护。长期以来，儿童福利机构提供的集中供养服务是儿童福利事业的重要内容。儿童福利机构为一批批生活失去依靠的孤残儿童提供了安全、稳定的生活环境，使他们享受到了良好的照顾，得到了生存、发展和参与社会生活的机会和权利，成为对国家和社会有用的人。但是，随着社会福利事业的发展，特别是随着中国经济的快速发展，社会生活水平极大提高，人们在关注孤残儿童的生理需要之外，也更加关注儿童的精神需求。近年来，由于各种社会因素，导致孤儿和弃婴数量激增，社会福利机构的收养量逐渐增大。2011 年底由社会福利机构收养的儿童 10.8 万人，2013 年底收养各类儿童 9.4 万人，2014 年底 9.4 万人，2015 年供养 9.2 万人。为了让这些儿童能够得到精神滋养和照料，让更多的孩子进入家庭，进而融入社会，2000 年，民政部明确提出要使家庭寄养成为儿童福利事业社会化的一条重要途径。为了推广和规范家庭寄养，民政部于2003年10月27日颁布了《家庭寄养管理暂行办法》（2004年1月1日起施行），2014年9月，又通过和发布了《家庭寄养管理办法》。这些文件的出台及家庭寄养实践的发展，有力地推动了我国家庭寄养事业的发展。虽然儿童家庭寄养工作在中国还存在诸多不足，但是，实践已经证明，儿童家庭寄养是最有效的孤残儿童照料方式之一。推广儿童家庭寄养模式，加强儿童家庭寄养工作是今后儿童福利事业中十分重要的一项工作。

（三）儿童家庭寄养的目的

儿童家庭寄养的目的并非是政府"甩包袱"。孤残儿童通过寄养家庭进行养育，其目的在于以下几点。

（1）促进孤残儿童的全面发展，尽早回归主流社会。家庭是社会的细胞，是社会组合的基本单位。社会福利机构的儿童在相对封闭的机构内生活，得不到大量的社会信息，享受不到浓浓的亲情，体会不到人生的沧桑，性格、人格就得不到健康的发展。实践表明，通过家庭寄养，孤残儿童的心理和生理不断正常化，能够一步一步地走向自立而回归主流社会。

（2）促进儿童福利事业的发展。儿童福利院的发展规模和资源都有限，家庭寄养能够使儿童福利事业可持续发展。各地儿童福利院，特别是大城市的儿童福利院，接受的儿童数量不断增多，而儿童福利院的发展受场地、人员、经费等各种资源的限制，已无法满足照料全部孤残儿童的需要，只有大力发展家庭寄养才能真正缓解这一矛盾。由于家庭寄养的成本低于机构照料，因此，在无须大幅度增加经费投入的情况下，家庭寄养可以安置更多的孤残儿童。同时，家庭寄养也是促进儿童福利事业向专业化和社会化发展的重要举措。

（3）促进寄养家庭的幸福。尽管寄养家庭参加家庭寄养工作可能出于多种动机，但总的来说，这些家庭都能从寄养中得到幸福和满足。这些家庭可能是要给自己的孩子找玩伴，也可能是为了弥补空巢或退休后的空虚，还有的可能为了乐于助人、关心儿童福利，甚至是获得经济收入，但不管怎样，家庭寄养能够实现其目的，能够增添寄养家庭的乐趣，使寄养家庭从寄养中得益，在精神或者物质上得到满足。

（四）儿童家庭寄养的意义

（1）有助于孤残儿童的心理和社会发展。孤残儿童因为"孤"和"残"，需要倍加呵护。他们同其他所有的正常儿童一样，具备自我发展的潜能和愿望，具有独立的人格和应有的权利。家庭寄养有利于儿童适应能力的培养，有利于儿童的社会交往能力的锻炼和培养，有利于儿童生活满意度和主观幸福感的提高。

（2）孤残儿童能够得到较好的康复和教育。接受家庭寄养的儿童不仅能够享受到儿童福利机构为他们提供的康复资源和教育资源，还能够得到来自寄养家庭的照料和帮助。儿童福利机构对寄养家庭进行的康复指导和教育指导为儿童在寄养家庭得到细致照料提供了更多的便利和可能。

（3）孤残儿童的家庭寄养能够提升寄养家庭的幸福感。申请家庭寄养的家庭一般的动机包括：喜爱和孩子相处，为自己的孩子找个同伴，添补空巢期或充实退休生活，无子女，获取经济收入及乐善好施。当被寄养的孩子进入寄养家庭后，会给寄养家庭带去精神或是物质上的满足。这种满足提升了家庭的幸福指数。

（五）儿童家庭寄养的类型

根据我国儿童家庭寄养的实际情况，我国儿童家庭寄养大体上可分为城市家庭寄养、农村家庭寄养和城乡交界家庭寄养三种类型。

1. 城市家庭寄养

城市家庭寄养是指将儿童寄养在城市家庭的寄养形式。这种寄养家庭一旦接受了家庭寄养，都能主动、独立地做出寄养决定，少受他人影响。寄养家长的文化层次和职业分布很广泛，家庭住房比较小。被寄养的儿童入学和就医较方便。一般来说，城市寄养的劳务费用高，比当地最低生活保障高出许多，成本大，在一定程度上限制了家庭寄养规模的扩大。

2. 农村家庭寄养

农村家庭寄养是指将儿童寄养在农村家庭的寄养形式。农村家庭参加家庭寄养的动机比较简单，多数家庭最初源于增加经济收入的考虑。后来，由于接收寄养儿童给家庭增添了乐趣，日久生情，寄养家庭基本上都能尽职尽责照料被寄养儿童。农村家庭在接受家庭寄养时容易受他人影响，榜样的示范作用很强，在这些地区，儿童家庭寄养比较容易铺开。农村家庭寄养成本最低，多有充足的时间对儿童进行照料，但存在着入学和就医不方便的弊病。

3. 城乡交界家庭寄养

城乡交界寄养家庭往往有一人在城市工作，亲生子女因上学或成年而不在家，家长出于亲情的需要或者经济动机而愿意接收寄养儿童。寄养家庭经济收入比农村要高，入学和就医的条件界于城市与农村之间。其康复训练和教育服务与农村类似，但专业人员有更多的时间和机会接触寄养儿童和寄养家庭，且寄养家庭有较充裕的时间照料寄养儿童，劳务费用较低。

二、儿童家庭寄养的理论依据

将儿童放在家庭中寄养不是一个纯粹的经济问题，它是儿童自身发展的需要，同时也是儿童社会福利发展的要求。关于家庭寄养的理论依据主要有以下几种。

（一）人的社会化理论

1. 人的社会化概念

人的社会化是指作为个体的生物人（自然人）成长为社会人，并逐步适应社会生活的过程。人的社会化包括两方面的含义：一是个人在社会中通过学习，掌握社会的知识、技能和规范；二是个人积极参与社会生活，介入社会环境，参加社会关系系统，再现社会经验。其核心是使社会文化内化为个人准则，用社会统一的行为规范指导和约束个人，用社会公认的人格模式造就个人。

社会化是个人得以适应社会，参与社会生活，在社会环境中独立生存与活动的前提和基础。人作为自然界发展水平最高的生物，其生存方式已根本区别于任何其他动物。任何一个人，仅仅依靠其机体的自然成长所获得的能力，是不能够作为正常社会的一个普通成员存在的。

2. 人的社会化途径

一般而言，人的社会化有以下几个阶段。第一阶段，初始社会化，这是社会化过程的最初阶段，主要学习个体生存最基本的技能。第二阶段，预期社会化，指儿童在进入成人前这一阶段，主要是通过学习，进行人格塑造、生活技能和社会知识技能的培养，为独立生活、寻找工作等打下基础。第三阶段，发展社会化，包括继续学习、掌握原有的社会知识和不断地学习新产生的知识以继续适应社会的需要。第四阶段，逆向社会化，实际上是不断改造个体以适应不断变化的社会。第五阶段，再社会化，即个体重新适应社会生活环境或者适应社会变化的过程。通过这些途径，个体的人达到以下目的。

（1）掌握基本的生活技能。从个体生命开始之时，随其成长，父母或养育者教给该个体料理自己、与人沟通、互动及基本职业技能。

（2）掌握包括价值观在内的基本的社会规范。也就是说，个体学会按照社会的规范思维、说话和行动。

（3）认识自己的社会角色。也就是说，个体认识自我（形成个性与自我），认识自己与社会的关系。

（4）塑造健康人格。也就是说，个体将自己从自然人塑造成为适应社会的社会人。

3. 家庭在人的社会化过程中的作用

影响人的社会化因素有很多，包括家庭因素、学校因素、社会政治因素、社会经济因素、社会文化因素、同龄群体因素和其他社会因素。其中，家庭因素是最基本和最基础的因素。

家庭是人们接受社会化最基本的文化环境和最早的单位。家庭不仅提供儿童生理需要的生活资料，也提供了感情的慰藉，形成了亲密的人际关系。儿童在入学前，家庭是他接触外部世界的主要环境。家长是儿童的最早老师和权威，家长的言行对子女起着示范和指导作用，父母、兄弟姐妹是儿童主要的模仿对象。家长根据自己的理解，将社会的文化规范、知识等向儿童传递。即使本人成年、参加工作乃至于退休，家庭仍然要影响其言行。虽然社会政治、经济、文化和同龄群体等因素要影响人的社会化，但这些因素无不渗透到家庭当中，因为家庭是个体生活最直接最经常的地方。所以，家庭作为个体社会化一种耳濡目染、潜移默化的形式，是在日常生活中自然而然实现的，即使是学校教育情况下，未成年人也需要在家庭监护下成长，在学校教育和家庭教育的配合和协调下，才能获得一个相对健康的成长环境。

（二）社会福利社会化理论

在人类社会未进入工业化和现代化之前，社会福利的主要责任是由家庭、社区、教会和民间慈善团体负担的，政府很少对公民提供直接的生活帮助。从 20 世纪 30 年代开始，政府逐渐取代家庭和社区，扮演福利提供的重要角色。"福利国家"一度成为西方国家标榜和追求的一种理想制度，甚至政府提供的福利范围"从摇篮到坟墓"无所不包，开支也越来越大。20 世纪 70 年代中期，西方各国普遍遭遇经济衰退，福利国家面临危机。于是人们重新反思社会福利制度，探索由政府、企业、非营利组织和家庭社区等共同负担的社会福利模式，即开始社会福利社会化的改革。

1. 社会福利社会化的基本内涵

社会福利社会化是指在供养方式上以居家为基础、以社区为依托、以社会福利机构为补充，由国家倡导资助、社会各方面力量积极兴办的社会福利模式。社会福利社会化包括投资主体多元化、服务对象公众化、服务方式多样化、服务队伍专业化等方面。其目的是建立与社会主义市场经济体制和社会发展相适应的社会福利事业管理体制和运行机制，促进社会福利事业健康有序地发展。

长期以来，我国社会福利由国家和集体包办，存在资金不足、福利机构少、服务水平较低等问题，难以满足人民群众对福利服务需求日益增长的需要。同时，残疾人和孤儿的养护、康复条件也亟待改善。因此，社会福利事业的改革已经势在必行，广泛动员和依靠社会力量，大力推进社会福利社会化，让全社会都关心和参与社会福利事业。

2. 家庭寄养对儿童福利社会化的意义

社会福利社会化的途径很多，儿童家庭寄养仅仅是其中一种，但它对改革孤残儿童的养育模式，促进儿童福利社会化有着十分重要的意义。

首先，家庭寄养比集中照料更适宜于儿童的发展。孤残儿童本来应该生活在家庭中，只是由于各种社会因素导致了他们脱离了家庭的环境。理论和实践证明，儿童福利机构作为家庭的替代形式集中为儿童提供照料是无法满足儿童成长中的情感需求的。长期生活在福利机构中的儿童往往会出现性格孤僻，心理封闭，缺乏自制力与上进心，社会适应能力差等方面的问题。而实行家庭寄养则可以较好地弥补机构照料在这方面的缺欠，显现出满足儿童身心需要方面的明显优势。开展家庭寄养，可以使孤儿、弃婴对父母产生较好的认知感，对家庭产生较强的归属感，从而有效地促进儿童的身心健康成长，使他们更好地回归家庭、回归社会。同时，家庭寄养大大地开发了儿童福利的社会资源，提高了公民关心儿童福利事业的热情，也为公民创造了更多的参与儿童福利事业的机会。因此，家庭寄养不仅满足了孤残儿童身心发展的需要，体现了"以人为本"的儿童福利服务宗旨，也促进了我国孤残儿童养育方式的改革。

其次，儿童福利机构的发展规模和资源无法完全满足儿童福利事业的需要，家庭寄养可缓解这一矛盾。当前，我国的儿童福利院总体数量有限，各地区福利院接收的儿童数量却在不断增多。儿童福利机构资金、人员及硬件都无法满足日益增长的儿童福利需求。相对而言，家庭寄养的运作成本较低，能够在一定程度上缓解儿童福利机构的压力。

再次，家庭寄养有利于促进儿童福利事业向专业化和社会化发展。长期以来，儿童福利机构的职能主要是集中为孤儿、弃婴直接提供生活照料和其他服务。但随着家庭寄养的开展，儿童福利机构集中供养的孩子越来越多地进入到家庭和社区。儿童福利机构直接养育、护理的压力有所缓解，而开始承担起对寄养家庭的监督、对寄养家长的培训、对社区中有残疾儿童的家庭提供技术支持等方面的工作。由于儿童福利机构工作内容的变化，组建家庭寄养服务指导中心、社区残疾儿童康复中心及儿童家长培训中心等将儿童福利机构的服务范围向社会延伸，向更多的领域拓展，因而儿童福利机构逐渐成为儿童福利服务的资源中心，并进行放大。儿童福利机构通过扩散、辐射，开始从封闭走向开放。这不仅提高了儿童福利机构的服务效率，也提高了其服务质量。

最后，家庭寄养成为儿童照料的主要安置模式。据相关调查显示，各地儿童福利机构中，有一半以上的孩子接受了家庭寄养。因为对寄养家庭有一定的条件限制，这也保障了绝大多数孤残儿童能够在寄养家庭中得到很好的照料。

三、儿童家庭寄养的运作

（一）寄养家庭及其选择

1. 寄养家庭的概念

寄养家庭，是指经过规定的程序，受县级以上地方人民政府民政部门或者民政部门批准的家庭寄养服务机构委托，寄养不满18周岁的孤儿、查找不到生父母的弃婴和儿童的家庭。寄养家庭关系到被寄养儿童能否健康成长，因此，在确定寄养家庭时必须遵循一定的原则和标准，家庭寄养服务机构应当进行必要的选择。

2. 寄养家庭的选择

寄养家庭的选择就是为每一位寄养儿童选择一个合适的家庭，不仅要选择具有适应能力的寄养父母，而且要考虑寄养家庭与寄养儿童能否满足彼此的要求。一般应考虑以下几个因素。

（1）家庭环境。有明显生理缺陷的儿童应避免安置在寄养父母或寄养家庭成员有类似情况的家庭；好动、易怒的儿童则应安置在较民主、善于管理孩子的家庭；对于有智力残疾的儿童，需要安置在有较高文化程度或有一定教育与教学能力的家庭。当然，为了帮助寄养家庭提高养育的心理环境质量，寄养办公室会组织寄养家庭进行定期与不定期的培训和咨询。

（2）寄养父母的年龄。寄养家庭在申请寄养时可能会对被寄养儿童的年龄提出要求，这就需要与申请者自身的年龄进行权衡。因为有些家庭可能适合寄养年龄较小的儿童，而另一些家庭则适合寄养年龄稍大的儿童。

（3）亲生子女的性别与年龄。如果寄养儿童与寄养家庭中亲生子女的年龄、性别相同，则可能产生彼此竞争或排斥的情况，容易导致寄养失败。最理想的措施是，家庭寄养工作者根据被寄养儿童与寄养家庭亲生子女的需要进行权衡，以做出最佳选择。

根据《家庭寄养管理办法》规定，寄养家庭应当同时具备以下条件。

（1）有寄养服务机构所在地的常住户口和固定住所。被寄养儿童入住后，人均居住面积不低于当地人均居住水平。

（2）有稳定的经济收入，家庭成员人均收入水平在当地人均收入中处于中等水平以上。

（3）家庭成员未患有传染病或者精神疾病，以及其他不利于被寄养儿童成长的疾病。

（4）家庭成员无犯罪记录，无不良生活嗜好，关系和睦，与邻里关系融洽。

（5）主要照料人的年龄在30～65岁，身体健康，具有照料儿童的能力、经验，初中（或相当于）以上文化程度。

3. 寄养家庭的义务

寄养家庭的义务是指寄养关系成立后，寄养家庭应当承担的法定义务。《家庭寄养管理办法》规定，寄养家庭在寄养期间必须履行下列义务。

（1）保障被寄养儿童的人身安全，尊重寄养儿童人格尊严。

（2）为寄养儿童提供生活照料，满足日常营养需要，帮助其提高生活自理能力。

（3）培育寄养儿童健康的心理素质树立良好的思想道德观念。

（4）按国家规定安排寄养儿童接受学龄前教育和义务教育。负责与学校沟通，配合学校做好寄养儿童的教育工作。

（5）对患病的寄养儿童及时安排医治。寄养儿童发生急症、重症等情况时，应当及时进行医治，并向儿童福利机构报告。

（6）配合儿童福利机构为残疾的寄养儿童提供矫治、肢体功能康复训练、聋儿语言康复训练等方面的服务。

（7）配合儿童福利机构做好寄养儿童的送养工作。

（8）定期向儿童福利机构反映被寄养儿童的成长情况，并接受其探访、培训、监督和指导。

（9）及时向儿童福利机构报告家庭住所变更情况。

（10）其他应当保障被寄养儿童权益的义务。

（二）办理儿童家庭寄养的程序

1. 寄养家庭申请

有意参加孤残儿童家庭寄养的家庭应向县级以上地方政府民政部门或者经其授权的家庭寄养服务机构（一般设在儿童福利院）提交寄养申请。其户主可凭有效证件（如户口簿、身份证）到家庭寄养服务机构报名，经审查符合家庭寄养条件的方可办理寄养手续。

2. 考察寄养家庭

家庭寄养服务机构委派家庭寄养监督员考察寄养家庭。家庭考察的主要内容包括家庭人员、经济来源及收入情况、住房条件、入学条件等。

3. 签订寄养协议

寄养家庭审查合格后，应填写《儿童寄养登记表》（内容包括：寄养家庭基本情况、寄养儿童基本情况），并与家庭寄养服务机构签订《家庭寄养协议书》（内容包括：寄养期限、寄养儿童数额、对寄养家庭的要求、寄养期间双方的责任）。寄养协议必须约定对被寄养儿童安排试寄养，实施试寄养的时间最长不得超过 90 日。

家庭寄养协议书

甲方：＿＿＿＿＿＿＿＿

乙方：＿＿＿＿＿＿＿＿

为了使不幸孤儿回归家庭，融入社会，塑造儿童健康心理和性格，维护被寄养儿童合法权益，促进被寄养儿童健康成长，根据中华人民共和国《家庭寄养管理暂行办法》，遵循平等自愿、公平和诚实信用的原则，双方就孤儿家庭寄养事项协商一致，订立本协议书。

一、乙方的权利、义务及职责：

（一）乙方同意寄养甲方所养育的孤儿一名。孤儿的基本情况：

姓名：＿＿＿＿＿＿，性别：＿＿＿＿＿＿，出生：＿＿＿＿＿＿年＿＿＿＿＿＿月＿＿＿＿＿＿日，籍贯：＿＿＿＿＿＿。

（二）乙方必须具备以下条件：
1. 有本市常住户口和固定住所。被寄养儿童入住后，人均居住面积不低于当地人均居住水平。
2. 有稳定的经济收入，家庭成员人均收入水平在当地人均收入处于中等水平以上。
3. 家庭成员未患有传染病或者精神疾病，以及其他不利于被寄养儿童成长的疾病。
4. 家庭成员无犯罪记录，无不良生活嗜好，关系和睦，与邻里关系融洽。
5. 年龄必须在30～45岁，身体健康，具有照料儿童的能力经验，初中以上文化程度。
（三）乙方在寄养期间必须履行下列义务：
1. 保障被寄养儿童的人身安全，无偿抚养被寄养儿童。
2. 对被寄养儿童提供生活照料，帮助其提高生活的自理能力。
3. 培育被寄养儿童树立良好的思想道德观念。
4. 按国家规定安排被寄养儿童接受学龄前教育和义务教育。负责与学校沟通，配合学校做好寄养儿童的教育工作。
5. 定期向甲方反映被寄养儿童的成长情况。
6. 其他应当保障被寄养儿童权益的义务。
二、甲方的权利、义务与职责
（一）甲方定期培训寄养家庭中的主要照料人，并指导寄养工作。
（二）为寄养家庭养育被寄养儿童提供技术性服务。
（三）定期探访被寄养儿童，及时解决存在的问题。
（四）监督评估寄养家庭的养育工作。
（五）建立健全被寄养儿童和寄养家庭的文档资料。
三、寄养协议的履行
（一）双方签订寄养协议后，必须对寄养儿童安排试寄养，实施试寄养的时间最长不得超过_____日。
（二）寄养协议中约定的主要照料人不得随时变更。确需变更的，经甲方同意后在家庭寄养协议主要照料人一栏中变更。
（三）乙方因家庭经济条件发生变化，不能继续寄养被寄养儿童时，应与甲方解除寄养协议。寄养协议解除后，被寄养儿童由甲方另行安置。
（四）乙方不履行本协议约定的义务，由甲方负责向乙方所在民政部门报告，责令其改正，必要时可以解除寄养协议；对被寄养儿童造成人身侵害的，应当赔偿并追究其法律责任。
（五）其他未尽之事，由双方共同协商解决。
（六）本协议一式两份，甲乙方各执一份。
（七）双方签字盖章后生效。

甲方（盖章）：_____　　　乙方（签字）：_____
负责人（签字）：_____　　负责人（签字）：_____
___年___月___日　　　　　　___年___月___日

附件
乙方需准备下列证明：
1. 县、市级医院健康证明。
2. 当地派出所户籍证明和身份证复印件。
3. 社区证明。
4. 工作单位证明。

（三）家庭寄养协议的履行

寄养家庭与寄养服务机构应当严格善意地履行寄养协议，并注意以下几点。

（1）寄养家庭有协议约定的事由在短期不能照料被寄养儿童的，家庭寄养服务机构必须对被寄养儿童提供短期养育服务，短期养育服务的时间一般不超过30日。但在家庭寄养服务机构对被寄养儿童的短期照料结束后，寄养家庭仍然不能继续履行协议所约定的义务时，协议签署双方应考虑解除协议。

（2）寄养协议中约定的主要照料人不得随意变更。确需变更的，需履行变更手续，经家庭寄养服务机构同意后在家庭寄养协议主要照料人一栏中变更。

（3）为了保障寄养家庭的知情权，社会福利机构拟送养被寄养儿童时，应当在报送被送养人材料的同时通知寄养家庭。《中华人民共和国收养法》规定：收养登记办理完毕后，寄养协议自然解除。

（4）寄养家庭因家庭条件发生变化不能继续寄养被寄养儿童的，应当与家庭寄养服务机构协商解除寄养协议，寄养协议解除后，被寄养儿童由家庭寄养服务机构另行安置。

（5）如果家庭寄养服务机构与寄养家庭之间发生争议，应协商解决；协商不成的，由县级以上地方人民政府民政部门协调解决。

（6）异地家庭寄养必须经两地县级以上地方人民政府民政部门同意。被寄养儿童的监护责任仍由被寄养儿童户口所在地县级人民政府民政部门承担，双方另有协议约定的除外。从便于监督管理的角度出发，非特殊情况，一般不开展异地寄养。

(四) 家庭寄养的费用

寄养家庭除了可以领取一定的家庭寄养经费，包括被寄养儿童的生活、医疗和教育费用外，还可以领到符合当地实地的劳务费用。这些费用一般按照当地的实际经济水平，由县级以上地方人民政府民政部门在民政事业经费中列支。家庭寄养经费必须专款专用，不得截留、挪作他用。

(五) 对寄养家庭的指导与服务

家庭寄养服务机构派出家庭寄养监督员，定期（如每个月）到寄养家庭检查和指导，了解寄养儿童的生活、学习情况，帮助寄养家庭解决寄养过程中的一些实际困难，共同做好寄养工作。

 案例分析

家明是小学二年级的学生，在一次车祸中，父母及妹妹当场丧生。外公外婆年事已高，且身体状况不佳，无力抚养家明，家明只能进入儿童福利院生活。在福利院期间，家明营养状况良好，面色红润，性格活泼，与院内其他小朋友相处融洽。一年后，在福利院的安排下，家明进入寄养家庭王女士家开始新生活。王女士夫妻都从事教育工作，女儿已经到外地去读大学。家庭条件优越，家庭气氛和谐幸福。家明到来后，全家都对家明关爱有加，但是家明却很难适应寄养家庭的生活，很少展露笑容，表现出与年龄不符的忧郁感。在各方面的关注下，家明进入王女士家附近的小学就读，无论是在家庭中还是在学校里，家明都出现了一些问题。首先是家庭变故带来的创伤尚未平复。这使得家明在新"家庭"里沉默内向，回避过去，不愿与"家人"交流，很难融入新的家庭；其次是在学校的人际交往中总是表现出怯懦和戒备，使得同学和教师都对其很难亲近；再次是学习能力不足，不主动不积极，做事拖拉，经常迟到。王女士与寄养服务机构取得联系，希望联合学校力量，在改变家明现状这个问题上相互支持，相互协助。

阅读资料并回答以下问题：

1. 针对家明出现的问题，王女士夫妻应当从哪些方面给予关注和努力？
2. 在帮助改变家明这件事情上，寄养服务机构、寄养家庭及学校分别应当做些什么？

子情境4 流浪未成年人救助

能力目标

1. 锻炼学生的协调沟通能力。
2. 训练学生在流浪未成年人救助方面分析问题和解决问题的能力。

知识目标

1. 了解造成儿童流浪的原因。
2. 掌握我国流浪未成年人救助保护相关的法律法规。
3. 了解流浪未成年人救助保护中心的功能。
4. 了解我国流浪未成年人救助保护工作现状。
5. 了解我国流浪未成年人救助工作面临的主要问题，以及进一步做好流浪未成年人救助保护工作的措施。

情境导入

毕节流浪未成年人事件整改措施出台 呼吁建立救助管理中心

据中国之声《新闻纵横》报道，随着这些天媒体的报道，贵州省毕节市七星关区5名流浪未成年人死亡事件的始末浮出水面，5名小男孩"短暂的生命故事"也被人们了解。舆论的焦点正从事故本身转向事件的后续处理问题上。

2012年11月16日，在贵州省毕节市七星关区学院路流仓桥办事处门口，5名十岁左右的男孩丧命于此处的垃圾箱中。时隔五天，出事的垃圾箱没有了踪影，来往的车流仍旧不息，附近学校的孩子或笑或闹地从这里走过。悲伤似乎已经过去。尽管这起事件被警方定性为"意外事故"，但包括七星关区民政局局长在内的8位相关责任人都被免职或停职。七星关区民政局常务副局长罗彦明现在代为主持局里的工作。他说，这起悲剧清晰地暴露出七星关区在救治流浪未成年人工作方面的漏洞：专业救助站缺位、巡查队人员不足。

罗彦明：七星关区没有救助站，没有建立专门的救助机构。我们的救助工作是委托殡葬执法大队进行的。执法大队原来有18个编制，现在实际正常履行职务的只有9个人，负责整个城区的6个办事处，辐射面积30多平方公里，光巡查整个城区就要一天时间。

在严肃处理相关责任人的同时，以民政局为主的多个政府部门也展开了全方位的整改。罗彦明说，痛定思痛，整改措施已经出台。最重要的是严防类似事件再次发生。

罗彦明：我们将抽调精兵强将，在人手紧张的情况下，再增配一批工作人员，扩大人员编制，扩大救助范围，力争做到"横到边纵到点"，把巡查做到位。

我们设立了24小时求助电话，同时在街道重要路段设立救助指示牌，争取每一个街道都有两块以上，让群众能在第一时间发现问题并向我们进行求助，再通过新闻媒体进行宣传，使流浪乞讨救助工作家喻户晓。

从对相关责任人的免职或停职，再到求助电话的公布，我们或多或少能感受到毕节市政府的努力。但长远来看，这些都只是权宜之计。在这一次的惨剧中，七星关区排查了数万名同龄儿童才确认了死亡孩子的身份。受助儿童档案不全直接影响着救助工作的效率。

采访中，罗彦明说，他们已经做出部署，完善受助人员档案。救助流浪未成年人也并不是民政局一个部门就能完成的，还需要各部门整合起来，齐抓共管。罗彦明告诉记者，在逝世的5名孩子中，有一个孩子曾由民政部门收留过多次，但每次他都自己跑出来继续在街头流浪。经历了这次事件后，罗彦明总结说，收留流浪未成年人相对简单，但更重要也更复杂的是怎样才能把流浪的孩子照顾好、管理好。所以他建议，建立专业的流浪乞讨人员救助管理中心，将教育和服务的功能相结合。

罗彦明：现在我们这里收救他，但是他一次次跑出去我们也没有办法，又不能采取强制性措施。我们向上级请示，建立流浪未成年人救助管理中心，这个问题很重要，从收救到管理就可以建立一条龙服务了。

这次事件让人们倍加关注流浪未成年人群体，对于这些得不到家庭关爱的孩子，社会该对他们做些什么？尽最大能力照顾他们的生活，设身处地考虑他们的心理状态，让他们愿意接受来自社会大家庭的温暖，也许都在其中。更重要的是，相关部门理顺救助管理机制，让更多的流浪未成年人在这个冬天里不再寒冷。

（资料来源：http://society.people.com.cn/n/2012/1122/c1008-19658438-1.html，有删减.）

任务描述

假如你是一名社会救助站的工作人员，你认为流浪孩子需要的究竟是什么？我们又应该为他们提供怎样的帮助？有效的流浪未成年人救助应该包括哪些内容？

任务实施

1. 请同学们谈一谈，当在街头、广场、车站等地看到流浪未成年人时自己的心理感受。
2. 请同学们大胆设想流浪未成年人产生的原因。
3. 全班开展自由讨论：这些流浪未成年人需要的是什么？社会救助站能为这些流浪未成年人提供哪些帮助？
4. 进一步思考一个问题：怎样才能让流浪未成年人救助工作具体而有效？

任务总结

1. 学生推举两名代表进行总结发言。
2. 教师对学生表现和所讨论问题进行点评。

> **任务反思**

流浪未成年人群体不仅是单纯在生活中遇到生存问题需要帮助的孩子。他们在因为离家出走、遭遇拐卖、失去监护人等各种原因成为流浪者之时，会受到不良势力的利用和影响，不仅对其生理和心理造成巨大损伤，还会成为影响社会安定的因素。流浪未成年人救助是一个系统工程。这不只是为他们提供几顿热饭，解决几件具体的生存问题，更重要的是对他们进行心理和生理的、多方面引导及帮助。结合流浪未成年人产生的深层次、多方面的原因，加大社会参与力度，健全相关法律制度，让流浪未成年人尽可能回归家庭；提供良好生活环境促使其生理与心理尽快恢复和健全，回到正常的生活轨道。

> **知识链接**

一、流浪未成年人的界定

流浪未成年人，又称作流浪未成年人，我国政府对流浪未成年人的定义是：完全脱离家庭和监护人，连续超过 24 小时生活在街头，且无可靠生活保障的 14 岁以下未成年人。由于流浪未成年人的不确定性以及统计标准的不同，我国流浪未成年人总体数量难以确定。据民政部社会福利同相关推算，全国流浪未成年人每年大约在 100 万左右。流浪未成年人问题是我国转型期客观存在的特殊社会问题。当前，我国流浪未成年人的人数呈上升趋势，年龄结构也趋于大龄化。

二、造成儿童流浪的原因

（一）家庭方面的原因

具体来说，家庭方面的原因很多，经整理归纳主要可分为以下两个大的方面。

一是因家庭贫困、家庭变故、家庭暴力等原因而促使儿童离家出走。一些家庭由于贫困，无力扶养、教育儿童。特别是遇到天灾人祸时，这类家庭的儿童或跟随父母，或独自外出流浪乞讨、打工。家庭的变故，如父母离异、死亡、服刑或者重组等，也给儿童的身心健康带来严重危害。儿童为逃避这种家庭所带来的心理创伤往往选择离家出走；另外有些儿童则是因为其监护人不能承担监护义务而流浪在外。家庭暴力也是造成儿童流浪一个重要原因。部分家庭中父母对子女的教育方式过于严厉，动辄打骂，导致儿童由于偶然事件产生脱离家庭的意图而离家出走。

二是儿童被家庭遗弃。有的家庭受重男轻女思想的影响，使得部分女童由于性别歧视而被遗弃；有的儿童由于意外出生或者先天性残疾而被遗弃；另外有的儿童是由于监护人无力抚养或不愿抚养而被遗弃。这些因素都可能导致儿童流浪现象的产生。

（二）学校方面的原因

学校方面的原因主要表现为两个方面。一是由于学校把升学率和考试分数当作评价学生的唯一标准。学生在频繁的竞争中感到学校是一个让自己苦闷和压抑的地方，选择离家出走,从而成为流浪未成年人。二是学校忽视了学生的心理和行为的发展,许多儿童在学校遇到问题和困境时缺乏有力的支持和帮助,为逃避问题或远离伤害而离开学校。

(三) 制度方面的原因

当前,我国正处在城镇化建设飞速发展的时期。在城市二元经济结构下,许多地方的制度保障与社会发展中人的需求和发展不匹配。因此,当部分农村家庭中因父母进城务工而导致子女被留守时,这些留守在家的孩子就可能会因为脱离了父母的监护和照顾而流浪。而那些随父母进入城市的儿童则会因无法突破城乡壁垒、融入城市生活而流浪。

(四) 社会方面的原因和意外情况

社会方面的原因主要表现为人口流动的加强、拐卖现象的发生、街头乞讨的存在、计划生育政策的执行等。这使得一些儿童游离于家庭之外,或者流落街头,或者成为不法分子手中的赚钱工具。另外,书刊、录像、影视、网吧等公共媒体对儿童的不良影响,也诱使儿童误入歧途,导致流浪未成年人的产生。

意外情况很多,也较复杂。有些儿童因为智力、精神或者身体上的病变而走失;有些儿童由于被拐卖后成功脱逃但又无力返家而流落街头;也有部分儿童属于正常走失。那些能够表达返家意愿并能提供家庭线索的,一般均能及时获得救助,并能成功返回原来家庭。但若不能提供家庭线索,且没有返家的意愿,往往就会造成儿童流浪现象的产生。

(五) 儿童自身的原因

除了家庭、学校和社会的责任外,流浪未成年人自身的原因也是造成其流浪的重要原因。有些儿童在懵懂中追求所谓的自由和独立,想要脱离家庭和学校的监管,去外面的世界看一看。因为缺乏必要的生活技能和持续的生活供给而被迫流浪于城市街头;有的儿童则是心智发育不成熟,动不动就以离家出走要挟父母以达到自己的目的,却在这一过程中因意外事件或是其他原因被迫流浪在外。

事实上,流浪未成年人的形成原因是十分复杂的,他们流浪于街头并非是单一原因造成的,往往是各种原因交织在一起而造成的。

三、流浪未成年人的救助保护

(一) 流浪未成年人救助保护的法律依据

我国政府重视对流浪未成年人的救助保护工作,并为此出台了相关的法律法规。

2006年1月民政部等19部委发布的《关于加强流浪未成年人工作的意见》(民发〔2006〕11号)中指出:公安机关对于执行任务时发现的流浪、乞讨未成年人,打击犯罪行动中解救的未成年人,以及有轻微违法行为但根据有关规定不予处罚且暂时无法查明其父母或其他监护责任人的未成年人等,应当及时将他们护送到流浪未成年人救助保护机构。

2011年,国务院公布的《中国儿童发展纲要(2001—2010年)》中规定:"加强流浪未成年人救助保护工作。完善流浪未成年人救助保护网络体系,健全流浪未成年人生活、教育、管理、返乡保障制度，对流浪未成年人开展教育、医疗服务、心理辅导、行为矫治和技能培训。提高流浪未成年人救助保护工作专业化和社会化水平，鼓励并支持社会力量保护和救助流浪未成年人。探索建立流浪未成年人早期预防干预机制。"

2012年10月26日中华人民共和国主席令第65号公布、自2013年1月1日起施行的《全国人民代表大会常务委员会关于修改〈中华人民共和国未成年人保护法〉的决定》第2次修正中规定：县级以上人民政府及其民政部门应当根据需要设立救助场所，对流浪乞讨等生活无着未成年人实施救助，承担临时监护责任；公安部门或者其他有关部门应当护送流浪乞讨或者离家出走的未成年人到救助场所，由救助场所予以救助和妥善照顾，并及时通知其父母或者其他监护人领回。对孤儿、无法查明其父母或者其他监护人的及其他生活无着的未成年人，由民政部门设立的儿童福利机构收留抚养。未成年人救助机构、儿童福利机构及其工作人员应当依法履行职责，不得虐待、歧视未成年人；不得在办理收留抚养工作中牟取利益。

（二）流浪未成年人救助保护工作的实施机构

在我国，对流浪未成年人提供救助保护的专门机构是由民政部在各地兴建的流浪未成年人救助保护中心或综合性的救助管理站。在综合性的救助管理站设立专门的未成年人救助保护部门对流浪未成年人实施救助保护。2003年年底，全国共有130家流浪未成年人救助保护中心，到2012年年底，流浪未成年人救助保护中心已增加到261个。它们主要分布在我国的大中城市，特别是交通枢纽城市。流浪未成年人救助保护中心具有以下功能。

1. 救助功能

流浪未成年人救助保护中心对流浪未成年人的救助功能主要表现在三个方面：生活救助、教育救助和医疗救助，此外，还包括寻亲返乡和安置。

生活救助功能主要指的是给流浪未成年人提供基本的衣食及其他日常生活必需品。大多数儿童外出流浪都存在着生存保障不足的问题。所以，为了保护未成年人合法权益，救助保护中心首先要做的事情就是保障未成年人的基本生活需求，确保他们的生命权。

我国《未成年人保护法》规定，接受九年制义务教育是每个儿童应享受的权利。救助保护中心在安排好流浪未成年人的基本生存所需的基础上，应为流浪未成年人提供义务教育所需的教科书及其他学习用品，并努力让他们也能像正常孩子一样接受九年制义务教育。

流浪未成年人因长期流浪在外，饮食安全和生活卫生条件较差，很容易受到某些疾病的困扰，甚至是相互传染。医疗救助就是对患有疾病的流浪未成年人进行免费诊断、用药和治疗，使他们早日康复，回归社会。

除了以上所述，救助保护中心还要积极为流浪未成年人寻找亲友并帮助他们返乡，对于年龄较小而又无人认领的流浪未成年人，救助保护中心还会联系相关机构妥善安置。

2. 预防功能

流浪未成年人救助保护中心的预防功能，主要体现在疾病预防和犯罪预防两个方面。

当流浪未成年人进入救助保护中心后，他们就会告别没有稳定的生活来源和固定住所的流浪生活。他们的基本生活可以得到有效保障。饮食起居、健康卫生都会有专人安排和照顾。这可以最大限度地避免流浪未成年人感染各种疾病。救助保护中心把社会上的流浪未成年人收容起来，给他们提供必要的生活、学习条件，关注他们的心理发展。这样，流浪未成年人不仅在救助保护中心能吃饱，能穿暖，在心理上也有了安定和踏实感。再加上专业社工人员的心理辅导和帮助，他们的身心都得到了有效的保护。

救助保护中心也发挥了防止青少年犯罪的功能。除了被拐卖，被犯罪团队教唆、利用的流浪未成年人外，近些年，还出现了把孩子租给某组织或团伙从事非法活动和犯罪行为的情况。这些孩子都是青少年犯罪的高危人群。正因为这样，有人曾把流浪未成年人形象地比喻为"嘀嗒作响的定时炸弹"。救助保护中心建立后，政府把保护流浪未成年人作为自己义不容辞的责任。这样，不仅流浪未成年人的人身安全得到了保障，而且还能有效地防止青少年犯罪。

3. 管理功能

流浪未成年人救助保护中心的管理功能体现在三个方面：对流浪未成年人进行日常生活管理、教育管理和医护管理。

日常生活管理是流浪未成年人救助保护中心在管理上的中心内容。要确保流浪未成年人能吃饱吃好，并保证儿童的营养供应；同时要搞好寝室及衣服被褥管理，给流浪未成年人一个舒适的就寝环境。

教育管理是流浪未成年人救助保护中心在管理上的一个重要内容。救助保护中心应配备足额的教师，提供合适的教学场所；要针对流浪未成年人特点确定适当的教育内容与教育途径。

医护管理是流浪未成年人救助保护中心在管理上另一个重要内容。部分流浪未成年人由于长期流浪在外，没有注意好饮食及穿着卫生，传染上了某些疾病。为了对患有疾病的流浪未成年人进行有效医治，救助保护中心应建立健全卫生保健制度，配备医务人员，完善医疗保健设施，同时也应积极做好疾病的预防工作。

4. 教育功能

根据《儿童保护公约》及我国法律的有关规定，接受九年制义务教育是儿童应享有的权利。流浪未成年人是我国少年儿童中的一个特殊弱势群体，国家更要采取有效措施使其接受九年义务教育。作为儿童福利事业重要组成部分的流浪未成年人救助保护中心理应发挥保障流浪未成年人接受九年义务教育的功能。为了提高教育效果，救助保护中心应当积极组织被收容的流浪未成年人开展多种多样的劳动技能学习和培训；同时，还应开展一些有意义的娱乐活动。通过形式多样的活动寓教于乐，达到陶冶情操、丰富生活、净化心灵的目的。努力将流浪未成年人（特别是初次流浪的儿童）引导教育为好学上进、热爱劳动、热爱生活的孩子。在教育内容上应包括三个方面：思想品德教育、文化知识教育和劳动技能培养。

5. 矫治功能

由于受不良因素和恶劣环境的影响，大多数流浪未成年人具有冷漠、孤独、自卑、胆怯、恐惧、冲动、固执、自私、逆反、报复、自暴自弃等心理特征及消极的人格特征。同时，流浪未成年人的行为偏差也比较严重。例如，有的流浪未成年人爱说谎；有的沾染了吸烟、喝酒、偷摸等恶习；有的甚至被坏人唆使，走上了犯罪道路。这就要求流浪未成年人救助保护中心必须承担起矫治其不良习惯与行为的责任，能运用国际和国内社会学、心理学、伦理学、医学、行为学等多学科的科研成果，对流浪少年儿童进行心理障碍矫治和行为偏差纠正，帮助他们克服不良习惯和不良行为方式。

（三）我国流浪未成年人救助保护工作现状

当前，我国流浪未成年人救助保护工作取得了一定的成绩。一是流浪未成年人救助的法律法规在逐渐建立和完善中。在《城市生活无着落的流浪乞讨人员救助管理办法》中，明确就流浪未成年人的救助保护作了相关规定，将流浪未成年人的特点和特殊保护从整个流浪乞讨人群的救助中单列出来予以强调。《中华人民共和国未成年人保护法》和《中国儿童发展纲要（2001—2010年）》中也有关于流浪未成年人救助保护的专门规定。对流浪未成年人的保护已由综合立法走向专门立法，救助方式由社会控制管理走上人性关爱，保护方式也由混合保护走向专门救助。许多地区还颁布实施了地方性的政策法规用于流浪未成年人的保护。二是流浪儿童的社会保护安全网已初步建立。在法律法规及政策的指导下，各地都制定了相关的实施细则和实施办法，进一步明确了流浪未成年人救助保护工作中家庭、学校、社会的三方责任。三是有越来越多的流浪未成年人享受到了实质性的救助。据相关统计数据：2015年，我国有未成年人保护中心275个，床位1.1万张，全年共救助流浪乞讨未成年人4.7万人次。

流浪未成年人属于限制（无）民事行为能力人。为了做好对他们的救助、保护、教育工作，各地针对流浪未成年人特点，救助保护中心创造性地开展了各项救助保护工作，并取得了以郑州"类家庭模式"和长沙"大房子"救助保护模式为典型代表的大量创新性成果。目前，我国流浪未成年人救助保护工作正朝着规范化、专业化的方向不断向前发展。

郑州"类家庭模式"以尊重、维护儿童基本权利为出发点，通过多维度、多层次、开放式、全方位、可接受性强的救助服务，吸引流浪未成年人进入救助保护机构中来，逐步影响和干预长期（多次）流浪的儿童的行为和思维模式，通过潜移默化的方式，教育孩子树立正确的生活观念。具体来说，就是以救助保护流浪少年儿童中心为依托，采取全天候开放式救助点、固定救助亭、流动救助车、类家庭、家庭寄养、技能培训、网站服务、跟踪回访、高校社会工作合作、定期评估等多种形式，构建综合性、多功能的流浪少年儿童救助保护体系。郑州"类家庭模式"能为年龄在8～14岁的智力正常、身体健康的屡送屡返的或无家可归的流浪未成年人提供救助保护，培养流浪未成年人独立的生活能力，让他们学会与人合作、协作，养成良好的生活习惯，为今后融入主流社会，并能独立生活做准备。该救助保护模式实质上是流浪未成年人救助保护中心工作向社区的延伸。

湖南省长沙市流浪未成年人救助保护中心进行了"大房子"救助保护模式实验。大房子项目主要是为7～15岁孤儿和无家可归的流浪未成年人提供一套住所，配备相应的生活设施和专职的保育员，实行开放式管理，根据儿童的特点开展简单的劳动技能培训和文化知识学习，对特殊的儿童可以安置在附近的社区就读。此外，还有其他多种救助保护方式。例如，柳州、合肥等城市的流浪未成年人救助保护中心将流浪未成年人送到正规学校读书；广东省流浪未成年人救助保护中心在实际工作中创造出了"类学校"教育的救助保护模式；天水市流浪未成年人救助保护中心尝试对流浪未成年人进行职业技能培训；吉林省将流浪未成年人统一送到省孤儿学校接受教育等。

（四）流浪未成年人救助保护工作面临的主要问题

1. 救助政策存在着一定的缺陷，也缺少具体的规定

目前，国家出台了《中华人民共和国未成年人保护法》《中华人民共和国预防未成年人犯罪法》及《城市生活无着落的流浪乞讨人员救助管理办法》《救助管理办法实施细则》等用于对流浪未成年人的救助。但这些法规政策只对未成年人的救助保护作了原则性规定，操作性不强，也缺乏具体的办法和措施。各地救助管理站在管理工作中，由于受其限制和束缚，影响了工作的开展。比如，有部分流浪未成年人是因为被遗弃或遭受家庭暴力或是虐待而离家外出流浪的儿童。这些儿童的父母没有尽到正常的监护人义务，也没有正当的理由，不能将流浪未成年人的监护责任进行委托，流浪未成年人救助站也就不会因受托而产生对这些儿童的监护义务，只能将他们送回监护人身边或户籍所在地。这些孩子因为遭遇的实际问题并未得到解决，不得不再次选择流浪。

此外，相关法律法规制度也缺乏一些具体的规定。比如，没有涉及父母和其他监护人的具体职责，并且没有把职责和惩戒措施结合起来，所以不能很好地形成保护流浪未成年人的联动机制。

2. 大多数救助机构存在资金、设备、人员不足的困境

目前，我国的救助管理站基本上是在原有的收容遣送站基础上改造而成的，条件差、空间小，设施简陋，很大程度上仍带有收容遣送站强制性管理的痕迹，不能满足对救助对象的人性化管理需求。基础设施的改造需要资金支持，救助工作也需要长期持续的资金支持。据重庆市的有关报道，重庆市改造救助管理站基础设施所需资金大约为3 000万元，但筹资难度很大。资金的不足成为许多救助机构面临的最大问题。同时，流浪未成年人救助保护中心的人员配备也不能满足救助机构日常服务和管理的需求。这些问题严重影响了流浪未成年人救助保护工作的开展。

3. 流浪未成年人救助方式不完善

一是矫治方式和手段需要改进。在大多数的流浪未成年人救助机构中，工作的重点在文化知识、技能学习和思想教育方面，而在思想和行为矫治上却很难看到成效。一方面是救助机构自身的原因，出于临时救助性质的考虑，救助站在思想和行为矫治上的工作周期长，见效慢，因此重视不够；另一方面是救助机构工作人员不足，特别是从事心理咨询和身心修复的专业人员极其缺乏。

二是集体养护模式不能适应儿童身心发展需求的个性化和多样化。对救助儿童的养护停留在生活的基本供给上，而不能关注到儿童身心发展中的心理和情感需求。

4. 救助机构之间的相互支持和合作不到位

根据《加强和改进流浪未成年人救助保护工作的意见》，民政部门主要负责对流浪未成年人的救助保护工作，公安、卫生、城管、交通等部门各自负有相应的救助职责。但是，负责流浪未成年人救助工作的政府部门之间不能有效协同形成合力。相关的法律法规也没能很好地对各部门协同中的分工和责任作出细致和明确的说明。

5. 返家安置难

目前，流浪未成年人普遍存在返家难的问题。这一问题的出现，主要是因为在流浪未

成年人中有的故意编造虚假姓名，隐瞒真实情况；有的装聋作哑，拒绝回答工作人员的询问。这些都给救助保护工作的顺利开展带来了许多障碍，并造成流浪未成年人返家难现象的发生。另外，被送回家庭的流浪未成年人，因家庭贫困等原因，普遍存在再次流浪的情况。而找不到家庭地址的流浪未成年人，则大多不适合进入儿童福利院（因长期流浪，其性格、行为均与福利院中的儿童有较大差异），但又没有专门的安置场地，存在安置难的问题。

（五）进一步做好流浪未成年人救助保护工作的措施

在流浪未成年人救助保护工作的具体措施方面，国内相关研究提出了构建"三位一体"的流浪未成年人救助体系。"三位一体"的流浪未成年人救助体系，是指包括预防、救助和回归三大环节在内的一整套针对流浪未成年人的保护机制，它以基本生活救助机制为核心，以积极的预防机制为基础，以实现流浪未成年人真正回归家庭与社会为目标。

结合我国现阶段流浪未成年人救助保护工作的现状及存在的问题，具体的措施可以包括以下几点。

（1）进一步完善有关流浪未成年人救助保护的法律、法规。在我国现有的法律、法规中，如《中华人民共和国未成年人保护法》《中华人民共和国预防未成年人犯罪法》及《城市生活无着落人员救助管理办法》《城市生活无着落人员救助管理办法实施细则》等，虽然有未成年人救助保护的相关条款，但这些条款只对未成年人的救助保护作了原则性的规定，在保护流浪未成年人的问题上只有原则性条款，操作性不强。流浪未成年人的基本权利得不到应有的保障，甚至人身安全都得不到保障。发生在黑龙江的阉割、致残流浪未成年人案及发生在广东的强暴、欺凌卖花女案等都说明了这个问题。要搞好流浪未成年人救助保护工作，当务之急，就是要出台一部专门针对流浪未成年人的特点，对流浪未成年人实施有效救助保护的法律法规。应在出台的法律法规中，明确流浪未成年人救助保护中心的性质与功能，同时要对流浪未成年人救助保护中心（或站）管理、在中心（或站）的期限及对流浪未成年人的监护、教育、医疗、送返、安置等问题做出明确规定。对家庭、学校的监护责任作出明确的规定并与惩罚措施挂钩。只有这样，才能使流浪未成年人救助保护工作做到有法可依，有章可循，才能使流浪未成年人救助保护工作真正走上制度化、法制化轨道。

（2）加大资金投入，完善救助保护的基础设施。完善基础设施，是搞好流浪未成年人救助保护工作的基础。"十一五"期间，国家建设了十多所流浪未成年人救助中心。"十二五"期间，民政部将在人口大县和一些流浪未成年人比较集中的地方，再建设一批流浪未成年人救助中心，同时对现有的救助机构要完善其行为矫正、文化培训、心理疏导和技能教育等方面的功能。为了体现国家政府对未成年人的关爱、保护，儿童救助保护机构的床铺桌椅、板凳、厕所等都应与救助管理成年人的有差异。要尽量给流浪未成年人创造一个温馨、舒适的环境，要让孩子进入救助保护中心后有"家"的感觉。正因如此，郑州市、长沙市流浪未成年人救助保护中心在救助保护流浪未成年人时，进行了"模拟家庭"实验，结果表明效果良好。这充分说明进一步完善基础设施是很有必要的。要进一步完善基础设施，就必须加大资金投入。在我国目前财力仍较紧张的情况下，发展救助保护事业还必须坚持以地方投入为主、外部资助为辅的原则。各级民政部门，一方面要广泛宣传，积极争取地方政府的理解和资金投入;另一方面要主动牵线搭桥,争取国际、国内各方面的资助。

(3) 建立全国的接送网络。应借鉴以前的工作经验,本着有利于流浪未成年人身心健康的工作原则,建立与完善流浪未成年人接送体系,解决其家属和流出地民政部门推诿、扯皮的状况。

(4) 改进救助方法。

一是要实行更加积极主动的救助保护。公安机关发现流浪乞讨的未成年人,应当护送到救助保护机构接受救助。对成年人携带儿童流浪乞讨的,进行调查、甄别,对有胁迫、诱骗、利用未成年人乞讨等违法犯罪嫌疑的,要依法查处;对由父母或其他监护人携带流浪乞讨的,应当批评、教育并引导护送到救助保护机构接受救助,无力自行返乡的由救助保护机构接送返乡,公安机关予以协助配合。民政部门要积极开展主动救助,引导护送流浪未成年人到救助保护机构接受救助。

二是要分类施策。对于被拐卖、利用、胁迫的流浪乞讨儿童,重点在于打击违法犯罪活动。及时解救受难的孩子并将他们送进救助机构给予基本生活照料和心理行为矫治,进而送其返乡;对于因为生活无着流浪乞讨的,民政部门要加大救助力度,使其生活和义务教育和技能学习有持续的保障;对于一些患病的孩子,民政部门本着"先救治后救助"的原则采取措施;对一些具有轻微违法行为的儿童,要加大心理疏导、行为矫正和文化教育方面的工作,由简单的物质救助转向全方位救助。

(5) 加强调研工作。开展全国性的调研,摸清流浪未成年人的状况,建立有利于救助保护工作开展的全国性网络,以便于各地对流浪未成年人开展救助保护工作。

(6) 加强救助保护队伍建设,实现救助保护队伍的职业化、专业化。当前我国对流浪未成年人的救助保护既有着基本生活的保障和照料,也有着对其心理和精神世界的引导和关注。想要真正让流浪未成年人救助保护发挥出更明显的效应,就需要造就一支职业化、专业化的救助保护队伍。救助管理工作人员应具备较高素质、较高的政策理论水平、高尚的职业道德和较强的职业能力。

(7) 对拐卖未成年人,诱使胁迫未成年人犯罪的违法行为要加强打击力度。公安机关要严厉打击拐卖未成年人犯罪,对来历不明的流浪乞讨和被强迫从事违法犯罪活动的未成年人,要一律采集生物检材,检验后录入全国打拐 DNA(脱氧核糖核酸)信息库比对,及时发现、解救失踪被拐未成年人。

某市救助站的工作人员已经是第十五次见到这个孩子在站外的街边游荡了。这个孩子叫小吉,今年 14 年。据孩子自己说,当他听说自己是被人拐卖的之后,就趁机从"家里"逃脱了,想要去寻找自己的亲生父母。可是,对于自己亲生父母的情况他知之甚少,对于"家里"的情况又闭口不谈。这已经是他在这个城市流浪的第三个月了,救助站曾两次把他接到站内临时救助。可是一听说要送他"回家",他很快就消失了。站内的工作人员很想给这个孩子一些实际的帮助,可是又不知道如何才能帮到他,于是就联系相关部门和单位帮助小吉寻亲，于是，小吉就经常游荡在这条街边，随时等待着救助站能给他带来"好消息"。

阅读资料并回答以下问题：

1. 造成小吉返家难的原因主要是什么？
2. 请结合小吉的需求谈一谈在救助流浪未成年人的问题上，相关的部门和机构应该通过哪些方面的工作来提高工作成效？

子情境5　儿童福利机构探访与完善儿童福利服务探讨

实践主题

儿童福利机构探访与完善儿童福利服务探讨。

要求教师带领学生走出学校，进入儿童福利机构开展一系列的实践活动，并进行探讨。

实践目标

（一）知识目标

1. 了解儿童福利机构的特点。
2. 掌握儿童福利机构的服务对象、服务领域、服务项目和服务特色。
3. 思考完善儿童福利服务的努力方向。
4. 掌握儿童福利服务的管理及运作机制。

（二）能力目标

1. 学生熟练运用调查统计方法的能力。
2. 训练学生社会交往能力和协调沟通能力。
3. 锻炼学生分析问题能力和解决问题能力。
4. 培养学生集体协作能力。
5. 培养学生管理儿童福利机构的综合能力。

（三）情感目标

1. 通过培养锻炼，学生能接纳、尊重儿童福利服务对象。
2. 通过培养锻炼，学生学会与团队成员互相协助，共同成长。
3. 通过培养锻炼，让学生树立积极、乐观、向上的心态。
4. 通过培养锻炼，让学生养成严谨的工作习惯和探索创新的精神。

实践前的准备

（一）教师的准备工作

1. 提前联系有特色的儿童福利机构。

2. 规划实践活动内容和方案，预算活动经费。
3. 组织召开实践动员会，宣读本次实践活动的意义和目的。
4. 将活动方式、活动内容、活动步骤、注意事项及基本礼仪向学生逐一进行讲解。
5. 指导学生撰写实践活动实施方案。
6. 组织学生事先了解并掌握本次实践活动可能涉及的常识、知识和技能。
7. 对实践过程中可能出现的突发事件拟定应急处理方案。

（二）学生的准备工作

1. 参加实践活动的同学按照每组6～8人的标准进行分组。
2. 每组选举一名小组长负责组员的纪律和管理服务工作，以及与老师和其他小组进行协调联系。
3. 明确目的，规划流程，既然是社会实践，首先要搞清楚活动的目的，然后规划具体操作流程。
4. 以小组为单位撰写实践活动方案。
5. 预先复习演练本次实践可能涉及的常识、知识和技能。

实践内容及说明

实践内容及说明见表4-1。

表4-1 实践内容及说明

序号	实践内容	实践说明
一	组员熟悉实践方案、开展热身互动	组员对预先拟定的实践方案进行熟悉，组员之间开展一至两个小游戏，增进小组成员的默契和了解
二	参观儿童福利机构	在教师和儿童福利机构工作人员的引领下参观儿童福利机构的工作场所、相关设施，了解儿童福利机构工作流程
三	感受儿童福利机构日常工作	以小组为单位，跟踪观察，体验并记录儿童福利机构工作人员日常工作
四	与儿童福利服务对象互动	分小组与在儿童福利机构接受服务的儿童开展互动活动，各小组可以自行选择互动内容，如陪儿童做游戏，为儿童表演小节目，与儿童谈心聊天等
五	儿童需求情况访谈	各小组使用访谈问卷，随机对儿童福利机构中的3～5名工作人员及3～5名能交流的儿童进行访谈，了解儿童福利服务的需求情况
六	活动回顾与总结	返校途中，或返校之后，由教师引导学生对实践活动进行回顾和总结

实践总结

1. 各小组分组撰写实践总结或实践报告，填入表4-2中。
2. 学生对这次实践活动进行自我评价，并由组内其他成员对其进行评价，填入表4-3中。
3. 教师对实践活动进行点评，对各小组的实践报告进行评价。

表4-2 实践方案及总结

实践主题：	
小组成员及分工：	
实践时间：	实践地点：
实践目标：	
实践方法：	
实践内容及分工：	
实践步骤：	
实践小结：	

表4-3 实践过程评价

专业　　　　班级　　　　小组名称　　　　学生姓名　　　　填表日期

评价项目	评价内容	自我评价			他人评价		
		优秀	良好	合格	优秀	良好	合格
学习态度	对实践主题充满了兴趣，能主动思考、探寻其中的问题，积极参加小组的实践活动						
组织合作	能与本小组成员团结协作，能在规定时间内完成小组布置的任务，记录及时、真实、完整						
实践能力	能利用多种途径搜集信息，并能对搜集到的信息进行整理						
	能动手制作调查问卷、采访提纲，会撰写实践方案、调查报告、采访总结						
	能及时展示实践成果并能与其他同学分享，口头表述详尽生动，举止大方自信，语言有感染力						

附件1：

实践报告参考格式

1. 报告题目

报告题目应该用简短、明确的文字写成，通过标题把实践活动的内容、特点概括出来。题目字数要适当，一般不宜超过20个字。如果有些细节必须放进标题，为避免冗长，可以设副标题，把细节放在副标题里。

2. 学院及作者名称

学院名称和作者姓名应在题目下方注明，学院名称应用全称。

3. 摘要（有英文摘要的中文在前，英文在后）

报告需配摘要，摘要应反映报告的主要内容，概括地阐述实践活动中得到的基本观点、实践方法、取得的成果和结论。摘要字数要适当，中文摘要一般以200字左右为宜，英文摘要一般至少要有100个实词。摘要包括：

(1)"摘要"字样。

(2)摘要正文。

(3)关键词。

(4)中图分类号。

4. 正文

正文是实践报告的核心内容，是对实践活动的详细表述。这部分内容为作者所要论述的主要事实和观点，包括介绍实践活动的目的、相关背景、时间、地点、人员、调查手段组成，以及对实践活动中得到的结论的详细叙述。

要能够体现解放思想、实事求是、与时俱进的思想路线，有新观点、新思路；坚持理论联系实际，对实际工作有指导作用和借鉴作用，能提出建设性的意见和建议；报告内容观点鲜明，重点突出，结构合理，条理清晰，文字通畅、精练。字数一般控制在5 000字以内。

5. 结束语

结束语包含对整个实践活动进行归纳和综合而得到的收获和感悟，也可以包括实践过程中发现的问题，并提出相应的解决办法。

6. 谢辞

谢辞通常以简短的文字对在实践过程与报告撰写过程中直接给予帮助的指导教师、答疑教师和其他人员表示谢意。

7. 参考文献

参考文献是实践报告不可缺少的组成部分，它反映实践报告的取材来源、材料的广博程度和材料的可靠程度，也是作者对他人知识成果的承认和尊重。

8. 附录

对于某些不宜放在正文中，但又具有参考价值的内容可以编入实践报告的附录中。

> 实践知识链接

特殊儿童康复训练理论与实务

一、特殊儿童康复训练理论[①]

（一）整体康复思想

整体康复思想是指导采用综合性的康复手段，利用一切可以利用的资源，使病、伤、残者尽可能成为完整意义上的社会化的人，也称为全面康复或大康复。内容包括现代康复技术四大领域，即医学康复、教育康复、职业康复和社会康复。整体康复是一种基于人的本质特征——社会性及需求层次而提出的康复训练理念和实务理论。在特殊儿童康复训练中，整体康复思想对促进障碍儿童发展尤为重要，是特殊教育的重要组成部分。

（二）医教结合思想

医教结合指的是医学与特殊教育学两个彼此相对独立的领域在理论、技术及研究方法等不同层面的有机结合。医教结合思想的有效实施需要通过课程设置和教师知识结构的更新来落实，通过教育行政管理改革和观念的更新加以保障。

（三）学生发展中心论（早期干预论）

儿童青少年期是人生的奠基时期。出生后，人的大脑的发育和成熟，基本能力的习得和形成主要集中在青少年期的前十几年，关键时期只有 6~8 年的时间。当前，我国儿童福利机构的教育对象的结构已发生根本转变，教育对象大多度过（浪费）了发育的关键期，但仍处于发展时期，特别是初期（11~12 岁前）。为此，儿童福利机构教育要充分利用这个时期，通过康复与教育的整合，让每一次教育机会和训练项目尽可能负载客体不同性质的信息，尽可能调动主体（儿童）多种感知器官及相应中枢功能区的主动参与，最大限度促进障碍儿童多种技能的协调发展，为他们现实的、未来的生存和社会活动发展必需的基本能力。

（四）优势发展理论

人的发展是一个在全面发展基础上的优势发展。在这一总体发展趋势上，特殊儿童表现出"非特殊性"。在儿童青少年阶段，个体借助自然发育和教育干预奠定人一生发展的运动、感知、思维、言语语言和社会技能等基本能力，在此基础上，个体依据自身的兴趣爱好步入优势发展轨迹，即术业有专攻。障碍儿童也是在遵循这一发展规律的前提下，表现出特殊需要特征。障碍儿童优势发展论的基本内容是：障碍儿童各能力发展存在差异，有些能力会因障碍的阻滞可能终身难以发展，但有些能力可以通过适当的干预手段得到应有的发展，并在发展可发展能力的基础上发展潜能和补偿缺陷。

[①] 北京市儿童福利院．儿童康复培训教材[M]．北京：中国社会出版社，2010．

(五) 多元智能理论

多元智能理论是由美国哈佛大学教育研究院的心理发展学家霍华德·加德纳 (Howard Gardner) 在1983年提出的。他认为,人的智力是一个量度他的解题能力的指标,人类的智能至少可以分成语言、逻辑、空间、肢体运作、音乐、人际、内省、自然探索八个范畴。在此理论基础上,进行多感官康复训练系统,主要面向患有自闭症、多动症、唐氏综合征、轻度脑瘫、智障等特殊儿童群体。

多元智能理论指导的多感官训练体系是指应用各项设备及策划一系列适合障碍人士的活动程序,提升患者在接收感官刺激及作出反应行为的表现,促进主动探索环境的兴趣及能力,从而培养及引发他们在日常生活技能及课程学习方面的动机、技巧及表现。针对特殊儿童群体,运用多感官训练系统,以参与式、体验式的干预疗法为手段,在整个使用过程中,参与者的影像融入虚拟世界中,与课件中的图像进行即时的互动。

(六) 整合干预理论

整合干预理论是指导特殊儿童康复训练和特殊教育实践的重要思想之一,强调康复训练的内容和形式不是单一的,而是多元的,是障碍儿童在干预实践活动的基本需要,是人的社会活动的客观要求。人的一举一动都是多种感觉信息(先验的和现实的)在大脑中同时或(和)相继整合的外显。现实存在的事物及其活动形式是多维度的,人对客体的认识需要多重感官的同时或相继参与,以期从多维度获取认识对象的不同特性,达到全面认识对象和对认识对象的抽象概括。

二、脑瘫儿童部分康复训练

(一) 头部控制训练

1. 俯卧位抬头训练

患儿用前臂支撑身体。训练人员位于患儿头部前方,用颜色鲜艳、可发光或发声的玩具吸引患儿,同时对患儿说:"抬头,抬头。"若患儿不主动抬头,训练人员可用手指叩击患儿颈后,诱导其抬头。患儿俯卧在楔形垫或枕头上,把较高的一侧垫在胸下,患儿双腿伸直,双手前伸。将玩具放在患儿头部前方或上方,鼓励患儿抬头看玩具,并伸手抓玩具。

2. 仰卧位抬头训练

患儿双下肢屈曲,头、躯干摆正;训练人员双手握住患儿肘部,缓慢将患儿拉起,当患儿的头稍有后仰时停止。

3. 坐位头部控制训练

患儿双腿分开,坐在训练人员的大腿上;训练人员面向患儿,取双腿屈曲坐位,通过与患儿游戏,使患儿练习抬头、低头和转头。

（二）翻身训练

通过多种方法训练患儿翻身，可扩大患儿的活动范围，为爬做好准备。

1. 由下肢带动翻身训练

患儿仰卧，四肢自然放松；训练人员位于患儿双脚下方，双手交叉，握住患儿的双踝关节，辅助患儿用双下肢带动身体转为侧卧位，并同时说："翻身。"

患儿俯卧，双上肢伸向头的前方；训练人员双手握住患儿双踝关节，辅助患儿用双下肢带动身体转为仰卧位，并同时说："翻身。"

2. 由上肢带动翻身训练

患儿仰卧位，四肢自然放松；训练人员位于患儿头顶上方，诱使头转向要翻转的一侧。双手分别握住患儿腕关节和肩部，辅助患儿用上肢带动其身体转为侧卧位或俯卧位，并同时说："翻身。"

3. 用玩具吸引翻身训练

患儿仰卧；训练人员用颜色鲜艳、可发声或发光的玩具吸引患儿转头，伸手抓玩具，诱导其翻身，并同时说："转头，伸手抓，翻身。"

（三）平衡和协调运动训练

1. 在治疗球上训练

患儿坐在治疗球上；训练人员双手扶住患儿身体，轻轻向左、右、前、后滚动治疗球，晃动球体的幅度应以患儿能保持坐稳为准，防止患儿摔倒。

2. 在平衡板上训练

患儿双脚分开站在平衡板上；训练人员扶住患儿两侧髋部，帮助其身体重心在双脚之间转移。

3. 在滚筒上训练

患儿双手前伸，俯卧在滚筒上；训练人员缓慢移动滚筒，使患儿随滚筒运动，当患儿手掌能触及地面垫子时即可。

三、听觉康复训练

听力障碍造成聋儿听觉发育落后于同龄正常儿童。助听器和人工耳蜗只解决能否听见的问题；而大脑对传进来的各种声音，特别是形形色色的语言需要有一个认知、理解、记忆、掌握的过程；再加上聋儿长期不开口说话，发音器官僵硬、不协调，加之不能理解、掌握、运用语言，因此需要进行科学的训练，才能使聋儿说话清楚、流利。

（1）判断声音有无。有意识地制造或利用各种声音，使聋儿感受到声音的存在，培养听觉察知的能力，并教会聋儿运用表情、手势、动作或语言等方式，对听到的声音有所表示，这是听觉训练的基础。

（2）听觉注意。充分调动聋儿注意听取各种声音，尤其是语言声的兴趣，引导注意倾听别人的问话与交谈的意识和技巧，逐步养成聆听的好习惯。聆听习惯的培养不仅是听觉训练的重要内容，而且贯穿于听觉训练的始终。

（3）分辨不同声音。通过演示、对比、操作等手段帮助聋儿分辨各种不同的声音，尤其是语言声及其代表的含义，以培养聋儿的听觉走向、听觉辨别、听觉记忆，形成听觉概念的能力。特别强调的是分辨语言声是听觉训练的主要内容，对聋儿更具实际意义。

（4）选择性听取。对已学过的、熟悉的内容在一定的背景声下进行听取练习，以提高聋儿在日常环境噪声下捕捉有用信息的能力。

（5）听觉反馈。帮助聋儿逐步学会注意倾听自己的发音、语言表达与运用是否正确、恰当，并对错误及时地加以纠正。

 案例分析

"让家园式的养育模式代替机构式的养育模式，让孤残儿童体会到家的温暖和亲情，是我们建立馨和园家园残疾公寓的最终目的，目前已经初见成效。"近日，乌鲁木齐市儿童福利院业务副院长吕洁接受记者采访时说，"在这么多年的养育过程中，我们发现家园式的环境，可以照顾到每个孩子，轻中度的残障孩子进入家庭养育模式以后，可以学习一些技能。"

馨和园家园残疾公寓2008年年底正式投入使用，是乌鲁木齐市儿童福利院改变养育模式的首次突破性尝试。现在馨和园有近16个家庭、16个妈妈、90个孩子在生活。最小的孩子1岁，最大的已经20多岁了。孩子们在这里跟正常的孩子一样每天上学，有"爸爸""妈妈"，有兄弟姐妹，有一个温暖的家。

爱心妈妈撑起了特殊的家

作为第一批到院的"妈妈"，李芳跟6个"儿子"已经生活了5年。刚来的时候，看着这些特殊的孩子，她也曾打过退堂鼓。但看着孩子们渴望母爱的眼神，她咬咬牙坚持了下来。进入新的家庭，孩子们与妈妈都经历了太多。因为身体发育不健全，有些孩子拉到裤子里，有的不吃饭、闹情绪，有一些智障的孩子闹起情绪就无法控制，被打、被咬、被掐，李芳都经历过。经过一年的磨合，妈妈和孩子们都建立了深厚的感情，成为相亲相爱的"一家人"。"我的孩子都非常孝顺，每天帮我收拾碗筷，跟我聊天，还给我按摩。在西点房上课的孩子，每天还将做好的饼干带回来给我尝。我生病的时候，他们端茶倒水，帮我干家务，这些孩子我从心底喜欢。如果他们不在家，我的心会空落落的，我们一家人在一起特别快乐。"李芳说。

记录孩子成长变化、计划生活费、做清洁、做好孩子的营养搭配、每个月的培训学习成为妈妈们的必修课。

孩子们在爱中成长

在这样的家庭里，孩子们一个个成长起来了，他们学会了独立上学、吃饭、看书、叠被子、洗衣服,也开始学会了慢慢地与人交往接触。而这些,在过去是不可能做到的事情。

在"妈妈"杨新梅的家里,有一个天生没有膝盖的5岁孩子,他刚来的时候,除了躺着什么都不会,现在已经学会了自己吃饭,自己扶着桌子走路,甚至还会画一些图片来感谢照顾自己的人。还有一些家庭的孩子,因为长时间的相处,知道了兄弟姐妹的情感表达,知道了珍惜,知道了给予,最重要的是知道了怎么保护自己。

"在家庭养育模式下长大的孩子,感情都特别丰富,他们知道如何与人交往,知道如何去表达自己的情感,这些是在机构养育模式中无法达到的效果。我们希望将来有更多的力量加入到家庭养育模式的行列,让更多孤残儿童能够健康快乐地成长。"吕洁说。

为了让孩子们长大后能融入社会,做到"残而不废",乌鲁木齐市儿童福利院给馨和园的孩子们开设了多种技能培训班。手工编织、钻石贴图、刺绣、毛衣编织、西点制作,每个项目都有专门的特教老师教孩子学习,让他们具备更多的生存技能。

"有一些残疾孩子通过多年的康复教育和特殊教育培训,是有能力做一些事情的。我们通过实践发现,孩子们都有非常强的能力,西点制作、刺绣、手工编织等方面都取得了很好的成绩。"吕洁自豪地说。

吕洁说,西点制作是一个目前已初见成效的技能培训。在这里,孩子们每天都要学习社会课程及西点制作。社会课程教他们认识钱币,学会与人交往。在西点制作课上,糕点师会手把手地教孩子们制作西点。

"现在儿童福利院里的早点及平时的甜点都是通过西点房提供的,不仅培养了孩子们的兴趣,更是让他们具有了一门可以自力更生的手艺。"吕洁说。

(资料来源:http://news.hexun.com/2014-01-09/161289744.html.)

问题:
1. 在福利院生活的孤残儿童有哪些服务需要?
2. 在家园式养育服务中,需要具备哪些基本素质和技能?

复习思考

1. 简述我国儿童福利机构养育的概念和儿童福利机构的类型。
2. 简述儿童家庭寄养的类型。
3. 简述办理儿童家庭寄养的程序。
4. 儿童福利机构养育服务包括哪些主要内容?
5. 简述儿童家庭寄养概念,以及寄养和收养的区别。
6. 简述选择寄养家庭时需考虑的几个因素。
7. 简述听觉康复训练的步骤。
8. 设计一个儿童福利服务的实践活动方案。
9. 分析我国儿童社会福利事业存在的主要问题,并探讨其改革与发展对策。

学习情境五

残疾人福利服务

子情境1 残疾人福利服务的具体制度与政策

能力目标

1. 培养学生关爱社会弱者、观察社会事物和获取社会信息的能力。
2. 锻炼学生在残疾人福利服务方面的分析能力和问题解决能力。

知识目标

1. 了解残疾人的定义、分类、评定标准。
2. 了解我国残疾人群体现状。
3. 掌握残疾人社会福利服务的概念及内容。
4. 掌握我国残疾人社会福利服务的相关制度与政策。
5. 了解我国残疾人社会福利的改革与发展对策。

任务一 残疾人福利服务需求认知

情境导入

中央财政下拨3.71亿元支持残疾人事业发展

2013年7月,中央财政下拨2013年残疾人事业发展专项补助资金3.71亿元,比

2012年增长7.4%，主要用于残疾人康复，智力、精神和重度残疾人托养服务及宣传文化等方面支出。

关心残疾人，是社会文明进步的重要标志。为贯彻落实党中央、国务院的统一部署，中央财政积极安排资金，支持和推动残疾人事业稳步发展。"十一五"时期，中央财政共拨付残疾人事业发展专项资金4.39亿元。《国务院关于批转中国残疾人事业"十二五"发展纲要的通知》（国发〔2011〕13号）进一步提出，要将残疾人事业纳入国民经济和社会发展大局，加大投入，建立稳定增长的残疾人事业经费投入保障机制，缩小残疾人生活状况与社会平均水平的差距。"十二五"时期，截至2013年7月末，中央财政共下拨残疾人事业发展专项资金10.17亿元，用于残疾人康复、预防、教育、就业、扶贫、托养、宣传文化等方面，为改善和提高残疾人社会福利水平提供稳定的资金保障。

（资料来源：http://www.chinadp.net.cn/news_/focus/2013-07/31-11917.html，有删减.）

任务描述

残疾人因为先天或后天原因不能拥有健全的身体，这给他们的生活带来了极大的不便。即使面对生活中不起眼的小事，他们也要付出比常人更多的努力。你能体会到这一点吗？你知道残疾人在生活中会遇到哪些方面的困难吗？

任务实施

1. 每个小组推选四名同学分别扮演上肢残疾者、下肢残疾、视力残疾者和言语残疾者。
2. 请四位扮演残疾人的同学选取残疾人日常生活中的一个片段向大家进行展示：
(1) 扮演上肢残疾的同学体验穿衣服、叠被子或系领带等动作。
(2) 扮演下肢残疾的同学体验上、下楼梯或开门等动作。
(3) 扮演视力残疾的同学体验从走廊的另一头到达教室座位。
(4) 扮演言语残疾的同学体验向陌生人问路。
3. 请扮演残疾者的同学谈一下体验过程中的感受，再请全班同学自由讨论残疾人在学习、工作、生活中会遇到哪些方面的困难和障碍，需要得到哪些帮助。
4. 进一步思考：残疾人有哪些需求？如何实现残疾人平等参与社会生活？

任务总结

1. 请学生代表进行发言总结。
2. 老师对学生表现和所讨论的问题进行点评。

任务反思

残疾人是社会的弱势群体，残疾人事业是全面建设小康社会的重要组成部分。尊重残疾人的生存权利，使其普遍享有基本生活保障及康复、就业、教育等权利，是一个国家和地区社会文明进步的重要标志，也是构建和谐社会的重要内容。为了帮助残疾人平等参与社会生活，应该从各个方面创造条件，努力改善残疾人的学习、工作与生活环境。

> 知识链接

一、残疾人的定义、分类与评定标准

（一）残疾人的定义

残疾一般是指因为疾病、意外伤害等得各种原因所致的人体结构、生理功能的异常或丧失，从而导致部分或全部丧失正常人的生活、工作和学习的能力，无法担负其日常生活和社会职能。根据全国人大常委会1990年12月28日通过的《中华人民共和国残疾人保障法》第二条的规定：残疾人是指在心理、生理、人体结构上，某种组织、功能丧失或者不正常，全部或者部分丧失以正常方式从事某种活动能力的人。这就是残疾人的定义。这个定义包括两层意思：第一层意思是在心理、生理、人体结构上存在残缺或损伤；第二层意思是指全部或部分丧失以正常方式从事某种活动的能力，也就是说不能完全像健全人那样以正常方式从事活动。

（二）残疾人的分类与评定标准

《中华人民共和国残疾人保障法》规定："残疾人包括视力残疾、听力残疾、言语残疾、肢体残疾、智力残疾、精神残疾、多重残疾和其他残疾。"

关于残疾标准，各国因经济和社会发展水平不同，评定的尺度不一。目前我国评定残疾人的基本依据是国务院批准的《第二次全国残疾人抽样调查残疾标准》。中国残疾人联合会（以下简称中国残联）制定的《中国残疾人实用评定标准》是抽样调查标准的具体化、实用化。

《中国残疾人实用评定标准》对各类残疾的评定标准如下。

1. 视力残疾标准

（1）视力残疾的定义。

视力残疾，是指由于各种原因导致双眼视力障碍或视野缩小，通过各种药物、手术及其他疗法而不能恢复视功能者（或暂时不能通过上述疗法恢复视功能者），以致不能进行一般人所能从事的工作、学习或其他活动。

视力残疾包括盲及低视力两类。

（2）视力残疾的分级（见表5-1）。

表5-1 视力残疾的分级

类　别	级　别	最佳矫正视力
盲	一级盲	无光感～（<0.02）；或视野半径<5度
	二级盲	（≥0.02）～（<0.05）；或视野半径<10度

续表

类　　别	级　　别	最佳矫正视力
低视力	一级低视力	0.05～0.1
	二级低视力	0.1～0.3

注：1. 盲或低视力均指双眼而言；若双眼视力不同，则以视力较好的一眼为准；
2. 如仅有一眼为盲或低视力，而另一眼的视力达到或优于0.3，则不属于视力残疾范围；
3. 最佳矫正视力，是指以适当镜片矫正所能达到的最好视力，或以针孔镜所测得的视力；
4. 视野半径＜5度或视野半径＜10度者，不论其视力如何，均属于盲。

2. 听力残疾标准

（1）听力残疾的定义。

听力残疾是指由于各种原因导致双耳不同程度的听力丧失，听不到或听不清周围环境声及言语声（经治疗一年以上不愈者）。

听力残疾包括听力完全丧失以及有残留听力但辨音不清、不能进行听说交往两类。

（2）听力残疾的分级（见表5-2）。

表5-2　听力残疾的分级

级　　别	平均听力损失/dBSPL	言语识别率/％
一级	＞90（好耳）	＜15
二级	71～90（好耳）	15～30
三级	61～70（好耳）	31～60
四级	51～60（好耳）	61～70

注：本标准适用于3岁以上儿童或成人听力丧失经治疗一年以上不愈者。

3. 言语残疾标准

（1）言语残疾的定义。

言语残疾是指由于各种原因导致的言语障碍（经治疗一年以上不愈者），而不能进行正常的言语交往活动。

言语残疾包括言语能力完全丧失及言语能力部分丧失、不能进行正常言语交往两类。

（2）言语残疾的分级（见表5-3）。

表5-3　言语残疾的分级

级　　别	语音清晰度/％	言语表达能力	发音能力
一级	＜10	未达到一级测试水平	只能简单发音而言语能力完全丧失
二级	10～30	未达到二级测试水平	有一定的发音能力
三级	31～50	未达到三级测试水平	有发音能力
四级	51～70	未达到四级测试水平	有发音能力

注：本标准适用于3岁以上儿童或成人，明确病因，经治疗一年以上不愈者。

4. 智力残疾标准

(1) 智力残疾的定义。

智力残疾是指人的智力明显低于一般人的水平，并显示适应行为障碍。

智力残疾包括：在智力发育期间，由于各种原因导致的智力低下；智力发育成熟以后，由于各种原因引起的智力损伤和老年期的智力明显衰退导致的痴呆。

(2) 智力残疾的分级（见表5-4）。

根据世界卫生组织（WHO）美国智力低下协会（AAMD）的智力残疾的分级标准，按其智力商数（IQ）及社会适应行为来划分智力残疾的等级。

表5-4 智力残疾的分级

智力水平	分级	智商（IQ）范围	*适应行为水平
重度	一级	<20	极度缺陷
重度	二级	20～34	重度缺陷
中度	三级	35～49	中度缺陷
轻度	四级	50～59	轻度缺陷

注：1. *指韦氏儿童智力量表；

2. 智商（IQ）是指通过某种智力量表测得的智龄和实际年龄的比，不同的智力测验，有不同的 IQ 值，诊断的主要依据是社会适应行为。

(3) 自闭症纳入智力残疾类别。

5. 肢体残疾标准

(1) 肢体残疾的定义。

肢体残疾是指人的肢体残缺、畸形、麻痹所致人体运动功能障碍。

肢体残疾包括：脑瘫、偏瘫，小儿麻痹后遗症，先天性截肢，先天性缺肢、短肢，肢体畸形，侏儒症，两下肢不等长，脊柱畸形，严重骨、关节、肌肉疾病和损伤，周围神经疾病和损伤等。

(2) 肢体残疾的分级（见表5-5）。

残疾者在无辅助器具帮助下，对其日常生活活动的能力进行评价计分。日常生活活动分为八项，即端坐、站立、行走、穿衣、洗漱、进餐、如厕、写字。能实现一项算1分，实现困难算0.5分，不能实现的算0分，据此划分三个等级。

表5-5 肢体残疾的分级

级 别	程 度	计 分
一级（重度）	完全不能或基本上不能完成日常生活活动	0～4
二级（中度）	能够部分完成日常生活活动	4.5～6
三级（轻度）	基本上能够完成日常生活活动	6.5～7.5

注：下列情况不属于肢体残疾范围：

1. 保留拇指和食指（或中指），而失去另三指者；
2. 保留足跟而失去足前半部者；
3. 双下肢不等长，相差小于5cm；
4. 小于70°驼背或小于45°的脊柱侧凸。

6. 精神残疾标准

(1) 精神残疾的定义。

精神残疾是指精神病人患病持续一年以上未痊愈,同时导致其对家庭、社会应尽职能出现一定程度的障碍。

(2) 精神残疾的分级(见表5-6)。

对于患有精神疾病持续一年以上未痊愈者,应用"精神残疾分级的操作性评估标准"评定精神残疾的等级。

重度(一级):五项评分中有三项或多于三项评为2分。

中度(二级):五项评分中有一项或两项评为2分。

轻度(三级):五项评分中有两项或多于两项评为1分。

表5-6 精神残疾的分级

社会功能评定项目	正常或有轻度异常	确有功能缺陷	严重功能缺陷
个人生活自理能力	0分	1分	2分
家庭生活职能表现	0分	1分	2分
对家人的关心与责任心	0分	1分	2分
职业劳动能力	0分	1分	2分
社交活动能力	0分	1分	2分

注:无精神残疾的标准是五项总分为0或1分。

7. 多重残疾

存在两种或两种以上残疾为多重残疾。多重残疾应指出其残疾的类别。多重残疾分级按所属残疾中最重类别残疾分级标准进行分级。

二、我国残疾人基本概况

根据联合国调查,残疾人占世界人口数量的1/10,约有6.5亿人。中国是世界上人口最多的国家,同时也是世界上残疾人数量最多的国家。2006年第二次全国残疾人抽样调查主要数据显示,全国各类残疾人的总数为8 296万人,与1987年的调查结果5 164万人相比,我国残疾人口总量增加了3 132万人,占总人口的比例明显上升,残疾人口的数量已占全国人口的6.34%(见表5-7)。而2010年年底发布的《2010年度全国残疾人状况及小康进程监测报告》称,中国残疾人生活状况改善较大,但与社会平均水平相比仍存在较大差距。根据第二次全国残疾人抽样调查及第六次全国人口普查的结果推算,2010年年末我国残疾人总数为8 502万人。各类残疾人的人数分别为:视力残疾1 263万人;听力残疾2 054万人;言语残疾130万人;肢体残疾2 472万人;智力残疾568万人;精神残疾629万人;多重残疾1 386万人。各残疾等级人数分别为:重度残疾2 518万人;中度和轻度残疾人5 984万人。[①]

表5-7　1987年和2006年两次全国残疾人抽样调查主要数据比较

	1987年			2006年		
	残疾人数/万人	占残疾人口比重/%	占总人口比重/%	残疾人数/万人	占残疾人口比重/%	占总人口比重/%
视力残疾	754	14.61		1 233	14.86	
听力残疾	1 770	34.29		2 004	24.16	
言语残疾				127	1.53	
肢体残疾	755	14.62		2 412	29.07	
智力残疾	1 017	19.70		554	6.68	
精神残疾	194	3.76		614	7.40	
多重残疾	674	13.03		1 352	16.30	
总计	5 164	100	4.90	8 296	100	6.34

注：6.34%是根据各省的残疾人比率汇总而来的，与根据直接调查数据得出的残疾人比率6.39%相比，有一定的误差，我国的残疾人占总人口的比率以6.34%为准。

［资料来源：田宝，张扬，邱卓英．两次全国残疾人抽样调查主要数据的比较与分析[J]．中国特殊教育，2007 (08)：54-56.］

当前我国残疾人事业迈出历史性的新步伐。党中央、国务院印发《关于促进残疾人事业发展的意见》，对发展残疾人事业作出重大部署，提出加快推进残疾人社会保障体系和服务体系建设、努力使残疾人和全国人民一道向着更高水平小康社会迈进的目标，为未来一个时期残疾人事业的发展指明了方向。国家修订《中华人民共和国残疾人保障法》，加入联合国《残疾人权利公约》，制定实施《残疾人就业条例》和残疾人社会保障、特殊教育、医疗康复等领域的一系列政策法规，为发展残疾人事业、保障残疾人权益奠定了法律制度基础。完成第二次全国残疾人抽样调查，为规划和发展残疾人事业提供了科学依据。成功举办2008年北京残奥会、上海世界特奥会、广州亚残运会，上海世博会设立生命阳光馆，开展全国残疾人职业技能竞赛、全国残疾学生技能竞赛和残疾人特殊艺术展演，宣传我国残疾人事业发展成就，表彰全国残疾人自强模范和扶残助残先进，人道主义思想广泛弘扬，扶残助残的社会氛围日益浓厚，残疾人参与社会生活的环境进一步改善。2013年，中央制定《中国残疾人事业"十二五"发展纲要》加快推进残疾人社会保障体系和服务体系建设，进一步改善残疾人状况，促进残疾人平等参与社会生活。

在各级党委、政府的重视和社会各界的支持下，《中国残疾人事业"十一五"发展纲要（2006年—2010年）》各项任务指标全面完成，残疾人状况得到明显改善，政府和社会为残疾人服务的能力进一步提升：实施一批重点康复工程，1 037.9万残疾人得到不同程度的康复。残疾人特殊教育学校达到1 704所，在校残疾学生总数为42.6万人，残疾儿

---

① 中华人民共和国国家统计局．中国统计年鉴2013[M]．北京：中国统计出版社，2013.

童少年义务教育入学水平明显提高；残疾人职业培训机构达到 4 704 个，376.5 万人次残疾人接受职业教育和培训。残疾人就业服务机构达到 3 019 个，城镇新就业残疾人 179.7 万人次；扶持 618.4 万人次农村残疾人摆脱贫困；城乡残疾人接受各种形式的社会救助分别达到 1 623.7 万人次和 4 237.6 万人次。残疾人法律服务机构达到 3 231 个，为 57.9 万人次残疾人提供法律服务和法律援助。创建 100 个全国无障碍建设示范城市，城市无障碍环境显著改善。基层残疾人组织得到加强，残疾人综合服务设施网络初步建立，为残疾人服务的条件得到改善。广大残疾人积极投身改革开放和社会主义现代化建设伟大实践，自强不息，顽强拼搏，在经济社会发展中发挥了重要作用。

三、残疾人证及管理和办证程序

（一）残疾人证

《中华人民共和国残疾人证》是经国家批准的由中国残联统一制发的残疾人专用证件，是认定残疾人及其残疾类别、等级的合法凭证。残疾评定标准为国务院批准的《中国残疾人实用评定标准》。根据《中华人民共和国残疾人证管理办法》第三条规定："凡是符合残疾标准的视力、听力、言语、智力、肢体、精神及多重残疾人均应发给残疾人证。"身有残疾尚未达到规定标准者，不能发给残疾人证。

《中华人民共和国残疾人证》的效用主要体现在：

（1）证明残疾及其残疾类别、等级的凭证。

（2）享受国家和地方政府优惠政策及扶助规定，维护合法权益的依据。

（3）制订工作计划，发展残疾人事业的基础。

（二）残疾人证的核发和管理

残疾人证由中国残联统一制发，套印中国残联印章。视力残疾人证采用红色磨砂人造革皮面，其他类别残疾人证采用绿色磨砂人造革皮面。地方残联负责发放和管理（以残疾人户口所在地为准）。

《中华人民共和国残疾人证管理办法》对核发和管理残疾人证，有如下明确规定。

（1）残疾人证由省级残联统一编号，县级残联负责核发和管理。

（2）以《中国残疾人实用评定标准》认定发证。对于明显残疾，易于认定残疾类别、等级者，可直接认定发证；县级残联难以直接认定残疾类别、等级者，请县及县级以上医院或专科医院检查后认定核发。

（3）严格按残疾类别、等级和残疾人证各栏具体要求填写残疾人证，并登记造册，建档立卡。

（4）残疾人康复脱残、死亡要及时收回残疾人证；残疾人证遗失要及时注销并补办新证。

（5）规范残疾人证的核发和管理工作，杜绝向非残疾人发证。

办理残疾人证不向申请人收取工本费。县级（含县级）以上医院或专门医疗机构评定残疾类别、等级的费用及照片等费用，原则上由申请人个人自理。对特殊困难的申请人应协调有关部门予以减免。

(三) 残疾人证的办理流程

（1）申请：第一次申办残疾人证的申请人（或法定监护人）和第一代残疾人证换领第二代残疾人证的申请人（或法定监护人），均需持申请人身份证、户口本和二寸免冠照片向户口所在地县级残联提出办证申请，填写申请表、评定表，如实填写相关信息。

（2）受理：县级残联接到办证申请人提交的相关手续后，由办证人员对申请人、照片、身份证、户口本进行核对，并将申请表中相关信息录入残疾人人口基础数据库。对于填写虚假信息者不予受理。

（3）残疾评定：第一次申办残疾人证的申请人和第一代残疾人证换领第二代残疾人证的申请人，县级残联对于残疾特征明显，依照残疾标准，易于认定残疾类别、等级者，可直接填写评定表，并在评定表中明确记录残疾特征和直观评价，但必须经过包括理事长在内的3人联合评定、签字；其他难以直接认定残疾类别、等级者，必须经县级残联指定的县级（含县级）以上医院或专门医疗机构评定，由县级残联指定的县级（含县级）以上医院或专门医疗机构填写评定表，要有明确的残疾评定结果。

（4）初审、填发：县级残联根据申请人的相关材料和县级残联指定的县级（含县级）以上医院或专门医疗机构作出的残疾评定结果进行初审，并将评定表相关信息录入残疾人人口基础数据库。

对于信息虚假或县级残联指定的县级（含县级）以上医院或专门医疗机构作出的残疾评定结果不符合残疾标准者，予以退回。对于残疾特征明显，依照残疾标准易于认定残疾类别、等级，县级残联直接填写评定表者和县级残联指定的县级（含县级）以上医院或专门医疗机构作出的残疾评定结果符合残疾标准者，按照残疾评定结果填写打印残疾人证相关信息，连同申请表、评定表等材料一式三份报市级残联审核批准。

县级残联理事长要在残疾人证填发人处签字，在填发机关栏加盖填发机关公章。

（5）审核、批准、备案：市级残联根据《中国残疾人实用评定标准》和《中华人民共和国残疾人证管理办法》，对申请人办证申请、县级残联的受理程序、残疾评定结果、县级残联的初审意见进行审核。对于不符合残疾标准、县级残联初审意见错误或不明确及其他不符合规定者，予以退回，不予批准。对于符合残疾标准、县级残联受理、初审意见正确并符合程序规定者，予以批准。在批准机关栏内加盖公章，在持证人像上加盖钢印，并留存一份申请表、评定表等相关档案资料。

（6）发放、备案：县级残联发放市级残联审核批准的残疾人证，并留存一份申请表、评定表等相关档案资料。

（7）领取、保存：申请人到县级残联领取经审核批准的残疾人证，本人保存一份申请表、评定表等相关档案资料。

四、残疾人社会福利概念及相关理论

(一) 残疾人社会福利概念

残疾人社会福利是指国家和社会为保障残疾人的特殊需要和利益而提供的照顾和服

务。包括残疾人生活保障、残疾人劳动就业、残疾人福利服务、残疾人教育、残疾人康复、无障碍建设、假肢科研与生产等方面。残疾人是社会的弱势群体，他们由于先天或后天的原因，导致身体残疾或功能障碍，造成了个人生存和发展的困难，因此我们更应该关注他们的社会需求和生活方式，使他们在生存、就业、教育及其他权利上同其他社会成员保持平等地位。

（二）残疾人社会福利理论

关于残疾人社会福利的理论主要有以下几种。

1. 供养理论

供养理论认为，在各种社会中，对于残疾人，特别是失去劳动能力的残疾人的最初的，甚至认为是最好的办法是把他们供养起来。他们的家人或社会通过对残疾人的供养而表示对残疾人的责任和爱。在经济不发达的社会，这种供养几乎只限于完全丧失劳动能力的残疾人，但在发达社会，对残疾人供养的范围在扩大。尽管不同社会对残疾人供养的内容和水平有所不同，但是一般说来，这种供养大多限于经济方面，或者物质方面，而对他们的精神需求、他们的能力估计不足，使得残疾人与社会隔离，极易使残疾人产生信赖和自卑的心理，以后融入社会将会面临一定困难。尽管对于残疾人，特别是严重丧失劳动能力的残疾人来说，经济上的供养是完全必要的，但这并不是对残疾人进行关照的全部。仅从社会工作的基本价值观念——人的需要是多样化的、人是有潜能的角度来看，简单的供养理论就有不少缺点。单纯的供养容易给受照顾的残疾人带来一些不必要的后遗症，如自我照顾能力被削减，对专业人员的依赖性增加，与家庭及社区的接触减少，自我形象变得衰弱，而且也不利于家庭团聚和家庭亲情的培养。

2. 回归社会论

回归社会理论是针对将残疾人封闭起来进行供养和照顾产生的弊病而提出来的。将残疾人（精神病患者）收养于各种社会福利机构进行照顾，残疾人之间的刺激性的互动加上管理人员、医护人员对残疾人的消极的、冷漠的态度和严格管制，会使残疾人处于消极的社会关系之中。这种关系常常不能使精神病患者的情况有所好转。相反，由于这些互动关系的刺激，精神病患者的病情可能会加重，而这种加重是将精神病患者封闭起来的结果。

回归社会理论认为应使残疾人（精神病患者）处于积极的社会关系之中，其基本方法就是走出封闭。于是改变院舍照顾这种既昂贵、效果又不好的福利模式的呼声就逐渐被人们所接受，让残疾人回到他们熟悉的社区中去接受照顾，让他们在一般的社会中过正常的生活成为残疾人照顾模式的普遍选择。社区照顾是使残疾人等福利服务对象回归社会的典型模式和比较好的选择。

3. 增能理论

"增能"一词是从"Empowerment"翻译过来的，又可译作"充权"或"赋权"，意思是让人有更大、更多的责任感，有能力去做自己应该做的事。增能是个人在与他人及环境的积极互动过程中，获得更大的对生活空间的掌控能力和自信心，以及促进环境资源和机会的运用，以进一步帮助个人获得更多能力的过程。许多关于残疾人、老人的供养及照顾理论在把服务对象看作脆弱的群体时，忽视了人是有潜能的、是可以改变的这一社会工作的基本价值观念。增能理论则站在人的发展的立场上，认为通过一定的方法，残疾人可以在一定程度上恢复他失去的机体的、社会的功能，并有助于他们进入一般的、正常的社会生活。增能不但在于增强其原本丧失的机体的功能，而且可以增强他们的生活信心，甚至可以减轻他们对社会的"拖累"。增能理论是以人的发展理论为基础的，它关注于人的基本价值的实现。按照增能理论的理解，增能的方式也是多种多样的。比如，康复可以使残疾人已丧失的功能得以恢复，教育和培训可以发掘他们的潜能，外界生活、活动条件的改善可以减少他们表现自己能力的障碍等。

五、中国残疾人社会福利的内容

（一）残疾人生活保障

对生活困难的、无劳动能力的重度残疾人提供基本生活保障，保障其基本生活是残疾人社会福利中最基本的内容。据统计，在我国，贫困人口中半数是残疾人。我国对生活困难的残疾人通过低保制度、残疾人保障金、临时救济、定期补助、五保供养、扶贫开发等途径给予基本生活保障，尤其是对重度残疾、一户多残等特困残疾人给予了特别扶助，提高他们的保障标准和水平。

（二）残疾人劳动就业

帮助残疾人就业，是中国政府确保残疾人生活质量的重要措施。限于我国的财力物力条件，不可能将所有的残疾人都供养起来，而发挥有部分劳动能力的残疾人的潜能，帮助他们就业，不仅能使其自食其力，减轻国家、社会和家庭的负担，有利于开发劳动力资源，促使生产力的进一步解放，而且还有助于使残疾人以平等的姿态走向社会、融入社会，摆脱贫困。中国政府历来十分重视残疾人就业问题，将残疾人就业纳入全国就业工作的总体安排。1991年，《中华人民共和国残疾人保障法》（以下简称《残疾人保障法》）正式实施，明确规定了残疾人就业权利、义务和政策措施。2007年2月25日，国务院令第488号公布了《残疾人就业条例》。该条例根据《残疾人保障法》关于"机关、团体、企业事业组织、城乡集体经济组织，应当按一定比例安排残疾人就业"的规定，在总结用人单位安排残疾人就业的实践经验的基础上，对用人单位在残疾人就业方面的责任作了相关规定。同时，国家鼓励残疾人自谋职业，并扶持农村残疾人参加各种形式的生产劳动；此外，还大力开展残疾人职业培训，帮助残疾人掌握一技之长，提高就业能力。

（三）残疾人康复

康复工作是残疾人事业不可缺少的重要组成部分，是帮助残疾人补偿功能、提高生活自理能力和社会适应能力的重要途径，是残疾人的基本需求。我国《残疾人保障法》规定：国家和社会有责任采取康复措施，帮助残疾人恢复或者补偿功能，增强其参与社会生活的能力。残疾人康复工作应当从实际出发，将现代康复技术与我国传统康复技术相结合；以康复机构为骨干，社区康复为基础，残疾人家庭为依托；以实用、易行、受益广的康复内容为重点,并开展康复新技术的研究、开发和应用,为残疾人提供有效的康复服务。

我国残疾人康复工作始于20世纪50年代,国家设立伤残军人疗养院、康复医院、荣军疗养院来改善在革命战争中负伤的伤残军人健康状况。后来大型厂矿企业为满足伤残、病残职工康复的需要设立了职工疗养院、康复医院,各地卫生、民政部门还设立了精神病院。20世纪80年代以后,残疾人康复事业蓬勃兴起,国家每年拨专款开始有组织地开展大规模的抢救性康复工作,主要康复项目包括白内障复明手术、聋哑儿童语言听力训练、肢残矫治手术。此后,我国残疾人康复工作又扩展到"低视力康复""精神病防治康复""智力残疾康复"及社区康复工作、残疾人用品用具供应服务等。目前我国残疾人康复服务内容包括康复医疗服务、康复训练指导服务、心理支持服务、知识普及服务、用品用具服务、咨询转介服务等各个方面。

(四) 残疾人教育

改革开放三十多年来,中国残疾人事业已从单一的福利救济型工作发展成为领域广阔的综合性社会事业。提高残疾人的教育水平已成为残疾人平等参与社会的基本条件。残疾人教育是对视力、听力、言语、智力、肢体有残疾的人实施的教育。它包括学前教育、基础教育、高等教育、职业技术教育和成人教育。特殊教育是对有特殊需求的人实施的教育,在教育过程中,需要有特殊的教具、学具和特殊的教学方式。目前,在我国,特殊教育是指对视力、听力、言语、智力有残疾的人和有多重残疾的人实施的教育。

20世纪90年代以来,国家制定的一系列教育法规都对残疾人教育做了明确规定,并将残疾人教育纳入国家教育改革和发展的总体规划。残疾人教育已成为我国教育事业的一个重要组成部分。

1994年国务院颁发的《残疾人教育条例》规定:发展残疾人教育"实行普及与提高相结合,以普及为重点的方针,着重发展义务教育和职业教育,积极开展学前教育,逐步发展高级中等以上教育"。

普及,就是要普及残疾儿童少年义务教育,及早让所有的适龄残疾儿童少年都能入学,都能接受完整的九年义务教育,从根本上提高残疾人的文化素质。同时要大力发展残疾人职业教育和培训,最大限度地满足广大残疾青少年学习职业技术的需求,为他们走向社会、求职就业创造条件。这是绝大多数残疾人的渴望和迫切要求。普及九年义务教育,大力开展职业教育和培训,是残疾人教育工作的重点,这个重点在今后一个相当长的时期,都不会改变。

提高,就是要逐步发展残疾人的高中阶段和高等的特殊教育。20世纪90年代,我国特殊教育基本上处于小学阶段和初中阶段,高中阶段的普通教育是空白,职业技术教育刚刚起步,高等教育正在试点。根据残疾人接受教育的需求和国家经济社会发展的实际水平,残疾人的高级中等以上教育必须采取逐步发展的方针。

实践证明,无论是对残疾儿童的特殊教育,还是对成年残疾人的职业技术教育,都能极大地提高残疾人的自身综合素质,缩小与健全人的差距,使残疾人能较快地融入社会,增强其生存能力。

(五) 残疾人福利服务

搞好残疾人福利服务是切实保障残疾人利益得以实现的重要保证，我国残疾人事业的发展，要坚持以邓小平理论和"三个代表"重要思想为指导，坚持以人为本和全面、协调、可持续的科学发展观，紧紧围绕全面建设小康社会的奋斗目标，进一步缩小残疾人生活状况与社会平均水平的差距，改善残疾人平等参与社会生活的物质条件和社会环境。

残疾人福利服务的形式主要包括社会福利机构服务、社区福利服务、居家供养福利服务三种类型，共同构成覆盖全国城乡的残疾人社会福利服务网络。

1. 社会福利机构服务

我国有国家兴办的收养性福利机构、集体和民办的福利机构、国有福利企业、集体和其他福利企业等多种社会福利机构。在这些收养性福利机构和各种福利企业里，残疾人占有相当大的比重。残疾人的福利政策，主要是通过社会福利机构来贯彻落实的，对于残疾人的福利服务，也集中体现在社会福利机构里的各项工作上。在社会福利社会化的推进中，福利机构仍将是开展福利服务的重要载体。

2. 社区福利服务

社区福利服务，主要指在社区服务中开展对残疾人及其他有困难居民的福利服务，是民政部门创造并积极倡导的一种行之有效的好方法，社区福利服务也是残疾人福利服务的类型之一。我国城市的社区服务已经积累了十几年的经验，许多大中城市都有一批成功的典型，在设施建设、服务队伍、服务网络、资源配置、服务领域、服务内容等方面已经形成了一套比较完整的系统。1995年，民政部颁布《社区服务示范城区标准》，保证了社区服务发展的正确方向。不少城市制定了发展社区服务的具体办法，对社区服务业的计划立项、财政补贴、用地用房、用水用电、人员安置等给予优惠政策和特殊照顾。社区服务社会化和产业化的发展方向已经普遍得到认同。我国城市社区服务开展较好的有杭州市上城区、北京市西城区、上海市闸北区、天津市河西区、沈阳市皇姑区、济南市历下区、武汉市江岸区等。

残疾人在社区中的数量一般少于老年人和儿童，工作的重点应该是帮助他们解决康复、教育与就业问题，改善残疾人的家庭生活质量和提高他们参与社会生活的能力。在社区福利服务中，残疾人的服务集中表现为社区康复这一模式。如何在社区服务工作中加强残疾人的全面康复，是社区工作的一个重点。我国城乡的基层社区工作者，正在积极试点，总结经验，不断探索，走一条符合中国国情的社区康复道路，为改善残疾人在社区中的生活质量、重新参与社会生活而努力工作。

3. 居家供养福利服务

居家供养福利服务是社区福利服务的基础和支撑体系，也是一种可以独立运作的福利服务类型。家庭是社会的基本细胞，中国人的家庭观念比西方更为强烈，在传统文化的背景下，我国目前大多数老年人、残疾人都乐于接受居家养老和居家生活方式，不愿意接受欧美一些国家兴起的"独立生活运动"。残疾人自身的功能缺陷所造成的生活自理能力低下，形成了残疾人对家庭的依赖性，所以居家供养福利服务无论是在城市还是在农村，都是一种重要的形式。这种类型的服务，包含两个方面的因素：其一是社会和本社区工作人员（专业工作者和志愿工作者）的上门服务；其二是家庭成员的互助。此外，邻里互助也是居家供养福利服务的补充，是切实可行的。我国的一句俗语"远亲不如近邻，近邻不如对门"，就形象地说明了这个道理。充分发挥残疾人家属和邻里照顾的资源优势，是社会福利社会化的一种不容忽视的力量。

（六）残疾人无障碍建设

无障碍设施是残疾人和老年人参与社会生活的基本条件，城市道路、建筑物和信息无障碍建设的全面推进，为残疾人走出家门、共享社会物质文化成果和公共服务提供了便利，拓展了空间，可以更好地实现残疾人"平等、参与、共享"的目标。无障碍建设包括物质环境、信息和交流的无障碍建设。物质环境无障碍主要是要求：城市道路、公共建筑物和居住区的规划、设计、建设应方便残疾人通行和使用，如城市道路应满足坐轮椅者、拄拐杖者通行和方便视力残疾者通行，建筑物应考虑出入口、地面、电梯、扶手、厕所、房间、柜台等设置残疾人可使用的相应设施和方便残疾人通行等。信息和交流的无障碍主要是要求：公共传媒应使听力、言语和视力残疾者能够无障碍地获得信息，进行交流，如影视作品、电视节目的字幕和解说，电视手语，盲人有声读物等。

《残疾人保障法》规定："国家和社会逐步实行方便残疾人的城市道路和建筑物设计规范，采取无障碍措施。"国务院批准执行的中国残疾人事业的五年工作纲要、"八五""九五""十五"计划纲要，也都规定了建设无障碍设施的任务与措施。1998年4月，建设部发出《关于做好城市无障碍设施建设的通知》（建规〔1998〕93号），主要内容是有关部门应加强城市道路、大型公共建筑、居住区等建设的无障碍规划、设计审查和批后管理、监督。1998年6月，建设部、民政部、中国残联联合发布《关于贯彻实施方便残疾人使用的城市道路和建筑物设计规范的若干补充规定的通知》（建标〔1998〕177号），2012年7月，政府颁布了《无障碍环境建设条例》，主要内容是切实有效加强工程审批管理，严格把好工程验收关，公共建筑和公共设施的入口、室内，新建、在建高层住宅，新建道路和立体交叉中的人行道，各道路路口、单位门口，人行天桥和人行地道，居住小区等均应进行有关无障碍设计。2013年1月份，住房城乡建设部发布了关于《贯彻落实〈无障碍环境建设条例〉进一步加强无障碍环境建设工作的通知》，更加积极推进无障碍环境建设。

（七）假肢科研与生产

在所有残疾人中，有半数以上的人通过康复治疗（含康复器具的配置）和康复训练，就能恢复或部分恢复其功能。特别是肢体残疾人，相当一部分人装用假肢或矫形器后，便能达到生活自理和从事适当的劳动水平。从残疾人对康复器具的需要情况看，其中肢体残疾人中至少有67万人需要假肢，更有数百万人需要各种矫形器和辅助器具。但至今，即使不算矫形器，仅需要安装假肢的就有70%的截肢者尚未安装（主要是广大农村的截肢者)。至于残疾人特殊需要的生活器具、劳动辅助用具、文化体育用品等,目前更是只有10%的需求量得到满足。

我国的假肢行业是专为残疾人装配和提供假肢、矫形器、轮椅车、拐杖等康复器具及其他残疾人辅助用具的特殊产业,统归民政部门管理,属于社会福利和社会保障的一部分。目前,全国各类假肢矫形器机构有 300 多家,其中民政部门直属的假肢厂(中心)41 个,假肢装配站 12 个;卫生、残联系统、厂矿企业和其他部门的假肢装配站 80 余个;民营、个体、合资及外商独资的假肢企业 150 多个。从业人员约 5 000 人。随着残疾人康复事业的发展,假肢行业的服务范围越来越广,假肢矫形器产品的概念不断扩大,作为一个残疾人康复服务行业,生产经营的产品,除了假肢、矫形器外,还有各种残疾人专用的行走工具、视听工具、辅助工具等,其中主要产品的年产量为:假肢 4 万件,矫形器 8 万件,轮椅车 12 万辆。

任务二　我国残疾人福利服务的相关政策与制度

情境导入

青岛 7 600 多残疾人托养,重度残疾人得到妥善照顾

"在这里的残疾人每月能获得市里给的 1 300 元补贴,我们只需交 600 元的餐费就可以了。"张女士这样告诉记者。她的儿子患有智力一级残疾,托养在位于青岛延安三路上的福寿星爱心护理院。

2014 年 3 月 13 日下午,记者来到市北区残疾人托养服务中心,见到了半年前来采访时,坐在门口为大家办理登记的智力残疾人曲振清,当时,他也是坐在护理院门口,为大家办理进门登记手续。

记者了解到,为给残疾人们找点儿事做,护理员鼓励他们报名参加打扫卫生、看大门等日常事务。"托养服务中心主要做重度残疾人的托养、康复工作,要让身体弱的残疾人变得强壮,让躺着的能坐起来,让坐着的能站起来,甚至跑起来。"托养服务中心院长马岩洁告诉记者。

该托养服务中心依托福寿星养老院的专业护理,针对肢体一级、智力一二级的重度残疾人和 60 岁以上低保、低保边缘的老人进行托养。据了解,这是岛城首家残疾人托养机构,现已入住 156 名残疾人。市财政每月给予每位残疾人 1 300 元的补贴,他们每月只需交 600 元的餐费即可实现全托。"因为是重度残疾人,住宿、护理费都是全免的,比养老院还好,我们只需交 600 元的餐费就行了,一日三餐都非常好,有菜有汤,鱼虾肉蛋特别丰富。"51 岁的隋胜茂说,"我每月有低保金和残疾补贴,用来交饭费,其他都不用自己掏钱,这样每月还能有点儿剩余的零花钱。"

"根据统计,全市已经有7 600多名重度残疾人接受了托养服务。"市残联理事长管艾宏说,青岛市已经建成托养机构56处,托养残疾人7 600多名,其中精神和智力残疾人6 500多名,占85%左右。"通过托养,他们的生活变得规律了,通过辅助治疗,部分残疾人逐渐康复,托养服务中心还教给他们一些劳动技能,实现了部分就业,下一步还要考虑通过就业政策,安置这部分康复的残疾人。"据悉,2014年,青岛市还将实施"阳光家园计划",利用机构安养、居家照料、社区托管三种方式,为9 000名符合条件的残疾人提供托养服务。

(资料来源:http://www.chinadp.net.cn/news_/focus/2014-03/21-12874.html.)

任务描述

残疾人事业是全面建设小康社会的重要组成部分,残疾人是全面建设小康社会的参与者、受益者,也是实现全面建设小康社会难度最大的一个群体。虽然中国经过了三十多年的不懈努力,综合国力和人民生活水平在不断提高,但是,中国的残疾人的就业和生活水平还相对比较薄弱,中国的残疾人事业与发达国家相比,差距仍然很大。你认为国外残疾人社会福利制度对我国发展残疾人社会福利服务有哪些启示?

任务实施

1. 对学生进行分组,每个小组指定一名小组长。
2. 每个小组自由选择一个国外国家,如美国、英国、日本、德国、瑞典,搜集该国残疾人社会福利的制度或政策。
3. 以小组为单位进行讨论,并进一步思考:该国的残疾人社会福利制度对我国发展残疾人社会福利服务有哪些启示?

任务总结

1. 请各小组代表进行总结发言。
2. 教师对学生表现和所讨论问题进行点评。

任务反思

国外许多国家除社会保障体系对残疾人有保障措施外,还在住房、出行、公交服务和无障碍环境方面,给予残疾人特殊的照顾。为了帮助残疾人战胜各种社会排斥,更好地融入社会生活,必须从各方面转变观念、加大投入、健全机制,保障我国残疾人生活综合福利。

知识链接

一、残疾人社会福利服务政策制度发展概况

(一) 世界残疾人社会福利制度发展历程

根据美国社会学家摩尔根的社会演进理论,人类社会的发展过程分为蒙昧、野蛮、文

明三个时期，生产力的发展状况是摩尔根划分三大时代的最为重要的标准。残疾人大体上是在野蛮时期的后期，文明时期的早期出现的。在这个阶段，残疾人处于自生自灭的状态，社会生产力水平的低下和人类文明的缺失是残疾人生存不利的原因。在这个时期，人类改造自然、征服自然的能力较低，健全的体魄是人类生存所不可缺少的前提条件。因此残疾人在这种环境下势必受到歧视，甚至被社会"淘汰"。残疾人不能为社会的发展或财富作贡献，所以他们常常被视为障碍物而遭到遗弃，任其自生自灭。在这样一个生产力水平低下、物质很贫乏的社会，许多残疾人即使不被杀戮，也被自然淘汰了。纵观历史，在这个阶段，人类社会对残疾人保持着一种漠视甚至是恐惧的态度，任其自生自灭，极其黑暗而且残忍，可以称之为残疾人命运的黑暗时期。

随着人类社会生力的不断提高，特别是人类文明的进步，社会"容忍"了残疾人的存在。在中世纪，残疾人的命运得到了改善，比如使用拐杖，上街乞讨，或被幽禁在医院或麻风病患者生活区，这些被认为是残疾人命运的历史性转折点。社会对残疾人有了进一步的认识。比如，癫痫病人是一种精神紊乱，聋子无法学习是因为无法进行人际交流。在这一段时期，教会统治着欧洲，早期的基督徒依靠社会上层人士的慈善和慷慨，开创了一个同情和怜悯残疾人的时代。那些救助残疾人的正常人通常将自己视为全能的上帝。但是这个时代仍然保持着对残疾人的歧视态度，最可悲的就是残疾人被视为肮脏的人而不允许他们像正常人一样到中世纪教堂和圣堂做礼拜。纵观历史，在这段时期，虽然社会对残疾人产生了救济的理念，但却在根本上对残疾人抱有一种歧视的态度，甚至还有虐待残疾人的现象发生，因此，可以称之为残疾人命运的昏暗时期。

文艺复兴时期，文明与科学开始散播到整个欧洲，它提倡人本主义，呼吁以"人道"代替"神道"，提倡自由、平等、博爱和个性解放，医学、解剖学、精神病学等自然科学的发展，也强烈地冲击宗教所信奉的"宿命论"的观点，残疾不再被认为是上帝惩罚的结果，不再被认为是对于社会的安定和经济利益是一个威胁，这个时期，社会探索着对残疾人进行医学治疗；此外，这段时期残疾人被允许接受教育和进行社交活动，但是前提是和正常人隔离开来。这种隔离制度的存在也让我们从一个侧面了解到这个时期里社会歧视残疾人的心理依然存在。另外，还出现了各种公立或私立的救济所，1601年英国颁布了第一个有关济贫的法律《伊丽莎白济贫法》。根据《伊丽莎白济贫法》，身体残疾的人应该得到救济或赡养。这部法律的颁布表明了国家开始视社会保障为自己的责任，同时也是第一次视残疾人的生存为自己的责任。纵观历史，在这个时期，虽然残疾人仍被视为社会的负担，受到歧视和隔离，普遍过着极其悲惨低下的生活，残疾人事业也只是对残疾人进行济贫和医疗救护，但是社会对残疾人有了人道主义关怀，人性的光辉给残疾人的命运带来了一丝曙光，尤其是《伊丽莎白济贫法》的颁布更是宣布了国家对残疾人应该承担的责任，因此，可以称之为残疾人命运的萌芽时期。

工业革命是残疾人命运的另一个里程碑，工业企业中的一条条规范而快速的生产线造就了企业的核心盈利能力。同时也是这一条条生产线将残疾人排除在劳动大军之外，因为残疾人无法适应快速移动的机械。社会学家维克·芬克尔斯坦认为，工业革命给了残疾人的一个新概念，那就是"没有能力"或是"能力障碍"，而不是社会工业化之前的"残废"。这个时期，残疾人工作初步创立起来

18世纪末英国人特柯创办了"约克休闲中心",针对精神病人和智力落后者开展治疗和教育。1780年,瑞士人奥比创立了第一家为残疾人服务的机构。1820年第一个残疾人之家在德国慕尼黑成立,之后,欧美各地建立招收残疾儿童的学校。1883年德国俾斯麦政府颁布实施了《疾病保险法》,1889年颁布了《养老·残疾·死亡保险法》;1897年,英国通过了《工人补偿法》,规定某些特殊行业由于各种事故受伤或丧失了工作能力的工人有权要求雇主给予赔偿。这是一项旨在对一些因工致残的残疾人提供特别帮助的立法。纵观历史,在这个时期,残疾人虽然仍被排斥在社会主流之外,但是社会在工伤赔偿、残疾人康复、残疾人就业、残疾儿童教育等方面都有了初步的想法和行动。因此,我们可以称之为残疾人福利的初创时期。

20世纪初的第一次世界大战大约有650万人参战,100万人失去了生命,200万人受伤。第一次世界大战后正式使用"康复"这一概念。当时因战争致残者很多,为使这些战伤致残者重返前线或回归社会,产生了康复医疗。

在工伤赔偿方面,第一次世界大战以来,资本主义国家纷纷立法,将劳动关系中的劳动者遭受的伤害补偿从传统的民事侵权法中独立出来,实行无过错责任制度,确认只要劳动者在雇用过程中,因雇用的原因受到伤害,即使雇主没有过错,也应当承担责任。在残疾儿童的特殊教育方面,这个时期的残疾儿童教育依然被排除在主流教育之外。第一次世界大战在短时间内"制造"了大量的残疾军人,这些军人的康复和就业成了各个国家必须面对的问题,世界各国纷纷立法,保障残疾人的权利,纵观历史,这个时期成为残疾人社会工作的发展时期。

在残疾人就业方面,1944年,英国为了解决残疾人就业问题,出台了《残疾人就业法案》,规定达到或超过20名雇员的雇主必须至少雇佣3%的残疾人,这是世界上第一个提出按比例安排残疾人就业政策的立法。

在无障碍设施方面,1968年,美国国会通过了《建筑无障碍法》,这不仅是一部以残疾人为主体的法案,而且也是现代社会为所有残疾人进入社会主流提供的立法保证。随后,一种表示残疾人可以通行的国际标志——无障碍设施的方案提交给由奥地利、英国、法国、波兰、瑞典、瑞士和美国组成的"康复国际"审议团,于1969年在爱尔兰首都都柏林召开的世界康复大会上通过,有56个国家的与会代表接受了这一方案。

在联合国立法方面,1975年,联合国大会通过《残疾人权利宣言》,明确了残疾人的定义,规定了残疾人应享有的各项权利。例如,残疾人的基本生活权利、公民权利、政治权利、康复权利、劳动权利、受教育权利、受法律特殊保护权利、人格尊严和平等待遇的权利等。

在残疾人体育运动方面,1960年,在罗马第17届奥运会结束两周后,来自23个国家的400名残疾人运动员参加了在罗马举办的第九届国际斯托克·曼德维尔运动会,这届运动会后来被国际奥委会正式承认为第一届"残疾人奥林匹克运动会"。

在残疾人教育方面,1975年,美国国会通过《所有残疾儿童教育法》,要求学校为所有障碍学生提供适当的教育并规定了学生接受特殊教育的标准、提供教育服务的种类、注意事项等,于1977年在美国学校首次实施,标志着残疾人教育回归主流教育的开始。

纵观历史,第二次世界大战以后国际社会和各国政府纷纷通过立法保护残疾人利益,世界各国的残疾人立法是促进社会变革、提高残疾人地位的最为有效的手段。因此，这一时期可称为残疾人工作的立法时期。

20世纪80年代，残疾人工作进入一个新的时期。1981年残疾人的世界性组织——残疾人国际（Disabled People's International，DPI）成立并得到联合国的承认与支持。另一个有较大影响的组织是国际残疾人联谊会。1981年被联合国宣告为"国际残疾人年"，并以"完全的参与和平等"为主题，突出了残疾人参与社会生活和社会发展的重要性，重申残疾人与其他人一样，应享有平等的生活条件和平等分享社会经济发展所带来的成果的权利。

(二) 中国残疾人社会福利制度发展历程

中国残疾人社会福利思想源远流长，它比社会保障制度出现得要早。中国古代社会福利思想的萌芽，产生于文明时代的晚期，其社会根源有三个方面：第一是氏族部落先民的平等互助思想；第二是奴隶制度瓦解时期一定程度上人性的解放；第三是农业、手工业和商品交换的发展使社会财富有所增加和积累。

自古以来，中华民族就有扶弱、济困、助残的传统美德。《周礼》中有"慈幼、养老、赈穷、恤贫、宽疾、安富"的思想。儒家思想主张"使老有所终，壮有所用，幼有所长，鳏寡孤独废疾者皆有所养"。孟子提出"仁爱"，墨子提出"兼爱"的思想观点，这些都是中国古代残疾人社会福利思想的萌芽。

由于生产力和社会发展水平的制约，在中国古代社会里，残疾人社会福利是以"救济"为主要内容的救济制度和社会扶助措施。当然，这种制度对于维护社会稳定和促进经济社会发展起到了一定的作用。尤其是在自然灾害或者政治动乱发生之后，统治者对无家可归的贫困者和无衣无食的老人、妇女、残疾儿童等施以救济。早期社会福利思想的实践主要是以丰补歉的仓储制度和建立一些救助性质的机构来帮助贫困者和残疾人。例如，南宋年间出现的"社仓"和南宋淳熙七年（1180年）江西成立的运司养济院等。除了仓储制度以外，中国古代还有济贫、养老和育幼等慈善事业。例如，元朝出现的由官方机构管理的提供医疗救济的"惠民药局"等。综观中国古代的社会福利思想和实践的历史，可以看出，中国古代的残疾人福利是不成体系的，它散乱地分布于各个时期的社会政策之中，而且是一种统治者对受惠人"恩赐"和受惠人对统治者"感恩戴德"的庸俗的社会福利观。

我们认为，虽然中国几千年封建统治给现代残疾人社会福利提供了理论和实践方面的经验，但真正意义上的中国残疾人社会福利的出现应该是在中华人民共和国成立以后，是随着经济、社会的稳定发展而逐步建立起来的。中华人民共和国成立后，政府关注残疾人的生活，开始成立残疾人组织，开展生产自救，残疾人社会福利工作逐步开展，大致经历了初创、停顿和再创这样三个阶段。

初创阶段（1949—1965年）：在20世纪50年代（特别是1957年以前），我国社会秩序稳定，工农业生产发展，人民生活安定，残疾人的生活也发生了质的变化，其特征是变流离失所为得到收养救济，免除了冻饿之苦，获得了基本的政治权利和生活权利。1951年我国颁布了《中华人民共和国劳动保险条例》，这可以看作是我国第一个社会保险法，它解除了职工退休养老、疾病伤残等方面的后顾之忧。1958年，福利工厂发展到463个，安置残疾人3 800人。各种荣军疗养院、养老院、福利院共收养荣誉军人、老人、残疾人360 000人，盲聋哑学校也由1949年的42所发展到266所，在校生23 300人。1960年经国务院批准，将中国盲人福利会与中国聋哑人福利会合并成为中国盲人聋哑人协会。协会工作范围虽然只限于两类残疾人，却标志着我国残疾人事业的良好开端，代表着我国残疾人事业发展的方向。不过，从整体上看，这项事业是以收养救济为主的。由于社会、经济条件不成熟且又是以收养救济为主，所以那时候没有人提出人道主义、平等参与、回归社会主流等观念，也没有完整地把残疾人社会保障作为具有宪法赋予的公民权利提出来，而是把残疾人作为救济对象来看待。

停顿阶段（1966—1976年）：20世纪60年代后期到70年代中期，中国社会处于动荡之中，中国的社会福利事业遭受了极大的破坏。内务部和地方民政部门被撤销后，当时唯一的残疾人组织——中国盲人聋哑人协会被迫停止活动，残疾人生产自救组织被强行合并、撤迁或撤销；盲聋哑学校被迫收缩或停办。这段时期，残疾人工作遭到严重破坏，无法维持推进，中国残疾人事业实际上处于停顿状态。

再创阶段（1977年至今）：1978年党的十一届三中全会是一个划时代的会议。这是我国经济社会发展的一个转折点，也是残疾人事业的一个转折点。在这个阶段，中国残疾人事业开始由收养救济型转向劳动福利型，残疾人开始由被收养救济走向全面参与社会生活。

1978年以后，中国进入以经济建设为中心的新的历史时期。国家对推进残疾人福利事业发展采取一系列重大举措：1978年，中国盲人聋哑人协会恢复活动；1984年3月，中国残疾人福利基金会成立；1986年7月，联合国"残疾人十年"（1983—1992）中国组织委员会成立；1987年4月，进行了第一次全国残疾人抽样调查。1988年3月，中国残疾人联合会成立；随后，各省、市、区县陆续建立了残联组织，形成了统一的残疾人组织体系。1993年9月，国务院成立了残疾人工作协调委员会，2006年更名为国务院残疾人工作委员会。地方各级政府也成立了相应机构，在方针、政策、法规、规划等重大问题与措施上加强领导与协调，初步形成了残疾人工作的组织管理体系。

1982年，《中华人民共和国宪法》首次规定："国家和社会帮助安排盲、聋、哑和其他有残疾的公民的劳动、生活和教育"；1988年9月，经国务院批准颁布实施《中国残疾人事业五年工作纲要》；1990年12月，全国人大常委会审议通过《中华人民共和国残疾人保障法》；1991年12月，国务院批准颁布《中国残疾人事业"八五"计划纲要》及其16个实施方案，随后分别又制定了"九五""十五""十一五"等计划纲要，就残疾人生活保障、教育、医疗康复、就业、无障碍建设等方面提出了明确的目标。1994年8月，国务院颁布了《残疾人教育条例》；2007年2月，又颁布了《残疾人就业条例》，2008年又对《残疾人保障法》进行了修订。目前，中国已有《残疾人保障法》等涉及残疾人权益保障的法律50多部、《残疾人教育条例》等保障残疾人权益的专门性法规100余部，以及大量的各省、自治区、直辖市的残疾人保障法实施办法和其他保障残疾人权益的地方法规，中国残疾人福利政策法律体系初步形成。

2008年，北京成功举办了第13届残奥会，向世界展示了一个充满人文精神的中国。残奥会为推动中国的残疾人福利事业提供了一个宝贵的契机。通过残奥会的举办，在全社会进一步宣传了残疾人事业，让全社会都认识到残疾人是文明社会的一分子，他们在人格权利、政治权利、生存发展权利上与其他社会成员是平等的，残疾人福利事业是构建和谐社会的一部分，现代文明社会的残疾人观逐渐深入人心。尤其重要的是，中国政府对发展残疾人福利事业有了更加深入的认识，更加重视残疾人福利政策与立法工作，为发展残疾人福利提供法律上的保障。

残奥会筹办期间，北京市出台了《无障碍设施建设和管理条例》，这一国内首部关于无障碍设施建设和管理的地方性法规，对推动北京成为无障碍城市发挥了重要作用。北京新建城市道路、公共设施普遍配套建设了无障碍设施；据统计，2001年以来，北京市共实施了1.4万多项无障碍改造项目，无障碍设施建设总量相当于过去20年的总和。信息交流无障碍取得新进展，北京建立了全国第一家无障碍资源中心网站，手语培训、字幕工程和语音软件服务深入推进，残疾人生活、学习、工作更加安全便利。

2008年，两个重要的政策法律文件陆续发布：一是中共中央国务院出台了《关于促进残疾人事业发展的意见》，对今后中国残疾人事业的发展提出了全面构想，有力推动了中国残疾人福利事业的发展；二是修订后的《中华人民共和国残疾人保障法》公布实施，对涉及残疾人基本生活、医疗康复、教育、劳动就业、文化生活、社会保障、无障碍环境等各方面的内容进行了重大修订，适应了新形势下我国残疾人福利事业发展的需要。2012年7月，政府颁布了《无障碍环境建设条例》，条例的制定是为了创造无障碍环境，保障残疾人等社会成员平等参与社会生活，与以前的无障碍设计和建设相比，内容更加全面，条例的颁布对促进残疾人在未来更加广泛地参与社会生产和生活具有极其重要的作用。2013年1月，住房和城乡建设部发布了《关于贯彻落实〈无障碍环境建设条例〉进一步加强无障碍环境建设工作的通知》，随着中国政府和社会对残疾人事业的认识与关注逐渐深入，残疾人福利政策与法规体系必将进一步得到发展与完善。

二、我国残疾人社会福利事业的成就与主要问题

（一）我国"十一五"期间残疾人社会福利事业取得的成就

"十一五"时期是我国残疾人事业发展最快、残疾人得到实惠最多的时期。从2006年到2011年，在党和国家的高度重视、各地方各部门的辛勤努力和社会各界的大力支持下，残疾人事业"十一五"发展纲要的各项任务都已全面完成，我国残疾人事业取得显著成绩，实现了跨越式发展。

成就首先体现在政府和社会为残疾人服务的能力有了显著提升。五年时间里，国家在2500多个县（市、区）开展了社区康复，在中西部地区建设了930余所特殊教育学校，对376.7万残疾人实施了职业教育与培训，安排康复扶贫贷款40亿元，建立残疾人扶贫基地4575个，同时还建成各级残疾人综合服务设施2544个，集中对14万残疾人进行了托养。

成就还体现在残疾人生存和发展状况得到明显改善。"十一五"时期，1037.9万残疾人得到不同程度的康复，城镇残疾人就业人数达到441.2万人，618.4万农村贫困残疾人通过扶贫开发解决温饱，49.4万户贫困残疾人家庭新建或改造了住房，3.5万多名残疾学生被高等院校录取。

"十一五"时期，我们还看到了残疾人事业发展的社会环境更加文明和谐，全社会理解、尊重、关心、帮助残疾人的氛围更加浓厚，助残志愿者发展到530万人。无障碍环境建设水平明显提高，残疾人出行、参与社会生活和享受公共服务都更加便利。

虽然"十一五"时期我国残疾人事业取得的成就有目共睹，但也有一些遗憾和不足，主要是残疾人总体生活状况与社会平均水平仍然存在较大差距，残疾人在基本生活保障、康复、教育、就医、就业等方面还面临许多困难，残疾人家庭人均收入仅为全国平均水平的60%，近30%的适龄残疾儿童未能上学，超过一半有就业能力的残疾人未能就业，近1/4的城镇残疾人未参加任何社会保险。发展残疾人事业，改善残疾人状况，促进残疾人事业与经济社会协调发展，使残疾人实现小康生活，是一项紧迫而艰巨的任务。各地区、各部门要以高度的政治责任感和使命感，进一步加大工作力度，全面推进残疾人事业加快发展。

（二）我国残疾人社会福利事业存在的主要问题

中国改革开放之后，随着十一届三中全会后各项政策的贯彻实施，使得残疾人生存状况不断好转，他们的需求层次也由单一的渴求温饱向多层次的发展需求转变。但另一方面，由于中国残疾人群体巨大，困难特殊，弱势明显，加之国家财力物力制约等客观因素的影响，使得残疾人基本需求和基本生活状况仍然与中国社会经济发展水平及健全人生活水平存在较大差距，残疾人在社会生活的很多方面仍然面临着许多困难。

1. 残疾人社会保障状况与社会平均水平还存在较大差距

虽然我国残疾人社会保障工作取得了巨大的成绩，但也必须清醒地看到，残疾人社会保障状况与社会平均水平相比还存在较大差距，残疾人社会保障还面临许多困难和需要解决的问题。在我国4 000万贫困人口中，残疾人就有1 000多万人。根据全国残疾人状况监测，2010年度残疾人小康实现程度仅为57.4%，比全国小康实现程度低19.7个百分点；残疾人家庭人均可支配收入仅为全国平均水平的59.0%；残疾人的康复服务覆盖率、学龄残疾儿童义务教育入学率还比较低，城镇残疾人登记失业率还比较高；还有近2/3的残疾人因为各种困难和障碍没有真正走出家门，融入社会。

2. 我国残疾人社会福利尚未走上规范化与法制化的轨道

我国大量残疾人福利问题得不到根本解决，很大一方面是因为我国从整体上还没有形成保护残疾人合法权益的完整法律法规体系。虽然我国为残疾人制定了一些法律条款，但我国关于残疾人立法的缺陷在于法律内容过于笼统、过于原则。虽然《残疾人保障法》早已颁布实施，但对于违反《残疾人保障法》、侵犯残疾人利益的人和事无法惩罚，不能够切实维护残疾人的合法权益。因此，面对大量残疾人社会福利的实际问题及特殊需要，往往只给予人道主义的同情和社会舆论的支持，却没有实质性的帮助。

3. 残疾人康复的普及面和受益面仍然较小，残疾人康复需求不能得到满足

全国8 000多万残疾人中，曾接受过医疗服务与医疗救助、贫困救助与扶持、康复训练与服务和辅助器具配备服务的比例分别占残疾总人口的35.61%、12.53%、8.45%和7.31%，而对以上4项服务有需求的比例分别达到残疾总人口的72.78%、67.78%、

27.69%、38.56%。这说明，不仅未获得康复服务的残疾人有康复需求，大部分已经获得康复服务的残疾人仍然有获得进一步康复服务的需求，残疾人的康复需求与已经提供的服务之间存在巨大差距。随着残疾人康复工作的全面深入开展，与康复工作密切相关的政策及相关技术规范、标准还需要进一步制定完善，康复从业人员的工作职责、上岗标准需要明确，各类技术指导中心和社区卫生服务机构康复科（室）、残疾人社区康复站的建设标准、服务规范需要完善，社区康复专业技术人员、管理人员培训力度亟须加大。

4. 残疾人就业率较低，就业结构不合理，就业矛盾突出

全国城镇残疾人口中，在业的残疾人约为297万人，不在业的残疾人为470万人。农村还有800多万残疾人没有脱贫，占全部贫困人口的1/3，近500万低收入残疾人容易返贫（根据《第二次全国残疾人抽样调查主要数据公报（第2号）》数据计算）。残疾劳动者多处于次级劳动力市场，有关残疾人抽样调查表明，在城镇已就业的残疾人中有36%从事简单、笨重的体力劳动。各级政府和用人单位依法吸收残疾人就业的责任不够明确，少数用人单位不按照规定安排残疾人就业、不依法与残疾人职工签订劳动合同。残疾人就业服务培训也相对滞后，还不能完全满足残疾人就业工作的需求。

5. 残疾人教育工作有待加强

提高残疾人受教育水平是残疾人全面实现自身价值的基本条件，目前我国残疾儿童义务教育情况并不乐观。学龄儿童接受义务教育的在学比例为63.3%，城市和农村残疾儿童在学接受义务教育比例分别为65.6%和63.0%。残疾人教育方面还存在的问题是残疾人职业教育和成人教育很不完善。在就业年龄段生活能够处理的残疾人中，有3.2%在1年内接受过职业技能培训，有96.8%在1年内未曾接受过职业技能培训。18岁及以上城市残疾人中，上过学的比例为24.8%，小学教育程度的比例为30.3%，初中教育程度的比例为26.4%，高中教育程度的比例为9.4%，中专教育程度的比例为4.3%，大学专科教育程度的比例为2.7%，大学本科及以上教育程度的比例为2.1%。18岁及以上农村残疾人中，从未上过学的比例为49.1%，小学教育程度的比例为36.0%，初中教育程度的比例为12.1%，高中教育程度的比例为2.1%，中专教育程度的比例为0.5%，大学专科教育程度的比例为0.2%。

6. 无障碍设施不完善，尚未形成全社会的无障碍环境

环境状况是残疾人实现全面发展的外部条件，主要包括残疾人事业的法制环境、残疾人参与社会的无障碍环境等，它们为残疾人生存、发展提供环境保障。在此次调查的残疾人所在社区（村、居委会）中，68.13%的社区距离最近的法律服务所（司法所）在5千米以内，21.86%的社区距离最近的特殊教育学校（班）在5千米以内，47.35%的社区建有文化活动站（室），71.95%的社区设有卫生室（所、站）。由此可见，残疾人的生活环境有了一定的提高，但在无障碍环境建设方面还有一些欠缺，公共建筑场所及居民住宅的无障碍设施还不完善：城镇社区有坡道和盲道的比例分别为45.1%和43.2%，有提示字幕的占30.4%，有扶手等设施的占26.9%，有自动门、无障碍电梯和提示盲文标牌的分别为9.2%、3.1%和2.2%，有路口语音辨向器的比例为1.2%。我国城市无障碍建设水平与现代化城市的功能、形象还有一定差距，还不能满足广大残

疾人等群体的需求。

三、我国残疾人社会福利的改革与发展对策

（一）保障残疾人基本生活，提高残疾人家庭生活保障水平

（1）做好残疾人生活救助工作。按照重点保障和特殊扶助的要求，研究制定针对残疾人特殊困难和需求的社会保障政策措施。进一步完善城乡居民最低生活保障、农村五保供养等生活救助政策，保证符合条件的贫困残疾人能够享受城乡居民最低生活保障和有关生活救助待遇。着力解决好重度残疾、一户多残、老残一体等特殊困难家庭的基本生活保障问题，做好低收入残疾人家庭生活救助。安置和照顾好伤残军人。加快实施农村贫困残疾人家庭危房改造项目，城市廉租住房政策和农村危房改造计划优先照顾贫困残疾人家庭。

（2）完善残疾人社会保险政策。加强监督检查，确保城镇残疾职工按照规定参加基本养老、失业、工伤和生育保险。落实城镇贫困残疾人个体户参加基本养老保险补贴政策，鼓励并组织个体就业残疾人参加社会保险。已开展试点的地区帮助农村残疾人参加农村社会养老保险。

（3）做好农村残疾人扶贫工作。做好农村残疾人扶贫工作，扶助农村残疾人摆脱贫困、解决温饱，是全面建设小康社会的重要任务。地方各级政府和有关部门要继续将扶持农村贫困残疾人列入扶贫工作规划，统筹安排，同步实施。要针对残疾人特点采取有效措施，加大扶持力度。国家扶贫开发工作重点县要将残疾人扶贫开发工作纳入整体规划，在"整村推进"扶贫过程中，选择适合残疾人脱贫的项目，帮助有劳动能力的贫困残疾人参加生产劳动，保证各项扶持措施真正落实到残疾人户。经济较发达的地区要将残疾人扶贫开发工作纳入当地经济社会发展规划，重点解决低收入残疾人及其家庭的相对贫困问题，稳定提高经济收入。其他地区要采取措施，保证中央扶贫贷款落实到位，扶助残疾人摆脱贫困。

（4）切实将残疾人纳入社会保障体系。加强监督、检查，确保城镇残疾职工参加基本养老、基本医疗和失业、工伤、生育保险。落实和完善城镇贫困残疾人个体工商户参加基本养老保险补贴制度，鼓励并组织个体就业残疾人参加社会保险。帮助农村贫困残疾人参加新型农村合作医疗，并按规定给予医疗救助。按规定执行城乡居民最低生活保障政策，及时向符合条件的残疾人家庭提供最低生活保障；帮助农村贫困残疾人参加农村社会养老保险。对不适合参加劳动、无法定扶养义务人或法定扶养义务人无扶养能力、无生活来源的重度残疾人，按照规定予以供养、救济。有条件的地区，可按分类救助原则，适当提高重度残疾、一户多残等贫困残疾人家庭的生活保障水平。

（二）加强残疾人医疗康复和残疾预防工作

康复是帮助残疾人恢复和补偿功能，增强生活自理和社会适应能力，平等参与社会生活的基础。加强社会化康复服务体系建设和康复服务人才培养，提高康复服务能力，使城市和农村残疾人普遍得到康复服务。

（1）保障残疾人享有基本医疗卫生服务。覆盖城乡居民的基本医疗卫生服务体系要为残疾人提供安全、有效、方便、价廉的服务。将残疾人纳入城镇职工基本医疗保险、城镇

居民基本医疗保险和新型农村合作医疗制度，落实和完善残疾人医疗保障有关政府补贴政策。逐步将符合规定的残疾人医疗康复项目纳入城镇职工基本医疗保险、城镇居民基本医疗保险和新型农村合作医疗范围，保障残疾人的医疗康复需求。城乡医疗救助制度要将贫困残疾人作为重点救助对象，做好残疾人参加社会医疗保险和医疗救助的衔接工作。

（2）健全残疾人康复服务保障措施。将残疾人康复纳入国家基本医疗卫生制度和基层医疗卫生服务内容，逐步实现残疾人人人享有康复服务。大力开展社区康复，推进康复进社区、服务到家庭。继续实施国家重点康复工程，着力解决农村及边远地区贫困残疾人康复难的突出问题。制定和完善残疾人康复救助办法，对贫困残疾人康复训练、辅助器具适配等基本康复需求给予补贴。优先开展残疾儿童抢救性治疗和康复，对贫困残疾儿童康复给予补助，研究建立残疾儿童康复救助制度。支持开展残疾人康复科学技术研究和应用，提高康复质量和水平。

（3）建立健全残疾预防体系。制订和实施国家残疾预防行动计划，建立综合性、社会化预防和控制网络，形成信息准确、方法科学、管理完善、监控有效的残疾预防机制。广泛开展以社区为基础、以一级预防为重点的三级预防工作。提高出生人口素质，开展心理健康教育和保健，注重精神残疾预防，做好补碘、改水等工作，强化安全生产、劳动保护和交通安全等措施，有效控制残疾的发生和发展。制定国家残疾标准，建立残疾报告制度，加强信息收集、监测和研究。普及残疾预防知识，提高公众残疾预防意识。

（三）促进残疾人就业，解决残疾人劳动就业难问题

就业是残疾人改善生活状况，实现自强自立、人生价值的主要途径。保障贫困残疾人的基本生活，是健全和完善我国社会保障制度的重要内容。

认真贯彻促进残疾人就业的法律法规和政策措施，保障残疾人平等就业的机会和权利。依法推进按比例安排残疾人就业，鼓励和扶持兴办福利企业、盲人按摩机构、工（农）疗机构、辅助性工场等残疾人集中就业单位，积极扶持残疾人自主择业、自主创业。多形式开发适合残疾人就业的公益性岗位。党政机关、事业单位及国有企业要带头安置残疾人，完善资金扶持、税费减免、贷款贴息、社会保险补贴、岗位补贴、专产专营等残疾人就业保护政策措施。同等条件下，政府优先采购残疾人集中就业单位的产品和服务，将难以实现就业的残疾人列入就业困难人员范围，提供就业援助，加强残疾人职业培训和就业服务，增强残疾人就业和创业能力。切实将国家关于农村扶贫开发政策措施和支农惠农政策落实到农村贫困残疾人家庭，制定和完善针对残疾人特点的扶贫政策措施。扶持农村残疾人从事种养业、手工业和多种经营，有序组织农村残疾人转移就业，促进残疾人增加收入。

（四）发展残疾人教育，提高残疾人受教育水平

基本普及残疾儿童、少年义务教育，适应接受普通教育的残疾儿童、少年入学率达到与当地健全儿童少年同等水平，接受特殊教育的视力、听力、语言和智力残疾儿童少年义务教育入学率达到国家要求，大力发展残疾儿童学前教育。鼓励从事特殊教育，加强特殊教育师资队伍建设，提高特殊教育质量。完善残疾学生的助学政策，保障残疾学生和残疾人家庭子女免费接受义务教育。发展残疾儿童学前康复教育，加快发展高中阶段特殊教育，鼓励和支持普通高等学校开办特殊教育专业。逐步解决重度肢体残疾、重度智力残

疾、失明、失聪、脑瘫、孤独症等残疾儿童、少年的教育问题。采取多种措施扫除残疾青壮年文盲。积极开展残疾人职业教育培训，有条件的地方实行对残疾人就读中等职业学校给予学费减免等优惠政策。支持师范院校培养特殊教育师资。实施中西部地区特殊教育学校建设工程，落实特殊教育学校教师特殊岗位津贴政策。各级各类学校在招生、入学等方面不得歧视残疾学生。

（五）加快无障碍建设和改造

制定、完善并严格执行有关无障碍建设的法律法规、设计规范和行业标准。新建或改建城市道路、建筑物等必须建设规范的无障碍设施，已经建成的要加快无障碍改造。小城镇、农村地区逐步推行无障碍建设。加快推进与残疾人日常生活密切相关的住宅、社区、学校、福利机构、公共服务场所和设施的无障碍建设和改造，有条件的地方要对贫困残疾人家庭住宅无障碍改造提供资助。交通运输、铁路及城市公共交通要加大无障碍建设和改造力度。公共交通工具要配置无障碍设备，完善残疾人驾驶机动车的有关规定和管理办法，公共停车区要优先设置残疾人专用停车泊位。切实加强无障碍设施设备的管理和维护。积极推进信息和交流无障碍，公共机构要提供语音、文字提示、盲文、手语等无障碍服务，影视作品和节目要加配字幕，网络、电子信息和通信产品要方便残疾人使用。

（六）健全残疾人服务体系，发展残疾人服务业

针对残疾人特殊性、多样性、类别化的服务需求，建立健全以专业机构为骨干、社区为基础、家庭邻里为依托，以生活照料、医疗卫生、康复、社会保障、教育、就业、文化体育、维权为主要内容的残疾人服务体系。公共服务机构要为残疾人提供优先、优惠的服务。残疾人专业服务机构要改善条件，完善功能，规范管理，扩大受益面，提高服务水平。研究制定残疾人服务领域的国家和行业标准，完善行业管理政策，加强对残疾人服务的支持引导和监督管理。

依托社区开展为重度残疾人、智力残疾人、精神残疾人、老年残疾人等提供生活照料、康复养护、技能培养、文化娱乐、体育健身等公益性、综合性服务项目，推广"阳光之家"经验。鼓励发展残疾人居家服务，有条件的地方建立残疾人居家服务补贴制度。积极培育专门面向残疾人服务的社会组织，通过民办公助、政府补贴、政府购买服务等多种方式，鼓励各类组织、企业和个人建设残疾人服务设施，发展残疾人服务业。残疾人综合服务设施及康复、医疗卫生、教育、就业服务、托养、文化体育等服务设施建设要纳入城乡公益性建设项目，给予重点扶持，并适当向中西部地区和农村地区倾斜。鼓励和支持残疾人服务领域的科技研究、引进、应用和创新，提高信息化水平，扶持残疾人辅助技术和辅助器具研发、生产和推广，促进相关产业发展。

案例分析

中国残疾人联合会在2014年10月28日发布的《2013年度全国残疾人状况及小康进程监测报告》显示：残疾人在基本生活保障、康复、教育、就业等方面还面临许多困难，残疾人的总体生活水平与全社会平均水平差距仍然较大。这是继2011年度和2012年度

后，中国残联第三次在报告中这样概括我国残疾人群体的生活水平。

此次监测工作涉及全国734个县（市、区）中的1464个小区，有效监测样本数为37 199人。结果显示：2013年度残疾人家庭人均可支配收入仅为全国居民家庭人均可支配收入的56.7%，城镇残疾人家庭人均医疗保健支出为1 789.4元，是全国城镇居民家庭人均医疗保健支出的1.6倍；农村残疾人家庭人均医疗保健支出为1 032.8元，是全国农村居民家庭人均医疗保健支出的1.7倍。残疾人家庭人均医疗保健支出占全部消费支出的比重，城镇为18.5%、农村为17.8%，分别比全国城镇、农村居民家庭人均医疗保健支出比重高出12.3个和8.5个百分点。

报告通过对残疾人生存状况、发展状况、环境状况三类共17项小康监测指标实际值与目标进行对比，得出"残疾人小康实现程度"这一指标。该指数越高，表明越接近残疾人小康的目标。

虽然2013年度残疾人小康实现程度达到71.1%，比2012年度提高2.7个百分点，但中国残联研究室主任陈新民表示，推动残疾人与全国人民同步实现小康目标，还需付出艰苦的努力，必须加强重点保障和特殊扶助。

（资料来源：http://china.cnr.cn/gdgg/201407/t20140728_516055900.shtml，有删减。）

阅读资料并回答以下问题：

1. 如何界定残疾人？
2. 什么是残疾人社会福利？残疾人社会福利包括了哪些内容？
3. 目前我国残疾人社会福利事业还存在哪些主要问题？

子情境2　残疾人生活服务

能力目标

1. 培养学生与残疾人沟通的能力。
2. 培养学生在残疾人生活服务方面的分析问题和解决问题的能力。

知识目标

1. 了解残疾人生活服务的意义。
2. 掌握残疾人生活服务的内容。
3. 了解残疾人服务体系存在的主要问题。
4. 掌握健全残疾人服务体系的对策。

学习情境五　残疾人福利服务

情境导入

中国残疾人生活状况明显改善

中国残联主席张海迪2013年9月17日在中国残联第六次全国代表大会上做报告时指出，过去的五年，是我国残疾人事业快速发展，残疾人生活状况进一步改善的五年。

透过报告中的数字可以看到，过去五年中国残疾人事业取得的新成就，使越来越多的残疾人实现了人生和事业的梦想，过上了幸福而有尊严的生活。

过去五年，480多万人次农村贫困残疾人实现脱贫，1 070多万城乡困难残疾人享受到了最低生活保障。城镇新增160多万残疾人就业，农村在业残疾人稳定在1 700万，城乡残疾人家庭人均可支配收入分别增长了65.5%和83.3%。

过去五年，通过实施"阳光家园计划"，共为110多万人次残疾人提供了托养服务。残疾人康复特别是残疾儿童抢救性康复普遍开展，通过实施一批重点康复工程，1 200多万残疾人得到不同程度的康复，康复服务覆盖率由23.3%上升到55.2%。

过去五年，残疾儿童少年义务教育入学率逐年提高，在校残疾学生近38万人；高中以上特殊教育加快发展，特殊高中阶段在校学生近2万人；3万余名残疾大学生在普通高校和高等特教学院学习。

过去五年，残疾人平等参与的社会环境更加优化。志愿助残阳光行动广泛开展，助残志愿者达到700多万人；残疾人慈善事业进一步发展，中国残疾人福利基金会"集善工程"汇集各方爱心，直接为100多万残疾人提供了实实在在的帮助。开展文化进社区和文化助残活动，479个地市级以上图书馆开设了盲人阅览室。

（资料来源：http://news.163.com/13/0918/08/991RI9LC00014AED.html）

任务描述

林先生今年37岁，自己创办了一家公司，虽然辛苦但效益还不错，他经常出差到各地拓展业务，家庭生活也很美满。然而一场意外的车祸却改变了他人生的轨迹。他住进了医院，因脊柱受伤导致下肢瘫痪。面对后半生不得不坐在轮椅上度过的现实，他觉得万念俱灰，不知道自己的人生还有什么价值，将来还能做什么，也不知该怎样面对年轻的妻子和年幼的女儿。面对突如其来的变故，林先生的困境有哪些？我们应提供怎样的服务来帮助林先生改善和摆脱困境？

任务实施

1. 组织学生认真阅读"任务描述"，并为林先生草拟一份服务方案。
2. 针对服务对象林先生的情况，整理出林先生的需求，如需要接纳残疾的现实，还需调整心态，积极面对一个和以前完全不同的人生；虽然残疾了，他在家庭中的丈夫和父亲的角色并没有改变，他还需要承担家庭角色；在个人和家庭生活适应方面，他需要学会生活自理，做肢体康复，进行心理调整，需要社工提供专业介入等。
3. 形成一份可供执行的服务计划，并进行相互讨论。

任务总结

1. 请两名学生代表进行总结发言。

2. 教师对学生表现和所讨论问题进行点评。

任务反思

通过服务计划的制订，能使学生更加熟悉中国的残疾人社会福利制度，并能够进一步分析和了解残疾人生活服务需求，达到掌握残疾人生活服务内容的学习目的。

知识链接

一、残疾人生活服务的意义

残疾人是一个数量众多、特性突出、特别困难的社会群体，是社会保障和公共服务的重点人群。残疾人生活服务是一个非常宽泛的概念，涉及残疾人的衣食住行用及精神文化生活等诸多方面的内容。

个人障碍和社会障碍的存在给残疾人的生活带来了很多不便，这不仅影响了残疾人生活质量的提高及其潜力的发挥，而且也影响到残疾人家庭成员的生产和生活。正如残疾人社会工作者所指出的那样，残疾儿童家庭要面对一系列实际问题，如适当的居住条件、合理的收入、减少可能出现的对行动的限制，以及比正常儿童照料工作（那是所有父母都需要做的）也许要增加的时间，耗用更多的精力。一般说来，家庭里有了残疾成员，无论如何，会在就业机会、适宜的住宅等方面产生变化，这些变化会导致物资供应方面的限制，对时间和精力的需要也会增加。这些家庭活动功能的大小，取决于家庭面对这些变化如何组织全家和如何适应新的环境。

第二次全国残疾人抽样调查数据表明，科技的进步和中国社会经济的发展，特别是医疗卫生事业的发展，大大减少了先天性残疾的发生率，但同时，社会经济的发展和人均预期寿命的延长也增加了后天致残的风险。比如，意外事故致残和老年致残的可能性增加。目前中国各类残疾人总数已超过 8 500 万人。加强残疾人文化建设，促进残疾人文化与社会主义文化的同步发展与繁荣，不仅能够改善和丰富残疾人的生活，而且有利于残疾人提高自身素质，陶冶道德情操，改善生活状况，实现自我价值。同时，有利于培育他们自尊自信、积极进取的社会心态，促进和谐友爱人际关系的建立。

二、残疾人生活服务的内容

（一）残疾人日常生活服务

（1）为残疾人提供社区生活服务。残疾人的生活服务需求是多方面的，尤其是孤老和重度残疾人，因身体功能不健全，在日常生活中会遇到很多实际困难，他们渴望得到帮助和扶持。因此，城乡社区在开展社区服务时，应将残疾人基本生活需求纳入社区服务的范围。在社区布局、功能定位、服务设施建设等方面，充分考虑残疾人的需求，为残疾人提供就近就便的服务。同时组织志愿者为残疾人提供各项生活帮助和服务，切实协助残疾人解决生活中的实际困难，以改善和提高残疾人的生活质量。

（2）为改善残疾人的住房条件提供服务。调查、核实、登记城镇有住房困难的贫困残疾人户数，并将其纳入政府廉租房制度。对有特别困难的贫困残疾人家庭，优先实行实物配租。有计划地改善农村无房或住危房的贫困残疾人的住房条件。

（3）为贫困残疾人的社会保障援助提供传递服务。我国已将贫困残疾人纳入社会保障体系之中。在城市，符合低保条件的贫困残疾人可以申请城市居民最低生活保障金及和低保相关的利益；在农村，符合"五保"条件的贫困残疾人可以申请"五保"。城乡基层社会保障机构通过开展社区残疾人基本生活状况调查摸底工作，掌握本社区残疾人的贫困状况，积极向有关部门反映，并为符合法律法规设定的条件的贫困残疾人提供服务，落实城市低保、农村"五保"和残疾人生活保障，有助于促进残疾人社会保障权利的实现。同时，基层社区还可以在社会保险、大病救助、临时救助等方面为残疾人提供传递服务。

（4）为残疾人用品用具供应提供服务。将残疾人用品用具供应服务纳入残疾人工作计划，其主要工作内容包括宣传知识、沟通信息、调查需求、转介服务、实施补贴等。可利用残联办公室或残疾人综合服务设施，摆放残疾人用品用具样品，张贴用品用具宣传挂图，搜集相关的残疾人用品用具产品资料，指导残疾人根据样品和资料，了解和选择适宜的用品用具；与日常工作相结合，了解和登记本地区残疾人对用品用具的需求，及时反馈给就近的用品用具供应站；对需要配置用品用具的残疾人，如安装假肢，购买轮椅或其他用品用具，介绍他们到就近的供应站或用品用具商店去，或者帮助他们代购有关的用品用具。对贫困的残疾人，要帮助他们争取相关资金，给予适当补贴。还可以在本地区内帮助残疾人调剂使用用品用具，如开展轮椅、拐杖的租赁，将闲置的用品用具介绍给需要的残疾人等。有条件的地方也可以依托商店或自行开展用品用具的经营，直接为残疾人服务。

（二）为丰富残疾人的精神文化生活提供服务

积极组织残疾人参加文化生活，对于丰富残疾人的精神生活，提高残疾人的审美观和艺术修养，促进残疾人的身心健康和整个社会的精神文明建设具有重要意义。文化生活的领域包括音乐、舞蹈、戏剧、文学和艺术等。为丰富和活跃残疾人的文化生活，可以定期或不定期地举办残疾人运动会、艺术节、职业竞赛；开办残疾人电视专题节目；建立残疾人俱乐部与活动站；公共文化活动场所免费或优惠向残疾人开放，配置适合残疾人使用的视听读物和体育娱乐器具，为残疾人提供方便和照顾；在"全国助残日"、残疾人节日和节假日因地制宜地组织残疾人参加各类文体娱乐活动；组织和扶持残疾人开展群众性文化活动；开展"爱心赠刊""爱心赠书""爱心送戏"等文化助残活动。"爱心赠刊""爱心赠书"，主要是倡导杂志社、出版社及全社会向残疾人和残疾人文化设施赠送书刊及音像制品，倡导大学生义务为盲人灌录有声读物；"爱心送戏"主要是倡导文艺团体深入残疾人相对集中的特教学校、福利工厂和基层社区义务为残疾人演出，以丰富残疾人的精神文化生活。[①]

（三）为改善残疾人的出行与生活环境提供服务

推进无障碍环境建设。无障碍环境是残疾人走出家门、参与社会生活的基本条件，加强无障碍环境建设，是尊重残疾人权益的直接体现，是物质文明和精神文明的集中体现，是社会进步的重要标志，对培养全民公共道德意识，推动精神文明建设，促进和谐社会的构建等具有重要意义。因此，在进行市政建设、社区建设和社会主义新农村建设时，各有

---

① 相自成，郭成伟. 残疾人维权法律知识手册[M]. 北京：中国法制出版社，2001.

关单位和组织应当树立起无障碍环境观念，严格按照《城市道路和建筑物无障碍设计规范》《残疾人保障法》《中国残疾人事业"十二五"发展纲要》的要求，根据残疾人的实际需求对社区住宅、公共设施、道路因地制宜地逐步进行无障碍规划、设计、建设和改造，以方便残疾人的出行与参与社会生产生活。

三、残疾人服务体系存在的主要问题

改革开放以来，在各级党委和政府的关心和支持下，通过构建残疾人服务体系，使残疾人的"民生"问题得到了一定程度的改善。但是，总体看来，我国的残疾人服务体系还不健全，存在着一些亟待解决的问题。

（一）残疾人家庭负担过重

我国目前为残疾人服务的主体模式还是以家庭为主。因高额的治疗、康复费用支出和残疾人受教育程度不高，部分（或全部）劳动能力的丧失，就业机会少，收入低，导致残疾人家庭因疾致贫、因疾返贫现象严重。例如，农村残疾人家庭绝对贫困人口占我国同期贫困人口的 99.62%。[①]

（二）政府尤其是地方政府责任不到位

建立健全惠及每一位残疾人的社会保障体系和服务体系是政府的最主要责任，此外，还应以政策、财政支持残疾人事业发展，引导、激发社会团体、公民为残疾人服务的积极性、主动性。但是，我国至今还没有建立起惠及每一位残疾人的社会保障和服务体系，社会团体和公民为残疾人服务的潜能和热情还没有被大力开发，地方政府的财政支持力度十分薄弱。以"十一五"期间全国用于残疾人的扶贫资金为例，地方各级政府安排扶贫专项资金 21.6 亿元，来自中央财政，31 个省、直辖市、自治区平均每年安排用于残疾人扶贫资金仅为 696 万元。[②] 中央安排扶贫贴息贷款 40 亿元，贴息 1.5 亿元。

（三）残疾人享有服务项目的机会不均等

只有 0.5% 的残疾人劳动力实际享有了按比例安排就业的权利；只有 14.37% 的城镇残疾人参加了社保，还不到城镇残疾人总数的 15%，农村残疾人基本还没有参加社保；不到 5% 的残疾人得到过临时救济和定期补助；学龄残疾人儿童的毛入学率为 63.2%，低于全国平均水平近 41 个百分点，到 2008 年仍有 22 万适龄残疾儿童少年未能入学。我们再看残疾人实际得到医疗康复服务项目的情况，72.78% 的残疾人有医疗服务与救助需求，实际接受过医疗服务与救助的只有 35.61%；67.78% 的残疾人有救助或扶持需求，实际接受过救助或扶持的只有 12.53%；38.56% 的残疾人有康复训练与服务需求，实际接受过康复训练与服务的只有 8.45%；27.69% 的残疾人有辅助器具的配备与服务需求，实际接受

[①] 依据《2006 年第二次全国残疾人抽样调查主要数据公报》和《2006 年中国居民收入分配年度报告》中的数据计算得出。

[②] 中国残疾人事业"十一五"计划纲要执行情况统计公报．

过辅助器具配备与服务的只有7.31%。可见，绝大部分残疾人的需求并没有得到满足。[①]

（四）残疾人文体活动的广泛性、日常性服务项目不到位

目前，残疾人的文体活动有三个特点。一是节日性。每当残疾人节日期间，各级残联都组织一些活动。二是少数性。从残联角度看每年的活动并不少，至少要组织7次以上的大型活动。但是，具体到每个残疾人专门协会也就是1～3次，而且基本是在配合残联开展活动。三是非广泛性和非日常性。节日性活动一般只有极少数残疾人有机会参加，绝大部分残疾人没有置身其中，日常生活中也基本少有机会参与群众性文体活动。不是因为残疾人没有参加文体活动的意愿要求和能力，主要原因是为残疾人参加文化活动的项目服务不到位，使得绝大多数残疾人没有机会或缺少条件参加活动。

（五）残疾人参与社会活动的服务项目薄弱

到过英国、法国、美国等国家的人都有这样的感受，在大街上、影剧院、展览馆等公共场所都能见到残疾人，他们同健康人一样参与社会活动。而在我国的公共场所却很难见到残疾人。这不仅体现出中西残疾人心理上的差异，而且体现出为残疾人平等地参与社会活动服务上的差距。这些国家的公共设施基本实现了无障碍，为残疾人参与社会活动提供了基本条件。我国的无障碍公共设施的规划、设计、建设在近几年才加大了力度，但各城市之间有较大差异，即使已建成无障碍公共设施的城市，因管理没有跟上，盲道被车辆、摊位占用现象十分普遍。

（六）社会慈善组织、残疾人专业服务机构、专门协会、公民等为残疾人服务的主体作用远没有充分发挥出来

西方主要国家的经验表明，社会慈善组织、残疾人专业服务机构、专门协会、公民等是为残疾人服务的不可或缺的重要主体。但是，在我国它们的重要主体作用还没有较好地显现出来。因一些慈善组织有宗教（尤其是外国宗教组织）的背景而给予排斥；因残联政企不分，担心残疾人专业服务机构会争夺其"饭碗"而加以限制；因专门协会的主体意识和主体能力还不强而视为服务对象；因缺少慈善文化和社会保障，公民的慈善热情相对较低。

（七）管理方面政企不分，效能不高，管理不科学

尽管各级地方政府都成立了残疾人工作委员会，但具体服务项目分散在民政、劳动和社保、教育、卫生、残联等部门，职责不清，同样的事几个部门都在做或谁也不管。各自为政的后果就是没有形成强大的合力，时常出现推诿扯皮现象，效率低下，党和政府的惠及残疾人服务的项目没有完全落实到位。残联、民政等部门都有自己的为残疾人服务的企业，而相关服务项目的指导、规划、检查、评估等工作又集于自身，既当"裁判员"，又当"运动员"，其后果是限制了残疾人专业服务机构社会化发展，服务效能不高。为残疾人服务的项目应该按照服务行业的方法进行管理。但是，因绝大多数服务项目由政府部门

---

① 2006年第二次全国残疾人抽样调查主要数据公报．

提供,其管理基本都是以行政手段,成本比较高。例如,成都市残联建有非常先进的脑瘫康复中心,每年由公共财政提供经费 200 万元,每年能接纳脑瘫儿童也就在 100 名左右,人均管理服务费为 2 万元。如果由社会上的残疾人专业服务机构经营,其内部管理成本至少可降 1/3。

四、健全残疾人服务体系的对策

残疾人服务体系的不健全,严重制约着残疾人"民生"的改善,必须通过深化改革、健全体制机制、激发主体积极性等措施来健全残疾人服务体系。

(一)强化政府责任,建立健全每一位残疾人都享有基本服务的服务体系

事实表明,以临时救助为主要模式的慈善政策虽然能解决一部分残疾人的难题,但是不能解决所有残疾人的困难,而且造成了不平等现象,应该改变。我国改革开放三十多年所取得的巨大经济成就,为建立健全每一位残疾人都享有基本服务的服务体系打下了坚实的经济基础。《中共中央国务院关于促进残疾人事业发展的意见》明确提出了"加强残疾人服务体系建设",我们应根据中央的精神深入研究残疾人享有基本服务的内涵,有哪些具体内容,并明确各服务主体的职责,哪些由政府供给、哪些由家庭承担、哪些由社会参与。通过明确主体的责任和服务项目来确保每一位残疾人都享有最基本服务,并将建立健全惠及每一名残疾人的服务体系纳入服务型政府建设的总目标中,统筹规划。

(二)加大公共财政支持力度,提供资金保障

残疾人事业是责任性、公益性、慈善性事业,没有公共政策和公共财政的大力支持是难以发展的。近几年来,我国各级政府出台了一系列促进残疾人事业发展的政策,应该说政策的支持力度比较大。但是公共财政尤其是地方财政支持的力度还明显不足,各地方发展残疾人事业主要依靠向企业征收残疾人就业保障金来维持。因各地的企业状况不同,征收数额差异很大,经济落后地区极为有限,靠残疾人就业保障金难以为继。公共财政支出应体现向弱势群体倾斜的理念,加大支持力度。一是中央财政应继续加大向经济落后地区的支持力度,二是各级地方政府加大对本级残疾人事业的支持力度。

(三)政府采用购买服务的方式,促进残疾人专业服务机构的发展

"新公共管理"理论认为,政府采用购买的方式是降低公共服务成本、提高公共服务质量的有效路径。我们应该改变那种从生产到消费都由政府大包大揽的模式,将由政府为残疾人提供的服务项目,向市场上公开招标,购买服务。目前,我国的残疾人专业服务机构的力量还很弱小,政府购买其服务也是对其最好的扶持,它的成长必将减轻政府和残疾人家庭的负担。政府在购买服务过程中必须要严把招投标关和质量关,增加专门协会和残疾人的话语权,多倾听他们的意见和建议,使信誉好、质量优的专业服务机构在公平竞争中发展壮大,成为重要的服务主体。

(四)扶持残疾人专门协会发展,发挥其主体作用

残疾人专门协会是为残疾人服务的主体,它在心理调适、励志、开展日常文体活动、有

效沟通协调、反映残疾人心声、维护残疾人合法权益等方面有着其他主体不可比拟的优势。但是，因受到自身的主体意识、主体能力及外在的物质条件、制度保障等因素的制约，其主体作用还没有充分发挥出来。应该采取扶持措施使其发展成长。首先，应该依法注册，取得合法的主体资格。其次，加强培训，提高专门协会的主体意识和主体能力。再次，依托服务型政府建设，完善相关制度和活动场所、设施。最后，残联应给予一定的经费保障。

（五）培育慈善文化，激发民众的慈善热情

一些西方国家的经验表明，接受过慈善文化教育的民众是一个国家发展慈善事业最重要的主体。中华民族拥有传统的慈善文化，慈善活动也源远流长，儒家的仁义学说、佛教的慈悲思想、西方宗教等在中国慈善文化发展中都起到一定的作用，但在市场经济条件下，这种文化受经济利益驱使，逐渐被人们淡化，人们的慈善观念的发展受到了一定限制。我们应加大新型慈善文化培育力度，一是要挖掘、弘扬中华民族优秀传统慈善文化；二是应借鉴西方国家发展慈善文化的成功做法，不因其有宗教文化支撑而排斥；三是简化个税减免程序，以税收优惠鼓励慈善行为；四是注重对学生进行慈善文化教育。经过新型慈善文化教育后，如果我国人均捐赠能达到美国的一半（2014年美国个人慈善捐款达到2 585亿美元），每年就有几千多亿元，是个不小的数目。有民众普遍参与的慈善活动才能可持续发展。

（六）将残疾人服务设施纳入服务型政府建设的总体规划，大力推广无障碍公共服务设施建设

专门为残疾人建设服务设施是必要的，但是因资金有限，短期内难以达到理想目标。如果规划、管理不善，还容易造成重复或利用率不高的现象。我们建议应该抓住当前大力推进服务型政府建设的时机，将残疾人服务设施建设纳入服务型政府建设的总体规划之中，统一规划、统一实施，既解决了资金短缺问题，又避免了重复浪费。同时要大力推广无障碍公共服务设施建设，医院、学校、道路、图书馆、影剧院、音乐厅等公共服务设施均应实现无障碍化，加强和改善管理，配备相应的人员、设备等，为残疾人参与社会活动创造无障碍条件。

案例分析

"1路无人售票巴士，开往夫子庙，请有序排队，主动让座，文明乘车，1路无人售票巴士"，这段语音，就是杭州市推出的公交车外喇叭报站声。盲人乘客在综合站点乘车，再也不用对着来到的公交车手足无措了，他们可以轻松地根据报站的声音选择自己要乘坐的线路车。从2014年3月1日起，杭州公交集团推出在公交车上安装外喇叭报站器，方便盲人乘客乘车。

据公交集团企管部负责人介绍，目前的公交车语音报站器是在车厢内，即车内乘客能听到语音播报是几路车，到哪一站等等内容，而在站台等车的乘客是听不到语音报站的。有盲人乘客通过热线反映了这个问题，公交集团很重视，为了把服务做到更加人性化，集团及时和市残联联系，并与残联同志一起开展了盲人现场测听结果，确定了语音报站内容与音量、时间段。

2014年3月1日起,公交集团所属的扬子公司公交车外置语音报站功能全覆盖,公交集团所属的江南公司公交车会对2012年以后购置的新车自3月1日起实现外置语音报站器,其余车辆系统确保5月31日前全部完成。对外使用语音报站器的时间段定为6:30—20:30,每个站点分别报站两次。在每年的学生中考和高考期间,公交集团考虑到相关线路周边考场情况,为减少对考生的干扰,给考生营造安静的考试环境,会酌情使用外用语音报站器。

(资料来源:http://www.chunyun.cn/gongjiao/20140305/143731.html,有删减.)

阅读资料并回答以下问题:
1. 残疾人生活服务包括哪些内容?
2. 如何加强无障碍环境建设?
3. 健全残疾人服务体系有哪些对策?

子情境3 残疾人康复服务

能力目标

1. 培养学生与残疾人沟通的能力。
2. 培养学生在残疾人康复服务方面分析问题和解决问题的能力。

知识目标

1. 了解残疾人康复的含义和意义。
2. 掌握残疾人康复的基本方法。
3. 了解我国残疾人社会化康复训练服务体系。
4. 掌握残疾人社区康复服务。

情境导入

康复,点亮残疾人生命的"明灯"

"爸爸,快,快,让我来跟妈妈说话!"刚满5岁的河北女孩含含挥舞着小手,想要拿走正在通话的电话。如果不是有人告之,很难发觉这是一名戴着人工耳蜗的听障孩子,就在9个月前,她还只能借助助听器模糊发音。

和许多听障人士一样,花费近20万元配置人工耳蜗,曾经是含含家人眼中遥不可及的梦。"但政府给了我们很多资助,还为孩子安排了一年的免费康复训练。"含含的父亲、唐山遵化市小厂乡的李金红说,"现在孩子能听会说,我们全家也'活'了。"

身体康复是残疾人实现梦想的第一步,但康复常常需要党和政府、社会各界的共同支持。"十一五"期间,全国831个市辖区和1 676个县(市)开展了社区康复工作,

1 037.9万中国残疾人得到不同程度的康复。

中国正在着手为残疾人康复创造最大可能。2009年，中央财政投入资金量最大、受益人数最多的专项贫困残疾儿童康复项目"贫困残疾儿童抢救性康复项目"正式启动，计划在三年内投入7.11亿元，救助5.88万残疾儿童。

(资料来源：http://news.xinhuanet.com/politics/2011-10/07/c_122123883.htm，有改动.)

任务描述

探访残疾人社区康复站（中心），认知残疾人康复服务工作。

任务实施

1. 到就近社区联系一家社区康复站（中心）。
2. 对学生进行分组，每组确定一名组长，进行安全教育。
3. 带领学生探访社区康复站（中心），实地了解社区康复站（中心）的组建过程、工作内容、工作机制和管理制度。
4. 让学生与社区康复员、康复对象进行交流，了解残疾人康复服务的内容、程序、步骤，撰写一篇残疾人社区康复站（中心）探访报告。

任务总结

1. 请各小组代表进行总结发言。
2. 教师对学生表现和所讨论问题进行点评。

任务反思

中国残疾人康复服务工作遵循实用、易行、受益广的原则，逐步形成了以专业康复机构为骨干、社区康复为基础、残疾人家庭为依托的社会化康复服务体系。我国正加大工作力度，力争将残疾人全部纳入基层社区康复服务体系，实现"人人享有康复服务"的目标。

知识链接

一、康复与残疾人康复的含义

康复是指采用医学的、工程的、心理的、社会的和教育的等各种有用的措施，以减轻残疾的影响，使残疾人重返社会。康复不仅是训练残疾人使其适应周围的环境，而且也指调整残疾人周围的环境和社会条件，使残疾人的残疾功能改善或恢复到尽可能好的水平，以便使他们在身体、精神、社会生活、教育就业等方面的能力得到最大的发挥，从而实现最大限度地回归社会的目的。

残疾人康复是指综合地、协调地应用医疗的、工程的、教育的、职业的、心理的、社会的和其他措施，对残疾人进行治疗、辅助、训练、辅导来补偿、提高或者恢复残疾人的机体功能，增强其能力，以消除或减轻残疾造成的后果，从而改善残疾人参与社会生活的自身条件。在工作实践中，康复概念有广义和狭义之分，广义的康复也就是"全面康复"，包括

"生理康复""心理康复""职业康复""社会康复";狭义的康复则指医学康复。

残疾人康复具有重要意义。因为通过康复可以在一定程度上恢复、改善或者补偿躯体功能、精神功能和社会功能,这不仅有助于为残疾人参与社会生活创造条件,促进残疾人自立,减轻残疾人家庭成员的负担,而且有助于残疾人参与社会生产劳动,减轻国家的负担,同时促进社会主义物质文明与精神文明建设。据统计,绝大多数残疾人可以通过康复改善自身状况。根据国外的有关统计资料显示,康复工作的经济效益是远远大于其投入的。美国的一项研究表明:康复一名残疾人的投入与产出比在1:4到1:10之间。也就是说,培养一名残疾人的总投入按1来计算,他对社会的回报将是4倍以上,甚至达到10倍。[1]

二、我国残疾人康复工作的发展历程

中国的残疾人康复工作萌芽于20世纪50年代,当时,为改善在革命战争中负伤的伤残军人的健康状况,国家设立了伤残军人疗养院、康复医院、荣军疗养院等;后来,煤炭系统、冶金系统等大型厂矿企业为满足伤残、病残职工康复的需要,设立了职工疗养院、康复医院,各地卫生、民政部门还设立了精神病院等。到1980年,全国共有各类康复医疗机构400多个,其中康复医院20余所。许多普通疗养院设康复病区,部分综合医院设康复部(科),共有康复床位3万多张。中国盲人聋哑人协会配合卫生部门在部分盲病高发区开展防盲治盲工作。这些都为后来的康复工作打下了一定基础。

1984年3月,中国残疾人福利基金会成立,与此同时,经国务院批准,"中国康复研究中心"开始筹建。基金会成立后为残疾人办的第一件实事就是派医疗队到山西、云南等省开展小儿麻痹后遗症矫治手术和白内障复明等康复工作。1986年4月,中国残疾人福利基金会康复协会(后改名为中国残疾人康复协会)成立,团结数以千计的康复医学专家开展各类残疾的康复工作。1986年和1987年该组织先后在北京、重庆举办了两次国际康复学术讨论会,美国、英国、日本、加拿大、澳大利亚等国家及香港地区50多位康复专家学者和中国内地100多位专家、康复工作者作了学术报告,交流了经验,推动了我国现代康复事业的发展。

1988年3月,中国残疾人联合会成立以后,协助国务院和政府有关部门制订实施了残疾人康复的一系列计划,开始有组织地开展大规模抢救性康复工作,主要是白内障复明、小儿麻痹后遗症矫治、聋儿听力语言训练三项康复工作,后来扩展到"低视力康复""精神病防治康复""智力残疾康复",以及社区康复工作、残疾人用品用具供应服务等。

经过几十年的努力,我国残疾人康复工作取得了较大的成就。到"十五"期间,通过实施一批重点康复工程,642万残疾人得到不同程度的康复,超额完成国家计划任务的25.9%,相当于"八五""九五"期间残疾人康复数的总和。

据《2013年度中国残疾人状况及小康进程监测报告》统计,自2007年度以来,残疾人接受过康复服务比例呈逐年上升趋势。2013年度,城镇残疾人至少接受过一项康复服务的比例为64.8%,比上年度上升了1.8个百分点;农村残疾人接受过康复服务的比例为56.1%,比上年度上升了3.5个百分点。这表明政府与社会提供康复服务的能力有所提高,残疾人受益面扩大。2015年发布的《中国残疾人事业"十一五"统计分报》显示,"十一五"期间,我国残疾人康复服务总量大幅增加,通过实施重点康复工程,1 037.9万

---

[1] 李东梅.论残疾人人力资源开发[J].中国特殊教育,2003(6):88-94.

残疾人得到不同程度的康复，残疾人康复服务受益面较快扩大；传统的康复项目扎实推进，新的康复服务领域不断拓展，孤独症儿童康复、白内障无障碍建设、社会化综合性开放式精防康复、盲人定向行走训练、辅助器具适配等成为富有特色且有较大社会影响的康复业务。

三、残疾人康复的类型

残疾人康复一般是指四个方面的康复。

（1）生理康复。这主要是针对残疾人在生理、人体结构上，某种组织、功能丧失或者不正常，全部或者部分丧失了以正常方式从事某种活动的能力这种情况进行的康复。残疾人上述能力的丧失也常成为残疾人逃避社会职责的理由。因此，生理康复可为社会康复提供有利条件。

（2）心理康复。这是全面康复的核心，残疾人都有不同程度的心理障碍，导致社会功能也受到不同程度的损害。情感的淡漠、思念的贫乏、意志的薄弱、行为的迟钝、欲念的空芜等，使他们难以就业和进行社会交往。因此心理康复的好坏是社会康复的关键。

（3）职业康复。这是指残疾人在生理康复和心理康复的基础上，职业能力得到训练和培养，变单纯的社会消费者为对社会能有所贡献者。

（4）社会康复。这是残疾人康复的最高境界，通过各种康复手段的运用，使残疾人能如正常人一样在社会人群中生活交往，而不是与社会疏隔。

四、残疾人康复工作的指导原则

我国《残疾人保障法》规定：国家和社会有责任采取康复措施，帮助残疾人恢复或者补偿功能，增强其参与社会生活的能力。残疾人康复工作应当从实际出发，将现代康复技术与我国传统康复技术相结合；以康复机构为骨干，社区康复为基础，残疾人家庭为依托；以实用、易行、受益广的康复内容为重点，并开展康复新技术的研究、开发和应用，为残疾人提供有效的康复服务。

五、残疾人康复的宗旨

残疾人康复，其目的在于通过各种康复手段，使残疾人回归社会。具体来讲，主要有以下三个目的。一是最大限度地使只有部分器官和组织的残疾人不至于完全残废，使之身体留有的一部分功能发挥出作用，乃至受损的功能得到恢复；二是锻炼提高相应的组织、器官的功能，使之起代偿作用；三是用矫形手术装配假肢、矫形器等，使残疾者能参与社会生活和社会生产劳动。

六、残疾人康复的基本方法

（1）肢体残疾康复是以改善、补偿和提高功能水平为主的康复，其基本方法包括物理疗法、作业疗法、言语矫治法、心理治疗法、中国传统康复治疗法和辅助用具法。所谓物理疗法，是指应用力、电、光、声、磁和热力学等物理学因素来治疗病人的方法，该疗法对炎症、疼痛、瘫痪、痉挛和局部血液循环障碍有较好效果。作业疗法是针对病人的功能障碍，从日常生活活动、手工操作劳动或文体活动中有针对性地选择一些作业方式对病人进行训练，以恢复其独立生活能力的方法。言语矫治法是指对由于大脑损伤或神经肌肉病变引起的各种言语障碍加以矫治，使病人恢复交流功能的方法。心理治疗法是一种心理调停或干预，以求达到改变人们的行为、思想或情感的方法。中国传统康复治疗法是指以我国传统医学理论为基础的独特手法和治疗法则，包括按摩疗法、针灸疗法、拔罐疗法和传统运动疗法等。辅助用具法是指为了补偿、矫正或增强残疾人已缺失的、畸形的或功能减弱的身体部分或器官，使用假肢、矫形器、轮椅、助行器、自助器具等帮助残疾人在可能的范围内最大限度地恢复或代偿功能而独立生活。

（2）智力残疾康复的基本方法是根据智力残疾儿童身心发展特点和智力残疾成年人的特殊需要，采用经过特别设计的康复训练内容、评估标准和康复服务，使其在运动、感知、认知、生活自理、言语交往和社会适应性等方面的能力得到不同程度的提高，以实现回归社会的目的。

（3）视力残疾康复的基本方法有手术治疗和辅助用具，前者如白内障复明手术，后者如低视力配用助视器并加以低视力康复训练。

（4）听力残疾康复的基本方法有配用助听器进行语言训练，促进语言理解、口语表达，恢复或改善发音机能，提高语音清新度；此外，还有替代方式，即重度语言障碍病人很难达到正常的交流水平，就需要使用替代交流方式，如学手势、用交流板进行交流等。

（5）精神残疾康复采取社会化、开放式、综合性防治康复，基本方法有药物治疗，以防止病情复发；工疗，以学习一定的生产技能；娱乐治疗，以增强与社会交往能力；心理治疗和职业训练。[1]

七、我国残疾人社会化康复训练服务体系

我国残疾人社会化康复训练服务体系由组织管理网、技术指导网、服务网组成。

1. 组织管理网

由卫生部、民政部、教育部、原国家计委、财政部、原国家计生委、全国妇联、中募委、中国残联等部门组成的全国残疾人康复工作办公室，负责组织实施康复训练与服务工作，将残疾人康复训练与服务工作纳入社区卫生服务、社区服务、初级卫生保健、特殊教育和残疾人事业等发展计划，制定相应政策，编制实施办法，下达任务指标，组织考核验收，总结推广经验和做法。各级政府将残疾人康复训练与服务工作纳入当地社会发展规划，明确部门职责，实行目标管理。地方各级残疾人康复工作办公室将康复训练与服务工作纳入当地相关部门职责范围和业务范围，加强沟通，密切合作，制订工作计划，分解任务指标，动员社会力量，协调实施并进行统计检查。

2. 技术指导网

由残疾人康复协会、各专项康复技术指导组及其他有关社会技术资源组成全国残疾人康复训练与服务技术指导组。其主要职能是制定技术标准，统编培训大纲和教材，培训技术骨干，深入指导、推广实用技术，参与检查、评估和验收。省、市、区、县也建立相应残疾人康复训练与服务技术指导组，培训基层人员，普及知识，提供服务，进行督导检查。

---

[1] 相自成，郭成伟. 残疾人维权法律知识手册[M]. 北京：中国法制出版社，2001.

3. 服务网

按照社会化原则，依托各级各类医疗卫生机构、社区服务机构、学校、幼儿园、福利企事业单位、工疗站、残疾人活动场所等现有机构、设施等形成服务网络。其主要职能是根据残疾人不同的康复需求，提供康复医疗、训练指导、心理疏导、知识普及、残疾人亲友培训、简易训练器具制作、用品用具服务、转介服务等多种康复服务。[①]

八、残疾人社区康复服务

社区康复是以社区为基地开展残疾人康复的一项工作。1994年，联合国教科文组织、世界卫生组织、国际劳工组织联合发表了一份关于社区康复的意见书，对社区康复做了如下解释："社区康复是属于社区发展范畴内的一项战略性计划，其目的是促进所有残疾人得到康复服务，以实现机会均等、充分参与社会生活的目标。社区康复的实施要依靠残疾人及其亲友、所在社区及卫生、教育、劳动就业和社会保障等相关部门的共同努力。"我国的社区康复要从社会经济发展和残疾人康复需求的实际情况出发，在政府领导下，采取社会化工作方式，将社区康复工作融于社区建设规划，并纳入相关部门的业务范畴，充分调动社区内一切可以利用的人力、物力、财力、文化等资源，以街道、乡镇为实施平台，为残疾人提供就近方便的康复医疗、训练指导、心理支持、知识普及、用品用具及康复咨询、转介、信息等多种服务。

我国是发展中国家，经济基础薄弱，康复技术资源相对缺乏且分布不平衡，社区康复可以适应我国残疾人数量大、分布广、经济条件有限的状况。我国十分重视社区康复工作，《中华人民共和国残疾人保障法》在谈到我国残疾人康复工作的指导原则时指出："以康复机构为骨干，社区康复为基础，残疾人家庭为依托；以实用、易行、受益广的康复内容为重点……为残疾人提供有效的康复服务。"我国自1986年开始进行社区康复的试点和推广，为我国开展社区康复积累了一定的经验。

社区康复服务工作的主要内容包括以下几个方面。

（1）康复医疗服务。主要为残疾人提供诊断、功能评定、康复治疗、康复护理、家庭康复病床和转诊服务等。

（2）训练指导服务。主要包括为需要进行康复训练的残疾人制订训练计划、传授训练方法、指导使用矫形器和制作简易训练器具、评估训练效果。

（3）心理疏导服务。通过了解、分析、劝说、鼓励和指导等方法，帮助残疾人树立康复信心，正确面对自身残疾，鼓励残疾人亲友理解、关心残疾人，支持、配合康复训练。

（4）知识普及服务。为残疾人及其亲友举办知识讲座，开展康复咨询活动，发放普及读物，传授残疾预防知识和康复训练方法。

（5）用品用具服务。根据残疾人的需要，提供用品用具的信息、选购、租赁、使用指导和维修等服务。

（6）转介服务。掌握当地康复资源，根据残疾人在康复医疗、康复训练、心理支持及用品用具等方面不同的康复需求，联系有关机构和人员，提供有针对性的转介，做好登

[①] 郭建模. 残疾人工作基本知识读本[M]. 北京：华夏出版社，2001.

记，进行跟踪服务。①

 案例分析

2014年3月31日，中国残疾人联合会发布《2013年中国残疾人事业发展统计公报》指出，通过实施一批重点康复工程，2013年，我国有746.8万名残疾人享受到康复服务，获得不同程度的康复。

公报显示，2013年，我国在901个市辖区和2 014个县（市）开展了社区康复工作，已建社区康复站的社区总数达21.4万个，配备了37.9万名社区康复协调员。1 458个县的1 844个医疗卫生机构开展了残疾儿童筛查工作，年度新诊断0～6岁残疾儿童5万人。开展视力残疾康复机构总数达805个，完成白内障复明手术74.6万例。已建设省级听力语言康复机构32个，共对35.4万名肢体残疾者实施康复训练。开展智力残疾康复训练服务的机构1 471个，共对13.1万名智力残疾人进行了康复训练。

此外，2013年，我国在2 627个市（县）开展精神疾病防治康复工作，对584万名重性精神疾病患者进行了综合防治康复，对46.9万名贫困精神疾病患者进行了医疗救助。建立了34个省级孤独症儿童康复训练机构，1.7万名孤独症儿童在各级机构进行了康复训练。为残疾人减免费用供应辅助器具128.3万件。残疾人托养服务机构达到5 677个，共为16万名残疾人提供了托养服务。

（资料来源：http://news.xinhuanet.com/local/2014－03／31/c_1110032636.htm，有改动。）

阅读资料并回答以下问题：

1. 什么是残疾人康复？
2. 残疾人康复的类型有哪些？
3. 残疾人社区康复服务工作的主要内容是什么？

子情境4　残疾人教育服务

能力目标

1. 培养学生与残疾人沟通的能力。
2. 培养学生在残疾人教育服务方面的问题分析能力和问题解决能力。

知识目标

1. 了解残疾人教育与特殊教育的含义。

---

① 郭建模．残疾人工作基本知识读本[M]．北京：华夏出版社，2001.

2. 掌握残疾人教育机构与教育服务内容。
3. 熟悉残疾人教育的相关政策法规。

情境导入

残疾少年求学梦圆

对于残疾人而言，越是障碍重重，越是渴望了解外面的世界，刚刚成为浙江大学新生的金鑫对此感受尤为深刻。由于脊椎呈S形，这名19岁的男孩身高不足1.2米，完全不能站立，骨骼先天发育不足还引发了多种病症，但就是这样一个来自浙江台州农村的男孩，仍然实现了求学梦。

"既然走不了路，就更要努力从书里看看世界是什么样。"为了帮助金鑫实现梦想，母亲施冬娟陪读12年抱着儿子上下学，感动了无数人。但施冬娟却一再表示："社会各界都关心我们，学费也总是被免去，如果没有好政策、没有好心人帮助，我们根本不可能走到今天。"

在入学政策方面，残疾人接受教育的权利也逐步受到保障。学校招生时对残疾人的"区别对待"已经渐渐成为过去，越来越多像金鑫一样的残疾人顺利走进了象牙塔求知问学，"十一五"期间，全国累计有29 915名残疾人被普通高等院校录取。

截至2010年年底，全国为盲、聋、智残少年儿童兴办的特殊教育学校发展到1 705所，义务教育普通学校附设特教班有2 775个，在校的盲、聋、智残学生达到51.9万人。

（资料来源：http://www.chinanews.com/gn/2011/10-07/3369988.shtml，有删减.）

任务描述

辖区居民王女士的儿子小杨属于智力残疾，今年9月份要升初中了。小杨原先是在民办小学就读，由于民办小学外省的小孩较多，他经常会受到其他小孩的欺负，现在王女士想让他去公办学校就读初中，但是她由于个人失误错过了学校的两次报名时间，目前学校那边有诸多阻拦，使小杨不能顺利报名入学。王女士情绪低落，来到社区服务中心要求帮助她解决小孩入学问题。作为工作人员的你，如何帮助王女士解决这个问题？

任务实施

1. 组织学生认真阅读案例，发动学生进行思考。
2. 引导学生了解残疾人受教育政策和权益保障，熟悉相关法规政策，形成问题解决方案。
3. 全班学生就各自形成的方案进行讨论，相互沟通。

任务总结

1. 请两名学生代表进行总结发言。
2. 教师对学生表现和所讨论问题进行点评。

任务反思

在我国8 000多万残疾人中，有387万是14岁以下的未成年残疾人，在这些残疾人中，智力残疾者居多数，其他依次是听力语言残疾者、多重残疾者、肢体残疾者和视力残疾者。其残疾的程度又有重度、中度和轻度之分。尽管他们有这样那样的残疾，但接受教育是他们共同的主客观要求，保护、实现残疾人的受教育权利一贯是我国法律规定的内容之一。国家赋予每一个公民法定的平等权利，残疾人也应享受教育、就业等平等的权利。

知识链接

一、残疾人教育与特殊教育的含义

残疾人教育是指对视力、听力语言、智力、肢体有残疾的人实施的教育。它包括学前教育、义务教育、高等教育、职业技术教育和成人教育。特殊教育是对有特殊需求的人实施的教育，在教育过群中，需要有特殊的教具、学具和特殊的教学方式。目前，在我国，特殊教育是指对视力、听力言语、智力有残疾的人和有多重残疾的人实施的教育。

二、残疾人教育机构与教育服务

（一）残疾人教育机构

残疾人教育机构可分为学前教育机构、义务教育机构、职业教育机构、高级中学以上教育以及成人教育机构。

1. 学前教育机构

残疾幼儿的学前教育机构主要有残疾幼儿教育机构，普通幼儿教育机构附设的残疾儿童班，残疾儿童福利机构，残疾儿童康复机构，普通小学的学前班和残疾儿童、少年特殊教育学校的学前班以及残疾儿童家庭。《中华人民共和国残疾人保障法》明确规定，普通幼儿教育机构应当接收能适应其生活的残疾幼儿。

2. 义务教育机构

当前，我国适龄残疾儿童、少年可以通过以下三种形式接受义务教育：一是在普通学校随班就读；二是在普通学校，儿童福利机构或者其他机构附设的残疾儿童、少年特殊教育班就读；三是在残疾儿童、少年特殊教育学校就读。有条件的地方已将重残儿童的义务教育放在社区或家庭，以送教上门的形式进行。《中华人民共和国残疾人保障法》明确规定，普通小学、初级中等学校，必须招收能适应其学习生活的残疾儿童、少年入学，不得因其残疾而拒绝招收。目前，我国已形成了以大量随班就读和特教班为主体，以特教学校为骨干的残疾儿童少年义务教育的发展格局。

3. 职业教育机构

我国已将残疾人职业教育纳入职业教育发展的总体规划，并逐步建立起残疾人职业教育体系。残疾人职业教育体系由普通职业教育机构和残疾人职业教育机构组成，以普通职业教育机构为主体。残疾人职业教育包括初等和中等职业教育、高等职业教育，以及各种以实用技术为主的中期、短期培训。《中华人民共和国残疾人教育条例》规定，普通职业教育学校必须招收符合国家规定的录取标准的残疾人入学，普通职业培训机构应当积极招收残疾人入学。残疾人职业教育学校和培训机构，应当根据社会需要和残疾人的身心特性合理设置专业，并根据教学需要和条件，发展校办企业，办好实习基地。对经济困难的残疾学生，应当酌情减免学费和其他费用。

残疾人接受职业教育与培训渠道多种多样，既可以在特殊教育学校开办的职业高中（中专）部中接受职业教育，也可以参加各级各类普通培训机构，如教育、民政、劳动等部门兴办的职业教育与培训机构，或社会力量兴办的机构、举办的培训，还可以参加各级残联所属的职业教育与培训机构举办的各级各类培训。

4. 高级中学以上教育以及成人教育机构

普通高级中等学校、高等院校、成人教育机构必须招收符合国家规定的录取标准的残疾考生入学，不得因其残疾而拒绝招收。

残疾人高级中学以上教育机构主要有1993年中国残联与教育部分别在南京试办聋人普通高中，在青岛试办盲人普通高中，实行普通教育与职业教育相结合的双轨制教育。各地在此基础上，陆续兴办了聋人高中、盲人高中。

我国的特殊高等院校包括长春大学特殊教育学院、天津理工学院聋人工学院、北京联合大学特殊教育学院、山东滨州医学院医疗二系。此外，上海美术学院、江苏金陵职业大学、湖北荆门大学等普通高等院校也开办了招收残疾人的系或班。

（二）残疾人教育服务

残疾人教育工作包括：将残疾儿童、少年教育纳入义务教育体系，对具有接受普通教育能力的残疾人实施普通教育，对不具备接受普通教育能力的残疾人实施特殊教育；大力推广随班就读，发展高级中等以上特别是高中阶段特殊教育，形成从学前教育到高等教育相互衔接的残疾人特殊教育体系；开展残疾人职业教育，采取减免有关费用、提供助学金和教育贷款、动员社会力量等多种形式，资助贫困残疾学生。[①]

1988年国家颁布实施了《中国残疾人事业五年工作纲要》（1988—1992），同年，原国家教委制定了《关于发展特殊教育的若干意见（1988—2000）》。自1991年5月15日起开始施行的《中华人民共和国残疾人保障法》明确规定，"国家保障残疾人受教育的权利"。1994年国家颁布了《残疾人教育条例》。从1991年开始，中国政府每隔5年制定残疾人事业计划纲要，到目前为止，先后颁布了《中国残疾人事业"八五"计划纲要（1991—1995年）》《中国残疾人事业"九五"计划纲要（1996—2000年）》《中国残疾人事业"十五"发展纲要（2001—2005年）》和《中国残疾人事业"十一五"发展纲要（2006—2010年）》《中国残疾人事业"十二五"发展纲要（2011—2015年）》。在国家的重视和社会各界的共同努力下，中国残疾人教育事业取得了一系列成绩。残疾人特殊教育学校达到1 662所、特殊教育班2 700多个，残疾人职业培训机构3 250个，盲人图书馆（室）建设也有了新的发展。残疾儿童、少年义务教育入学率进一步提高，盲、聋、弱智儿童、少年入学率平均提高到80%，近60万残疾人接受到了职业教育。

国际上残疾人高等教育大致有三种模式：第一种是独立设置的特殊教育学院，第二种是在普通高等院校中设立的特殊教育学院，第三种是在普通高等院校中随班就读。我国高

---

① 郭建模. 残疾人工作基本知识读本[M]. 北京：华夏出版社，2001.

等特殊教育开始于 20 世纪 80 年代中期，1985 年成立的山东滨州医学院医疗二系开了我国最早招收残疾大学生的先河。1987 年北京大学首次招收了 21 名肢残生。同年，中国残疾人联合会和吉林省政府联合举办长春大学特殊教育学院，这是我国第一所高等特殊教育学院。之后，天津理工学院聋人工学院、北京联合大学特殊教育学院等相继创办。截至 2004 年，我国共有各类残疾人高等院校（系）9 所，大部分普通高校都有残疾学生在读。[①]

目前我国残疾人接受高等教育主要有以下四种形式：一是普通高校建立特殊教育学院或开设特殊教育系和专业，如长春大学特殊教育学院、天津理工大学聋人工学院、北京联合大学特殊教育学院等，山东滨州医学院、上海美术学院、江苏金陵职业大学、湖北荆门大学等，开办了招收残疾人的系或班。二是随班就读，即普通高校招收残疾青年与健全大学生共同学习，自 1985 年教育部发出通知，提出关于做好高等学校招收残疾青年的一系列要求后，每年都有 1000 多名残疾考生进入普通高校学习，近几年，每年达到 3000 多名。三是一些独立设置的残疾人中等职业学校采取与成人高校合作办学的方式举办一些专业的大专班招收残疾青年。四是残疾人成人高等教育。自学考试、函大、夜大、电大、业余大学和职工大学等形式，吸收了大批残疾人接受高等教育，特别是现代网络远程教育技术的推广，使得残疾人成人高等教育有了更为广阔的前景。

从总体上看，目前我国残疾人高等特殊教育已初步形成了以特殊教育学院（系）为骨干，以随班就读为主体的发展格局。各高等特殊教育院校（系）的专业是根据残疾学生的身心特征和将来可能从事的职业活动而开设的，是围绕残疾学生的自身特点直接为将来的职业做准备的。从全国来看，本科专业有计算机科学与技术、服装设计及工艺、艺术设计、针灸推拿学、音乐学、绘画学等；专科的专业有装潢广告设计、办公自动化、园林、中医按摩、钢琴调律、计算机应用与信息、音乐表演等。具体到每一类型的残疾学生，情况又有不同。针对视觉障碍学生设置的专业以触摸为主，主要是实践性较强的按摩、器乐等；针对听觉障碍学生设置的专业是以实际动手操作为主的艺术设计、美术学、计算机应用、园林设计等；目前对肢体残疾学生设置的专业主要集中在会计学、企业管理等。此外，近几年还开设了与残疾人事业发展密切相关的特殊教育专业。[②]

三、发展残疾人教育的法规与政策

我国是世界上的人口大国之一，特殊儿童数量大，而特殊教育事业底子又薄，发展特殊教育的任务非常重。1978 年中国共产党第十一届三中全会确定以经济建设为中心，坚持四项基本原则，坚持改革开放的基本路线以后，教育被作为重点发展的战略任务之一，特殊教育事业也随之进入了新的发展阶段。

1982 年至今，党中央对特殊教育工作提出了明确要求，全国人大、国务院及其所属国家机关制定颁布了一系列法律法规，我国的特殊教育走上了法制化轨道。

《中华人民共和国宪法》第四十五条规定："国家和社会帮助安排盲、聋、哑和其他有残疾的公民的劳动、生活和教育。"在国家的根本大法中写入残疾人教育问题，在我国是空前的，在世界上也属少有。

---

① 余慧云，韦小满．我国高等特殊教育研究综述[J]．中国特殊教育，2006(4)：66-70.

② 同上

《中华人民共和国义务教育法》（以下简称《义务教育法》）第十九条规定："县级以上地方人民政府根据需要设置相应的实施特殊教育的学校（班），对视力残疾、听力语言残疾和智力残疾的适龄儿童、少年实施义务教育。特殊教育学校（班）应当具备适应残疾儿童、少年学习、康复、生活特点的场所和设施。普通学校应当接收具有普通教育能力的残疾适龄儿童、少年随班就读，并为其学习、康复提供帮助。"《义务教育法》的颁布实施，不但明确了特殊儿童、少年的教育是义务教育的一部分，而且使特殊教育的发展与整个教育事业的发展相协调。

1987年我国进行了第一次全国残疾人抽样调查，结果显示我国有5 164万残疾人。面对这一严峻现实，国家有关部委和中国残疾人联合会很快制定出《中国残疾人事业五年工作纲要（1988—1992年）》，对包括残疾人教育在内的残疾人事业作出全面部署，成为指导残疾人工作的行动纲领，这一纲领要求："各级政府要健全残疾人教育的职能管理机构，充实工作人员，制订中长期规划和年度计划，采取切实有力的措施，加强对残疾人教育工作的领导。"随后经国务院批准，1991年发布了《中国残疾人事业"九五"计划纲要（1996—2000年）》、2001年发布《中国残疾人事业"十五"计划纲要（2001—2005年）》、2006年发布《中国残疾人事业"十一五"发展纲要（2006—2010年）》、2011年发布《中国残疾人事业"十二五"发展纲要（2011—2016年）》。每一个残疾人事业五年计划发展纲要都是对前纲要的延续和开拓，并制订了相应的实施方案，确保其能执行。通过对残疾人事业的五年计划的制订与实施，残疾人教育事业的发展也得到详尽的规划，从立法到配套设施，国家和政府提供了政策的保障。

《中国残疾人事业五年工作纲要（1988—1992年）》在1988年发布后，随之颁布了《中华人民共和国残疾人保障法》。这一法规的颁布实施是我国残疾人事业和残疾人教育史上的一件大事。《中华人民共和国残疾人保障法》明确了国家、政府对残疾人教育的职责为"国家保障残疾人受教育的权利""各级人民政府应当将残疾人教育作为国家教育事业的组成部分，统一规划，加强领导""国家、社会、学校和家庭对残疾儿童、少年实施义务教育""国家对接受义务教育的残疾学生免收学费，并根据实际情况减免杂费。国家设立助学金，帮助贫困残疾学生就学"。除此之外，此法对残疾人教育的依特性施教、残疾人教育的发展方针、办学渠道、教育方式、成人教育、师资培养等都有明确的规定。

1994年8月23日国务院发布的《中华人民共和国残疾人教育条例》共9章52条，是与《中华人民共和国残疾人保障法》相配套的我国第一部有关残疾人教育的专项行政法规，也是我国教育法规体系的组成部分。其中提出"残疾人教育是国家教育事业的组成部分"，明确了国家、政府、机构、社会、家庭等对残疾人教育各自的职责作用，从残疾人的学前教育、义务教育、职业教育、高等教育与成人教育、师资教育与培养、物质条件保障、奖励与处罚等方面作出了详细的规定，表明我国残疾人教育事业在规划、配套措施等方面呈现出了良性发展的局面。

1995年的《中华人民共和国教育法》又一次明确提出："国家扶持和发展残疾人教育事业"，"国家、社会、学校及其他教育机构应当根据残疾人身心特性和需要实施教育，并为其提供帮助和便利。"

除此之外，在《中华人民共和国未成年人保护法》《中华人民共和国妇女权益保障法》《中华人民共和国职业教育法》《中华人民共和国高等教育法》等法律法规中均不同程度地涉及对残疾人受教育权利的保障。根据国家法律，我国一些地方的人民代表大会和政府也相继颁布了有关残疾人教育的地方性法规。例如，上海市《关于在本市普通中小学开展随班就读工作的暂行规定》《黑龙江省实施〈中华人民共和国残疾人保障法〉办法》《北京市特殊教育事业发展规划》等。

近20年来，我国的特殊教育立法速度之快、内容之广泛都是前所未有的，充分体现了党和政府对特殊教育事业的高度重视，特殊教育的所有法规都是党的方针政策的贯彻和体现。2001年国务院办公厅更是发出关于开展第二次全国残疾人抽样调查的通知，定于2006—2007年开展第二次全国残疾人抽样调查，从而为制定残疾人事业发展规划及有关法规、政策提供依据，有利于保障残疾人合法权益的法规、政策的制定完善。根据2006年我国第二次全国残疾人抽样调查统计数据，我国当时有残疾人8 296万人，15岁及以上残疾人文盲人口（不识字或识字很少的人）为3 591万人，文盲率由1987年的66.37%下降为2006年的43.29%；而学龄残疾儿童中，63.19%正在普通教育或特殊教育学校接受义务教育，2010年底，全国未入学适龄残疾儿童少年总数14.5万人。这些数据说明我国的残疾人教育已经取得了较大的成就，但是与我国社会发展的整体水平及教育的平均水平相比，残疾人受教育权的实现程度还很低，残疾人义务教育和高等教育与普通义务教育高等教育相比，差距仍然较大。为更好地促进和保障残疾人的受教育权，我国迫切需要加快立法进程，加大对残疾人教育权利的保障力度。

四、我国残疾人教育的发展情况

我国残疾人教育起源于1874年英国牧师穆威廉在北平（今北京市）设立的"启明瞽目院"（第一所盲校）。1887年。美国传教士查理·米尔斯在山东省登州（今蓬莱县）设立第一所聋哑学校——启明学校（现为烟台聋哑学校）。1916年，实业家张謇在江苏省南通市创办了第一所由中国人自己筹建的私立聋哑学校。在这些特殊教育先驱者的影响下，保定、杭州、南通、奉天（今沈阳市）、吴县（今苏州市）、绍兴等20多个城市先后办起了聋哑学校和盲童学校。这些学校创办之初，困难重重，条件艰苦，但多数仍在艰难中坚持下来。由于旧中国的历届政府不重视残疾人教育，加之战祸连年，残疾儿童无法上学，那时的特教事业发展非常缓慢。到1949年，全国仅有盲、聋哑学校42所，在校学生2 000余人。

中华人民共和国成立后，中央人民政府政务院颁布的《关于改革学制的决定》中明确规定：各级人民政府应设立聋哑、盲等特种学校，对生理上有缺陷的儿童、青年和成人施以教育。1953年，教育部设立了盲、聋哑教育处，负责制订计划，培训师资，指导全国盲、聋哑教育工作。同时，制定了以北京语言为拼音标准的"新盲字"方案，成立了盲文教材印刷机构，发行新盲文教材，供盲校使用。在聋人教育方面，颁布了《汉语手指字母方案》，作为聋人识字和发音教学的辅助手段。这一系列措施，促进了特教事业的发展，到1965年，全国盲、聋哑学校发展到266所，在校学生由过去2 000多人增至22 850人。

到"十五"期间，在有关方面的共同努力下，残疾人教育体系日益完善，教育质量不断提高，多种形式的扶残助学活动广泛开展。截至 2005 年年底，"十五"规划目标基本实现，残疾人教育状况得到较大改善：视力、听力、智力残疾三类残疾儿童少年义务教育入学率达到 80%，高中阶段特殊教育机构达到 224 所，259 万名残疾人接受不同程度的职业教育与培训，1.6 万名残疾学生被普通高等教育院校录取。

"十一五"期间，残疾人受教育权得到了更好保障，进一步提高了残疾人素质和平等参与社会的能力。残疾儿童少年义务教育入学率显著提高，高中阶段和高等特教规模不断扩大，特教学校（院）办学条件明显改善，教师队伍不断壮大，残疾人教育发展格局和体系逐步完善，教育质量进一步提高。

全国为盲、聋、智残少年儿童兴办的特殊教育学校发展到 1 705 所，义务教育普通学校附设特教班有 2 775 个，在校的盲、聋、智残学生 51.9 万人。

已开办特殊教育普通高中 99 所，在校生 6 067 人；其中聋高中 84 所，在校生 5 284 人；盲高中 15 所，在校生 783 人。残疾人中等职业教育机构有 147 个，在校生 11 506 人，毕业生 6 148 人，其中获得职业资格证书的有 4 685 人。5 年来，全国累计有 29 915 名残疾人被普通高等院校录取，5 357 名残疾人进入特殊教育学院学习。

截至 2010 年年底，全国未入学适龄残疾儿童少年总数 14.5 万人，其中视力残疾 1.7 万人，听力残疾 1.5 万人，言语残疾 1.1 万人，智力残疾 3.7 万人，肢体残疾 3.7 万人，精神残疾 0.8 万人，多重残疾 2.0 万人。

可见，改革开放以来，由于政府重视，社会支持，残疾人教育获得了前所未有的迅猛发展，教育的规模、人数均超过我国自有特教历史以来百余年的总和。但相比健全人受教育的情况而言，我国残疾人文化程度总体水平低，残疾人教育工作有待进一步加强。

五、残疾人教育事业发展政策措施

根据《中国残疾人事业"十二五"发展纲要》，这五年间我国残疾人事业的主要任务是完善残疾人教育体系，健全保障机制，提高残疾人受教育水平，让适龄残疾儿童少年普遍接受义务教育，提高残疾儿童少年义务教育质量，发展残疾儿童学前康复教育；大力发展残疾人职业教育，加快发展残疾人高中阶段教育和高等教育，减少残疾人青壮年文盲。为完成以上任务，国家相关措施有以下几条。

（1）贯彻落实《残疾人教育条例》《国家中长期教育改革和发展规划纲要（2010—2020 年）》和《国务院办公厅转发教育部等部门关于进一步加快特殊教育事业发展意见的通知》（国办发〔2009〕41 号），建立完善从学前教育到高等教育的残疾人教育体系，健全特殊教育保障机制，将特殊教育纳入国家教育督导制度和政府教育评价体系，保障残疾人受教育的权利。

（2）将残疾人义务教育纳入基本公共服务体系。继续完善以特殊教育学校为骨干、以随班就读和特教班为主体的残疾儿童少年义务教育体系，加快普及并提高适龄残疾儿童少年义务教育水平。采取社区教育、送教上门、跨区域招生、建立专门学校等形式对适龄重度肢体残疾、重度智力残疾、孤独症、脑瘫和多重残疾儿童少年实施义务教育。动员和组织农牧区适龄残疾儿童少年接受义务教育，推进区域内残疾儿童少年义务教育均衡发展。

建立完善残疾儿童少年随班就读支持保障体系，依托有条件的教育机构设立特殊教育资源中心，辐射带动特殊教育学校和普通学校，提高随班就读质量。支持儿童福利机构特教班建设。

（3）建立多部门联动的0~6岁残疾儿童筛查、报告、转衔、早期康复教育、家长培训和师资培养的工作机制，鼓励和支持幼儿园、特教学校、残疾儿童康复和福利机构等实施残疾儿童学前康复教育。实施"阳光助学计划"，资助残疾儿童接受普惠性学前康复教育。逐步提高残疾儿童学前康复教育普及程度。重视0~3岁残疾儿童康复教育。帮助0~6岁残疾儿童家长及保育人员接受科学的康复教育指导。鼓励、扶持和规范社会力量兴办残疾儿童学前康复教育机构。

（4）普通高中、中等职业学校要创造条件招收残疾学生。鼓励和扶持特教学校开设高中部（班），支持特教高中、残疾人中等职业学校建设，改善办学条件。扩大残疾人中等职业学校招生规模，拓宽专业设置，改革培养模式，加快残疾人技能型人才培养。帮助农村残疾人和残疾人家庭子女接受职业教育。残疾人教育机构、职业培训机构、托养机构、残疾人扶贫基地等要承担扫除残疾人青壮年文盲的任务和职责，探索残疾人青壮年文盲扫盲工作机制和模式。

（5）普通高校要创造条件扩大招收残疾学生规模，为残疾学生学习、生活提供便利。要尊重少数民族的风俗习惯，为少数民族残疾学生创造良好学习生活环境。继续办好南京特殊教育职业技术学院、长春大学特殊教育学院、北京联合大学特殊教育学院、天津理工大学聋人工学院、滨州医学院特殊教育学院等高等特殊教育学院（专业），适当扩大招生规模，拓宽专业设置，完善办学机制，提高办学层次和质量。通过自学考试、远程教育等方式帮助更多的残疾人接受高等教育。完善盲、聋、重度肢体残疾等特殊考生招生、考试办法。聋人参加各类外语考试免试听力。

（6）加大特殊教育教师培训力度，提升特殊教育师资能力。高等师范院校普遍开设特殊教育课程，鼓励和支持高等师范院校和综合性院校举办特殊教育专业，加快特殊教育教师培养。根据国家规定落实并逐步提高特教津贴。在优秀教师表彰中提高特殊教育教师比例。推进中西部地区特殊教育学校建设。国家制定特殊教育学校基本办学标准，地方政府制定学生人均公用经费标准和教职工编制标准。改善特殊教育学校办学条件。深化课程改革，完善教材建设，加强教学研究，不断提高特殊教育教学质量和水平，全面提高残疾学生思想道德、科学文化、身心健康素质和社会适应能力。

（7）全面实施残疾学生免费义务教育。对义务教育阶段残疾学生在"两免一补"基础上，针对残疾学生的特殊需要，进一步提高补助水平。逐步实施残疾学生高中阶段免费教育。普通高校全日制本专科在校生中家庭经济困难的残疾学生及残疾人家庭子女优先享受国家助学金。动员社会力量广泛开展各种形式的扶残助学活动。

（8）将手语、盲文研究与推广工作纳入国家语言文字工作规划，建立手语、盲文研究机构，规范、推广国家通用手语、通用盲文，提高手语、盲文的信息化水平。建立手语翻译员培训、认证、派遣服务制度。

案例分析

全国特殊教育工作电视电话会议于2014年4月召开,国务院总理李克强作出重要批示,国务院副总理刘延东出席会议并讲话,国务委员王勇主持会议并讲话,对当前和今后一个时期的特殊教育工作作出重要部署。教育部日前发出通知,要求各级教育部门和各级各类学校认真学习、深入领会、全面贯彻落实。

通知指出,各地教育部门要深入学习贯彻国务院领导同志的重要批示和讲话精神,充分认识办好特殊教育对于保障残疾人平等参与社会的权利、增加残疾人家庭福祉和促进社会公平正义的重要意义,把深入推进特殊教育改革发展作为深化教育领域综合改革的重要任务,作为推进教育公平的有力抓手,作为保障和改善民生的重大工程,进一步增强责任感、使命感、紧迫感、将特殊教育摆上更加重要的位置,努力为每一个残疾孩子提供良好的教育和公平发展的机会。

通知强调,各地教育部门要按照李克强总理等国务院领导同志的重要批示和讲话精神,高度重视特殊教育工作,带着深厚的感情,切实履职尽责,统筹规划特殊教育改革发展全局,全面提升特殊教育普及水平、条件保障水平和教育教学质量。要针对每一个残疾儿童少年的残疾状况和教育需求,选择适宜的教育形式,大力普及残疾儿童义务教育,并努力保障残疾孩子接受各级各类教育的权利。要进一步加强特殊教育条件保障,在政策、项目、资金、人才等方面对特殊教育给予更多的倾斜,全面提升特殊教育的支持保障水平。要牢固树立全纳教育理念,提升特殊教育质量,不断提高残疾学生融入社会和终身发展的能力。

通知要求,各地教育部门要把李克强总理等国务院领导同志的重要批示和讲话精神,特别是特教特办的要求,落实到特殊教育提升计划实施方案的编制工作中。要围绕国务院办公厅转发教育部等七部门《特殊教育提升计划(2014—2016年)》中确定的总体目标、重点任务和政策措施,明确本地区实施特殊教育提升计划的路线图、时间表和任务书。

(资料来源:http://www.gov.cn/ldhd/2014-01/27/content_25770303.htm,有删减。)

阅读资料并回答以下问题:

1. 残疾人教育机构包括哪几类?
2. 目前我国残疾人教育服务模式是什么?
3. 促进残疾人教育事业发展的政策措施有哪些?

子情境5 残疾人就业服务

能力目标

1. 培养学生与残疾人沟通的能力。

2. 培养学生在残疾人就业服务方面分析问题和解决问题的能力。

知识目标

1. 了解残疾人就业的意义。
2. 掌握残疾人就业的方针。
3. 熟悉残疾人就业的方式。
4. 了解残疾人就业面临的挑战与对策。

情境导入

江西宜春政府买单为残疾人购买就业岗位

江西《2014年民生工程安排意见》明确，今年将进一步扩大就业，加快农村富余劳动力转移就业；加大职业技能培训力度，统筹安排财政就业资金，免费培训省内工业园区员工28万人、创业培训8万人、家庭服务业从业人员3万人。

同时，实施高校毕业生"三支一扶"计划及选聘高校毕业生到村任职，选派"三支一扶"高校毕业生2 200名，省财政安排工作和生活补助资金3 960万元。选聘到村任职高校毕业生3 000名，安排工作和生活补助等资金6 900万元。进一步扩大小额担保贷款规模，今年增加安排担保基金1.5亿元，新增发放小额担保贷款100亿元，其中扶持个人创业贷款占贷款总额超过60%，劳动密集型等小企业贷款比例争取达到30%，到期贷款回收率超过95%。

此外，从财政就业资金中安排7 260万元，培训7 000名残疾人，为残疾人购买公益性岗位3 500个，为12 000名残疾人购买"农家书屋"管理员岗位。

（资料来源：http://www.chinadp.net.cn/news_/focus/2014-03/26-12927.html，有改动.）

任务描述

小章自幼患小儿麻痹症，自修财会大专文凭。毕业两年来在求职过程中，因残疾被用工单位多次拒绝，有两家用工单位虽然表示愿意接收，但安排的工作多是收发报纸和清洁等简单体力劳动，让小章在心理上难以接受，虽在劝说下上岗了，但时间不长便不辞而别，自动离岗。用工单位对他的这种行为十分不满，打来电话告知服务中心："残疾人就是素质差，以后再也不招用他们了！"请思考如何帮助小章克服困难重新实现就业。

任务实施

1. 组织学生认真阅读案例资料，对小章的具体情况进行诊断。
2. 指引学生设计一个工作人员与小章的谈话方案。
3. 为小章设计一份择业自我评估表或调查问卷。
4. 请学生讨论如何帮助小章调整自己的职业期望值。

任务总结

1. 请学生代表进行发言总结。

2. 老师对学生表现和所讨论问题进行点评。

任务反思

在目前就业形势日趋严峻的情况下，残疾人就业状况更是不容乐观，作为特殊群体，残疾人在劳动力市场竞争中处于弱势，对于绝大多数残疾人而言，因其残疾造成在劳动技能方面的缺憾，所以在择业过程中困难重重，易形成一定的心理障碍，或极度自卑，或因自卑而导致盲目的自尊等一些不切实际的心理障碍，这是一个普遍的问题，因而帮助他们树立自信心，锻炼心理承受能力，以现实、积极的态度对待求职和上岗，有着极其重要的作用。

知识链接

一、残疾人就业的重要意义

残疾人就业是保障残疾人平等参与社会生活、共享社会物质文化成果的基础。改革开放以来，我国在促进残疾人就业方面，积极发挥政府和社会的主导作用，通过多渠道、多层次、多种形式促进残疾人就业，残疾人就业取得了很大的成就。但与健全人相比，残疾人的就业率和就业水平仍偏低，需要各界继续给予更多的关注。促进残疾人就业具有十分重要的意义。

（一）残疾人就业是残疾人全面参与社会生活的基础

劳动是人类的第一需要，就业是人类谋生的基本手段。残疾人由于存在机体方面的缺陷，在就业竞争中处于劣势，如果不给予特别的"扶助"，他们势必就会成为永久的失业者和社会的弃儿。由此可见，保障残疾人劳动就业权利，就是保障他们最根本的利益。事实也证明，安排残疾人就业是残疾人实现自身价值、全面参与社会生活的基础。

（二）残疾人就业是实现残疾人自身权利和人生价值的必要条件

劳动是公民的基本权利，残疾人与健全人一样，享有法律赋予的平等就业和选择职业、取得劳动报酬或收入、获得劳动安全卫生保护、接受职业技能培训、享受社会保险等权利。《中华人民共和国宪法》《中华人民共和国残疾人保障法》都明确规定对残疾人劳动就业要给予特别的扶持、优惠和保护。搞好残疾人就业工作，使残疾人从单纯地依靠国家、社会和亲属救济、供养变为自食其力的劳动者，不仅关系到我国8 000多万残疾人劳动权利的实现，而且是实现残疾人自身人生价值的必要条件。

（三）残疾人就业是提高残疾人自身素质，实现残疾人分享社会进步成果的主要途径

安排残疾人就业，能使残疾人与健全人一样，有机会通过劳动创造价值，为社会作出贡献，使自身获得发展。安排残疾人就业，可以从根本上帮助残疾人提高生活水平，平等地参与社会生活，共享经济社会发展成果。

（四）残疾人就业是稳定社会秩序，促进社会和谐发展的重要举措

安排残疾人就业，有利于形成公正、公平、和谐、友爱的社会关系，体现社会对残疾人的特殊关爱；同时，安排残疾人就业能发挥安置一人，稳定一家，和谐一片的作用。所以，我们说安排残疾人就业是稳定社会秩序、促进社会和谐发展的重要举措。

二、残疾人就业的方针

根据《中华人民共和国残疾人保障法》的有关规定，国家保障残疾人劳动的权利。各级政府应当对残疾人就业统筹规划，为残疾人创造劳动就业条件。残疾人劳动就业，实行集中与分散相结合的方针，各级政府对残疾人劳动就业采取优惠政策和扶持保护措施，通过多渠道、多层次、多种形式，使残疾人就业逐步普及、稳定、合理。

2007年2月25日，国务院令第488号公布了《残疾人就业条例》。条例于2007年5月1日起正式施行。该条例根据《残疾人保障法》关于"机关、团体、企业事业组织、城乡集体经济组织，应当按一定比例安排残疾人就业"的规定，在总结用人单位安排残疾人就业的实践经验的基础上，对用人单位在残疾人就业方面的责任作了详细规定。

三、残疾人就业的法律依据

为使残疾人劳动就业权利顺利地实施，法律是最有力的保障。为此，我国的《宪法》和《刑法》等法律法规都对此作了一些规定，如残疾人享有平等就业权利和参加社会保险、职业教育与培训的权利等，尤其是1991年施行的《中华人民共和国残疾人保障法》和2007年颁布实施的《残疾人就业条例》，明确规定了残疾人就业权利、义务和政策措施等。

（一）《中华人民共和国残疾人保障法》

在《中华人民共和国残疾人保障法》第四章中明确规定了残疾人就业权利、义务和政策措施，为残疾人就业保障进一步提供了法律依据。具体包括以下内容。

（1）国家保障残疾人劳动的权利。各级人民政府应当对残疾人劳动就业统筹规划，为残疾人创造劳动就业条件。

（2）残疾人劳动就业，实行集中与分散相结合的方针，采取优惠政策和扶持保护措施，通过多渠道、多层次、多种形式，使残疾人劳动就业逐步普及、稳定、合理。

（3）政府和社会举办残疾人福利企业、盲人按摩机构和其他福利性单位，集中安排残疾人就业。

（4）国家实行按比例安排残疾人就业制度。国家机关、社会团体、企业事业单位、民办非企业单位应当按照规定的比例安排残疾人就业，并为其选择适当的工种和岗位。达不到规定比例的，按照国家有关规定履行保障残疾人就业义务。国家鼓励用人单位超过规定比例安排残疾人就业。残疾人就业的具体办法由国务院规定。

（5）国家鼓励和扶持残疾人自主择业、自主创业。

（6）地方各级人民政府和农村基层组织，应当组织和扶持农村残疾人从事种植业、养

殖业、手工业和其他形式的生产劳动。

（7）国家对安排残疾人就业达到、超过规定比例或者集中安排残疾人就业的用人单位和从事个体经营的残疾人，依法给予税收优惠，并在生产、经营、技术、资金、物资、场地等方面给予扶持。国家对从事个体经营的残疾人，免除行政事业性收费。县级以上地方人民政府及其有关部门应当确定适合残疾人生产、经营的产品、项目，优先安排残疾人福利性单位生产或者经营，并根据残疾人福利性单位的生产特点确定某些产品由其专产。政府采购，在同等条件下应当优先购买残疾人福利性单位的产品或者服务。地方各级人民政府应当开发适合残疾人就业的公益性岗位。对申请从事个体经营的残疾人，有关部门应当优先核发营业执照。对从事各类生产劳动的农村残疾人，有关部门应当在生产服务、技术指导、农用物资供应、农副产品购销和信贷等方面，给予帮助。

（8）政府有关部门设立的公共就业服务机构，应当为残疾人免费提供就业服务。残疾人联合会举办的残疾人就业服务机构，应当组织开展免费的职业指导、职业介绍和职业培训，为残疾人就业和用人单位招用残疾人提供服务和帮助。

（9）国家保护残疾人福利性单位的财产所有权和经营自主权，其合法权益不受侵犯。在职工的招用、转正、晋级、职称评定、劳动报酬、生活福利、休息休假、社会保险等方面，不得歧视残疾人。残疾职工所在单位应当根据残疾职工的特点，提供适当的劳动条件和劳动保护，并根据实际需要对劳动场所、劳动设备和生活设施进行改造。国家采取措施，保障盲人保健和医疗按摩人员从业的合法权益。

（10）残疾职工所在单位应当对残疾职工进行岗位技术培训，提高其劳动技能和技术水平。

（11）任何单位和个人不得以暴力、威胁或者非法限制人身自由的手段强迫残疾人劳动。

与此同时，中央及地方各级政府采取各种有效措施，各地相继出台了保护残疾人劳动权益的地方法规，实行积极的就业政策，我国残疾人就业开始纳入法制化轨道。

（二）《残疾人就业条例》

为进一步扩大残疾人就业规模，创造残疾人就业环境，改善残疾人就业状况，保护和促进残疾人就业，2007年2月14日国务院第169次常务会议审议通过了《残疾人就业条例》，更加具体、详细地规定了残疾人就业的政策与措施。

1. 指导方针

国家对残疾人就业实行集中就业与分散就业相结合的方针，促进残疾人就业。县级以上人民政府应当将残疾人就业纳入国民经济和社会发展规划，并制定优惠政策和具体扶持保护措施，为残疾人就业创造条件。

2. 用人单位职责

用人单位应当按照一定比例安排残疾人就业，并为其提供适当的工种、岗位。

（1）用人单位安排残疾人就业的比例不得低于本单位在职职工总数的1.5%。具体比例由省、自治区、直辖市人民政府根据本地区的实际情况规定。用人单位跨地区招用残疾人的,应当计入所安排的残疾人职工人数之内。用人单位安排残疾人就业达不到其所在地省、自治区、直辖市人民政府规定比例的,应当缴纳残疾人就业保障金。

(2) 政府和社会依法兴办的残疾人福利企业、盲人按摩机构和其他福利性单位(以下统称"集中使用残疾人的用人单位"),应当集中安排残疾人就业。集中使用残疾人的用人单位的资格认定,按照国家有关规定执行。集中使用残疾人的用人单位中从事全日制工作的残疾人职工,应当占本单位在职职工总数的25%以上。

(3) 集中使用残疾人的用人单位中从事全日制工作的残疾人职工,应当占本单位在职职工总数的25%以上。

(4) 用人单位招用残疾人职工,应当依法与其签订劳动合同或者服务协议。

(5) 用人单位应当为残疾人职工提供适合其身体状况的劳动条件和劳动保护,不得在晋职、晋级、评定职称、报酬、社会保险、生活福利等方面歧视残疾人职工。

(6) 用人单位应当根据本单位残疾人职工的实际情况,对残疾人职工进行上岗、在岗、转岗等培训。

3. 保障措施

县级以上人民政府应当采取措施,拓宽残疾人就业渠道,开发适合残疾人就业的公益性岗位,保障残疾人就业。县级以上地方人民政府发展社区服务事业,应当优先考虑残疾人就业。

(1) 依法征收的残疾人就业保障金应当纳入财政预算,专项用于残疾人职业培训及为残疾人提供就业服务和就业援助,任何组织或者个人不得贪污、挪用、截留或者私分。残疾人就业保障金征收、使用、管理的具体办法,由国务院财政部门会同国务院有关部门规定。财政部门和审计机关应当依法加强对残疾人就业保障金使用情况的监督检查。

(2) 国家对集中使用残疾人的用人单位依法给予税收优惠,并在生产、经营、技术、资金、物资、场地使用等方面给予扶持。

(3) 县级以上地方人民政府及其有关部门应当确定适合残疾人生产、经营的产品、项目,优先安排集中使用残疾人的用人单位生产或者经营,并根据集中使用残疾人的用人单位的生产特点确定某些产品由其专产。政府采购,在同等条件下,应当优先购买集中使用残疾人的用人单位的产品或者服务。

(4) 国家鼓励扶持残疾人自主择业、自主创业。对残疾人从事个体经营的,应当依法给予税收优惠,有关部门应当在经营场地等方面给予照顾,并按照规定免收管理类、登记类和证照类的行政事业性收费。国家对自主择业、自主创业的残疾人在一定期限内给予小额信贷等扶持。

(5) 地方各级人民政府应当多方面筹集资金,组织和扶持农村残疾人从事种植业、养殖业、手工业和其他形式的生产劳动。有关部门对从事农业生产劳动的农村残疾人,应当在生产服务、技术指导、农用物资供应、农副产品收购和信贷等方面给予帮助。

4. 就业服务

各级人民政府和有关部门应当为就业困难的残疾人提供有针对性的就业援助服务,鼓励和扶持职业培训机构为残疾人提供职业培训,并组织残疾人定期开展职业技能竞赛。

(1) 中国残疾人联合会及其地方组织所属的残疾人就业服务机构应当免费为残疾人就

业提供下列服务：发布残疾人就业信息；组织开展残疾人职业培训；为残疾人提供职业心理咨询、职业适应评估、职业康复训练、求职定向指导、职业介绍等服务；为残疾人自主择业提供必要的帮助；为用人单位安排残疾人就业提供必要的支持。国家鼓励其他就业服务机构为残疾人就业提供免费服务。

（2）受劳动保障部门的委托，残疾人就业服务机构可以进行残疾人失业登记、残疾人就业与失业统计；经所在地劳动保障部门批准，残疾人就业服务机构还可以进行残疾人职业技能鉴定。

（3）残疾人职工与用人单位发生争议的，当地法律援助机构应当依法为其提供法律援助，各级残疾人联合会应当给予支持和帮助。

5. 法律责任

（1）违反《残疾人就业条例》规定，有关行政主管部门及其工作人员滥用职权、玩忽职守、徇私舞弊，构成犯罪的，依法追究刑事责任；尚不构成犯罪的，依法给予处分。

（2）违反《残疾人就业条例》规定，贪污、挪用、截留、私分残疾人就业保障金，构成犯罪的，依法追究刑事责任；尚不构成犯罪的，对有关责任单位、直接负责的主管人员和其他直接责任人员依法给予处分或者处罚。

（3）违反《残疾人就业条例》规定，用人单位未按照规定缴纳残疾人就业保障金的，由财政部门给予警告，责令限期缴纳；逾期仍不缴纳的，除补缴欠缴数额外，还应当自欠缴之日起，按日加收0.5%的滞纳金。

（4）违反《残疾人就业条例》规定，用人单位弄虚作假，虚报安排残疾人就业人数，骗取集中使用残疾人的用人单位享受的税收优惠待遇的，由税务机关依法处理。

四、残疾人就业的方式

各级政府部门安置残疾人就业的主要方式有：集中安置、分散安置和自谋职业。

（一）集中安置

国家和社会举办残疾人福利企业、工疗机构、按摩医疗机构和其他福利企业事业组织，集中安排残疾人就业。集中安置是指残疾人在各类福利企业、医疗机构和盲人按摩医疗等单位劳动就业。福利企业是集中安排残疾人就业的具有福利性质的特殊生产单位。对于国家分配的高等学校、中等专业学校、技工学校的残疾毕业生，有关单位不得因其残疾而拒绝接收；拒绝接收的，当事人可以要求有关部门处理，有关部门应当责令该单位接收。残疾职工所在单位应当为残疾职工提供适应其特点的劳动条件和劳动保护。当前，随着经济改革和社会的发展，我国有关福利企业的政策正面临大的调整。

（二）分散安置

国家推动各单位吸收残疾人就业。机关、团体、企业事业组织、城乡集体经济组织，应当按一定比例安置吸收残疾人，并为其选择适当的工种和岗位。省、自治区、直辖市人民政府可以根据实际情况规定具体安置比例，这种就业方式也就是按比例就业。

按比例就业应以市（直辖市、省辖市、县级市）为基本实施单位，以《中华人民共和国残疾人保障法》和省级人大的保障法实施办法为依据，以政府令形式统一实施。机关、团体、企业事业组织、城乡经济组织,要按照本省(自治区、直辖市)制定的有关法规所规定的具体比例,安排残疾人就业;暂时未达到比例的,应按财政部发布的《残疾人就业保障金管理暂行规定》交纳残疾人就业保障金。

残疾人就业保障金是指在实施分散按比例安排残疾人就业的地区,凡安排残疾人达不到省、自治区、直辖市人民政府规定比例的机关、团体、企业、事业单位和城乡集体经济组织,根据地方有关法规的规定,按照年度差额人数和上年度本地区职工年平均工资计算交纳用于残疾人就业的专项资金。

中华人民共和国财政部于1995年制定发布了《残疾人就业保障金管理暂行规定》,明确提出了保障金专项用于下列开支:

(1) 补贴残疾人职业培训费用;

(2) 奖励超比例安置残疾人就业的单位及为安排残疾人就业做出显著成绩的单位;

(3) 有偿扶持残疾人集体从业、个体经营;

(4) 经同级财政部门批准,适当补助残疾人劳动服务机构经费开支;

(5) 经同级财政部门批准,直接用于残疾人就业工作的其他开支。

残疾人就业保障金必须按照上述规定用途使用,任何部门不得平调或挪作他用。

(三) 自谋职业

政府有关部门鼓励、帮助残疾人自愿组织起来从业或者个体开业。对于居住在农村的残疾人,地方各级人民政府和农村基层组织引导和扶持他们从事种植业、养殖业、手工业和其他形式的生产劳动。工商行政管理、税务等有关部门要根据残疾人保障法和有关税收法律、法规的规定,制定、完善扶持残疾人个体就业和自愿组织起来就业的优惠政策,在核发营业执照、办理有关手续、减免税费和落实营业场地等方面给予优先和照顾。各级残疾人就业服务机构要认真做好扶持残疾人个体就业和自愿组织起来就业的工作,在选择项目、申办营业执照等方面积极、主动地做好服务,并帮助他们解决生产经营过程中遇到的困难。要积极协助有关部门,逐步将从事个体就业和自愿组织起来就业的城镇残疾人纳入社会保险范围。

随着我国劳动就业方针、政策及相关制度的不断完善,残疾人就业作为劳动就业总体中的特殊部分,进入一个全新的发展时期。残疾人就业实现了由计划向市场导向机制的转轨,就业方式从集中就业为主向多样化、灵活化发展,促进就业的手段从单纯依靠政策向法律、行政、经济、道义、教育等手段多元化发展,就业规模迅速扩大。

五、残疾人就业面临的挑战与对策

党和政府历来高度重视残疾人就业工作。改革开放以来,特别是《残疾人保障法》公布施行以来,我国残疾人的就业状况得到明显改善。

"十一五"期间,残疾人就业工作在应对金融危机影响、努力保持就业局势稳定的基础上取得新进展。残疾人就业促进和就业保护法规政策日趋完善,就业规模总体稳定,就业服务网络逐步健全,多元化的就业格局初步形成。

城镇新增残疾人就业179.7万人次。其中,分散比例就业49.6万人次,集中就业

53.4万人，个体就业和各种形式灵活就业76.8万；全国城镇实际在业残疾人达到441.2万人；农村1 749.7万残疾人通过从事农业生产劳动和多种形式就业增加了收入，改善了生活状况。

覆盖全国的残疾人就业服务网络进一步健全和完善，省、市、县三级残疾人就业服务机构达到3 019个，为各类残疾人提供有针对性的就业服务。376.5万人次残疾人接受了职业教育和培训。

盲人按摩事业稳定发展，按摩机构迅速增长。培训各类盲人按摩人员8.9万名，其中7 198人获得了医疗按摩中级职称，15 792人获得了初级职称。盲人保健按摩和医疗按摩机构分别达到1 161和1 152个，有效地缓解了盲人就业难的问题。

但是，随着我国经济社会的发展和老龄化程度的加剧，残疾人就业工作也出现了一些新的情况和问题。

（一）残疾人就业需考虑的特殊因素

一是职位是否适合。由于受残疾的影响，残疾人适合的、可以选择的工作类型可能会受到其残疾类型和残疾程度的约束。

二是单位离家远近。残疾人由于身体方面的缺陷，对残障设施的要求比较高，有的残疾人不能骑自行车，挤公共汽车又比较困难，如果工作单位离家较远，会使残疾人处于两难境地，如果放弃工作在家，温饱问题解决不了，更不要提为社会作贡献，但选择去单位上班，现实困难又难以克服，所以残疾人会尽量选择离家近的工作地点。

（二）残疾人就业面临的挑战

1. 残疾人数量不断增多，就业压力越来越大

随着我国人口总数的增加，我国残疾人数量也不断增多。目前，我国尚有858万有劳动能力且达到就业年龄的残疾人没有实现就业，而且每年还将新增残疾人劳动力30万人左右，残疾人数量的不断增多，使得我国残疾人就业压力越来越大。

2. 各级人民政府和用人单位依法吸收残疾人就业的责任不够明确

促进残疾人就业，必须要有有关残疾人就业的法律法规作保证。但过去由于我国在此方面的法律法规不够完善，致使各级人民政府和用人单位依法吸收残疾人就业的责任不够明确，特别是一些用人单位不按照规定安排残疾人就业、不依法与残疾人职工签订劳动合同，以及歧视残疾人的情况时有发生。

3. 对残疾人就业的各项保障措施不够完善

在我国，普遍存在对残疾人就业的各项保障措施不够完善的问题。例如，有些地方制定的扶助残疾人就业的规定不科学、不合理，亟须加以修改补充；有些基层对残疾人就业的扶助优惠措施没有真正得到落实；按比例安排残疾人就业工作难度大，收取保障金工作阻力重重，缺乏约束机制；有的福利企业享受政策优惠，经济效益又较好，但就业的残疾人平均工资较低，养老、医疗保险制度没有建立等。

4. 残疾人就业服务培训等工作相对滞后

需要进一步加强对残疾人就业的指导、服务和职业培训的力度，提高残疾人的就业能

力。残疾人就业服务机构应当免费为残疾人提供就业信息、职业培训、职业康复训练、职业介绍等服务，并为残疾人自主择业和用人单位安排残疾人就业提供必要的帮助和支持。

5. 对残疾人的偏见和歧视

由于受传统观念的影响，社会上对残疾人的偏见和歧视现象仍不同程度地存在。例如，社会上对待残疾人的观念尚未得到根本的改变，在就业权的实现中，残疾人面临着比一般人更大的困难。同时，关于残疾人就业的法律法规有待进一步贯彻落实。例如，一些单位和个人在招聘中对残疾人作出了不平等的规定，人为将残疾人排除在本应就业的范围之外。

(三) 提高残疾人就业率的对策

促进残疾人就业，提高残疾人就业率的对策措施很多，概括起来主要有以下几点。

1. 严格贯彻实施《残疾人就业条例》

各级政府及有关部门要认真学习条例，充分认识到制定实施条例的重要意义，熟悉、掌握条例的基本内容和精神实质；要广泛宣传，努力做到家喻户晓，争取全社会的关注和支持，为条例的顺利实施创造良好的社会环境；要根据条例的规定，抓紧制定和完善与条例有关的配套规定和措施，建立健全有关具体工作制度和工作程序；同时，要加大执法力度，加强督导检查，以确保各项法律制度的贯彻落实。

2. 完善残疾人保障金征缴制度

在市场经济条件下，按比例安排残疾人就业工作是我国政府的一项战略性政策措施。按比例就业制度的核心，一是以法律（或行政法规）的形式规定各用人机构按一定比例雇用残疾职工，二是确定执行的保障措施，并对执行情况好的机构给予奖励，对于执行不好的机构给予一定的教育或处罚。我国现有法律、规章规定，安排残疾人就业达不到规定比例的单位应向残疾人劳动就业服务机构缴纳残疾人就业保障金。因此，残疾人就业保障金的征缴也是一个重要内容。

一方面，要探讨残疾人保障金征缴的标准。残疾人按比例就业政策规定，安排残疾人就业达不到规定比例的单位应按照差额人数向残疾人劳动就业服务机构缴纳残疾人就业保障金，缴费基数为上年度职工年平均工资。但在实际执行过程中，经常出现职工收入低于上年度职工年平均工资水平的用人单位以有违公平为由拒绝缴纳保障金，而职工收入高于社会平均工资水平的用人单位却更愿意用缴纳保障金的方式来代替安置残疾人，这使得按比例安排残疾人就业的难度加大，无法实现通过就业达到残疾人"平等参与社会生活"的政策设计目的。其反映的问题表现为：应该依据什么标准收取残疾人就业保障金，在现实中又如何避免用人单位对残疾人就业缺少正确的认识而引发的问题。另一方面，要加强残疾人保障金的征缴。做好残疾人就业工作，残联应该也必须保留和加强对单位按比例安排残疾人就业的审查和审核权；同时，要充分发挥政府主导及协调作用，积极争取政府其他相关职能部门的配合，劳动、人事、财政、工商等行政部门依照各自职能协同做好按比例安排残疾人就业工作。

3. 加强残疾人就业信息建设

信息是了解残疾人就业状况的重要基础。只有清楚地了解残疾人就业的各种信息，才能对残疾人就业工作进行客观、科学的评价，从而为以后的残疾人工作给予指导。因此，残疾人的信息系统建设是残疾人事业的"指路牌"。我国目前残疾人就业信息的主要问题是：残疾人统计体系不健全，数据缺乏，信息沟通不畅，严重影响了残疾人就业工作的开展。为此，应从两个方面给予关注和改进：一是重视残疾人基本情况的调查工作；二是增加就业效果统计。

4. 杜绝残疾人"挂靠式"就业

根据残疾人按比例就业政策规定，安排残疾人就业达不到规定比例的单位应按照差额人数向相关机构缴纳残疾人就业保障金，但在实际执行过程中，有些单位虽然也执行按比例就业，但却"曲解"了这一政策的设计初衷，出现了"挂靠式"就业现象，即有的用人单位每月只发给残疾人几百元的"悬空上班"工资，残疾人不用工作，也有钱可拿。而企业既完成了按比例安排残疾人就业的任务，还不用缴纳残疾人就业保障金，节约了大笔开支。因此常常会遇到一个残疾人在多个企业挂靠的情况。虽然这种方式也使残疾人得到了一定的实惠——有了比较稳定的收入，但由于这部分残疾人尚未真正就业，残疾人回归社会和参与社会生活的目标难以实现，也影响了残疾人按比例就业工作的质量，无法达到按比例就业政策的预期目标。

（四）国家提高残疾人就业率的保障措施

政府需要完善残疾人就业促进和保护政策措施，稳定和扩大残疾人就业，提高残疾人就业质量，鼓励残疾人创业。同时需要规范残疾人就业服务体系，让有就业需求的各类残疾人普遍获得就业服务和职业技能培训。为完成以上任务，国家采取相应政策措施如下。

（1）全面贯彻《中华人民共和国就业促进法》和《残疾人就业条例》。落实对残疾人集中就业单位税收优惠和对从事个体经营的残疾人实施收费减免、税收扶持有关政策，完善残疾人就业保障金征收使用管理政策。编制残疾人集中就业单位专产专营和政府优先采购产品与服务目录。将残疾人就业纳入各级政府就业联动和督导工作。

（2）实施百万残疾人就业工程。切实落实按比例就业政策，党政机关、人民团体、事业单位及国有企业带头安排残疾人，促进更多残疾人在各类用人单位按比例就业，逐步建立残疾人按比例就业岗位预留制度；政府开发的适合残疾人就业的公益性岗位，应优先安排残疾人就业；落实完善残疾人就业促进税收优惠政策，鼓励用人单位吸纳残疾人就业；通过资金扶持、小额贷款贴息、经营场所扶持、社会保险补贴、税收优惠等措施，扶持残疾人自主创业和灵活就业。以社区便民服务、社区公益性岗位、家庭服务、电子商务等多种形式促进残疾人社区就业和居家就业。落实高校残疾人毕业生就业扶持政策。加强对外来务工残疾人、女性残疾人和少数民族残疾人的职业培训和就业服务。

（3）加强残疾人职业教育培训和职业能力建设。以就业为导向，鼓励各级各类特殊教育学校、职业学校及其他教育培训机构开展多层次残疾人职业教育培训，着力加强订单式培训、定向培训和定岗培训，强化实际操作技能训练和职业素质培养，着力提高培训后的就业率。建立残疾人职业培训补贴与培训质量、一次性就业率相衔接的机制。加强残疾人职业能力开发，建立健全残疾人职业技能人才奖励机制。举办全国残疾人职业技能竞赛，参加国际残疾人奥林匹克职业技能竞赛。

（4）全面实施《盲人医疗按摩管理办法》。组织好国家盲人医疗按摩人员资格考试，做好盲人医疗按摩人员执业资格和专业技术职称评审工作。培养盲人医疗按摩人员。鼓励医疗机构录用盲人医疗按摩人员。帮助有执业资格的盲人开办医疗按摩所。制定盲人保健按摩管理办法,规范盲人保健按摩行业管理。培训盲人保健按摩人员并扶持就业。为听力言语残疾人提供培训,帮助听力言语残疾人就业。大力推进职业康复劳动项目,促进智力和精神残疾人辅助性就业。

(5) 各地公共就业服务机构和基层劳动就业社会保障公共服务平台免费为残疾人提供有针对性的职业介绍、职业指导等就业服务。将就业困难残疾人纳入就业援助范围,通过即时岗位援助、公益性岗位安置、社会保险补贴等政策,加大就业援助力度。结合公共就业人才服务专项活动,为残疾人提供专门服务。采取有效措施积极引导经营性人力资源服务机构履行社会责任,为残疾人提供优质、高效、贴心的就业服务。加强劳动保障监察,督促各类用人单位认真遵守国家促进残疾人就业的法律法规,禁止针对残疾人的就业歧视和违法雇佣残疾人,维护残疾人公平就业权利。

(6) 实施残疾人就业服务能力建设工程。加强国家残疾人就业服务指导中心建设,制定残疾人职业技能鉴定辅助标准,完善残疾人职业技能鉴定办法。加快推进残疾人就业服务机构规范化建设,县级以上残疾人就业服务机构具备独立开展就业服务的条件,建立残疾人职业指导、职业信息分析、职业能力评估和劳动保障协理相结合的专业就业保障服务队伍,为用人单位提供适合残疾人的就业信息发布和推荐残疾人就业等支持性服务,免费为残疾人提供职业指导、职业适应评估、就业和失业登记、职业介绍等服务。依托基层残疾人专职委员队伍,培训残疾人就业服务与社保协理员。加强残疾人就业服务信息网建设,将其纳入公共就业人才服务信息网络系统。

(7) 依托农村扶贫开发和统筹城乡就业政策,扶持农村残疾人开展种养业、家庭服务业和其他增收项目,有序组织农村残疾人转移就业。

案例分析

2014年11月6日,北京市各级机关2015年考试录用公务员招考公告、招考简章已正式发布,2015年北京市各级机关录用公务员考试的大幕现已拉开。最为引人注目的是,在今年的定向招录职位中,北京首次设置了5个专供职位统一招录残疾人。北京在此次招录中,在市委办公厅、市人大常委会机关、市政协、市政府办公厅、市人社局5个单位特别设置了5个职位专门面向残疾人招录,体现了该市对残疾人朋友们的关爱。而这种"特别的爱给特别的你"赢得网络舆论一片叫好之声的现象,也从侧面反映了一些地方在残疾人就业等保障方面存在的一些不足之处。

"每个人都是上帝咬过的一个苹果",尽管大多人在内心认可这句话,也能将残疾人当正常人看待,但不可否认,残疾人在我们这个世界上属于弱势群体,特别表现在就业等方面。按《中华人民共和国残疾人保障法》第33条规定:国家机关、社会团体、企业事业单位、民办非企业单位应当按照规定的比例安排残疾人就业,并为其选择适当的工种和岗位。达不到规定比例的,按照国家有关规定履行保障残疾人就业义务,国家鼓励用人单位超过规定比例安排残疾人就业。然而,在一些部门单位、公司等用人单位,将国家的这一法律抛之脑后,擅自提高用人门槛,将残疾人挡在了就业的大门之外。

身残志坚,不舍青云之志。对于很多残疾人来说,他们对生活充满了热爱,对社会充满了关爱,对梦想孜孜追求。"上帝给你关上了门,却给你打开了一扇窗",也许是生活的不幸和身体的缺失,让他们拥有了非同常人的"感应",让他们在很多方面具有了一般人不可比的能力和特长。因此,很多用人单位专门为残疾人量身定做了一系列的岗位,让他们获得了被尊重的体验,而北京在这次招录中,设5个专供职位统一招录残疾人,更是体现了对他们浓浓的关爱。

(资料来源:http://www.chinadp.net.cn/news_/depth/2014-11/14-13946.html,有删减。)

阅读资料并回答以下问题:
1. 我国法律对于残疾人就业权利是如何规定的?
2. 残疾人就业的方式有哪些?
3. 当前我国残疾人就业服务还存在哪些问题?

子情境6 残疾人福利机构探访

实践主题

残疾人综合服务中心探访。本环节为综合实践环节,要求教师带领学生走出学校进入残疾人福利机构开展一系列的实践活动。

实践目标

(一)知识目标
1. 了解残疾人康复服务工作和残疾人就业服务工作。
2. 掌握残疾人福利服务的内容,了解残疾人福利服务体系。
3. 对当前残疾人康复服务和就业服务存在的主要问题进行思考和分析。
4. 掌握我国残疾人社会福利机构运作条件和运作机制。

(二)能力目标
1. 训练学生熟练运用社会调查方法的能力。
2. 锻炼学生的表达能力和沟通交流能力。
3. 训练学生在残疾人福利服务方面的分析能力和问题解决能力。
4. 培养学生团队合作能力。
5. 训练学生独立进行残疾人福利服务的能力。

(三)情感目标
1. 通过实践,学生应该做到无条件地接纳、尊重及平等对待残疾人。
2. 通过实践,学生应该学会与组员互相协助,在互动中共同成长。

3. 通过实践，学生要树立健康、乐观、积极的心态。
4. 通过实践，学生应该养成有计划开展工作的习惯和不怕挫折的精神。

实践前的准备

（一）教师的准备工作

1. 教师预先联系好残疾人综合服务中心，与机构进行相应的沟通。
2. 申请相关实践活动经费。
3. 召开实践动员会，指导学生充分认识本次实践活动的意义和目的。
4. 将实践内容、实践步骤、注意事项及探访的礼仪向学生逐一进行讲解。
5. 指导学生撰写实践活动方案。
6. 组织学生事先预习演练本次实践可能涉及的知识和技能。
7. 对实践过程中可能出现的突发事件拟定应急处理方案。

（二）学生的准备工作

1. 参加实践的同学按照每组5～7人的标准进行分组。
2. 小组成员自行选举一名小组长负责组员的纪律和组织管理，以及与其他组和老师沟通联系的工作。
3. 由小组长带领组员共同讨论认识本次活动的意义和目的。
4. 以小组为单位撰写实践活动方案，内容包括实践主题、实践目标、实践方法、小组成员及分工、实践内容及分工、实践步骤、实践总结等。
5. 预先复习演练本次实践可能涉及的知识和技能。

实践内容及说明

实践内容及说明见表5-8。

表5-8 实践内容及说明

序号	实践内容	实践说明
一	组员熟悉实践方案、开展热身互动	组员对预先拟定的实践方案进行熟悉，组员之间开展一至两个小游戏，增进小组成员的默契和了解
二	参观残疾人综合服务中心	在工作人员的引领下参观残疾人综合服务中心的工作场所、相关设施，了解服务中心工作流程
三	感受残疾人综合服务中心日常工作	以小组为单位，跟踪观察、体验并记录残疾人综合服务中心工作人员日常工作
四	与残疾人互动	分小组与在残疾人综合服务中心接受服务的残疾人开展互动活动，各小组可以自行选择互助内容，如陪残疾人做游戏，为残疾人表演小节目，与残疾人谈心聊天等
五	残疾人需求情况访谈	各小组使用调查问卷，随机对残疾人综合服务中心的3～5名残疾人进行访谈，了解当前残疾人对就业服务的需求情况

续表

序号	实践内容	实践说明
六	参观服务中心内的一所康复服务或就业机构	在机构工作人员的引领下参观服务中心的工作场地、相关设施，了解残疾人综合服务中心的日常工作和服务流程
七	为机构中的残疾人提供志愿服务	在机构中的工作人员或服务人员指导下，分小组为机构中的残疾人提供一次志愿服务，内容可以自行选择
八	活动回顾与总结	返校途中，或返校之后，由教师引导学生对实践活动进行回顾和总结

实践总结

1. 各小组分组撰写实践总结或实践报告，填入表5-9中。
2. 学生对这次实践活动进行自我评价，并由组内其他成员对其进行评价，填入表5-10中。3. 教师对实践活动进行点评，对各小组的实践报告进行评价。

表5-9 实践方案及总结

实践主题：	
小组成员及分工：	
实践时间：	实践地点：
实践目标：	
实践方法：	
实践内容及分工：	
实践步骤：	
实践小结：	

表 5-10 实践过程评价

专业＿＿＿＿＿ 班级＿＿＿＿＿ 小组名称＿＿＿＿＿ 学生姓名＿＿＿＿＿ 填表日期＿＿＿＿＿

评价项目	评价内容	自我评价			他人评价		
		优秀	良好	合格	优秀	良好	合格
学习态度	对实践主题充满了兴趣，能主动思考、探寻其中的问题，积极参加小组的实践活动						
组织合作	能与本小组成员团结协作，能在规定时间内完成小组布置的任务，记录及时、真实、完整						
实践能力	能利用多种途径搜集信息，并能对搜集到的信息进行整理						
	能动手制作调查问卷、采访提纲，会撰写实践方案、调查报告、采访总结						
	能及时展示实践成果并能与其他同学分享，口头表述详尽生动，举止大方自信，语言有感染力						

实践知识链接

残疾人沟通技巧与服务的注意事项

一、残疾人的心理特点

残疾人作为一个特殊的人群，除了与一般人有着共同的心理特点以外，还有着其独特的心理表现。而且，就残疾人本身来说，由于残疾的类别不同、残疾的程度不同，以及残疾的时间（先天致残和后天致残）不同，他们的心理特点也会有许多不同的表现。

（一）残疾人的认知特点

不同的缺陷会影响到他们的认知能力和认知方式，比如说，严重视力残疾人（盲人）由于视觉器官功能丧失，尤其是先天性视力残疾人或幼年致残的人，就缺乏甚至根本没有空间概念，没有视觉形象，没有周围事物的完整图像。不过在另一方面，盲人由于没有视觉信息的干扰，形成了爱思考、善思考的习惯，相应的抽象思维和逻辑思维就比较发达；同时由于他们的语言听觉能力较发达，而且记忆力比较好，所记住的词汇比较丰富，也形成了他们语言能力强的特点，所以许多盲人都给人一种语言生动、说理充分的印象。

至于聋哑人，则有些相反，他们缺乏或丧失听力，他们和别人的交往不是靠听觉器官和有声语言，而是靠手势。他们的形象思维非常发达，而逻辑思维和抽象思维就相对地受到影响，尤其是先天致聋。因生理上的缺陷的限制，其逻辑思维和抽象思维的能力所受的影响更为明显。聋哑人的视觉十分敏锐，对事物形象方面的想象力极为丰富。

行为和人格偏离的精神病人，由于情绪不稳定，情绪的自我调节和自我控制能力差，不仅其行为受情绪的影响，就是认知方式和认知能力也往往受到不良情绪的影响。其认知特点主要是现实性较差，易于离开实际去思考问题，带有浓厚的幻想色彩，而且思想方法表现出明显的片面性，还会表现出偏执倾向，严重时就成为思维的偏执狂。

(二) 残疾人的情感特点

1. 孤独感

这是残疾人普遍存在的情感体验。残疾人在生理上或心理上有某种缺陷。例如，聋哑人语言受到障碍，肢体残疾人和盲人行动都有很大障碍，智力残疾人的智慧能力有明显的障碍，行为或人格偏离者由于社会适应能力较差，其行为很容易受到挫折。在社会上残疾人常常受到歧视，残疾人能够活动的场所太少，不得不经常待在家里。久而久之，孤独感就会油然而生。

2. 自卑感

这是残疾人相当普遍的一种情感体验。残疾人在生理上及心理上的缺陷造成了他们在学习、生活和就业方面所遇到的困难比普通人多得多。而且，从他人甚至亲属那里得不到足够的帮助，甚至受到厌弃与歧视，这些都会促使残疾人产生自卑情绪。特别是社会上对残疾人的潜在力量还没有正确的认识和评价，没能采取有效措施帮助残疾人发挥其潜能，成为与普通人一样的社会成员，从而滋生自卑的情感体验。

3. 敏感，自尊心强

由于他们身上具有残疾，往往容易使他们过多地注意自己，因而对别人的态度和评论都特别敏感，尤其是容易计较别人对他们不恰当的称呼。如果别人做出有损于残疾人自尊心的事情，他们往往难以忍受，甚至会产生愤怒情绪，以至采取自卫的手段。特别是对社会上个别人采取了对残疾人的污辱和捉弄的恶劣行为，很快就会引起残疾人的反击。

4. 情绪反应强且不稳定

这种特点在许多残疾人身上（如聋哑人、人格障碍、行为偏离者等）都相当突出。例如，聋哑人情绪反应强烈，而且多表现于外，频率高，持续时间短，容易"上火"和发怒，容易与别人发生冲突、争吵，搞得面红耳赤。盲人情绪反应则多隐藏于内，虽然情感体验可以很激烈，但情绪表现却并不十分明显，而且爆发性的情感较少。

5. 富有同情心

这主要表现在残疾人对与自己一样残疾的同伴有特别深厚的同情。例如，盲人对盲人，聋哑人对聋哑人，肢残者对肢残者，都富有同情心，相互之间感情十分融洽。这可能是因为有共同的缺陷，大家在一起更愿意倾吐自己的心里话，交流生活、学习和工作的感受，并从中得到益处。但不是同类的残疾人却很少交流，如盲人很少与聋哑人交流，更少通婚，这种表现并不是没有同情心，而是因为残疾的性质和类型不同，交流起来很不方便。

(三)残疾人的性格特点

残疾人作为一个特殊的人群,不仅因身上的残疾而特殊,而且他们的生活环境也具有一定的特殊性。一般来说,交往的圈子比较小,周围社会环境比普通人简单一些,这样就形成了某些特殊的性格特征。

对待残疾者与对待一般健全人有相同之处,也有不同之处。相同之处是,要用正常的心态和平等的态度与他们交往,这是人与人交往的前提;不同之处是,对他们要更多一些理解、关心和耐心,并掌握与其沟通的正确、恰当的基本方法与技巧。

二、与残疾人沟通的前提

人与人交流与沟通的过程,本质上是自我成长与自我突破的缩影。由于残疾人比健全人在某些方面具有敏感等特征,与残疾人沟通时,除了举止形态、言语谈吐外,还应该把握好沟通的前提条件。

(一)自我局限的突破

在与残疾人交往过程中,我们必须要自问:是否已经把自己和他区分开?是否感觉不同?是否认为自己是健全人,面对残疾人有着过多的怜悯与同情,而忽视残疾人的能力?

残疾人往往被误认为是在主流文化以外,所以一般人容易用异样的眼光看待,其实,全世界残疾人数量已经达5亿多,占到总人口8%以上,完全是主流文化的一部分。我们在与残疾人接触时,往往第一个意念就是"他们是弱者"或"他一定需要我的帮助",这些想法深深地印在人们的脑海里,让人们忽略了残疾人的自身能力。过分的区隔,会潜意识地影响到交流的品质,造成沟通的障碍与局限,这是一种心理制约。因此,做好与"残疾人"沟通的第一个前提准备是:不要受自己意识的心理制约,突破自我的局限,平等与他们交流。

(二)积极乐观心态的展现

积极乐观的心态是沟通的另一个前提条件。人在有安全感或喜悦的时候才愿意敞开心扉,乐于接纳,这个时候的沟通往往才是最有效的。不论是与健全人还是与残疾人沟通,人是可以被感染和引导的。在残奥会中,运动员们都是积极的,他们用自己对生命的理解拼搏与奋斗。我们是正面地看待残疾人的优势,还是在他们身体的问题上打转?一个人的心态,会直接影响到交流的品质。当人们打开了欣赏美丽风景的眼睛时,就会看到对方许多的优点,就可以协助对方在乐观积极的心态下不断地自我突破。当人们在开心积极的环境中沟通时,不但可以提升解决问题的能力,甚至可以调整整个团队的氛围,他人的情绪也会受感染而愉悦,从而造就了沟通的最有效条件,很多头痛的事情都会迎刃而解。

三、与视力残疾者沟通的技巧与注意事项

(一)与视力残疾者相处的几个误区

1. 视力残疾就是看不见

有些人一听说"视力残疾"马上就联想到"眼前漆黑一片""暗无天日"的景象,

而实际情况并非如此。视力残疾包括盲和低视力两种，低视力有部分视力是毋庸置疑的。即使在"盲"类中，真正"全盲"的也只是极少数，大多数"盲人"都还有一些剩余视力。

2. 恐惧

由于许多视力残疾者眼部残疾使得外貌异常，或者在公共场合总是戴一副墨镜，加之行动不便，自己又看不到，有些视力残疾者坐、立、行姿势不端正，带有"盲相"。这些会让一些人对视力残疾者心存恐惧。

其实视力残疾者和健全人一样，并不可怕；相反，他们作为视力有残疾的人生活在视觉社会里，处处都感到不方便，他们对这个世界也有一种恐惧心理。因此，双方的交流和理解非常重要。

3. 过度怜悯

视力残疾者"生活在黑暗之中"，失明导致对环境信息获得的丧失和对环境有效控制能力的丧失，视力残疾者学习不便、生活艰辛、求职不易……这些观念使得视力残疾者这一弱势群体中的弱势群体更易为人们所怜悯与关注。其实，视力残疾者与健全人一样有自尊心，非常要强，并非处处事事依赖他人。对视力残疾者的怜悯之心是理解、关心、帮助他们的基础，但不能出于怜悯，以一种施舍的态度提供帮助，那样会适得其反。

(二) 掌握沟通技巧

(1) 对视力残疾者避讳"瞎说""瞎猜""瞎想""瞎"等不文明不尊重的词句，免得刺伤他们的隐痛。

(2) 第一次见面可以尽量多告知对方关于你的信息，让他们有信任和安全感。

(3) 来到视力残疾者的身边和离开他们的身边一定要有声音或动作示意。

(4) 对视力残疾者讲话时先说视力残疾者的名字，提示正在对他（她）说；并保持正常的语调和语音与他们讲话。

(5) 指示方位要清楚准确。例如，"把水杯放在你自己的前面"，而不是"把水杯放在那儿"；"在你左前方一米左右"，而不是"在这里"。

(6) 别以为视力残疾者看不见而有时做些"小动作"——其实他们有可能"看到"，有可能听到，有可能猜到。

(7) 不断向视力残疾者解释你所看到的一切或他们关心的物品。

(8) 见到好几位视力残疾者，需要打招呼时，宜逐一喊一遍他们的名字。

(9) 在让单个视力残疾者等待的时候一定要让他（她）有所倚靠，而不是让他（她）觉得"孤苦伶仃"和有无依无靠的"广场恐惧症"。

(10) 鼓励使用残存视力。

(11) 要当视力残疾者的"眼睛"，而不是做视力残疾者的"手"——需要的是"借"你的眼并通过嘴翻译给视力残疾者，而不是替视力残疾者做他自己能做的事。

四、与肢体残疾、脑瘫者的沟通技巧与注意事项

(一) 目光与神情

与肢体残疾、脑瘫者相遇时的目光和神情很重要,必须要做到以下三点。一是要用正常的目光看待,千万不要一看见他们就显示出恐惧、惊讶,甚至想躲避的样子来。二是不能把目光长时间停留在他们的残疾部位,有的人习惯于上下仔细打量残疾人,就等于给他们的伤口上撒一把盐,伤害了他们的心灵。三是不要只以同情的眼神看待他们,即使是四肢扭曲、不能控制自己的身体的脑瘫患者也会通过眼神悟出你的怜悯心理来。

(二) 称呼

在称呼上一定要考虑到对方的国籍、民族、宗教等各种社会文化背景,口气、语调要亲切、亲近,做到彬彬有礼。即使是相处得非常熟悉的人,关系非常好,绝对不能说"跛子""瘸子""瘫子"之类的词,哪怕开玩笑也是不行的。

(三) 对话

和肢体残疾者对话,除了要特别注意回避与其生理缺陷有关的词语和内容,一般也不要涉及"你是怎样残疾的""你家里还有残疾人吗"这类的话题。

还要掌握与语言困难者沟通的特殊技能与方法。例如,对伴有语言沟通困难的脑瘫患者,可以呈现图文对照的交际板或手册,语言困难者指点图或字或拼出单词以表示自己意思。即使严重脑瘫患者不能用手指点,也可用牙咬住一根小棍指点或用眼睛注视所需之物。或者事先对一系列需求信息进行安排,每次提出一个问题,如"要喝水吗"或"要到外面去吗",语言困难者用预先商定好的信号作答,如以点头或握拳表示同意,摇头或伸开手掌表示不同意。对方听不懂问话时,可以用卡片提问。利用简单明了的手势动作符号进行沟通,如用手做拿杯子喝水的动作、擦汗的动作,语言困难者也能懂得。

案例分析

据美国《赫芬顿邮报》2013年7月15日报道,当月有16位顾客集体向法院起诉星巴克,原因是他们在两家坐落于纽约的星巴克店内遭到了员工的歧视,而这16位顾客中,大多数是残疾人。这起诉讼中的被告是星巴克的员工,他们拒绝为这些顾客服务,嘲笑这些顾客说话的方式并试图将他们从店内赶走。

据这起诉讼中的一名原告Alan Roth说,2012年8月,在曼哈顿的一家星巴克店内,员工在他点餐的时候不停地嘲笑他,觉得他说话听起来很滑稽。《赫芬顿邮报》获得的一份法律文件中提到,这名员工试图在柜台附近转悠,对原告发出尖叫声,随后被其他员工制止。最终,星巴克的员工让Roth离开,并告诉他永远不要再过来。

一位星巴克的代表对《赫芬顿邮报》表示,她将不会对此事的细节做任何评论,但称"星巴克仍在调查此事"。她还强调:"星巴克决不允许任何的歧视行为。"

在接受《赫芬顿邮报》采访时，原告律师 Eric Baum 谈道，这样的案件远比大家想象得普遍。"这是个悲哀的现实，直到 2013 年，残疾人都经常遭到歧视。"他说，"这一切都在我们身边发生。"

Baum 还谈道，他的诉讼委托人想借星巴克的企业文化来寻求帮助，要求公司制定政策、程序并提供培训来保证残疾人在店内受到良好的服务。这些措施中也包括敏感性训练。原告也正在寻求现金赔偿，具体的额度未定。

(资料来源：http://finance.huanqiu.com/industry/2013-07/4147064.html，有改动.)

根据本案例请分析思考以下问题：

1. 你认为星巴克的行为是否侵犯了残疾人的合法权益？为什么？
2. 社会应该如何对残疾人进行保障？应该给他们提供哪些福利？
3. 对推进我国残疾人社会保障制度建设你有什么建议？

学习情境六

社会福利组织资源筹集与供给

子情境1 社会福利资源筹集

能力目标

1. 锻炼学生的语言表达能力和沟通能力。
2. 训练学生在社会福利资源筹集方面的认识能力。

知识目标

1. 掌握社会福利财力资源筹集的主要渠道。
2. 了解社会福利人力资源,特别是社区志愿者的发展。
3. 了解社会福利设施的现状,以及当前关于社会福利设施建设的基本规划。

任务一 社会福利财力资源筹集

情境导入

国务院出台意见 福彩公益金超50%用于养老

2013年9月13日,国家发改委、民政部联合召开新闻通气会,介绍我国加快养老服务业发展的有关政策和情况。根据国务院近日印发的《关于加快发展养老服务业的若干意见》(以下简称《意见》),民政部本级彩票公益金和地方各级政府用于社会福利事业的彩票公益金，要将50％以上的资金用于支持发展养老服务业，并随老年人口的增加逐步提高投入比例。

据国家发改委相关负责人介绍，我国是世界上唯一一个老年人口超过1亿的国家，也是发展中国家中人口老龄化最严峻的国家。截至2012年年底，我国60周岁以上老年人口已达1.94亿人，2020年将达到2.43亿人，2025年将突破3亿人。制定《意见》，一是积极应对人口老龄化的要求，二是解决当前养老服务业突出矛盾和问题的需要，三是推进经济持续健康发展的需要。《意见》要求，完善补贴支持政策。各地要加快建立养老服务评估机制，建立健全经济困难的高龄、失能等老年人补贴制度。民政部本级彩票公益金和地方各级政府用于社会福利事业的彩票公益金，要将50％以上的资金用于支持发展养老服务业，并随老年人口的增加逐步提高投入比例。《意见》特别提到，鼓励公益慈善组织支持养老服务。《意见》确定开展养老服务业综合改革试点，鼓励有特点和代表性的地区先行先试，为全国养老服务业发展提供经验。

据了解，这是继2013年6月中央专项彩票公益金增加对农村养老的投入后，国务院针对彩票公益金投入养老服务业的又一举措。2013年针对养老服务业的政策可谓出台密集。6月，经国务院批准同意，中央专项彩票公益金将从2013年起连续3年累计投入30亿元，用于支持建设10万个农村幸福院，以破解农村养老难题。农村幸福院是由村民委员会进行管理，为农村老年人提供饮食、文化娱乐等照料服务的公益性活动场所。截至2012年年底，全国共有农村养老服务机构3.3万个、床位260万张。

彩票公益金助力养老事业一直是其用途的重点方向。此前在2011年年底，国务院印发《社会养老服务体系建设规划（2011—2015年）》，就曾强调彩票公益金对保障社会养老服务体系建设的优先投入。民政部副部长窦玉沛也曾在2011年公开表示，为实现"十二五"规划纲要的目标，民政部决定在"十二五"期间，从民政部本级到地方，每年拿出50％以上的彩票公益金用于社会养老服务体系建设。

（资料来源：www.cwl.gov.cn/mtsy/dfmt/383411.shtml.）

任务描述

模拟福利彩票销售。

任务实施

1. 请一个同学扮演销售者，四个同学扮演购买者。
2. 根据国家的相关规定分配彩票发行资金。
3. 全班开展自由讨论，加深对发行福利彩票筹集资金的认知。
4. 进一步思考的问题：如何进一步深化福利彩票的发行和销售管理？

任务总结

1. 学生推举两名代表进行总结发言。
2. 教师对学生表现和所讨论问题进行点评。

任务反思

每个人都无法阻止福利彩票中奖的诱惑，但我们一定要对福利彩票的发行有一个比较正确的认识，要深入思考国家为什么要发行福利彩票。随着社会主义市场经济体制的逐步确立，社会福利由国家包办的传统方式已难以适应社会和经济发展的需要，必须改变原有的政府包办社会福利的状况，实行社会福利社会化，走社会福利社会办的改革之路，开通向社会筹集资金的渠道。发行福利彩票正是这一改革思路的具体体现。

知识链接

一、国家对社会福利投入的财力资源

国家对社会福利投入的主要形式是财政对社会福利的投入和相关税收优惠政策。国家财政对社会福利的投入是通过税收等形式筹集资金，然后向社会福利部门拨款，用于支付受益人的福利；同时国家对社会福利相关机构进行税收优惠，让社会弱势群体从中受益。社会福利的这种筹集方式的特点是高度制度化，即按照一定的规则，通过正规的组织，借助于国家的强制力量进行。

（一）财政对社会福利的投入

从表6-1可以粗略看出，我国财政在社会福利方面的预算支出是逐步增加的，同时也可以看出，财政在社会福利的实际投入（决算数）多于预期投入（预算数）。这说明，国家在积极大力发展社会福利服务事业。随着社会经济的发展，国家财政必将进一步加大投入力度。当然，随着人口老龄化的加剧，社会福利服务需求不断增加，也需要国家加大财政投入。

表6-1 公共财政用于社会福利的支出 单位：亿元

年 度	预算数	决算数	决算数为预算数的百分比/%	决算数为上年决算数的百分比/%
2010年	110.05	147.58	134.1	146.0
2011年	175.10	233.01	133.1	157.9
2012年	259.20	302.07	116.5	129.6
2013年	300.43	337.61	112.4	111.8
2014年	382.04	415.28	108.7	123.0
2015年	443.72	566.72	127.7	136.5

（资料来源：根据财政部网站各年度《全国公共财政支出决算表》数据制表.）

（二）国家的税收优惠政策

1. 促进残疾人就业的税收优惠政策

当前，国家对残疾人就业实行集中就业与分散就业相结合的方针。除了福利企业这一集中安置残疾人就业的形式外，政府还鼓励社会各用人单位积极安置残疾人就业。因此，从税收公平角度，对同样安置残疾人就业的除福利企业以外的其他安置残疾人就业的单位，应该享受相同的税收优惠政策。为此，2007年6月15日，经国务院批准，财政部、国家税务总局、民政部、中国残疾人联合会发布了《关于促进残疾人就业税收优惠政策的通知》（以下简称《通知》）。《通知》规定自2007年7月1日起在全国范围内实施新的促进残疾人就业的税收优惠政策。

（1）对安置残疾人就业的单位的优惠，包括增值税（或营业税）优惠和企业所得税优惠。

增值税（或营业税）方面，实行由税务机关按单位实际安置残疾人的人数，限额即征即退增值税或减征营业税的办法。每位残疾人每年可退还的增值税或减征的营业税的具体限额，按单位所在区县适用的最低工资标准的6倍确定，但最高不得超过每人每年3.5万元。兼营增值税和营业税业务的单位，可自行选择退还增值税或者减征营业税，选定后12个月内不得变更。

企业所得税方面，实行由税务机关按单位实际支付给安置的残疾人员工资的2倍在企业所得税税前扣除办法，并对单位安置残疾人取得的增值税退税或营业税减税收入，暂免征收企业所得税。

（2）对残疾人个人就业的税收政策。

《通知》重申了以下鼓励残疾人个人就业的税收优惠政策：一是对残疾人个人提供的劳务免征营业税；二是对于残疾人个人提供加工、修理修配劳务免征增值税；三是对残疾人的工资、薪金等各类所得，按照省、自治区、直辖市人民政府规定的减征幅度和期限减征个人所得税。《通知》明确"个人"均指自然人，并对所有鼓励残疾人就业的税收优惠政策所涉及的"残疾人"标准统一规定为持有《中华人民共和国残疾人证》上注明属于视力残疾、听力残疾、言语残疾、肢体残疾、智力残疾和精神残疾的人员和持有《中华人民共和国残疾军人证（1至8级）》的人员。

2. 其他税收优惠政策

国家在社会福利服务方面的税收优惠政策，不仅表现在残疾人就业方面，还扩大到其他一些院舍服务。其中最重要的是，2000年财政部和国家税务总局联合发文，对福利性、非营利性老年服务机构作出税收优惠规定。根据规定，从2000年10月1日起，政府部门和企事业单位、社会团体及个人等社会力量投资兴办的专门为老年人提供生活照料、文化、护理、健身等多方面服务的老年社会福利院、敬老院（养老院）、老年服务中心、老年公寓（含老年护理院、康复中心和托老所）等福利性、非营利性的老年服务机构，暂免征收企业所得税。老年服务机构自用房产、土地、车船的房产税、城镇土地使用税、车船使用税也暂免征收。我们知道，目前我国的院舍服务中，绝大多数是老年服务机构。国家税务总局的这一规定，将使社会福利机构普遍受益。而且，老年服务机构与儿童、残疾人等服务机构十分相似，既然老年服务机构可以享受国家税收的优惠，那么其他类似的机构也可能进行类推，得到同样的待遇。

对于社区服务，国家也给予一定的税收优惠，规定对育婴托儿、医疗保健、婚姻介绍、殡葬服务等项目的收入免征营业税；所得税按国家统一的减免税规定执行；对敬

（养）老院、盲人按摩、盲聋学校、弱智儿童学校、伤残儿童寄托所、残疾人职业技术培训中心、残疾人活动中心、康复中心、残疾人用品供应站、民政部门管理的具有社会福利性质的老年人活动中心和老年公寓等，其固定资产投资方向调节税，也有一定减免。这些税收政策主要起到降低社区服务成本的作用，从而使服务对象从中得益。

二、社会对社会福利投入的财力资源——慈善资金

1. 经常性社会捐助资金

慈善资金是人们基于自愿原则而向弱势群体提供的资金方面的帮助。截至2015年年底，全国共建立经常性社会捐助工作站、点和慈善超市3.0万个（其中慈善超市9 654个）。全年各地直接接收社会捐赠款物654.5亿元（见表6-2）。其中，民政部门直接接收社会各界捐款44.2亿元，各类社会组织接收捐款610.3亿元。全年各地接收捐赠衣被4 537.0万件。间接接收其他部门转入的社会捐款4.3亿元，衣被172.5万件。捐赠物资折款6 164.4万元。全年有1 838.4万人次困难群众受益。

表6-2 经常性社会捐助情况

指标	2008年	2009年	2010年	2011年	2012年	2013年	2014年	2015年
接收社会捐款/亿元	744.5	507.2	596.8	490.1	572.5	566.4	604.4	654.5
接收社会捐赠衣被/万件	115 816.3	12 476.6	2 750.2	2 918.5	12 538.2	10 405.0	5 244.5	4 537.0

（资料来源：根据民政部网站《2015年社会服务发展统计公报》数据制表.）

2. 福利彩票资金

福利彩票在本质上并无慈善性质，但通过引导，可以与慈善结合起来，将其经营剩余用于福利事业。2015年中国福利彩票年销售2 015.1亿元，比上年减少44.6亿元，同比下降2.2%（见表6-3）。全年筹集福彩公益金563.8亿元，比上年下降3.7%。全年民政系统共支出彩票公益金288.9亿元，比上年增加57.6亿元，其中资助用于社会福利182.1亿元。中国福利彩票已经成为引领公民奉献爱心、弘扬美德、传播慈善的一个载体，成为推动社会福利事业发展的资金支柱。

表6-3 福利彩票发行情况

指标	2008年	2009年	2010年	2011年	2012年	2013年	2014年	2015年
销售额（亿元）	604.0	756.0	968.0	1 278.0	1 510.3	1 765.3	2 059.7	2 015.1
年增长率（%）	−4.4	25.2	28.0	32.0	18.2	16.9	16.7	−2.2

（资料来源：根据民政部网站《2015年社会服务发展统计公报》数据制表.）

3. 基金会筹集资金

基金会作为专门经办慈善资金的组织，在动员民间资金方面起着主导作用。基金会是慈善资金的中介，即负责沟通捐助者和受益者。这种中介可以是信息中介，帮助当事双方建立联系，但更主要的是资金中介。民政部《2015年社会服务发展统计公报》显示：截至2015年年底，全国共有基金会4 784个，比上年增加667个，增长16.2%。其中，公募基金会1 547个，非公募基金会3 198个，涉外基金会9个，境外基金会代表机构29个。民政部登记的基金会202个。公募基金会和非公募基金会共接收社会各界捐赠439.3亿元。

在社会福利方面，值得一提的是中国残疾人福利基金会和中国社会福利基金会。中国残疾人基金会秉承"弘扬人道，奉献爱心，全心全意为残疾人服务"的宗旨，在宣传残疾人事业、筹集资金、接受捐赠、管理和使用基金、资助残疾人事业等方面发挥了积极的作用。

任务二　社会福利人力资源筹集

情境导入

社会工作学院开展"百善孝为先"欢乐嘉年华志愿服务活动

为丰富社区文化生活，倡导传统孝道文化，在红叶敬老院成立15周年之际，重庆城市管理职业学院社会工作学院"绿叶志愿行，温暖暮年心"福利机构老年群体社工服务项目组织15名志愿者走进敬老院，开展了"百善孝为先 情暖身边人"欢乐嘉年华游园活动。

志愿者们设计了很多适合老年人参与的游戏项目，比如套圈夺宝、托乒乓球、保龄

球、跳跳球、抢龙珠等。新颖有趣的游园活动深深地吸引了老人们。在志愿者的陪同下，老人们纷纷动起来，一起参与活动、领取奖品、收获快乐。虽然奖品只是一条毛巾、一件T恤、一提卷纸，但老人们还是玩得很投入，一些老人在拿到奖品后，还迫不及待地向身边人展示。

据悉，此次游园活动以红叶敬老院开展的首届"红叶杯"家庭厨艺大赛为契机，现场还有很多老人的子女也参与到游戏中，促进了子女与老人的情感沟通，弘扬了"尊老、敬老、爱老"的传统美德。

（资料来源：http://www.cswu.cn/article/showarticle.asp?articleID=10527.）

任务描述

组织学生进行一次志愿服务活动。

任务实施

选择邻近的社区或社会福利机构组织一次志愿服务活动。
1. 与社区或社会福利机构接洽，制订活动方案（课前完成）。
2. 进行出发前的教育。
3. 老师巡查学生的志愿服务活动情况。

任务总结

1. 撰写一份至少1000字的实训心得。
2. 教师对大家的心得进行分析和总结。

任务反思

社会福利事业的发展需要志愿服务。志愿服务是爱心的传递，唱响了"构建和谐社会，弘扬文明新风"的主旋律，它让志愿者们永远保持一颗感恩的心，热忱传递爱心，永葆人间真情！

> 知识链接

一、社会福利服务专职工作人员

　　社会福利服务工作人员专业化建设是发展社会福利事业的一个非常重要的方面。社会福利服务虽然是服务性行业，但其中有一些工作也是专业性的。如何根据服务对象的特点，提供给服务对象最需要的良好服务，需要有一定的专业知识。为此，我国必须不断提高社会福利服务工作人员的专业化、职业化水平，即大力建设社会工作专业人才队伍。民政部《社会工作专业人才队伍建设中长期规划（2011—2020年）》提出了这一时期的战略目标：到2020年，我国社会工作专业人才队伍建设的总体目标是，建立健全社会工作专业人才法规、政策和制度体系，造就一支结构合理、素质优良的社会工作专业人才队伍，使之适应构建社会主义和谐社会的要求，满足人民群众日益增长的社会福利服务需求。

　　一是社会工作专业人才队伍规模不断壮大。到2015年，社会工作专业人才总量增加到50万人，其中具有社会工作师职业水平证书或达到同等能力素质的中级社会工作专业人才达到5万人，具有高级社会工作师职业水平证书或达到同等能力素质的高级社会工作专业人才达到1万人。到2020年，社会工作专业人才总量增加到145万人，其中中级社会工作专业人才达到20万人，高级社会工作专业人才达到3万人。

　　二是社会工作专业人才队伍结构不断优化。根据统筹城乡发展、统筹区域发展、统筹经济社会发展的要求，逐步优化社会工作专业人才区域结构、城乡结构、领域结构、专业结构、能力结构和年龄结构，形成合理的初、中、高级人才梯次结构和人才布局，逐步实现社会工作服务在城乡、区域和领域的全覆盖。

　　三是社会工作专业人才能力素质不断提升。未系统受过社会工作专业教育的社会服务人员普遍接受一定时数的社会工作专业培训。社会工作专业人才思想政治和职业道德水平不断提高，专业价值伦理不断强化，专业理论与知识不断丰富，专业方法与技术不断完善，专业实务能力不断增强，综合素质大幅度提升。

　　四是社会工作专业人才效能不断增强。社会工作专业人才在提供社会服务、解决社会问题、化解社会矛盾、降低社会风险、维护社会稳定、增进公平正义、促进社会和谐等方面的专业作用得到充分发挥。

　　五是社会工作专业人才发展环境不断改善。社会工作专业人才培养开发、评价发现、选拔使用、流动配置、激励保障方面的法规、政策与制度不断完善；社会工作服务与管理网络基本建立；社会工作服务组织数量更加充足，布局更加合理，覆盖更加全面，治理更加科学，作用更加明显，社会工作专业人才市场进一步发展；社会工作专业人才队伍建设体制机制更加健全。

二、志愿者

　　社会福利服务需要大量的志愿者服务。志愿服务是指任何人志愿贡献个人的时间及精力，在不为任何物质报酬的情况下，为改善社会，促进社会进步而提供的服务。志愿服务几乎是每个文明社会不可缺少的一部分,是推动人类发展、社会进步,特别是社会福利事业发展的重要力量。志愿服务的推广可有效运用社会充沛的人力资源,不要把志愿工作者当作是"爱管闲事的人",更不可视其为"免费或廉价的劳工"。相反地,志愿服务是公民意识的培养,是现代社会的一种普遍的社会服务活动,不是只有家庭富有、不愁衣食且有足够空闲的人才能参加的工作。

(一) 志愿服务的积极意义

对社会而言,志愿服务具有以下积极意义。一是传递爱心,传播文明。志愿者在把关怀带给社会的同时,也传递了爱心,传播了文明,这种"爱心"和"文明"从一个人身上传到另一个人身上,最终会汇聚成一股强大的社会暖流。二是有助于建立和谐社会。志愿工作,提供了社交和互相帮助的机会,加强了人与人之间的交往及关怀,减低彼此间的疏远感,促进社会和谐。三是促社会进步。社会的进步需要全社会的共同参与和努力。志愿工作正是鼓励越来越多的人参与到服务社会的行列中来,对促进社会进步有一定的积极作用。

对志愿者个人而言,志愿活动具有以下积极意义。一是奉献社会。志愿者通过参与志愿工作,有机会为社会出力,尽一份公民的责任和义务。二是丰富生活体验。志愿者利用闲余时间,参与一些有意义的工作和活动,既可扩大自己的生活圈子,更可亲身体验社会的人和事,加深对社会的认识,这对志愿者自身的成长和提高是十分有益的。三是提供学习的机会。志愿者在参与志愿工作过程中,除了可以帮助人以外,更可培养自己的组织及领导能力。学习新知识,增强自信心及学会与人相处等。

对服务对象而言,志愿活动具有以下积极意义。一是接受个人化服务。志愿者服务在提供大量的人力资源的同时,更能发挥服务的人性化、个人化及全面化的功能,从而令服务对象受益。二是帮助融入社会,增强归属感。通过志愿者服务,能有效地帮助服务对象扩大社交圈子,增强他们对人、对社会的信心,同时,志愿者以亲切的关怀和鼓励,帮助服务对象减轻接受服务时的自卑感和疏远感,从而使其建立自尊心和自信心。

(二) 大力发展社区志愿者服务

在社会福利志愿服务队伍中,最主要的是社区志愿者队伍。我国在社区志愿服务方面进行了积极的探索,取得了一定的成绩。广大社区志愿者组织和志愿者发挥了应有的重要作用,呈现出以下几个突出特征。

一是社区志愿者组织和社区志愿者数量持续增长。各地认真贯彻《关于加强和改进城市社区居民委员会建设工作的意见》精神,按照民政部《关于在全国城市推行社区志愿者注册制度的意见》要求,大力发展社区志愿服务组织,以城区为单位,以街道、社区为依托,积极推行社区志愿者注册登记制度。据不完全统计,截至 2010 年 12 月,全国已有 26 个省、自治区、直辖市和 48 个地级市、174 个城区推广使用了"中国社区志愿者注册管理系统";全国社区志愿者组织已经达到 28.9 万个,每个社区至少有 3 支以上的社区志愿服务队伍,社区志愿者人数达 2 900 多万人,其中注册社区志愿者达到 599.3 万人,参与社区志愿服务活动超过 5 000 多万人次,服务小时数达 1 500 万小时。北京、上海、天津、山西已在本地区全面推行注册登记制度，北京市依托96156平台，全面记录、管理社区志愿者日常服务工时，调配社区志愿服务资源，进行服务进程跟踪和效果评估。天津市不仅在市级层面建立了志愿者联合会，而且在18个区县和所有街道都建立了志愿者分会。上海市在全市区县和街道（乡镇）专门设立了170个社区志愿者注册窗口，直接面向社区居民受理注册和发证工作，并把志愿者的调配、活动、反馈、评估全部纳入信息化管理轨道。山西全省注册社区志愿者人数达到48.3万人，占城市居民人口总数的10.66%，在全国率先达到和超过10%的目标。

二是社区志愿服务趋向常态化。全国不少地方突破以往"学雷锋""会战式"等开展社区志愿服务的老模式，大胆创新社区志愿服务的方式，积极开展经常性的社区志愿服务，形成了社区志愿服务常态化、人人争做志愿者的良好态势。福建、河南、山东、黑龙江、吉林、辽宁、湖北、湖南、安徽、广东、浙江、四川、重庆等许多地方在市、区、街、社区四个层面成立了社区志愿者组织并有明确职能分工：市级社区志愿者协会负责规划、指导、组织、协调本地区的社区志愿服务行动，区（县）社区志愿者协会负责对加强本辖区社区志愿服务的指导，街道、社区志愿者协会主要负责组织开展志愿服务活动。北京、天津、上海、武汉、成都、广州、深圳、东莞、珠海、厦门、南京、青岛、济南、淄博、秦皇岛、杭州等地通过政府购买服务的方式，向志愿服务组织购买服务，探索把社会救助、优抚助残、治安巡逻、环境保护、社区矫正和法律援助等公共服务内容，以项目运作方式交由社区志愿服务组织运作，推动形成"党政支持、社区组织、项目化管理、社会化运作"的社区志愿服务新格局。许多地方与文明办、工会、共青团、妇联和红十字会等部门合作，合力开展志愿服务活动，形成了横向到边、纵向到底的志愿服务网络，与政府服务、市场服务有效衔接的社会志愿服务体系已有雏形。

三是更加注重培育社区志愿服务品牌。各地非常重视根据地区实际、时代特点和群众需求，做实活动类、规范维权类、发展救助类、壮大服务类，打造自己的社区志愿服务品牌，以此提升志愿服务形象。据统计，截至2010年12月，全国已涌现出大大小小的社区志愿服务品牌594个。许多城市或城区以"邻里节"、国际志愿者日、九九重阳节等节假日为载体，组织社区居民开展交流、慰问、消防、环境整治等丰富多彩的志愿服务活动。许多街道或社区以本地的劳动模范或先进人物为骨干，培育"老舅妈"调解室、"悄悄话"聊天室、法律援助服务队、志愿者工作室、爱心联谊会、青少年健康咨询服务中心等品牌，在扶贫济困、法律援助、民事调解、治安巡查、医疗服务、慰问探访、功课辅导、维修服务、社区环保、科普宣传、心理辅导、社区代购和重大社会活动中，都能见到社区志愿者的身影。

四是社区志愿服务从城市向农村延伸。各地认真贯彻中组部、中宣部、民政部等13个部门联合下发的《关于在农村基层广泛开展志愿服务活动的意见》，结合新农村建设和农村社区建设，积极推进农村社区志愿服务活动，社区志愿服务活动从城市逐步向农村覆盖和拓展，呈现出城市支援农村、农村推动城市、城市向农村延伸的良好态势。一些城市开始关注和支持农村开展社区志愿服务。例如，广州市关注山区留守儿童和贫困学生，组织义工深入贵州、湖南、清远、广州北部山区等地开展社区志愿服务202人次。一些农村志愿者组织，基于农村本地实际，将休闲娱乐与志愿服务相结合，"让志愿服务成为生活方式""在志愿服务中获得快乐"成为农村文化的时尚。江西、青海、贵州、云南、吉林、河北、内蒙古等地城乡社区开展了结对帮扶活动,在社区干部、党员和城乡居民之间开展慈善捐赠、兴办公益事业、科普讲座、信息咨询、文艺演出、义诊义卖等志愿服务活动,形成了互利共赢、共同发展的良好局面。

五是企事业单位参与社区志愿服务日趋活跃。有的企业或单位捐资支持社区志愿服务组织,有的企业或单位支持员工参与社区志愿服务活动,有的企业或单位为积极服务社区的员工提供奖励,有的企业或单位为志愿服务组织或志愿者提供服务场所和物质支持。目前,越来越多的企业在实现自身发展的同时,更加注重承担社会责任,直接组织志愿服务队伍,与社区组织合作,以团队方式参与社区各类志愿服务活动,投身社区志愿服务。涌现出像山西潞安、武汉百步亭、深圳桃源居等优秀团队。2010年3月,辽宁省抚顺供电公司组织近百名志愿者走进社区,开办"社区课堂",开展用电知识现场答疑等活动,送去了供电人的优质服务。

六是中外社区志愿服务交流取得新进展。中国社会工作协会志愿者工作委员会与英国海外志愿服务社开展了"志愿者国际交流项目",每年各自选派一定数量的社区志愿者到对方国家开展志愿服务活动,通过青年交流、参与社区管理、组织志愿服务活动等方式,加深两国之间社区志愿服务的交流与合作,提高社区志愿者管理水平和实践能力,促进中英文化交流。天津、南京、苏州、杭州等许多城市也都想方设法组织社区志愿者到国外或我国港澳台地区考察了解社区志愿服务,学习国外开展社区志愿服务的宝贵经验,对推动我国社区志愿服务的发展起到了积极的促进作用。

当然,我国的社区志愿服务总体上还处于发展的初级阶段,仍然存在资金来源渠道少、法律制度建设滞后、居民参与面不广、专业化服务水平不高等问题和困难,仍然需要得到政府、社会各界和城乡居民的大力支持和积极参与。相信随着我国经济发展和社会文明程度的提高,今后的社区志愿服务工作一定会有更大的发展,为推动社会福利服务事业的发展作出更大的贡献。[①]

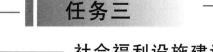

任务三 社会福利设施建设

情境导入

我国社会福利服务设施的现状

养老服务机构

全国各类养老服务机构44 304个,比上年增加3 436个,拥有床位416.5万张,比上

---

① 2010年度全国社区志愿服务情况通报[EB/OL]. http://www.izhiyuan.cn/index.php/article/view/1,2012-03-15.

年增长12.8%（每千名老年人拥有养老床位21.5张，比上年增长7.5%），年末收养老年人293.6万人，比上年增长12.7%。其中社区留宿和日间照料床位19.8万张。

儿童福利和儿童救助机构

全国共有儿童收养救助服务机构724个，拥有床位8.7万张，年末收养各类人员5.4万人。其中儿童福利机构463个，比上年增加66个，床位7.7万张，比上年增长28.3%；流浪未成年人救助保护中心261个，床位1.0万张，全年救助生活无着流浪乞讨未成年人15.2万人次。

（资料来源：http://www.gov.cn/gzdt/2013-06/19/content_2428923.htm，有删减.）

任务描述

阅读国家关于社会福利设施建设方面的规划。

任务实施

1. 了解《民政事业发展第十二个五年规划》相关内容。
2. 了解《儿童福利设施建设规划二期》。
3. 了解《社会养老服务体系建设规划（2011—2015年）》。
4. 了解《社区服务体系建设规划（2011—2015年）》。

任务总结

1. 学生推举两名代表进行总结发言。
2. 教师对学生表现和所讨论问题进行点评。

任务反思

新的时期，要加快社会福利基础设施建设，为更多的老人、孤残儿童和社区居民谋求幸福。

知识链接

一、儿童福利机构设施建设

"十一五"期间，国家发展改革委和民政部共同实施了《"十一五"儿童福利机构建设规划》，基本实现了全国地级以上城市都拥有独立儿童福利机构或在当地社会福利机构中设有相对独立的儿童部，实施效益较为明显。总体来看，我国孤儿保障体系还不健全，特别是受文化观念、抚养能力等多方面因素制约，家庭收养孤儿发展较为缓慢，事实上仍然存在相当部分孤儿监护缺位问题，大部分残疾和重病孤儿难以找到适合的收养家庭，迫切要求儿童福利机构发挥"兜底"作用，为孤儿提供基本保障，确保孤儿居有定所、生活有着。儿童福利设施作为政府举办的集中收养孤儿的服务设施，在孤儿保障体系建设中具有重要支撑作用，尽管"十一五"期间孤儿集中收养条件有所改善，但整体保障水平还有待进一步提高。一方面，儿童福利床位总量仍然不足，远远不能满足实际需求。另一方面，基层孤儿保障能力不足，农村孤儿安置服务供需矛盾突出，抚养条件亟待完善。

针对上述问题,《国家基本公共服务体系"十二五"规划》明确提出要"建立健全孤儿保障体系"和"推进儿童福利机构建设,配备必要的专业救助和康复设施"。《国务院办公厅关于加强孤儿保障工作的意见》强调要"完善儿童福利机构设施",并具体要求"孤儿较多的县(市)可独立设置儿童福利机构,其他县(市)要依托民政部门设立的社会福利机构建设相对独立的儿童福利设施"。大力加强儿童福利设施建设,切实保障孤儿的生存权、发展权和受保护权,是保障和改善民生的基础性工程,对于促进基本公共服务均等化,维护社会公平正义,构建社会主义和谐社会具有重大的现实意义。

为保障孤儿基本权益,提升社会服务水平,依据《国家基本公共服务体系"十二五"规划》和《国务院办公厅关于加强孤儿保障工作的意见》,民政部制定了《儿童福利设施建设规划二期》,主要内容如下。

(一)指导思想

以科学发展观为指导,以着力保障孤儿基本权益为出发点,大力加强基层儿童福利设施建设,增强孤儿养育、康复、特教等服务能力,努力提升孤儿保障水平,推动孤儿集中收养工作走上规范化、标准化和制度化轨道,建立健全与我国经济社会发展水平相适应的儿童福利服务体系。

(二)实施原则

1. 统筹规划、分级负责

各级政府要对儿童福利设施建设统筹考虑、整体规划。国家制订总体规划,确定建设目标和任务,明确重点支持内容和保障措施。地方政府是规划实施的责任主体,制订本地建设规划或实施方案,承担主要建设任务,健全保障制度,完善发展政策,确保设施可持续运行。

2. 因地制宜、突出重点

各地要综合考虑孤儿数量、地域特点、现有服务保障能力等因素,尽量依托现有资源,合理布局建设儿童福利设施,做到规模适度、符合实际需求。重点加强人口多、需求大的县(市)的儿童福利设施建设,扎实提高基层服务水平,并对欠发达地区和民族区域自治地区适当予以倾斜。

3. 完善功能、辐射服务

要充分体现儿童身心发展的特点,增强针对性和实用性,着力完善儿童福利设施服务功能,逐步实现"养、治、教、康"综合服务。切实发挥儿童福利设施辐射带动作用,加强对周边人口较少县孤儿集中收养,加强对亲属抚养、家庭寄养孤儿照料的指导和帮扶,推动儿童福利服务向社区和家庭延伸。

4. 创新机制、持续发展

引导社会力量参与支持儿童福利事业发展,要积极创造条件,通过购买服务和社会化用工等形式，提升服务水平。充分利用教育、医疗、康复等其他公共服务设施资源，积极为孤儿提供服务，确保满足孤儿身心发育、性格培养和全面发展等需求，推动孤儿融入社会。

(三) 主要目标

在中央和地方的共同努力下，利用3~5年时间，初步建成布局合理、功能完备、管理规范的基层儿童福利设施网络，确保孤儿得到妥善安置、良好抚育。

(四) 建设任务

中央专项采取新建和改扩建方式，加强儿童福利院或社会福利机构儿童部的基础设施建设，改善集中收养条件，提升基础服务能力。

引导各地根据实际需要，在规划项目建成后，为儿童福利设施配置康复、特殊教育等必备的设备器材，完善配套服务功能。带动人口较少的县（市）加强机制建设，依托规划新建儿童福利设施及所在地市儿童福利机构开展孤儿集中收养工作。

二、老年人福利机构设施建设

我国的人口老龄化是在"未富先老"、社会保障制度不完善、历史欠账较多、城乡和区域发展不平衡、家庭养老功能弱化的形势下发生的，加强社会养老服务体系建设的任务十分繁重。加强社会养老服务体系建设，是应对人口老龄化、保障和改善民生的必然要求。目前，我国是世界上唯一一个老年人口超过1亿的国家，且正在以每年3%以上的速度快速增长，是同期人口增速的5倍多。预计到2015年，老年人口将达到2.21亿人，约占总人口的16%；2020年达到2.43亿人，约占总人口的18%。随着人口老龄化、高龄化的加剧，失能、半失能老年人的数量还将持续增长，照料和护理问题日益突出，人民群众的养老服务需求日益增长，加快社会养老服务体系建设已刻不容缓。

我国的社会养老服务体系主要由居家养老、社区养老和机构养老三个部分组成。其中，机构养老服务以设施建设为重点，通过设施建设，实现其基本养老服务功能。养老服务设施建设重点包括老年养护机构和其他类型的养老机构。老年养护机构主要为失能、半失能的老年人提供专门服务，重点实现以下功能。一是生活照料。设施应符合无障碍建设要求，配置必要的附属功能用房，满足老年人的穿衣、吃饭、如厕、洗澡、室内外活动等日常生活需求。二是康复护理。具备开展康复、护理和应急处置工作的设施条件，并配备相应的康复器材，帮助老年人在一定程度上恢复生理功能或减缓部分生理功能的衰退。三是紧急救援。具备为老年人提供突发性疾病和其他紧急情况的应急处置救援服务能力，使老年人能够得到及时有效的救援。鼓励在老年养护机构中设置医疗机构。符合条件的老年养护机构还应利用自身的资源优势，培训和指导社区养老服务组织和人员，提供居家养老服务，实现示范、辐射、带动作用。其他类型的养老机构根据自身特点，为不同类型的老年人提供集中照料等服务。为此，国务院办公厅印发了《社会养老服务体系建设规划（2011—2015年）》。

(一) 建设目标

到 2015 年，基本形成制度完善、组织健全、规模适度、运营良好、服务优良、监管到位、可持续发展的社会养老服务体系。每千名老年人拥有养老床位数达到 30 张。居家养老和社区养老服务网络基本健全。

(二) 建设任务

改善居家养老环境，健全居家养老服务支持体系。以社区日间照料中心和专业化养老机构为重点，通过新建、改扩建和购置，提升社会养老服务设施水平。充分考虑经济社会发展水平和人口老龄化发展程度，"十二五"期间，增加日间照料床位和机构养老床位 340 余万张，实现养老床位总数翻一番；改造 30% 现有床位，使之达到建设标准。

在居家养老层面，支持有需求的老年人实施家庭无障碍设施改造。扶持居家服务机构发展，进一步开发和完善服务内容和项目，为老年人居家养老提供便利服务。

在城乡社区养老层面，重点建设老年人日间照料中心、托老所、老年人活动中心、互助式养老服务中心等社区养老设施，推进社区综合服务设施增强养老服务功能，使日间照料服务基本覆盖城市社区和半数以上的农村社区。

在机构养老层面，重点推进供养型、养护型、医护型养老设施建设。县级以上城市，至少建有一处以收养失能、半失能老年人为主的老年养护设施。在国家和省级层面，建设若干具有实训功能的养老服务设施。

(三) 建设方式

通过新建、扩建、改建、购置等方式，因地制宜建设养老服务设施。新建小区要统筹规划，将养老服务设施建设纳入公建配套实施方案。鼓励通过整合、置换或转变用途等方式，将闲置的医院、企业、农村集体闲置房屋及各类公办培训中心、活动中心、疗养院、小旅馆、小招待所等设施资源改造用于养老服务。通过设备和康复辅具产品研发、养老服务专用车配备和信息化建设，全面提升社会养老服务能力。

(四) 运行机制

充分发挥市场在资源配置中的基础性作用，为各类服务主体营造平等参与、公平竞争的环境，实现社会养老服务可持续发展。

公办养老机构应充分发挥其基础性、保障性作用。按照国家分类推进事业单位改革的总体思路，理顺公办养老机构的运行机制，建立责任制和绩效评价制度，提高服务质量和效率。

鼓励有条件或新建的公办养老机构实行公建民营，通过公开招投标选定各类专业化的机构负责运营。负责运营的机构应坚持公益性质，通过服务收费、慈善捐赠、政府补贴等多种渠道筹集运营费用，确保自身的可持续发展。

加强对非营利性社会办养老机构的培育扶持，采取民办公助等形式，给予相应的建设补贴或运营补贴，支持其发展。鼓励民间资本投资建设专业化的服务设施，开展社会养老服务。

推动社会专业机构以输出管理团队、开展服务指导等方式参与养老服务设施运营，引导养老机构向规模化、专业化、连锁化方向发展。鼓励社会办养老机构收养政府供养对象，共享资源，共担责任。

（五）资金筹措

社会养老服务体系建设资金需多方筹措，多渠道解决。

要充分发挥市场机制的基础性作用，通过用地保障、信贷支持、补助贴息和政府采购等多种形式，积极引导和鼓励企业、公益慈善组织及其他社会力量加大投入，参与养老服务设施的建设、运行和管理。

地方各级政府要切实履行基本公共服务职能，强化在社会养老服务体系建设中的支出责任，安排财政性专项资金，支持公益性养老服务设施建设。

民政部本级福利彩票公益金及地方各级彩票公益金要增加资金投入，优先保障社会养老服务体系建设。

中央设立专项补助投资，依据各地经济社会发展水平、老龄人口规模等，积极支持地方社会养老服务体系发展，重点用于社区日间照料中心和老年养护机构设施建设。

三、社区服务设施建设

目前，全国有6923个城市街道，8.7万个城市社区。"十一五"期间，各地认真贯彻落实《国务院关于加强和改进社区服务工作的意见》（国发〔2006〕14号），社区服务设施建设取得初步进展。全国共建成街道社区服务中心3 515个，社区服务站44 237个，社区综合服务设施覆盖率达50.81%。实践证明，加强社区服务设施建设是保障和改善民生、提高居民生活水平和生活质量的民心工程，是拉动内需、扩大就业、促进经济发展方式转变的助力工程，是加强和创新社会管理、维护社会和谐稳定的基础工程。

但就总体情况而言，我国社区服务设施建设仍然处于初级阶段，存在一些困难和问题。社区服务设施总量供给不足，社区服务设施建设缺口达49.19%。"十二五"时期，随着工业化、信息化、城镇化、市场化、国际化进程逐步加快，我国城乡基层社会正在发生深刻变化，社区服务设施建设面临难得机遇和重大挑战。一方面，我国经济社会快速发展，财政保障能力逐步增强，基本公共服务设施逐步完善，各级党委政府对社区发展高度重视，为社区服务设施建设提供了有利条件。另一方面，社会转型、企业转制和政府职能转变，使越来越多的"单位人"成为"社会人"，大量政府社会管理和公共服务职能向社区转移，社区居民的服务需求日趋个性化、多元化，社区的"兜底"功能作用日趋明显，加强社区服务设施建设已势在必行。为此，民政部于制定了《社区服务体系建设规划（2011—2015年）》。

（一）发展目标

从我国基本国情和经济社会发展现实出发，按照加强和创新社会管理的总体要求，进一步强化社区服务设施建设，到2015年初步建立起较为完善的社区服务设施。力争到"十二五"期末，社区服务设施综合覆盖率达到90%，每百户居民拥有的社区服务设施面积不低于 20 平方米，基本建成以社区综合服务设施为主体、各类专项服务设施相配套的综合性、多功能的社区服务设施网络。积极推进社区服务信息化建设，在有条件的地区，建设社区综合服务信息平台，逐步提高社区信息装备条件和社区服务的信息化水平。

(二) 完善社区服务设施网络

加大社区服务基础设施建设投入，综合考虑服务人群和覆盖半径，逐步建立起以社区综合服务设施为依托、专项服务设施为补充、服务网点为配套、社区信息平台为支持的社区服务设施网络。

1. 合理布局社区服务设施网络

按照人口规模适度、服务管理方便、资源配置有效、功能相对齐全、社区居民自愿的要求，以市辖区、县级市为单位，依据城乡规划和土地利用总体规划，合理确定社区服务设施的数量、选址布局、建设方式、功能划分。根据工作需要每个社区建设一个综合性、多功能的社区服务站；实现每个街道至少拥有一个综合性的社区服务中心。建设规划要充分利用社区已有设施，提高街道社区服务中心、社区服务站及相邻社区服务设施之间的共享程度。除国家另有规定外，所有以社区为对象的公共服务、便民服务、志愿服务均在综合性社区服务设施中提供，加强各类服务资源整合，避免重复建设。

2. 完善社区服务设施功能

完善社区服务站的以下主要功能：一是组织居民开展民主议事、纠纷调解、公益慈善、邻里互助、志愿服务等活动；二是代办代理公共服务事项，保障各项公共服务覆盖到社区全体居民；三是为社区居民提供文体教育、健康休闲、养老抚幼、困难帮扶、信息邮政、家庭服务等便民利民服务；四是为社区党组织和自治组织提供办公和活动场所；五是采集基础信息，反映居民诉求。

完善街道服务中心的以下主要功能：一是采集汇总社区基础信息，办理社会管理和公共服务事项；二是开展文化体育、医疗卫生、计划生育、劳动就业和社会保障、社会服务、生活便利等服务活动；三是培育发展社区社会组织，指导和协调社区服务站、社区社会组织开展服务项目。

3. 大力推进社区信息化建设

改善社区信息基础设施，加快推进宽带接入。推广适合社区居民需求的信息化手段，提高居民信息技术运用能力。整合社区就业、社保、低保、卫生、计生、文化、培训等公共服务信息，发展面向社区居民的"一站式"服务。发挥社区综合信息平台在基层政府、企业、社区组织和居民之间的沟通交流作用，方便社区居民，增进社区和谐。通过信息化改善社区管理，维护社区安全。

(三) 社区公共服务设施建设工程

1. 建设内容

"十二五"时期，以居民需求为导向，因地制宜继续建立健全社区服务中心、社区服务站设施网络，构建以社区为基础的城乡基层社会管理和公共服务平台，提升社区基本公共服务能力。

2. 建设方式

充分利用现有公共设施，通过新建、改扩建、购置改造等方式改善服务条件。有条件的地方，要根据实际情况对各类社区专项服务设施进行合理整合，统筹建设。

3. 资金来源

建设资金以地方投入为主，充分调动社会各方面力量，多渠道筹措资金，共同参与建设。中央通过基建投资给予适当支持。

重庆市社会福利组织资源筹集情况

重庆福彩年销量突破 50 亿元

2014年10月26日，重庆福彩年销量突破50亿元。重庆福彩自1988年创立以来，历经即开票大奖组、电脑彩票、娱乐化发展等阶段，年销量从1997年直辖时的0.48亿元，发展到2013年的43亿元，年均增速达到32.4%。自1988年以来，全市福彩销量总计实现263亿元，筹集公益金82亿元。重庆福彩公益金秉承"扶老、助残、救孤、济困"的宗旨，重点支持了老年人、残疾人、孤儿及特殊困难人群的受助受益项目，成为发展社会公益事业的重要资金支撑。

（资料来源：http：//www.cq.xinhuanet.com/2014-10/29/c_1113020395.htm，有删减.）

重庆市民政局举办全国志愿者队伍建设信息系统操作培训

2014年9月28—29日，重庆市民政局在渝中区白象宾馆举办了全国志愿者队伍建设信息系统操作培训。

此次培训旨在推动重庆市志愿服务制度化，推进志愿者队伍建设，提高志愿服务管理信息化水平。培训内容包括社会工作者引领志愿者模式实务和全国志愿者队伍建设管理信息系统操作。重庆市民悦社会工作服务中心理事长、重庆工商大学社会与公共管理学院副院长周昌祥教授从创新社会治理的角度，系统介绍了社工引领志愿者参与社会治理的可能性、必要性和实施路径。

各区县（自治县）民政局、局属相关事业单位、市内民办社会工作服务机构共80人参加培训。

（资料来源：http：//sw.mca.gov.cn/article/dfdt/201410/20141000710873.shtml，有改动.）

重庆市社区养老服务设施建设任务基本完成

社区养老服务设施是开展居家养老服务的重要平台。2014年，重庆市民政局着力从科学规划、加大扶持、规范管理、加强督导等方面，大力推进社区养老服务设施建设。10月底，全市已建成社区养老服务设施217个，完成年度任务的98.2%，其中已投入运营176个，累计完成建设投资1.82亿元。截至2014年10月底，全市共建成运营各类社区养老服务中心（站）826个。

一是科学规划。会同重庆市发改委出台《关于加快社区养老服务中心（站）建设的意见》，提出了"七个一"的建设标准，统一规范社区养老服务设施建设。制定《社区养老服务设施管理服务基本规范》，明确生活护理、助餐、助浴、助洁、助医、康复辅助、精神慰藉、文化娱乐等社区居家养老服务内容。

二是加大扶持。出台《重庆市社区养老服务设施建设实施方案》，建立市级以奖代补的资金扶持机制。2014年市级补助标准由10万元/个提高到20万元/个，全年共安排市级专项补助资金4 105万元扶持社区养老服务设施建设。

三是规范管理。推进社区养老服务标准化建设，重点培育和推广国家标准化试点项目——大渡口"老吾老"社区养老服务模式。创新运营模式，采取公建公营、公建民营、购买社会组织服务等多种运营模式，推动社区居家养老服务可持续发展，为社区老年人群提供多层次、全方位的养老服务。

四是加强督导。今年召开专题会议2次，指导和推动全市社区养老服务设施建设工作。组织多个督导组赴万州区等18个区县督促项目进展情况，协调解决存在的问题和困难。建立通报制度，每季度对各区县建设进度及质量进行通报。

（资料来源：http://www.cq.gov.cn/zwgk/zfxx/2014/11/6/1341750.shtml.）

阅读资料，并回答以下问题：

1. 如何提高慈善资金的筹集能力？
2. 如何激励志愿者服务？

子情境2 社会福利供给

能力目标

1. 提高对社会福利供给系统的分析能力。
2. 提高对社会福利产品的分析能力。
3. 提高对社会福利传递机制及其效率的分析能力。

知识目标

1. 掌握社会福利的供给主体及其地位。
2. 掌握社会福利产品的主要形式。
3. 了解再分配的主要实现方式。
4. 掌握社会福利的传递机制。

学习情境六　社会福利组织资源筹集与供给

任务一
社会福利的供给主体

情境导入

关于做好政府购买服务工作有关问题的通知

推进政府购买服务是新时期全面深化改革的必然要求。当前，我国发展进入新阶段，社会结构、利益格局、思想观念发生了深刻变化，人民群众日益增长的公共服务需求对政府管理和服务模式提出了新要求。在全面深化改革的关键时期，大力推进政府购买服务，逐步建立健全政府购买服务制度，是正确处理政府和市场、社会的关系，建设服务型政府，推进国家治理体系和治理能力现代化的客观要求；是创新公共服务供给方式、提高公共服务供给水平和效率的迫切需要；是培育和引导社会组织、加快服务业发展、扩大服务业开放、引导有效需求的重要举措，对于深化社会领域改革，推动政府职能转变，整合利用社会资源，增强公众参与意识，激发经济社会活力，提高财政资金使用效益，为人民群众提供更加优质的公共服务具有重要意义。

党中央、国务院高度重视政府购买服务工作，作出了一系列部署和要求。党的十八大强调要改进政府提供公共服务方式，新一届国务院明确要求在公共服务领域更多利用社会力量，加大政府购买服务力度，党的十八届三中全会通过的《中共中央关于全面深化改革若干重大问题的决定》明确提出，推广政府购买服务，凡属事务性管理服务，原则上都要引入竞争机制，通过合同、委托等方式向社会购买。

在准确把握公众需求的基础上，全面梳理并主动提出购买服务的内容和事项，精心研究制定指导性目录，明确购买的服务种类、性质和内容。在公共服务需求日趋多样化的形势下，应突出公共性和公益性，重点考虑、优先安排与保障和改善民生密切相关的领域和项目，把有限的财政资金用到人民群众最需要的地方。对于政府新增的或临时性、阶段性的公共服务事项，凡适合社会力量承担的，原则上都按照政府购买服务的方式进行。看得准、拿得稳的先推下去，一时看不准、有疑问的要深入研究，条件成熟了再推进。要通过购买服务，推动政府简政放权，防止"大包大揽"。要确保政府全面正确履行职能，防止"卸包袱"，将应当由政府直接提供、不适合社会力量承担的公共服务事项推向市场。购买服务的范围、内容和目录应倾听群众呼声，反映群众意愿，根据经济社会和政府职能的发展变化，及时进行动态调整。

（资料来源：www.gov.cn/gzclt/2013-12/09/content-2545041.html，有删减.）

任务描述

"谁来提供福利"是社会福利供给中的一个重要问题，没有供给主体的任何福利产品都只不过是"空中楼阁"。在本任务中，我们将对社会福利的供给主体进行讨论。

任务实施

1. 请学生们说说自己身边正在享受社会福利的人,他们的福利是从哪里获得的?
2. 请学生们说说自己身边那些你们认为需要但却没有获得社会福利的人的基本状况。
3. 组织学生分组讨论,为第2题中那些需要但却没有获得社会福利的人出谋划策,协助其争取社会福利。

任务总结

1. 由学生推举若干名代表汇报各组的讨论结果。
2. 教师对学生表现和汇报情况进行点评与总结。

任务反思

在社会福利供给系统中,供给主体有哪些?他们分别扮演着什么样的角色?

知识链接

社会福利供给主体由福利资源提供者和福利传递者与服务提供者构成。福利资源提供者包括官方供给主体、民间供给主体和其他供给主体。官方供给主体主要是指政府,其主要职责是制定政策和提供财政支持;民间供给主体主要有企业、慈善基金会和私人投资者;其他供给主体主要是指家庭,社区、机关、企业、事业单位内小范围募款临时机构及慈善个人等。福利传递者与服务提供者主要是指各类福利服务机构(正式)、家庭与邻里(非正式)。

一、福利资源提供者

(一)官方供给主体

1. 政府提供社会福利的合法性基础

官方供给主体主要是指政府。根据我国《宪法》的规定,一切权力属于人民,政府的权力源于人民的赋权。人民赋权的目的是为了更好地维护自己的权利,以避免出现托马斯·霍布斯(Thomas Hobbes,1588—1679)所描述的人人相互为战的自然状态,[1] 以及克服约翰·洛克(John Locke,1632—1704)所描述的自然法和理性法则支配之下的社会性自然状态中可能出现的个人无法维护自己的权利的缺陷。[2] 因此政府存在的合法性基础在于,在公民个人能力所不能及的地方实施积极干预,以维护公民权利,增进个人福祉和公共福利。

2. 政府在社会福利中的主导作用与职能

在我国经济社会转型的过程中,个人与家庭所面对的风险不断增多,有些风险明显超出大多数个人与家庭的承受能力,如不确定的经济风险;又如,优胜劣汰的市场法则使存

---

[1] 艾克文. 论霍布斯的国家起源思想[J]. 武汉教育学院学报,1999(1):45-51.
[2] 约翰·洛克. 政府论两篇[M]. 赵伯英,译. 西安:陕西人民出版社,2004.

在先天性身体缺陷和遭遇后天性身体损伤者的处境更加恶化,等等。这就要求政府通过再分配手段向遭遇经济风险而身陷贫困的人提供援助,通过强化公共服务为残疾人等特殊社会成员提供方便,即需要政府干预。只有政府承担起为社会成员提供社会福利的责任,才能最终建立起一种能够使人民的生活随着经济的发展而更有保障的利益共享机制。因此,政府必须在社会福利领域中发挥主导作用。政府主导作用的一个具体表现是承担起社会福利的投资主体角色。长期以来,政府在中国社会福利制度中一直扮演着辅助或最后防线的角色。特别是在农村社会福利制度中,其融资渠道主要依靠集体和社会互助,而政府只是在上述渠道不足时给予最后的财政支持。这种融资安排不仅经常导致很多救助对象得不到帮助,也是至今未能在农村建立起一个有效的社会保障制度的主要根源。作为一个发展中国家,资源缺乏是制约政府投入社会政策的一个基本原因,但我们必须认识到,缺少社会政策可能会带来更大的资源不足。①

社会主义市场经济条件下政府的基本职能主要有两种:一是提供市场规则;二是保证社会公平,特别是实施有效的再分配政策,向弱势群体提供社会福利。作为社会福利供给主体,政府的主要职责是制定社会福利政策,提供社会福利资源,组建公共福利服务管理机构。在理论界,针对政府机构改革问题,一般主张从经济型政府向公共服务型政府转变,划分政府与社会的界限,放权于市场组织,授权公民社会组织及用市场机制取代政府官僚机制。就现阶段的中国来说,政府机构改革如果要取得实质性的进展,就不能不培育相应的社会载体以承载政府机构改革所离析出来的功能,同时制定相应的政策法规和管理评估监督办法,规范新旧社会福利服务机构的运行,评估与监督其服务过程与结果。也就是说,政府机构改革丝毫不能弱化政府的福利责任与福利职能,政府在从具体服务事务中逐渐退出的同时,需要强化其对社会福利的财政支持,同时加强与完善自身的社会福利执政能力,利用宏观政策与管理手段促进社会福利机构运行过程的透明化和规范化,维护福利机构相互之间、福利机构与福利对象之间的各种交互行为的公平和公正。

综上所述,在社会主义市场经济条件下,政府作为社会福利供给主体,其主要职能就是"给钱给政策"。近15年我国社会服务事业费支出状况见表6-4。

表6-4 1998—2015年社会服务事业费支出状况

年 份	社会服务事业费各项费用支出/亿元	占国家财政支出比重/%
1998年	161.8	1.50
1999年	194.6	1.49
2000年	230.5	1.50
2001年	284.8	1.53
2002年	392.3	1.78

---

① 张秀兰. 中国政府在社会福利中的角色缺位及重建策略[EB/OL]. http://cppcc.people.com.cn/GB/34961/51372/51377/52179/3672735.html,2005-09-06.

续表

年　份	社会服务事业费各项费用支出/亿元	占国家财政支出比重/%
2003 年	498.9	2.03
2004 年	577.4	2.04
2005 年	718.4	2.13
2006 年	915.4	2.28
2007 年	1 215.5	2.45
2008 年	2 146.5	3.44
2009 年	2 181.9	2.90
2010 年	2 697.5	3.00
2011 年	3 229.1	3.00
2012 年	3 683.7	3.00
2013 年	4 276.5	3.10
2014 年	4 404.1	2.90
2015 年	4 926.4	3.30

［资料来源：根据民政部1998—2009年民政事业发展统计报告，2010—2015年社会服务发展统计报告（公报）所提供的数据制表.］

到目前为止，我国政府所颁布的与社会福利供给有关的法律法规和政策文件主要有民间组织管理、优抚安置、救灾救助、社会福利和慈善事业、社会事务等五大类。

(1) 民间组织管理类：主要有《社会团体登记管理条例》(1998)、《民办非企业单位登记管理暂行条例》(1998)、《民办非企业单位登记暂行办法》(1999)、《事业单位、社会团体、民办非企业单位企业所得税征收管理办法》(1999)、《民办非企业单位印章管理条例》(2000)、《科技类民办非企业单位登记审查与管理暂行办法》(2000)、《体育类民办非企业单位登记审查与管理暂行办法》(2000)、《社会团体分支机构、代表机构登记办法》(2001)、《基金会管理条例》(2004)、《民办非企业单位年度检查办法》(2005)、《社会组织评估管理办法》(2010)和《国务院办公厅关于政府向社会力量购买服务的指导意见》(2013)等。

(2) 优抚安置类：主要有《关于军队干部离职休养的暂行规定》(1982)、《退伍义务兵安置条例》(1987)、《军队离休退休干部休养所暂行规定》(1990)、《伤残抚恤管理暂行办法》(1997)、《军人抚恤优待条例》(2004)、《一至六级残疾军人医疗保障办法》(2005)和《光荣院管理办法》(2010)等。

(3) 救灾救助类：主要有：《灾情统计、核定、报告暂行办法》(1997)、《城市居民最低生活保障条例》(1999)、《城市生活无着的流浪乞讨人员救助管理办法》(2003)、《农村医疗救助基金管理试行办法》(2004)、《农村五保供养工作条例》(2006)、《廉租住房保障办法》(2007)、《城市低收入家庭认定办法》(2008)、《自然灾害救助条例》(2010)、《农村五保供养服务机构管理办法》(2010)、《城乡最低生活保障资金管理办法》(2012)、《农村五保供养服务机构等级评定暂行办法》(2012)、《最低生活保障审核审批办法(试行)》(2012)、《农村五保供养档案管理办法》(2013)、《社会救助暂行办法》(2014)和《最低生活保障工作绩效评价办法》(2014)等。

(4) 社会福利和慈善事业类：主要有《城市社会福利事业单位管理工作试行办法》(1982)、《社会福利企业招用残疾职工的暂行规定》(1989)、《社会福利企业管理暂行办法》(1990)、《残疾人保障法》(1990)、《国家级福利院评定标准》(1993)、《社会福利性募捐义演管理暂行办法》(1994)、《残疾人教育条例》(1994)、《残疾人就业保障金管理暂行规定》(1995)、《老年人权益保障法》(1996)、《农村敬老院管理暂行办法》(1997)、《中国福利彩票发行与销售管理暂行办法》(1998)、《社会福利机构管理暂行办法》(1999)、《公益事业捐赠法》(1999)、《救灾捐赠管理暂行办法》(2000)、《残疾人就业条例》(2007)、《家庭寄养管理办法》(2014)、《国务院关于促进慈善事业健康发展的指导意见》(2014)、《中华人民共和国慈善法》(2016)、《慈善组织认定办法》(2016)、《慈善组织公开募捐管理办法》(2016)和《公开募捐平台服务管理办法》(2016)等。

(5) 社会事务类：《收养法》(1991年颁布，1998年修订)、《外国人在中华人民共和国收养子女登记办法》(1999)和《中国公民收养子女登记办法》(1999)等。

(二) 民间供给主体

1. 企业

企业包括福利企业和非福利企业。福利企业直接参与社会福利事务，为残疾人士提供集中就业机会，直接增进残疾人的福利。非福利企业的首要职能是经济职能，虽然不直接参与社会福利事务，但是，作为人类社会的一类重要社会组织，非福利企业常常以承担企业社会责任的形式，通过公益慈善捐款、按比例吸纳残疾人就业等方式提供社会福利，因而成为社会福利的重要供给主体。

中国社会科学院所发布的2010年《慈善蓝皮书》指出，企业（特别是民营企业）已成为我国国内主要的捐赠主体。2009年，国内各类企业捐赠总额为131.27亿元，接近境内捐出款物总额的60%。其中，民营企业捐出总额超过54.27亿元，占企业捐赠总额的41.35%，占境内捐赠总额的20.39%。从2010年发布的中国慈善排行榜的企业捐赠排行榜看，2009年捐赠超过百万元的民营企业有282家，占慈善企业总数的62.9%，这个数字远高于国企和外企。2013年《慈善蓝皮书》说，2012年1 000万元及以上的企业大额慈善捐赠达177多亿元，其中大部分来自民营企业或企业家。蓝皮书经过汇总、筛选、去重和统计，结果显示企业及企业家捐赠178笔，其中，捐赠金额超过1亿元（含）的共计27笔，合计1 384 037万元，占全部大额企业捐赠的78%。在大额捐赠的178家企业或企业家中，有19家来自国有企业，149家来自民营、港澳台资和侨资企业，5家来自外资企业，另外5家为联合捐赠，无论是数量上还是金额上，民营企业都占据了多数。

2. 慈善基金会

(1) 慈善基金会成立的社会背景。①

改革开放以前，我国社会保障制度是一种典型的国家-单位保障制，国家扮演着社会保障制度的确立者和保证者的角色，并与单位共同承担起供给与实施的责任；社会成员则被分割在城市机关、企事业单位、农村人民公社、生产大队、生产小队等集体组织中，享受着基于成员身份的相关社会保障待遇。机关和事业单位工作人员所享受的社会保障主要有养老、公费医疗、公房分配等，这些保障由国家提供并通过单位实施，且惠及家属。企业职工所享受的社会保障主要有职工劳动保险（包括就业保障、退休保障、工作保障、生育保障、劳保医疗和遗嘱保障等）和职工集体福利（包括各种集体福利设施、住房福利、困难补助及其他生活福利），保障经费由企业直接从收益中提取并自行组织实施，当企业收益不足以支撑单位保障时，由国家财政通过补贴的方式给予最后保障。这种单位加国家保障惠及90%以上的城镇居民。余下的不足10%的城镇居民主要是以"三无"人员为主体的孤老残幼，这部分人由政府通过民政福利实施救济或集中供养。农村村民所享受的社会保障主要有合作医疗（面向本社队集体的社员提供疾病医疗保障）和困难补助等其他福利保障。符合条件的农村孤老残幼则可以申请"五保"供养，部分地区还建有乡村敬老院等集体福利设施。

改革开放以后，特别是20世纪80年代以来，随着经济改革步伐的加快，整个社会经济结构也发生了越来越大的变化，包括国家-单位保障制在内的各种与计划经济相适应的制度都面临着改革。一方面，20世纪80年代初农村承包责任制的推行，使原有的农村社会保障制度（如合作医疗和"五保"制度）丧失了赖以支持的集体经济基础；稍后进行的城市经济改革则更是使国民经济结构由国有经济一统天下转变为多种经济成分并存发展，社会结构随之发生深刻变化，经济主体多元化、劳动力市场化、利益追求多样化、收入差距扩大化、社会成员阶层化，这一切意味着不仅国家-单位保障制赖以存在的经济基础与社会基础逐渐瓦解，而且意味着必须构建一种新的适应经济改革和社会主义市场经济体制的社会稳定与协调机制。另一方面，随着经济改革的深入，国家-单位保障制自身的缺陷不断暴露出来，封闭运行使社会保障的统筹互济功能难以发挥，新老企业社会保障负担畸轻畸重，不少老企业不堪重负，难以为继。在这种情况下，我国政府自20世纪80年代中期开始加快了对社会保障制度进行改革的步伐，国家-单位保障制逐渐向国家-社会保障制转变。1993年11月14日中共中央十四届三中全会通过的《中共中央关于建立社会主义市场经济体制若干问题的决定》，明确要求建立包括社会保险、社会救济、社会福利、优抚安置和社会互助、个人储蓄积累保障在内的多层次的社会保障体系。1998年中央政府在保留民政部的同时，新组建了劳动和社会保障部，统管劳动与社会保障事务，社会保障全面走向社会化和去单位化，建立独立于企事业单位之外的社会保障体系、筹资渠道多元化、管理服务社会化成为改革旧的社会保障制度和建设新型社会保障制度的明确目标。2008年国务院机构改革方案决定合并人事部与劳动和社会保障部，新组建为人力资源和

---

① 郑功成．中国社会保障制度变迁与评估[M]．北京：中国人民大学出版社，2002：3-14．

社会保障部。

社会福利作为中国社会保障体系的一个重要组成部分，在社会保障制度改革的过程中也成为被改革的对象。在国家-单位保障制模式下，城镇绝大多数居民的福利需求主要是通过由各个机关、企事业单位所提供的职业福利（统称职工福利）来获得满足的，民政福利只覆盖了极少数的城镇人口，农村村民则普遍缺乏福利保障。在社会保障社会化和去单位化、下岗失业人员增多、城市新贫困骤增的情况下，20世纪50年代初以来所形成的以单位包办的职工福利为主，国家负责、官方包办的民政福利为辅的传统福利制度受到前所未有的挑战，扩大社会福利的覆盖范围成为现实而紧迫的社会需要与政治需要。自20世纪80年代末开始，我国传统的社会福利制度逐渐向新型福利制度演变，走向社会化。

（2）慈善基金会的出现与发展。

20世纪80年代，一些政府部门从政府部门的需求出发，试图做一些公益事业，由于财政资金不足，他们不得不想各种办法找资金。在这种情况下，有人提出像国外那样设立基金会，通过基金会开展募捐活动来获得资金。于是我国大陆第一家公益基金会——中国儿童少年基金会在1981年正式成立；1982年，宋庆龄基金会（2005年9月，更名为中国宋庆龄基金会）成立；1984年，中国残疾人福利基金会成立；1986年，中国老年基金会成立；1987年，中国人口福利基金会成立；1989年，中国青少年发展基金会成立；同年，中国扶贫基金会成立。

为了加强对基金会的管理，促进基金会的健康发展，1988年9月27日国务院颁布了《基金会管理办法》。该办法第二条将基金会界定为"对国内外社会团体和其他组织以及个人自愿捐赠资金进行管理的民间非营利性组织，是社会团体法人"。第十一条规定"建立基金会，由其归口管理的部门报经人民银行审查批准，民政部门登记注册发给许可证，具有法人资格后，方可进行业务活动"。依此办法，基金会虽然是社团法人，但其成立却需要找一个"婆家"（指归口管理部门），并由"婆家"为其办理"准生证"。一些政府部门本着"多一事不如少一事"想法，对成立基金会反映比较冷淡，这在一定程度上阻碍了基金会的成立，致使一些组织与个人有心为社会公益事业出钱出力做点事，但却无法建立自己期望的平台。尽管我国已有一些基金会，但我国基金会的社会公信度普遍不高，且已有基金会大多具有浓厚的官办色彩，比如中国儿童少年基金会是全国妇联办的，中国人口福利基金会是国家人口和计划生育委员会办的，中国青少年发展基金会是团中央办的，中国扶贫基金会是农业部办的。

为了进一步规范基金会的组织和活动，维护基金会、捐赠人和受益人的合法权益，促进社会力量参与公益事业，2004年3月8日国务院颁布了《基金会管理条例》，该条例自2004年6月1日起施行，同时废止《基金会管理办法》。新条例将基金会界定为"利用自然人、法人或者其他组织捐赠的财产，以从事公益事业为目的，按照本条例的规定成立的非营利性法人"，并把基金会分为可以向公众募捐的公募基金会和不得向公众募捐的非公募基金会。欲设立基金会者，由申请人直接向登记管理机关提出申请，尽管申请时依然需要提交"业务主管单位同意设立的文件"，但已不再需要劳"婆家"待办，设立基金会的障碍越来越少。基金会（包括慈善基金会）的发展迎来了自己的春天，无论是公募基金会，还是非公募基金会，都获得了较快发展，特别是非公募基金会，其数量增长比公募基金会更快。

2005年全国共有非公募基金会253个，2010年达到1088个，大有赶上并超过公募基金会的趋势。5年间，公募基金会约增长了53%，非公募基金会约增长了330%。非公募基金会的发展速度远远超越了公募基金会。《中国慈善发展报告（2013）》指出，2012年全国基金会规模持续稳定增长，基金会的数量增长在各类社会组织中是增速最快的，近几年同比增长保持在10%以上，这个增长率主要是由非公募基金会贡献的。2011年年底，全国共有基金会2 614个，增长18.8%。其中，公募基金会1 218个，约占46.60%；非公募基金会1 370个，约占52.41%；境外基金代表机构26个，约占0.99%。非公募基金会的数量第一次超过了公募基金会的数量。2012年，这种超越趋势继续保持。① 截至2015年底，全国基金会达到4 784个，其中公募1 548个，约占32.36%；非公募3 198个，约占66.85%；涉外基金会9个，约占0.19%；境外基金会代表机构29个，约占0.61%。非公募基金会与公募基金会数量上的差距继续拉开。2002—2015年我国基金会发展情况见表6-5。

表6-5 2002—2012年我国基金会发展情况统计

年份	基金会/个	备 注
2002年	—	2002年以前基金会含在社会团体内，未进行单独统计
2003年	954	—
2004年	892	—
2005年	975	其中：公募基金会721个，非公募基金会253，境外基金代表机构1个
2006年	1 144	其中：公募基金会795个，非公募基金会349个，境外基金代表机构0个
2007年	1 340	其中：公募基金会904个，非公募基金会436个，境外基金代表机构0个
2008年	1 597	其中：公募基金会943个，非公募基金会643，境外基金代表机构11个
2009年	1 843	其中：公募基金会1 029个，非公募基金会800，境外基金代表机构14个
2010年	2 200	其中：公募基金会1 101个，非公募基金会1 088个，境外基金代表机构11个
2011年	2 614	其中：公募基金会1 218个，非公募基金会1 370个，境外基金代表机构26个
2012年	3 029	其中：公募基金会1 316个，非公募基金会1 686个，涉外基金会8个，境外基金会代表机构19个
2013年	3 549	其中：公募基金会1 378个，非公募基金会2 137个，涉外基金会8个，境外基金会代表机构26个
2014年	4 117	其中：公募基金会1 470个，非公募基金会2 610个，涉外基金会9个，境外基金会代表机构28个
2015年	4 784	其中：公募基金会1 548个，非公募基金会3 198个，涉外基金会9个，境外基金会代表机构29个

注：本表数据来源于中国社会组织网站（http://www.chinanpo.gov.cn/index.html）公示的《民间组织历年统计数据》《民间组织发展情况与上年比较》《2005年度民间组织统计数据》《2006年度民间组织统计数据》《2007年度民间组织统计数据》《2008年民政事业发展统计报告（社会组织部分）》《2009年民政事业发展统计报告（社会组织部分）》和中华人民共和民政部网站（http://www.mca.gov.cn/）公示的《社会服务发展统计公报》（2010—2015年）。

---

① 杨团．中国慈善发展报告（2013）[M]．北京：社会科学文献出版社，2013．

2007年，财政部和国家税务总局联合发布了《关于公益救济性捐赠税前扣除政策及相关管理问题的通知》（财税〔2007〕6号），扩大了基金会公益性捐赠免税范围；2008年，联合发布了《关于公益性捐赠税前扣除有关问题的通知》（财税字〔2008〕160号）；2014年，联合发布了《关于非营利组织免税资格认定管理有关问题的通知》（财税〔2014〕13号），决定给予符合条件的非营利组织为期5年的免税优惠资格，期满后可重新申请。这些优惠政策的出台，也促进了我国基金会特别是非公募基金会的发展。基金会的发展有望为社会福利事业提供更多的财力支持。

3. 私人投资者

私人投资者是社会福利的又一民间供给主体。在我国推进社会福利社会化的过程中，政府为了鼓励与引导私人投资于社会福利事业，先后出台一系列优惠政策和措施。

民办非企业单位是私人投资社会福利的一种重要形式。1998年10月25日国务院发布了《民办非企业单位登记管理暂行条例》，该条例根据依法承担民事责任的不同方式，将民办非企业单位分为法人、合伙、个人三种类型，并规定民办非企业单位可以接受捐赠、资助，登记管理机关在对民办非企业单位进行年度检查时不得收取费用。2000年2月27日《国务院办公厅转发民政部等部门〈关于加快实现社会福利社会化意见〉的通知》（国办发〔2000〕19号）明确要求，从长远和全局出发，广泛动员和依靠社会力量，大力推进社会福利社会化，加快社会福利事业的发展。结合我国的基本国情，采取国家、集体和个人等多渠道投资的方式推进社会福利投资主体多元化，形成社会福利机构多种所有制形式共同发展的格局。各级政府采取民办公助的办法，将一部分资金用于鼓励、支持和资助各种社会力量兴办社会福利机构；采取优惠政策，鼓励集体、村（居）民自治组织、社会团体、个人和外资以多种形式捐助或兴办社会福利事业；企事业单位可根据自身条件自愿捐助社会福利事业，或利用闲置资源投资"面向社会、自主经营、自负盈亏"的社会福利事业。该意见被国务院办公厅转发以后，社会力量兴办的社会福利机构发展迅速，并成为我国社会福利事业的一个重要组成部分。

为了进一步调动社会力量参与社会福利事业的积极性，维护社会办福利机构的合法权益，推动社会福利社会化进程，2005年11月16日民政部出台了《关于支持社会力量兴办社会福利机构的意见》（民发〔2005〕170号），要求各地按照建立以国家办福利机构为示范、以其他多种所有制形式的福利机构为骨干、以社区福利服务为依托、以居家供养为基础的社会福利服务体系的总体要求，从政策和资金等方面鼓励和支持社会力量兴办福利机构。打破所有制界限，加大对社会办福利机构的资金投入，通过财政支持扶持社会办福利机构的发展。对于处在建设阶段的社会办福利机构，可以按照规模、投资额等，给予相应的资助；对于正式开业的社会办福利机构，可以按床位数和实际收养人数给予一定的运营补贴，也可以在社会办福利机构内安置城市"三无"对象、农村五保对象、低保对象和生活困难的老年人、残疾人、孤儿和弃婴，并按当地标准支付其生活、照料服务等费用。落实国务院办公厅转发民政部等11部委《关于加快实现社会福利社会化的意见》中的优惠政策，保证社会办福利机构在规划、建设、税费减免、用地、用水、用电等方面，与政府办社会福利机构一样享受同等待遇。鼓励和发动社会各界对社会办福利机构开展捐赠，并对捐赠人予以政策优惠。落实财政部、税务总局《关于对老年服务机构有关税收政策问题的通知》（财税〔2000〕97号）中关于"社会力量投资兴办的福利性、非营利性的老年服务机构，暂免征收企业所得税,以及老年服务机构自用房产、土地、车船的房产税、城镇土地使用税、车船使用税"等规定。对企业事业单位、社会团体和个人等社会力量,通过非营利性的社会团体和政府部门向福利性、非营利性的老年服务机构的捐赠,在缴纳企业所得税和个人所得税前准予全额扣除。民政部的这一意见在享受资助和优惠政策方面赋予了社会办福利机构和政府办社会福利机构平等的地位,有利于吸引包括私人投资者在内的社会各界积极投资于社会福利。1999—2015年我国民办非企业单位发展情况见表6-6。

表6-6 1999—2015年我国民办非企业单位发展情况统计

年 份	民办非企业单位/个	备 注
1999年	5 901	—
2000年	22 654	—
2001年	82 134	—
2002年	111 212	—
2003年	124 491	其中:法人56 633个,合伙6 075个,个体61 783个
2004年	135 181	其中:法人64 308个,合伙7 220个,个体63 653个
2005年	147 637	其中:法人75 621个,合伙6 483个,个人65 533个
2006年	161 303	其中:法人95 688个,合伙6 644个,个人58 971个
2007年	173 915	其中:法人109 700个,合伙6 656个,个体57 559个
2008年	182 382	其中:法人119 628个,合伙7 117个,个体55 637个
2009年	190 479	其中:法人129 927个,合伙7 087个,个体53 465个
2010年	198 175	—
2011年	204 388	—
2012年	225 108	—
2013年	254 670	—
2014年	292 195	—
2015年	32.9万	—

注:本表数据来源于中国社会组织网站(http://www.chinanpo.gov.cn/index.html)公示的《民间组织历年统计数据》《民间组织发展情况与上年比较》《2005年度民间组织统计数据》《2006年度民间组织统计数据》《2007年度民间组织统计数据》《2008年民政事业发展统计报告(社会组织部分)》《2009年民政事业发展统计报告(社会组织部分)》和中华人民共和民政部网站(http://www.mca.gov.cn/)公示的《社会服务发展统计公报》(2010—2015年)。

(三)其他供给主体

1. 家庭

(1)家庭是社会福利的重要提供者。

家庭是由婚姻、血缘或收养关系所组成的社会生活基本单位。在人类发展的历史长河中,家庭是人类社会生活的重要组织形式之一。人的一生有很大部分是在家庭中度过的。

人从出世起就生活在家庭里，在较长的生活依赖期中，依靠父母的抚育，接受家庭的照顾和关怀；长大成人以后组建新的家庭，承担家庭责任，享受家庭幸福；进入老年以后则接受家庭晚辈的赡养，包括经济上的支持、情感上的慰藉和生活上的照料。

家庭作为社会生活的基本细胞，是社会福利的重要提供者。在我国特别是广大农村地区，素有"养儿防老"之说，短短四个字，把家庭成员之间福利资源的代际转移表达得简单明了。即使是在现代国家提供制度化社会福利的情况下，家庭依然是福利资源最基本最重要的供给者。作为福利供给者，家庭的社会福利功能主要体现在夫妻扶助、养育子女、照顾老人和情感慰藉等方面。与其他社会福利供给相比，家庭社会福利供给具有自己的特点与优势：一是这种供给是家庭成员之间基于亲情和感情之上的自愿供给，因而，大多不需要监督和外力干预，一般不会产生管理成本；二是这种供给几乎是零距离的，方便、及时、快捷，一般不会产生距离成本，同时也有利于节省因跨越距离而产生的时间成本；三是这种供给能同时满足福利需求者的日常生活和心理情感等多方面的需要。

（2）家庭作为福利供给者面临着新的挑战。

这种挑战主要源自三个方面的变化：一是家庭规模小型化与家庭结构核心化过程中家庭照顾与福利供给能力的下降；二是国家-单位保障制向国家-社会保障制演化过程中家庭责任的增大；三是风险社会中家庭风险的增多。

第一，家庭照顾与福利供给能力下降。随着计划生育政策的推行，社会经济的发展和人们观念的改变，家庭结构逐渐由传统的以复合家庭为主的大家庭向现代的以核心家庭为主的小家庭转化。从家庭规模来看，中华人民共和国成立以来，中国家庭户均人口最高为1973年、1974年的4.81人，从1975年开始，家庭户均人口一直呈下降趋势，到20世纪80年代末90年代初，户均人口降至4人以下，接近欧美国家20世纪60年代的水平。1990年第四次全国人口普查结果显示，平均每个家庭户的人口为3.96人，2000年第五次人口普查时，平均每个家庭户的人口降为3.44人，2010年第六次人口普查时，平均每个家庭户的人口进一步降为3.10人。从家庭结构类型来看，三代户、四代户减少，一代户（包括一对夫妻户和单身户）、两代户（以核心家庭为主）增多。1990年，一代户、两代户占总户数的77.11%，1991年为78%，1995年为80.58%。近十余年来，一人户和二人户在全部家庭户中所占的比重呈明显的上升趋势，一人户的比重从2002年的7.7%上升到2014年的14.9%，同期二人户的比重从18.4%上升到27.7%，而三人及以上户的比重则从73.9%下降到57.4%（见表6-7）。无论是家庭规模，还是家庭结构类型，都表明家庭小型化已成为中国家庭发展的一种趋势。家庭小型化将在很大程度上弱化以往大家庭所具有的照顾与福利功能。

表6-7 2002—2011年中国人口调查家庭户构成　　　　　　　　　　单位：%

家庭户构成	2014年	2013年	2012年	2011年	2010年	2009年	2008年	2007年	2006年	2005年	2004年
一人户	14.9	14.6	14.1	14.0	14.5	10.0	8.9	8.9	9.1	10.7	7.8
二人户	27.7	27.3	26.4	26.0	24.4	25.0	24.6	24.4	24.2	24.5	19.6
三人户	26.7	26.9	27.6	27.7	26.9	29.4	30.4	30.4	30.7	29.8	31.4
四人户	15.9	17.0	16.8	16.9	17.6	19.6	21.0	20.9	20.0	19.2	21.8

续表

家庭户构成	2014年	2013年	2012年	2011年	2010年	2009年	2008年	2007年	2006年	2005年	2004年
五人户	8.8	8.5	9.2	9.4	10.0	10.6	10.0	10.1	10.8	10.2	12.4
六人户	4.2	3.9	4.1	4.1	4.2	3.8	3.7	3.7	3.6	3.8	4.4
七人户	1.1	1.1	1.1	1.1	1.4	1.0	1.0	1.0	1.0	1.1	1.5
八人户	0.4	0.4	0.4	0.5	0.6	0.4	0.3	0.3	0.4	0.4	0.6
九人户	0.2	0.2	0.2	0.2	0.2	0.1	0.1	0.1	0.1	0.2	0.2
十人及以上户	0.1	0.1	0.1	0.1	0.2	0.1	0.1	0.1	0.1	0.1	0.2
合计	100.0	100.0	100.0	100.0	100.0	100.0	100.1	99.9	100.0	100.0	99.9

注1：2005年为1%人口抽样调查样本数据，2010年为第六次全国人口普查数据，其他年份为1‰人口变动调查样本数据。

注2：本表数据来源于国家统计局网站所提供的人口抽样调查家庭户户数（http://data.stats.gov.cn/easyquery.htm?cn=C018zb=A030705&sj=2014）和全国不同规模的家庭户类别（http://www.stats.gov.cn/tjsj/pcsj/rkpc/6rp/indexch.htm）。

第二，家庭责任增大。1949年以后，我国逐步建立起以单位福利和民政福利为主要内容，城乡有别的社会福利制度。这一福利制度与其他社会保障制度共同构成我国由国家保障、单位实施的社会保障体系，郑功成等所著的《中国社会保障制度变迁与评估》一书将之概括为国家-单位保障制。改革开放以后，我国社会保障模式开始由国家-单位保障制向国家-社会保障制演化，目前还处在这种演化过程之中。由于减轻企业和国家的负担，增加个人与家庭的责任一直是我国社会保障制度改革的主导思想，因此，在国家-单位保障制向国家-社会保障制的演化过程中，社会福利责任逐渐从单位剥离出来（这间接减轻了国家的负担），政府只有在家庭出现危机或遭遇自身无法克服的困难时才对家庭进行援助。在这种情况下，家庭又像农耕时代的家庭一样，重新在家庭成员的日常生活和福利保障中扮演起基础性角色。家庭在社会福利供给方面的责任再度被强化。

第三，家庭风险增多。市场经济条件下的社会是一个充满风险的社会，家庭作为社会的基本细胞，其承担的风险也随之增多。但家庭的风险承担能力却没有得到相应的增强。

（3）建构发展型家庭政策将有助于家庭继续发挥福利供给者的作用。

20世纪90年代以来，为应对经济全球化的挑战，西方福利国家重新重视家庭对经济和社会发展的作用，他们在强调家庭责任的同时更重视对家庭的支持，很多社会政策转向了对家庭的支持或投资。张秀兰和徐月宾在《建构中国的发展型家庭政策》一文中将这种政策称为"发展型家庭政策"。家庭对人们的生存质量、发展机遇和福利状况具有决定性意义，政府用于增强家庭功能、保障儿童发展需要的投入实际上是对社会未来的投入。面对全球化的挑战，只有以人为本、保障和支持人的发展和福利需要，一个国家的经济和社会发展才会具有强劲动力和可持续性。由于家庭在福利供给方面具有其他社会组织无法替代的作用和天然优势，因此建构发展型家庭政策，支持家庭继续发挥其福利功能，将可望获得更高效更丰厚的投资回报。

(4) 建构发展型家庭政策的思路。①

发展型家庭政策强调的是为那些拥有家庭的社会成员提供帮助，从而使个人更好地发挥其角色作用，家庭也能够更好地行使其职能。注重家庭是中国社会的传统。可以说，家庭是中国社会最有价值的资产，建构发展型家庭政策在中国有着丰厚的本土资源。建构发展型家庭政策的关键，是在全社会形成一个支持家庭、投资儿童的社会环境和制度体系，形成一个政府、市场组织、社区及公民社会组织等都有责任、动机和行动来支持家庭、帮助家庭更好地行使其责任的制度框架。在这一框架中，政府的作用是最重要的，因为对家庭和儿童的支持是从社会的长远发展目标和整体利益为出发点的投资，所以，只有政府才有能力促成这一框架的建立，并在这一框架中发挥主导作用。

首先，政府要在经济上支持家庭。为家庭特别是那些承担养老和育幼责任的家庭提供经济帮助是发展型家庭政策的重要组成部分。抚育子女或为不能自立的其他家庭成员提供照顾对于任何一个家庭来说都是一件需要花费很多资源的事情，这些资源的短缺是影响家庭功能和儿童健康成长的重要因素。如果政府能够通过税收政策对这一成本予以承认，不仅是从经济上对家庭责任的有效支持，也是社会公平的体现。例如，可以采取以家庭为单位的税收制度，针对不同类型和需要的家庭，将家庭为儿童及其他不能自立的家庭成员提供照顾的成本考虑在内。另一方面，要在一些基本社会服务领域采取支持性措施，以降低家庭抚育子女的成本，如通过增加育幼、义务教育和医疗等社会服务的投资或有关的制度创新，以支持家庭承担其功能。

其次，政府要鼓励或要求工作单位制定有利于职工行使其家庭责任的工作制度。需要形成这样一个共识：帮助职工实现工作和家庭责任的平衡是企业的社会责任之一；对于企业来说，必须有效地承担社会责任，才能实现共同发展的目标。现实中，家庭的很多需求往往具有偶然性和阶段性，与工作单位的要求经常发生矛盾。实践证明，这些矛盾是造成家庭功能弱化和职工工作效率降低的原因之一。政府可以要求工作单位在其工作制度中充分考虑职工的家庭责任，采取弹性工作时间或灵活的家庭责任假期等。这样做，不但有助于职工更好地行使其家庭责任，使工作单位有效地承担一定的社会责任，还可以鼓励和引导工作单位将职工视为资本，从而谋求更长远的发展。

最后，在社区建设中，需要注入家庭政策概念，政府要以社区为依托、把增强家庭功能和保证儿童发展需要的家庭服务作为目前社区建设中最重要的内容。社区建设的最终目的是为家庭及居民提供一个良好的、支持性的社会环境，而稳定和健康的家庭是社区稳定和发挥功能的基础。可以说，为家庭提供服务与支持是承接社区建设诸种功能的基础，也是进行社区建设最好的切入点。家庭服务的内容需要在新的理念下重新定义，服务的内容应对家庭有切实的帮助，如婚前教育、生活技能培训、父母角色及亲子关系技能培训、儿童保护、儿童和老人照顾服务、残疾人生活照料与康复服务、医疗服务、法律援助、家庭应急服务、家政服务、家庭和婚姻关系咨询及信息服务等。

2. 社区、机关、企事业单位内小范围募款临时机构

社区、机关、企事业单位内小范围募款临时机构是我国非正式福利供给的另一主

---

① 张秀兰，徐月宾. 建构中国的发展型家庭政策[J]. 中国社会科学，2003(6)：84-96.

体。这种机构的募款具有三个显著特征：一是非常规性；二是针对性强；三是公信度高。非常规性是指这种募款没有固定的筹款机构、筹款程序和筹款时间，而只是根据需要临时组织开展的行动；针对性强是指这种募款常常是为特定的需求者而进行的，捐助对象是募款范围内人尽皆知的具体明确的人；公信度高是指善款即筹即用，当及公布，没有中间环节，透明程度高。因此，虽然是非正规筹款，但捐款人对筹款负责人及其工作人员的信任度却比较高。范斌在《福利社会学》一书将"一群捐赠者帮助受助者的公益活动或行为"及"公民个人通过自己的捐赠直接帮助受助者的行为"统称为"公民自发的慈善行为"。由于小范围募款和个人慈善行为影响面不同，操作程序有别，我们倾向于对二者分而述之。

小范围募款对受助人来讲，如同"及时雨"，方便而快捷；对捐款人来讲，"送人玫瑰，手有余香"，自己的善举不仅能够帮助别人，而且也有助于自己的心理满足和精神升华；对社会来讲，有利于促进整个社会的精神文明和和谐社会的建构。正因为如此，这种小范围募款大量存在于我国社会中，具有广泛的社会基础和很强的社会合法性。美中不足的是，我国在立法上至今没有给这种小范围募款应有的重视。

由此，我们认为，这种小范围募款对于个人、社会和国家都有利，是一种重要的非正式福利供给形式。与申请正式福利供给相比，这种小范围募款所需要的时间相对较短，能够为受助者赢得非常宝贵的时间。我们认为，为了规范这种小范围募款，国家有必要从法律上明确其地位，并对筹款范围、筹款组织者和筹款程序及余款处理进行规范，以保证其健康发展。

3. 慈善个人

个人自发慈善行为属于一种非正式的福利供给。慈善个人是非正式福利供给的主体之一。古往今来，在华夏大地上，心怀慈悲、乐善好施者大有人在；穷则独善其身，达则兼济天下的人也比比皆是。今天，在社会主义市场经济中迎着改革的春风，凭着智慧的头脑和勤劳的双手先富裕起来的新一代华夏子民，在看到自己的"同胞"遭遇困难、身陷困境时，自愿伸出援助之手的人逐渐增多。特别是近年来，在捐资助学、圆梦行动等活动中，个人自发的慈善行为越来越多。

二、福利传递者与福利服务提供者

福利传递者是指正式社会福利服务体系中接受社会福利供给主体的资金保障或资助的直接为福利服务需求者与福利对象提供服务的各种社会福利机构，它与非正式服务体系中的家庭与邻里共同承担社会福利服务提供者的角色。家庭提供福利服务的内容是多方面的，包括衣食住行用、日常生活照料、情感与精神慰藉；服务方式灵活多样。邻里作为福利服务提供者，其主要服务方式是邻里互助。

学习情境六　社会福利组织资源筹集与供给

任务二　社会福利供给的内容

情境导入

关于现金福利的争论

现金和混乱：美国研究者们发现美国政府发给少数民族穷人的福利支票会产生引起死亡的交通事故、谋杀和药物滥用。证据是联邦政府每月初寄出支票，而上述原因导致的死亡在每个月的第一个星期比上一个月的最后七天要高：

(1) 药物滥用导致的死亡在第一个星期高出13%。

(2) 谋杀上升6.2%，自杀上升5.3%。

(3) 摩托车交通事故上升2.8%。

政府现金计划很容易被用于吸毒和酗酒行为。这项研究的负责人David Phillips建议，政府应考虑多像私人慈善团体那样开展行动，以防止瘾君子们在月初几天中的无节制行为。

支持现金的理由：问题是人们没有足够的服务吗？或者是他们没有足够现金？穷人需要服务吗？他们需要个案管理吗？许多人说他们需要。

但是如果人们有许多钱，他们就不需要个案经理，他们也不需要你的任何糟糕的服务，因为他们可以买到。而这就是我的第一个原则——钱多比钱少好。人们需要的是钱，而且不要称它为资源，就叫它现金，因为你用棍子也赶不走现金。现金就是我们需要的东西。

（资料来源：Neil Gilbert，Paul Terrell. 社会福利政策导论[M]. 黄晨熹，周烨，刘红，译. 上海：华东理工大学出版社，2003：177，179.）

任务描述

"提供什么样的福利"所涉及的是社会福利的产品形式。在本任务中，我们将对这一问题进行讨论。

任务实施

1. 请说说自己身边那些正在享受社会福利的人是怎样消费自己所获得的社会福利的？

2. 组织分组讨论，分析第1题中所提到的人对社会福利的消费是否合理。如果认为存在不合理的地方，请陈述理由。

任务总结

1. 推举若干名代表对讨论结果进行汇报。

2. 教师对学生表现和汇报情况进行点评与总结。

任务反思

就像情境导入中不同研究者对社会福利形式有不同的看法一样，在社会福利领域中，对社会福利供给内容的争议随处可见。到底人们需要什么样的社会福利？或者说提供什么样的社会福利才能更好地满足人们的福利需求？这是社会福利供给中不得不面对的重要问题。

知识链接

"提供什么样的福利产品"所涉及的是社会福利供给内容的问题。社会福利供给的内容主要由经济发展水平、社会成员的基本需要和社会政策的价值理念所决定。在不同的历史时期，社会福利供给的内容往往具有一定的差异。根据不同的标准，可以将社会福利产品分为不同的类型。

一、依社会福利产品的表现形式，可分为实物福利、货币福利和服务福利

（一）实物福利

实物福利即向福利对象提供诸如粮食、食用油、盐、衣服、被子、常用药品、房屋（援建房、廉租房、公租房）等物质性福利，这是一种很古老很常见也很重要的福利形式。实物福利主要用于满足福利对象日常生活中吃、穿、住、行、用等基本需要。对于缺乏生活必需品的福利对象而言，实物福利是一种最直接最有效的社会支持；对于处于绝对贫困中的弱势群体来说，提供生活必需品是维持他们最低生活甚至生命的最有效的保障。当然，实物福利也存在一些局限：第一，福利传递的成本费用相对较高；第二，有时候所提供的物质未必是福利对象最急需的，甚至未必是其所需要的；第三，福利传递系统内部可能出现"大家拿"现象，从而造成福利资源的浪费。

（二）货币福利

货币福利即向福利对象提供现金，是一种最直接、最方便的福利形式。现金福利具有多方面的优点：对于福利提供者而言，可以节省非现金支持的各种成本费用，发放便捷，可以通过银行等金融服务机构直达福利对象手中；对于福利对象而言，只要手里持有现金，就可以根据自己的实际需要购买最紧迫的生活必需品或者用于其他支出事项。与其他形式的福利产品相比，现金福利所具有的交换能力是最强的，福利对象可以用现金去换取任何形式的商品。当然，现金福利也可能会带来一些负面影响。对那些不善于经营生活的福利对象来说，他们不一定能够合理支配这些金钱；而对于那些存在某种特殊嗜好的福利对象来说，一旦手中有了钱，他们则可能抵挡不住特殊嗜好的诱惑，把本该用作基本生活支出的福利现金挪作他用，从而造成福利资源的浪费。因此，货币福利所产生的实际效果还有待于进一步深入研究。

（三）服务福利

服务福利是指向福利对象提供免费或低偿的社会服务。福利对象的需求是多方面的，有的福利对象最需要的可能不是现金，也不是实物，而是社会服务。比如，针对老年人、残疾人、失依儿童等生理性弱势群体所提供的居家服务、医疗服务、康复服务和生活服务等，针对心理性弱势群体所提供的心理咨询、心理疏导和心理干预服务等，针对社会性弱势群体（由于结构调整、体制转换、社会转型及国家政策等社会原因而造成的弱势群体）所提供的就业培训和就业或再就业服务等。服务福利是一种行动支持，具有鲜明的行动特征，在积极福利理念和赋权增能理念日益流行的当今时代，服务福利已经成为社会福利体系中越来越受重视的一项内容。

二、依是否有偿使用，可分为免费福利和付费福利

（一）免费福利

免费福利是指福利对象不需要支付任何费用即可享用的福利。免费福利主要有三类。一是政府所提供的社会救助。社会救助的资金来源于政府的财政预算和财政支出，接受社会救助的对象只要达到国家和法律规定的救助条件，就可获得免费的福利支持。例如，城乡贫困人群享受的最低生活保障金、灾民的临时救济金等，都属于免费福利。二是社会所提供的慈善捐助。慈善捐助来源于捐赠者的无偿奉献，接受慈善捐助的社会成员，不需要支付任何费用。三是各类社会福利机构提供的免费服务。例如，孤儿院、孤老院、精神病院、流浪未成年人救助站等以国家全额财政拨款为事业经费的社会福利机构及各类非营利组织向一些特定的社会弱势群体提供的免费服务。[①]

（二）付费福利

付费福利是指福利对象必须支付一定的费用才能享用的福利。在我国，付费福利主要以低偿使用的形式出现。比如，各类社会福利机构所提供的低偿服务。付费服务是社会福利社会化过程中社会福利机构和民办非企业单位提供服务的一种重要形式。福利需求者在使用或享受相关的福利服务时需要支付一定的服务费用，至少是支付服务的成本费用。随着我国社会福利社会化进程的推进及社会福利机构举办主体的日益多元化，付费服务在福利服务中的比重可能将进一步提升。

三、依时间长短，可分为临时福利和固定福利

（一）临时福利

临时福利是一种非常规性的不定期的福利，主要用于应对重大自然灾害和重大生活事

---

① 毕天云．社会福利供给系统的要素分析[J]．云南师范大学学报（哲学社会科学版），2009(5)：124-128．

件中的短期救助，其供给具有"应急性"的特征。自然灾害中产生的灾民，是一个暂时性的弱势群体，需要得到政府和社会的及时帮助，才能渡过突如其来的难关。经济危机、交通事故、重大疾病等重大生活事件也可能导致部分社会成员在短期内陷入生活困境，需要政府和社会提供短期内的福利支持。临时福利是一种非常灵活有效的福利支持，是现代社会中不可或缺的福利形式。[①]

（二）固定福利

固定福利是那种常规化的长期提供的福利，主要适用于解决常规性的社会问题，其供给具有"稳定性"和"连续性"的特征。固定福利的供给既有免费的（如各类救助性福利），也有付费的（如各类低偿服务）。固定福利的供给常常有一套比较成熟的运行机制和工作程序，有利于提高福利供给的规范化和制度化水平；同时，由于受到既定制度框架的约束，固定福利供给在应对突发的重大生活事件时往往难以作出迅速反应，并且在制度变革中容易受"路径依赖"的束缚。[②]

任务三 社会福利的实现方式与传递机制

情境导入

小宝的故事

小宝今年 5 岁半，家住安徽省阜阳市，他现在是阜阳康复教育中心的一个小学员。小宝的智力和听力存在障碍，无法用语言沟通。

小宝的爸爸妈妈都是教师，一年前，他们听说了这个专门面向残障儿童的中心，把小宝送到了这里来。"小宝的家庭算是比较富裕的，但是以前也很难解决孩子的教育、康复问题。"在协会负责照看小宝的苏老师告诉我们。阜阳是位于安徽省的一个中型城市，在当地，以前没有接受患有智力障碍孩子的学校，像这样的孩子过去大多只能待在家里。

"我还记得，他刚来的时候脾气比较暴躁，不愿意跟大家接触。"苏老师说，"因为小宝听力不好，不能讲话，很难跟其他小朋友玩到一起。"

在康复教育中心，老师从吃饭、使用厕所等基本技能教起，培养小宝的生活自理能力。现在，小宝可以在午睡后自己叠毯子，还会帮老师收拾玩具。"小宝现在会数 1 和 2 了，我们正在教他学数 3。在做数字拼图游戏时，小宝在所有孩子里做得最好。"苏老师说。

康复教育中心由安徽阜阳蒲公英残疾人互助协会创建，2009 年 1 月起，救助儿童会中

---

① 毕天云. 社会福利供给系统的要素分析[J]. 云南师范大学学报（哲学社会科学版），2009(5)：124-128.

② 同上。

学习情境六 社会福利组织资源筹集与供给

国项目在欧盟的资助下，开始支持该中心的发展，为中心的老师和残障儿童的家长提供康复知识、养育技能、职业能力和权力意识等方面的培训和运营支持。现在，中心为8个像小宝一样的智力有障碍的孩子提供语文、数学等课程，还有包括生活治理、康复训练等在内的康复教育个训方案。

"我们会针对每个孩子的特点设计个训方案。对于小宝来说，我们特别希望能给他提供发音的训练，看能否帮助他学说话。"

2010年9月，苏老师和同事们参加了救助儿童会中国项目在上海组织的一次能力建设培训。"培训师讲了像我们这样的项目怎么更好地执行。另外，我们去参观了上海的残障儿童康复中心，他们在康复技术、幼儿教育方面有很多值得我们学习的地方。"

现在，小宝可以自己上厕所了，也慢慢愿意试着跟其他小朋友一起玩。最近，老师们还发现了小宝的一项新兴趣——画画。"我们就给他提供画笔，他能自己专注地画很久。"苏老师说，小宝每天上学见到老师总会双手张开要给老师热情的拥抱，这让她感动不已。

（资料来源：http://www.savethechildren.org.cn/index.php/zh-CN/2011-04-20-09-02-21/2011-04-20-09-06-45/600-2011-04-19-09-19-49，有改动。）

任务描述

社会福利传递是连接社会福利供给主体与社会福利对象的桥梁，那么社会福利可以通过哪些方式来实现呢？其传递机制又是什么样的？本任务将对此进行讨论。

任务实施

1. 查找我国社会分配制度的有关知识，了解第一、第二次分配的含义和原则，以及有关第三次分配的理论观点。
2. 以学习小组为单位，讨论社会福利是通过什么方式传递到小宝身上的，并派代表在班级中进行汇报。
3. 进一步思考如何更好地实现社会福利的传递。

任务总结

1. 教师对各学习小组及小组成员的表现进行点评。
2. 教师对所讨论问题进行分析和总结。

任务反思

社会福利的实现方式和传递机制是否合理关系到社会福利的效益与效率，进而关系到社会福利事业的可持续良性发展。好的福利传递机制不仅可以提高福利资源的利用效率和福利对象的福祉，而且可以增强社会各界对社会福利投入的信心。因此，探索与建立更加合理与有效的福利实现方式和传递机制是发展社会福利事业的一项重要工作。

知识链接

一般来讲，社会分配机制包括三个层次：第一次分配通过市场，按照竞争性原则进行，出现贫富差距；第二次分配通过政府，按照强制性原则，以税收和社会政策调节分配，缩小贫富差距；第三次分配通过社会，按照自愿性原则进行公益捐赠，通俗地说就是"富帮穷"。实际上，还存在第四次分配，那就是偷盗抢掠，贪污腐败，通过非法手段谋取不义之财。第一次分配也称初次分配，第二次分配和第三次分配则均属于再分配的范畴。好的社会分配机制应该主要有两点：激励第一次分配，协调第二次分配，推动第三次分配，遏止第四次分配。①

需要说明的是，目前我国对社会捐款到底属于第二次分配还是第三次分配，存在两种针锋相对的观点。一种观点是经济学家厉以宁所提出的三次分配理论，主张将社会捐款归入第三次分配；另一种观点是社会学家唐钧所坚持的二次分配论，主张将社会捐款归入第二次分配。

本书倾向于将社会捐款归入第三次分配，其理由主要有两点。第一，虽然第二次分配和第三次分配都属于再分配，但二者在次级属性上的区别还是明显的。第二次分配是建立在国家强制性基础之上的通过税收和转移支付的方式实现的"再分配"，而"第三次分配"则是建立在公民自愿基础之上的通过慈善的方式实现的"再分配"。第二，从制度安排上将捐款归入慈善名下的"第三次分配"比归入强制性税收与转移支付名下的"第二次分配"不仅更符合社会的价值判断，而且更能满足捐赠者的心理需求，有助于捐赠文化与慈善观念的形成。至于那些能够获得国家税收优惠的社会捐款（主要是企事业单位的捐款），② 我们认为，可视作国家对捐款者的奖励（同时传递了一种国家对捐款行为的认可与嘉许），这种奖励尽管是通过免税的方式实现的，但在本质上却与通过其他方式来实现没有什么区别。不能因为捐赠者在捐赠过程中与国家税收减免发生了关系，就将其捐赠视作税收的变体。事实上，还存在大量没有获得免税的社会捐款。对于这些捐款，无论如何都不宜归入以强制性为特征的第二次分配。为简化社会捐款的分类，我们建议将所有社会捐款（包括获得免税的和未获得免税的社会捐款）都归入以慈善为特征的第三次分配。

"第二次分配"和"第三次分配"都属于"再分配"，是与"初次分配"（第一次分配）相对应的概念。三次分配的区分只是出于分配性质的考虑和理论分析的需要，它们之间并无次序尊卑之意。社会福利主要是通过再分配（包括第二次分配和第三次分配）的方式实现。

一、再分配的必要性

在传统时代，中国经济是典型的伦理经济。再分配主要发生在家人、族人之间，以援助性或救济性再分配为主。政府在再分配方面所起的作用十分有限。在计划经济时代，中国经济依然带有强烈的伦理经济色彩。在公有制的基础上，国家用工资政策、价格政策、

---

① 徐永光．非公募基金会：背负中国第三部门的希望[EB/OL]．http://see.sina.com.cn/news/2005/0309/259.html.

②《企业所得税暂行条例》（国务院令〔1993〕第137号）规定："纳税人用于公益、救济性的捐赠，在年度应纳税所得额3%以内的部分，准予扣除。"自2008年1月1日起施行的《中华人民共和国企业所得税法》（主席令〔2007〕第063号）第九条规定："企业发生的公益性捐赠支出，在年度利润总额12%以内的部分，准予在计算应纳税所得额时扣除。"

收购政策等杠杆控制了初次收入分配,将初次收入的差距压缩到一个很小的空间,从而减小了再分配的必要性。在市场经济时代,由于初次分配是按照劳动力、资本、土地、技术等"生产要素投入"进行分配的,它注重的是效率。因而,传统的伦理经济向市场经济的过渡,使人及其社会关系逐渐失去了保护。一个彻底商品化的社会是反人性的社会。再分配考虑的是弱势群体与社会稳定的需要,它注重的是社会公平,其真正意义在于去商品化。因此,再分配是人性的展现。①

再分配是从社会公正与社会稳定出发的,它偏重于关注弱势群体,其伦理基础是社会正义。美国当代著名哲学家和伦理学家、社会正义问题研究专家罗尔斯(John Rawls,1921—2002)在其正义二原则中提出了差别原则,即社会的和经济的不平等应这样安排,使它们在与正义的储存原则一致的情况下,适合于最少受惠者的最大利益。竞争性社会中的弱势群体常常是最少受惠者,因此,社会政策应当向他们适当倾斜。

二、再分配的主体及其实现方式

在传统社会,再分配的主体主要是个人(如朋友间的赠与)、家庭(如亲戚间的接济)、民间组织(如慈善捐赠);在现代社会,政府(如财政税收或补贴)已变成了再分配最重要的主体。

王绍光依据去商品化的程度,把再分配分为五类。第一类是援助性(济贫性、救济性)再分配,主要是对特殊困难群体,如老弱病残者的社会援助。此类再分配通常需要对受惠者进行资格审查;这类审查有时带有耻辱性。第二类是补偿性再分配,如对工伤的补偿,其发展经历了从追究谁的错到无过错补偿。另一个例子是在开放条件下对农产品的补贴。第三类是保险性再分配,如由国家立法规定的、旨在增加收入安全的社会保险(包括疾病、伤残、失业、丧偶、养老)。此类再分配一般带有强制性,但不一定覆盖所有公民;公民从中获得的收益与缴纳水平不直接相关,但可能有某些关系(按贡献分配)。另外,是否能从保险性再分配受益也可能需要经过资格检验。第四类是公正性再分配,是指从公平出发,以公民权为基础的再分配。其目的是为所有公民提供最低生活质量的保障,包括收入和服务(教育、就业、医疗和住房等)。有些国家为公民提供"从摇篮到坟墓"的全面保障,从而达到消除劳动商品化的目的。这种分配带有按需分配的色彩。第五类是革命性再分配,以生产资料社会化(产权的再分配)的方式彻底根除不平等。我国 20 世纪 50 年代进行的土地改革和社会主义改造便属于这一类。相应地,再分配可通过社会援助、社会补偿、社会保障、社会公正、社会革命等五种方式实现。②

依据再分配过程中是否需要运用国家强制力,可将再分配实现方式分为以国家强制力为后盾的第二次分配和不以国家强制力为后盾的第三次分配。

---

① 王绍光. 现代国家制度中的再分配机制[EB/OL]. http://www.cuhk.edu.hk/gpa/wang_files/Redistribution.doc.

② 王绍光. 现代国家制度中的再分配机制[EB/OL]. 香港中文大学网站, http://www.cuhk.edu.hk/gpa/wang_files/Redistribution.doc.

(一) 第二次分配的实现途径[①]

1. 国家税收

税收是国家财政收入和再分配资金的主要来源。通过税收调节收入分配是现代国家的一项重要职能。税收的基本特征是：国家利用权力强迫市场主体作出经济上的让渡，并且不予特定的回报。个人所得税、巨富税、财产转移税等具有明显的再分配性质。在国际上，个人所得税在国民收入再分配中的调节作用备受推荐。我国也有人提出加强个人所得税的征缴工作，强化个人所得税在调节收入再分配中的主体地位；还有人提出在可能的情况下，将个人所得税作为最低生活保障援助的主要资金来源。

2. 社会保障制度

实施社会保障制度是实现第二次分配的一条重要途径。社会保障的收入再分配，一部分属于全社会的收入再分配（横向收入再分配，社会福利即属此类），是通过纳税人的纳税和政府的转移支付实现的；另一部分属于劳动者个人的纵向收入再分配，是通过劳动者的自我积累实现的。

3. 政府公共服务

政府公共服务是政府投入的、全民共享的社会服务。它也是第二次分配的一条重要途径。公共服务是当代政府的基本职能之一。其特点是：通过对教育、卫生、文化、体育、能源、交通、住宅、社会治安等公共领域和基础设施的投入，为全体社会成员提供非营利性的社会服务。我国的九年制义务教育、国家助学贷款、廉租房制度、公共图书馆、文化馆、博物馆、社区养老设施、社区体育设施等即属此类。此外，社会福利意义上的社会投资——旨在以人力资本投资和社会资本投资的形式，通过培训失业者的就业技能，提高他们的市场竞争力和实际收入，达到社会福利和经济发展的双重目的——也是政府提供公共服务的一种重要形式。

(二) 第三次分配的实现途径[②]

以政府为主导的第二次分配虽能在一定程度上弥补市场的失灵，提高社会成员特别是弱势群体的社会福利。但政府在社会福利领域中并不是万能的，面对处境各异、需求有别的众多福利需求者，政府失灵是常有的事。这就给基于慈善的第三次分配留下了发展空间。

第三次分配是以慈善公益组织为主导，按照"利他主义"的道德原则，对社会资源和社会财富进行的一种再分配。它通过企业、事业单位或其他组织及公民个人财富的自愿、无偿转移，实现收入调节，增加弱势群体的社会福利。

第三次分配具有以下显著特征：一是分配主体不是传统意义上的市场和政府，而是非营利组织、个人及其他从事社会公益活动的组织；二是建立在自愿基础之上，奉行利他主义道德原则，通过善款筹集、捐助、组织实施公益项目等活动实现对社会资源与社会财富的再分

[①] 范斌. 福利社会学[M]. 北京：社会科学文献出版社，2006：203-209.
[②] 范斌. 福利社会学[M]. 北京：社会科学文献出版社，2006：211-222.

配；三是在国家法律法规允许的范围内自主开展活动，基本上不受政府强制力量的支配。

第三次分配的实现途径在传统社会和现代社会中有所不同：在传统社会中，主要是通过捐助者和受助者面对面的施与—接受方式实现的；在现代社会中，则主要是通过慈善组织这一中介来实现的，面对面施与—接受方式退居次要地位。第三次分配实现途径的变化如图6-1所示。

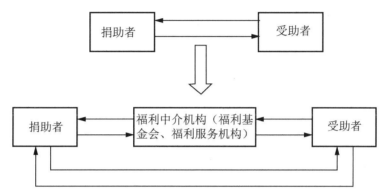

图6-1 第三次分配实现途径的变化

与面对面施与—接受方式相比，慈善组织中介方式具有以下优点：一是有助于消除捐助者与受助者之间的不平等地位，有利于维护受助者的自尊；二是有利于将分散的慈善资源集中起来，同时收集福利需求者的信息，架通供需之间的桥梁，使更多的福利需求者得到及时的援助，形成规模化援助，提高援助效率；三是有利于吸引各类热心于慈善公益事业的专业人士参与，提高服务的专业化水平。

三、社会福利传递机制

社会福利的传递机制分为正式传递机制与非正式传递机制两种。前者是指来源于政府、慈善基金会、私人投资者等正式供给主体的社会福利资源通过各类社会福利机构传递到社会福利对象手中的过程，及在此过程中各社会福利主体之间的相互关系。后者则是指家庭、社区、机关、企事业单位内小范围募款临时机构及做出自发性慈善行为的个人所提供的社会福利资源传递到福利对象手中的过程（见图6-2）。

就正式传递机制而言，福利供给主体、福利传递者与服务者及福利对象三大社会福利主体之间的关系如下：

（1）福利供给主体向福利传递者与服务者提供资源，包括物质援助与资金资助，具体方式多种多样，如投资、项目资助、委托或购买服务等。

（2）福利传递者与服务者收集福利服务对象的信息，评估其福利需求，对符合条件者提供福利服务，包括送钱送物等经济援助和信息咨询、心理辅导、职业指导与职业培训等非经济援助。

（3）福利需求者既可以向福利传递机构表达其福利诉求，再通过福利传递机构向政府和社会转达其福利诉求，也可以直接向政府相关部门反映其福利诉求，个人一般不直接向民间社会供给主体提出福利要求。

（4）福利传递与服务机构在福利资源供给主体与福利需求者之间扮演中间协调者角

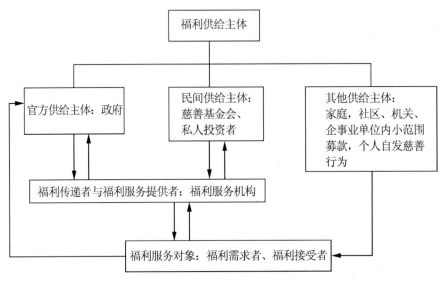

图 6-2　社会福利传递机制

色，它们既对资源供给主体负责，又对福利服务对象负责。就非正式传递机制而言，主要是慈善个人、家庭在知晓福利需求者的情况以后，主动向其提供某种福利。必要时，热心的慈善人士还可能成立临时募款机构，为福利需求者（主要是患重病者）在熟知其情况的小范围人群内筹款，并将捐款直接送给福利需求者，而福利需求者一般不向非正式供给主体提出福利要求。

需要特别说明的是，在我国，慈善基金会除了开展各种符合基金会宗旨的资助活动之外，在很多时候也直接提供社会福利服务项目。例如，中国儿童少年基金会在1989年设立了"女童升学助学金"，开展了旨在救助贫困地区失学女童重返校园的大型社会公益活动，后正式定名为"春蕾计划"，并在全国各地开办了"春蕾学校""春蕾女童班"。2000年5月，中国儿童少年基金会又推出了新的大型社会公益项目——安康计划，其目标是帮助广大儿童"远离失学、远离疾病、远离伤害、远离犯罪"。2001年以来，先后举行了三届"安康计划西部行"和"安康计划东北行"。中国青少年发展基金会成立后也开展了一系列公益活动，"希望工程"便是中国青少年发展基金会于1989年10月30日发起倡导并组织实施的一项公益事业，其主要目的在于动员社会力量，救助贫困地区失学儿童重返校园。

四、政府购买社会福利服务的运作机制

在我国社会福利服务实践过程中，随着计划经济向市场经济的转型，与计划经济体制相适应的"国家-单位制"模式逐渐向适合市场经济体制的"多元福利"模式转变，社会福利服务在传递形式上也开始呈现出由政府包办服务向政府购买服务转型的趋势。[①]

---

① 许芸. 从政府包办到政府购买——中国社会福利服务供给的新路径[J]. 南京社会科学, 2009(7): 101-105.

政府购买社会福利服务的运作机制如图6-3所示。

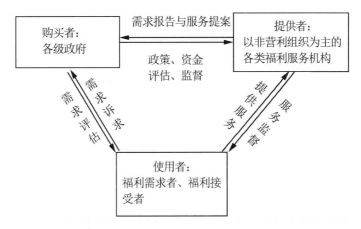

图6-3 政府购买社会福利服务的运作机制

在这种形式的福利传递过程中，主要涉及三方，即作为福利服务购买者的政府（官方供给主体），作为福利服务提供者的各类福利服务机构（民间供给主体，以非营利组织为主），以及作为福利服务使用者的福利需求者和福利接受者。使用者向政府提出自己的福利诉求；政府则评估其需求，并向福利机构购买服务，提供政策与资金支持，同时评估与监督其服务；福利机构为福利需求者提供具体的福利服务，并接受福利使用者的服务监督，同时在服务中了解福利需求者的福利需求，并向福利购买者提交需求报告与服务方案。有研究表明，这种三角福利传递形式不仅符合政府机构改革和社会福利社会化改革的大方向，更为重要的是，它有助于降低福利传递中的官僚主义影响，有助于福利机构提供个性化的适切的福利服务，进而提供福利效率。因而，政府购买服务有可能成为我国福利服务传递的一种新选择。

案例分析

（一）

老张是某省会城市的一位退休人员，退休前在一家国有鞋厂工作。在他的独生女儿出嫁后，老张一直与同为鞋厂退休工人的老伴徐秀花相依为命，相互照顾。随着年龄的增长，俩老口的身体一天不如一天，老夫妇俩非常担心某一天自己不能照顾自己。

李大伯和妻子都是某边远山区的农民，一年的纯收入不足1万元，今年他们的孩子拿到了某知名大学的入学通知书。面对近万元的学费和外出上学的生活费，夫妻俩愁眉不展。

赵先生和妻子共同经营着一家鲜花店，同时带着一个2岁的孩子。现在他们的鲜花店正面临着破产，他们想转岗做点别的事，又担心如果两口子都出去上班，孩子就没有人照看了。

小罗是一位"80后"农民工，初中毕业后就进城务工，到现在已经十年有余。在过去的十年里，小罗在餐馆当过服务生，在建筑工地上打过小工，在保险公司当过推销员。现在他在一家快递公司当快递员，收入还算可以。但是，他对自己的未来还是忧心忡忡，因为他在城里没有自己的住房，想贷款购房，又担心自己的收入不持续，偿还能力有限。

周先生是一家私营企业老板，目前企业经营状况良好。他的妻子是一位全职太太，照顾着正在上初中三年级的女儿和上小学四年级的儿子。周先生的父母住在与周先生家相邻的小区里，老两口非常重视自己的健康，热衷于参加各种各样的保健讲座，还从做保健讲座的人那里购买了不少保健食品。周先生夫妇认为这些保健食品大多是骗人的东西，但老两口却不那么认为。

家住农村的蒋婆婆有三个儿女，他们成家后都选择了进城谋生，老伴刘大爷也于一年前去世了，现在蒋婆婆一个人独居在农村。

根据本案例分析思考以下问题：

1. 请分析此案例中不同人物对社会福利的需求。
2. 请思考此案例中不同人物对社会福利的需求怎样才能得到满足。

(二)

王小明是某大学二年级学生，学习勤奋努力，成绩也比较好。虽然他很想大学毕业后继续升造，但考虑到自己的家庭经济条件比较拮据，为了减轻父母的经济压力，王小明打算大学毕业以后尽快找一份工作。然而，天有不测风云，突然有一天，王小明病倒了，医院的检验结果无情地告诉王小明，他患了白血病，这一消息把王小明和他的家庭推到了绝望的边缘。

根据本案例分析思考以下问题：

1. 请思考王小明能从哪些地方获得援助。
2. 如果需在王小明所在的大学为他发起一次小范围募款，请撰写一份募款方案并分析其可行性。

复习思考

1. 社会福利财力资源有哪些？
2. 你如何看待社区志愿者服务？
3. 社会福利供给主体主要有哪些？
4. 第二次分配何以实现？
5. 如何促进以慈善为基础的第三次分配？
6. 简述社会福利的传递机制。

参考文献

[1] 考斯塔·艾斯平-安德森. 福利资本主义的三个世界[M]. 郑秉文译. 北京：法律出版社，2003.
[2] 查尔斯·H. 扎斯特罗. 社会工作与社会福利导论[M]. 第七版. 孙唐水，等译. 北京：中国人民大学出版社，2005.
[3] Neil Gilbert，Paul Terrell. 社会福利政策导论[M]. 黄晨熹，周烨，刘红译. 上海：华东理工大学出版社，2003.
[4] 一番ケ濑康子. 社会福利基础理论[M]. 沈洁，赵军译. 武汉：华中师范大学出版，1998.
[5] 约翰·洛克. 政府论两篇[M]. 赵伯英译. 西安：陕西人民出版社，2004.
[6] 艾克文. 论霍布斯的国家起源思想[J]. 武汉教育学院学报，1999(1)：45-51.
[7] 北京市儿童福利院. 儿童康复培训教材[M]. 北京：中国社会出版社，2010.
[8] 毕天云. 社会福利供给系统的要素分析[J]. 云南师范大学学报：哲学社会科学版，2009，41(5)：124-128.
[9] 蔡禾，周林刚. 关注弱势：城市残疾人群体研究[M]. 北京，社会科学文献出版社，2008.
[10] 王素英，李玉山，陈雪梅，等.《儿童家庭寄养管理办法》调研总报告[J]. 社会福利，2003(10)：14-21.
[11] 曾真. 世界残疾人福利发展概述[J]. 大众商务月刊，2009(11)：42-43.
[12] 张琰. 对提高社会福利机构管理与服务水平的一点思考[EB/OL]. http://www.cdsmzj.gov.cn/art/2009/9/8/art_7952_253165.html，2009-09-08.
[13] 陈良谨. 社会保障教程[M]. 北京：知识出版社，1990.
[14] 陈卓颐. 实用养老机构管理[M]. 天津：天津大学出版社，2009.
[15] 邓大松，刘昌平. 新农村社会保障体系研究[M]. 北京：人民出版社，2007.
[16] 丁元竹. 我国志愿服务的发展现状与问题[EB/OL]. 人民网，http://www.people.com.cn/GB/40531/40557/41317/41320/3025786.html，2004-12-01.
[17] 窦玉沛. 构建面向21世纪的中国社会福利制度[A]. 窦玉沛. 重构中国社会保障体系的探索[C]. 北京：中国社会科学出版社，2001.
[18] 多吉才让. 社会福利事业管理[M]. 北京：中国社会出版社，1998.
[19] 范斌. 福利社会学[M]. 北京：社会科学文献出版社，2006.
[20] 方舒. 我国社会福利社会化改革的反思与前瞻[J]. 天府新论，2010(6)：87-91.
[21] 冯元，彭华民，孙维颖. 社会福利视角下的流浪未成年人救助工作困境探究[J]. 甘肃理论学刊，2012(4)：103-107.
[22] 关信平. 社会政策概论[M]. 北京：高等教育出版社，2009.
[23] 桂世勋. 合理调整养老机构的功能结构[J]. 华东师范大学学报：哲学社会学版，2001，33(4)：97-101.
[24] 郭崇德. 社会保障学概论[M]. 北京：北京大学出版社，1992.
[25] 郭建模. 残疾人工作基本知识读本[M]. 北京：华夏出版社，2002.
[26] 海畅. 国外老年服务一瞥[J]. 老年教育：长者家园版，2008(10)：28-29.
[27] 黄晨熹. 社会政策[M]. 上海：华东理工大学出版社，2008.
[28] 黄耀明. 老年社会工作理论与实践[M]. 长春：吉林大学出版社，2008.
[29] 霍科. 论流浪未成年人救助保护工作机制创新[J]. 华章，2012(23).

[30] 景天魁，毕天云，高和荣. 当代中国社会福利思想与制度：从小福利迈向大福利[M]. 北京：中国社会出版社，2011.

[31] 景天魁. 福利社会学[M]. 北京：北京师范大学出版社，2010.

[32] 李东梅. 论残疾人人力资源开发[J]. 中国特殊教育，2003(6)：89-95.

[33] 李浩. 解读《家庭寄养管理暂行办法》[J]. 社会福利，2003(11)：27-30.

[34] 梁伟康，黄玉明. 社会服务机构管理新知[M]. 香港：集贤社，1994.

[35] 刘明松. 社会福利服务：英国的经验及启示[J]. 理论界，2008(7)：48-50.

[36] 卢汉龙，彭希哲. 二十世纪中国社会科学(社会学卷)[M]. 上海：上海人民出版社，2005.

[37] 陆士桢，任伟，常晶晶. 儿童社会工作[M]. 北京：社会科学文献出版社，2003.

[38] 罗刚. 香港老年社会福利服务研究及启示[D]. 武汉：武汉科技大学，2008.

[39] 孟醒. 统筹城乡社会保障：理论·机制·实践[M]. 北京：经济科学出版社，2005.

[40] 民政部社会福利和慈善事业促进司.《儿童家庭寄养管理暂行办法》实施中遇到的问题及政策建议[J]. 社会福利：理论版，2012(1)：43-48.

[41] 穆光宗. 我国机构养老发展的困境与对策[J]. 华中师范大学学报：人文社会科学版，2012，51(2)：31-38.

[42] 雷蒙德·A. 诺伊. 雇员培训与开发[M]. 徐芳译. 北京：中国人民大学出版社，2001.

[43] 社工与老人沟通需要注意的问题及技巧[EB/OL]. http://www.exam8.com/zige/gongzuozhe/fudao/200911/234743.html，2009-11-02.

[44] 沈洁. 中国社会福利政策建构的理论诠释[J]. 社会保障研究：北京，2005(1)：96：113.

[45] 石太能. 国外老年生活一瞥[N]. 大众卫生报，2006-12-05：8.

[46] 时正新，廖鸿，朱勇，等. 中国社会福利与社会进步报告(2000)[M]. 北京：社会科学文献出版社，2000.

[47] 孙炳耀，常宗虎. 中国社会福利概论[M]. 北京：中国社会出版社，2002.

[48] 孙炳耀. 当代英国瑞典社会保障制度[M]. 北京：法律出版社，2000.

[49] 田北海. 社会福利概念辨析——兼论社会福利与社会保障的关系[J]. 学术界，2008(02)：278-282.

[50] 仝利民. 社区照顾：西方国家老年福利服务的选择[J]. 华东理工大学学报：社会科学版，2004，19(4)：20-24.

[51] 汪慧. 社会福利行政管理的现状与趋势[J]. 中国青年政治学院学报，2001，20(4)：108-112.

[52] 王辅贤. 残疾人社会工作[M]. 北京：北京大学出版社，2008.

[53] 王绍光. 现代国家制度中的再分配机制[C]. 国情报告第五卷2002年，2012.

[54] 王树新. 老年社会工作[M]. 北京：中国劳动社会保障出版社，2007.

[55] 吴玉韶，李伟，孔伟，等. 我国居家养老服务存在的主要问题及对策研究[C]. 中国老龄国情与养老服务业发展论坛，2009.

[56] 相自成，郭成伟. 残疾人维权法律知识手册[M]. 北京：中国法制出版社，2001.

[57] 谢琼. 流浪未成年人救助：政策评估及相关建议[J]. 山东社会科学，2010(1)：38-43.

[58] 徐永光. 非公募基金会：背负中国第三部门的希望[EB/OL]. http://see.sina.com.cn/news/2005/0309/259.html，2005-03-09.

[59] 许芸. 从政府包办到政府购买——中国社会福利服务供给的新路径[J]. 南京社会科学，2009(7)：101-105.

[60] 阎青春. 社会福利与弱势群体[M]. 北京：中国社会科学出版社，2002.

[61] 杨超. 社会保障概论[M]. 南昌：江西人民出版社，2005.

[62] 杨团. 中国慈善发展报告(2013)[M]. 北京：社会科学文献出版社，2013.

[63] 余慧云，韦小满. 我国高等特殊教育研究综述[J]. 中国特殊教育，2006(4)：66-70.

[64] 张海鹰. 社会保障辞典[M]. 北京：经济管理出版社，1993.

[65] 张敏. 公众参与才是慈善的真谛——中国慈善事业调查[N]. 工人日报，2006-02-05：6.

[66] 张秀兰，徐月宾. 建构中国的发展型家庭政策[J]. 中国社会科学，2003(6)：84-96.

[67] 张秀兰. 中国政府在社会福利中的角色缺位及重建策略[EB/OL]. http://cppcc.people.com.cn/GB/34961/51372/51377/52179/3672735.html.

[68] 赵冠军，宋扬. 非公募基金会渐成主力军团[EB/OL]. http://money.163.com/07/0726/01/3K9S3AVG002524SK.html.

[69] 赵曙明. 人力资源管理研究[M]. 北京：中国人民大学出版社，2001.

[70] 浙江省民政事业现代化研究课题组. 民政事业现代化研究[M]. 长春：吉林人民出版社，2001.

[71] 郑功成. 中国社会保障制度变迁与评估[M]. 北京：中国人民大学出版社，2002.

[72] 郑功成. 中国社会福利的现状与发展取向[J]. 中国人民大学学报，2013，27(02)：2-10.

[73] 杨团. 中国慈善发展报告(2010)[M]. 北京：社会科学文献出版社，2010.

[74] 贺丹. 民政部副部长：中国农村老龄化水平高于城市 人口老龄化城乡倒置[EB/OL]. http://www.chinadaily.com.cn/dfpd/shehui/2012-05/17/content_15320969.htm，2012-05-17.

[75] 中华人民共和国国家统计局. 中国统计年鉴2013[M]. 北京：中国统计出版社，2013.

[76] 周娟. 日本社会福利事业民营化变革及其对我国的启示——以日本老年看护服务民营化为例[J]. 湖北社会科学，2008(4)：66-68.

[77] 周良才，赵淑兰. 社会福利服务[M]. 北京：北京大学出版社，2012.

[78] 周良才. 中国社会福利[M]. 北京：北京大学出版社，2008.

[79] 周沛，葛忠明，马良. 社会工作概论[M]. 武汉：华中科技大学出版社，2008.

[80] 周沛. 残疾人社会福利体系研究[J]. 江苏社会科学，2010(05)：27-32.